股票投资实战技法

谢锐 编著

中国宇航出版社
·北京·

内 容 提 要

本书全面讲解股票投资中需要学习和掌握的各种基本知识和实用技巧，详细讲解K线、趋势、缺口、分时图、宝塔线、筹码分布、龙头首阴等交易方法的实战运用技巧，以及风险的识别和控制等，对投资者进行股市交易具有很强的实战指导价值。

图书在版编目（CIP）数据

股票投资实战技法 / 谢锐编著. -- 北京 : 中国宇航出版社，2021.8
ISBN 978-7-5159-1948-5

Ⅰ. ①股… Ⅱ. ①谢… Ⅲ. ①股票投资－基本知识 Ⅳ. ①F830.91

中国版本图书馆CIP数据核字(2021)第141189号

责任编辑 白希国　　**封面设计** 李 松

出版发行	中国宇航出版社		
社 址	北京市阜成路8号 (010)60286808	邮 编	100830 (010)68768548
网 址	www.caphbook.com		
经 销	新华书店		
发行部	(010)60286888 (010)60286887		(010)68371900 (010)60286804(传真)
零售店	读者服务部 (010)68371105		
承 印	北京中科印刷有限公司		

版 次	2021年8月第1版 2021年8月第1次印刷
规 格	787×1092
开 本	1/16
印 张	19.5
字 数	368千字
书 号	ISBN 978-7-5159-1948-5
定 价	59.00元

本书如有印装质量问题，可与发行部联系调换

前　言

很多人都奔跑在追逐财富的道路上，却没有意识到，思路决定出路，穷人和富人之间最大的差异不是来自金钱，而是来自思维方式。大多数富人之所以富有，是因为他们的思维方式，他们有赚钱的头脑。大多数穷人之所以一直贫穷，是因为他们缺的不仅是钱，更缺乏赚钱的头脑，这就是所谓的“穷思维，难为富人”。

穷人要想成为富人，不仅要有正确的思维方式，还要付诸行动。投资就是一条能让穷人变成富人的捷径。当然，盲目投资只会让富人变穷，让穷人变得更穷。

近年来，投资已被越来越多的人接受和认可，股市中更是掀起了一股前所未有的投资热潮，大批股民涌入股票市场。2015 年 4 月—5 月，股市迎来一波牛市行情，期间大部分交易日的成交额都在万亿元以上，各大证券公司营业部每天都人头攒动，挤满了开立账户的人，一时间“谈股论金”成为街头巷尾热议的话题。

炒股不是靠运气，而是靠技术、技巧和心态。股市中很多散户既不懂技术，也摆不正心态，结果多是抱着希望而来，带着失望而去。

中国股民是非常让人揪心的投资者，他们大都以为能在股市中捡到金砖，却往往是金砖没捡到，反而搬起石头砸了自己的脚。他们大都是盲目的趋利者，总希望坐享其成，既想在股市中赚钱，又不爱学习，不动脑子去钻研。但是，世界上哪有不劳而获的好事呢，一分耕耘一分收获，幸运之神只会眷顾有准备的人。

股票交易是一门艺术，一种技术，不是一时的冲动，也不是投机取巧。股票交易是知识、技术、心态、计划和策略综合作用的一个长期投资过程。交易的最大风险不是来自市场，而是源于投资者自身知识的匮乏、技术的短缺、技巧的拙笨和心态的失控。所以，各位投资者只要参与到股票交易中，就一定要下工夫研究股票交易知识。只有扎实地掌握这些知识，并运用正确的交易理念和方法，才能在股市中通过“钱生钱”获取稳定收益。

对于投资者来说，掌握必要的股票投资知识，熟悉必要的操作方法和技巧，是规避投资风险的有效方式。

股市中任何行情都有操作机会，只是机会有大有小而已。散户参与交易，最可怕的是没有风险意识，没有合理的仓位配置，没有长期有效的交易方法和操作技巧。

股市中存在许多不确定因素，既有国内政治、经济因素和国际市场大环境因素，也有上市公司的内在因素。投资者要想在股市中生存下去，就必须持之以恒地学习股票投资的技术和方法，并以良好的心态，去应对各种可能发生的情况，在长期的交易实践中，形成自己的投资理念和交易方法。

本书主要介绍股票交易中一些非常实用的实战技法，同时借助实际案例进行详细的讲解和应用。

书中还介绍多种挖掘强势股的方法，详细分析不同时期的操作策略，不同的风险类别和风险控制方法，来帮助散户投资者在控制风险的前提下，操作强势个股，提高获利概率。

书中有很多经过实践证明价值很高的交易方法，希望投资者耐心研读，细心分析，用心领悟，精心实践，并学以致用，将这些交易方法运用到自己的交易实战中去。

股市中，投资者任何投机取巧和不劳而获的想法，只会让自己投入的资金出现亏损。所有投身股市的投资者，都要认真研究股票交易的知识和技巧。只有“先学习，后交易”，才能走得更加稳健，更加长远。

所有投资者都要正确认识股票市场，提高风险意识，理性投资。最后愿大家都能在股市中笑到最后，胜者为王。

目　录

第一章　技术分析基础

第一节　技术分析的含义

技术分析是指以市场行为为研究对象，以判断市场趋势并跟随趋势的周期性变化，来进行股票及一切金融衍生物交易决策的方法总和。

所谓技术分析法，就是应用金融市场最简单的供求关系变化规律，寻找、摸索出一套分析市场走势、预测市场未来趋势的金融市场分析方法。它是分析金融市场波动规律的方法，其依据的根本是市场的供求关系变化。

股票市场中的技术分析法，是通过分析市场行为本身来预测市场价格的变化方向，即主要是对股票市场的日常交易状态，包括价格变动、交易量与持仓量的变化等资料，按照时间顺序绘制成图形或表格，或形成一定的指标系统，然后针对这些图形、表格或指标系统进行分析研究，以预测股票价格走势的方法。

技术分析是相对基本分析而言的。基本分析法着重对一般政治环境、经济情况以及各个公司的经营管理状况和行业动态等因素进行分析，以此来研究股票的价值，衡量股价的高低。技术分析则是通过图表或技术指标的记录，研究市场过去及现在的行为反应，以推测未来价格的变动趋势。其依据的技术指标包括股价、成交量或涨跌指数等。由此可知，技术分析只关心股票市场本身的变化，而不考虑会对其产生某种影响的政治、经济等外部因素。

1. 技术分析与基本分析的不同之处

（1）技术分析着重分析股票价格的波动规律。基本分析则侧重研究股票的长期投资价值。

（2）技术分析主要分析股票的供需表现、市场价格和交易数量等市场因素。基本分析则分析各种政治、经济等股市的外部因素，以及这些外部因素与股市的相互关系。

（3）技术分析主要针对股价的涨跌表现，是属于短期性质的。基本分析主要针对企业的投资价值和安全边际，是属于长期性质的。

（4）技术分析重点帮助投资者选择适当的交易时机和操作方法。基本分析则重点帮助投资者正确地选择投资对象。

技术分析能为投资者提供精确的建仓时机和点位。但是需要明白，所有的技术指标都是通过分析历史数据来预测未来的行情和走势，有可能出现预测错误的情况。技术分析的作用在于发现当前行情和走势的规律，从而为投资者提供建仓时机和点位，并通过资金管理在风险市场中长期稳定获利。

2. 技术分析的特点

（1）强调价格变化的相对高低点。

（2）价格变动有一定的趋势。

（3）价格走势能反映在图表中。

（4）准确性随证券市场规范运作程度逐步提高。

（5）适用于投机性的短期操作。

3. 技术分析的优点

技术分析具备全面、直接、准确、可操作性强、适用范围广等显著优势。与基本分析相比，通过技术分析进行交易，见效快，获利周期短。此外，技术分析对市场的反应比较直接，分析结果更接近实际市场。通过市场分析得到的进出场位置，往往比较准确。

4. 技术分析的缺点

技术分析的缺点是考虑对象的范围相对较窄，对长远的市场趋势难以进行有效的判断。基本分析主要适用于周期相对较长的市场预测，以及预测精确度要求不高的领域。技术分析则更适用于短期的行情预测，若进行周期较长的分析就必须参考基本分析，这是应用技术分析最应该注意的问题。因为技术分析是经验的总结而非科学体系，所以通过技术分析得到的结论及其由此进行的交易操作，只是以概率的形式为投资者带来收益。

（1）技术分析的先天缺憾。

技术分析的基本要素是量、价、时、空，四大要素千变万化的排列组合，形成了大盘和个股特定的技术形态和趋势。因此，大盘和个股技术形态和趋势的形成过程，是四大要素协同变化的结果，而绝不是单一要素或两个要素变化的结果。但在实际运用中，技术分析经典的技术形态，仅仅是K线的组合形状的描绘。技术分析经典的技术指标，或绘制成曲线，或绘制成柱状图，基本上都是单一要素演变形成的，目前没有任何指标能够包含四大要素的演化，因此是技术分析的先天缺憾。

（2）技术分析的盲区。

技术分析的盲区，是指技术指标无法预测或者预测失灵的区域。比如，KDJ指标预测上升段和下跌段比较准确，但出现高位钝化和低位钝化时，KDJ指标就进入了技术分析盲区。又如，乖离率、布林线等技术指标用来分析超跌反弹比较有效，但牛市末期反转的第一波下跌行情往往是惯性下跌行情，很多技术指标出现超跌反弹信号，结果都是失灵的，这也是技术分析的盲区。

（3）技术分析的误区。

技术分析的误区，是指技术指标预测结果有时准确有时不准确的区域。多数经典指标都具有非常重要的参考价值，但是任何一个指标都可能会在某一阶段有效，而在另一阶段无效。因此，如果投资者盲目地按照指标去死搬硬套，就会陷入技术分析误区。

另外，绝大多数技术指标都存在滞后现象，投资者运用时经常会发现实际结果往往跟预测结果不一致，而实际结果出来后又能用技术指标做出新的解释，这也是技术分析的误区。

5. 技术分析的意义

技术分析是有效交易系统中非常重要的一部分。通过技术分析预测市场价格的走向和位置，能够提高交易成功率，也能帮助投资者准确地把握建仓时机和点位，是交易系统中最基础也是最重要的起点。

（1）提高交易成功的几率。

（2）分析趋势的通道层次和共振动力出现后的目标价格空间。

（3）计算点位，确立盈亏的固定点位后，为科学地管理资金提供一个计算的数字参数。

（4）寻找交易信号，并通过指标工具的数字量化加以确认，为交易策略提供执行依据。

（5）技术分析理论可以把投资者在执行交易过程中出现的复杂心理问题，进行程序性的整理和归类，让其按照技术分析理论表现出来的特征进行操作，从而规避一些常见的心理问题，快速提高交易心理能力。

第二节 技术分析的基本假设

技术分析是股市中常用的分析工具，它的运用是有假设条件的。股票投资技术分析的理论基础，主要存在以下 3 个假设。

1. 假设市场行为包容消化一切信息

市场行为包容消化一切影响价格的因素。市场行为反映一切信息，这是技术分析的基础。影响上市公司的政治因素、经济因素、心理因素等，最终要通过市场买卖行为反映到市场价格中。

技术分析者认为，市场投资者决定交易行为时，已经充分考虑了影响市场价格的各项因素。因此，只要研究市场交易行为就能了解市场状况，而不必关心背后的影响因素。

市场行为包容消化一切信息，其主要思想认为影响股价的每个因素都已经反映在市场行为中，不必过多关心影响股价的因素具体是什么。这条假设是有一定合理性的，因为影响股市的任何一个因素，最终都会表现在股价变动上。

2. 假设价格以趋势的方式演变

价格呈趋势变动，这是进行技术分析最根本、最核心的因素。“趋势”的概念是技术分析的核心，主要内容是指趋势一旦形成，股价就会沿着现有的趋势继续演变。根据物理学上的动力法则，趋势运行将会继续，直到产生反转为止。因此，技术分析法就是利用图形或指标分析，尽早确定价格运行趋势及发现反转的信号，以掌握时机进行交易获利。

价格呈趋势变动的主要思想是，股价变动按照一定的规律进行，具有保持原来运动方向的惯性。一般来说，一段时间内股价一直持续上涨或下跌，那么今后一段时间，股价大概率还会按照这一方向继续运动，直到出现反转为止。

3. 假设历史会重演

历史会重演，这是从人的心理因素方面考虑的。股票投资无非是一个追求盈利的行为，不论是昨天、今天或明天，这个动机都不会改变。在这种心理状态下，人类的交易将形成一定的模式，导致历史重演。所以，过去价格的变动方式，在未来可能不断发生，值得投资者研究，并且利用统计分析的方法，从中发现一些有规律的图形，整理一套有效的操作原则。

进行技术分析时，一旦遇到与过去某一时间相同或相似的情况，投资者通常会与过去的结果进行比较。过去的结果是已知的，他们会将过去的结果作为参考来预测未来。不过，虽然历史会重演，但股市是千变万化的，不可能出现完全相同的情况，总是存在或多或少的差异。因此，进行技术走势逻辑分析时，一定要清楚历史会重演，但历史绝不会完全复制。

第三节　技术分析的方法分类

技术分析方法的主要手段，是在量和价的历史资料基础上进行统计、数学计算和绘制图表，以此来预测未来的价格走势。在实际运用过程中，通常会综合多种分析方法来研判行情走势，这样能大大提高交易的准确率。

技术分析方法有很多，归结起来可以分为 5 类，即 K 线类、形态类、指标类、切线类和波浪类。

1. K 线类

K 线分析方法主要是根据若干天的 K 线组合情况，推测市场中多空双方力量的对比，观察并判断市场多空双方谁更占优势，是暂时的，还是持续的，进而判断市场行情的方法。

K 线图是各种技术分析的重要参考依据。单根 K 线就有几十种不同形态，反映出市场不同的交易状态。若干天 K 线的组合形成更多的形态，反映出更多的市场交易行为。经过众人的不断总结，很多 K 线形态和 K 线组合形态对股票交易都有重要的指导意义，而且很多新的 K 线规律和方法也在不断地被发现和运用。

2. 形态类

形态分析方法，是根据价格图中过去一段时间走过的轨迹形态，来预测价格未来趋势的方法。价格走过的形态是市场行为的重要部分，是市场接到市场信息后的具体反应。价格图表现市场反应，利用价格图来预测价格未来的走势，在实际交易中具有重要的参考价值。从价格轨迹的形态中，可以推测出市场处在一个什么样的大环境之中，由此可以指导今后的投资行为。

价格图中主要的形态有M头、W底、头肩顶、头肩底、矩形、三角形等十几种，具体的形态分析和实际运用可参阅笔者已出版的《股市交易圣典》。

3. 指标类

指标分析方法是根据价、量的历史资料，通过建立一个数学模型，给出数学上的计算公式，得到一个体现金融市场某方面内在实质的数值，即指标值。指标反映的内容大多无法从行情报表中直接看到，它可以为投资者的操作行为提供指导。

随着很多专业人士不断的研究和开发，目前股市中的技术指标数不胜数。常见的指标有移动平均线（MA）、相对强弱指标（RSI）、随机指标（KDJ）、趋向指标（DMI）、平滑异同移动平均线（MACD）、能量潮（OBV）、布林线（BOLL）、心理线（PSY）、乖离率（BIAS）等。这些都是非常经典的指标，是经过市场长期检验的。

4. 切线类

切线分析方法是按照一定的原则，在根据行情价格数据绘制的图中画出一些直线，然后根据这些直线的情况推测价格的未来趋势，为投资者的操作行为提供参考，这些直线即为切线。

切线分为支撑线和压力线，分别起到支撑和压力的作用，对股价未来发展起着一定的制约作用。股价上涨至压力线附近时，很容易受到压力而掉头向下；反之，股价下跌至支撑线附近时，很容易受到支撑而转头向上。

如果股价上涨触及压力线后没有掉头向下，而是向上突破压力线，那么这条作为压力线的切线的作用就改变了，转为了支撑作用；反之，如果股价下跌触及支撑线没有转头向上，而是向下突破支撑线，那么这条作为支撑线的切线的作用就改变了，转为了压力作用。

切线在技术分析中具有非常重要的作用。切线的画法是切线是否成功的关键，切线画得好坏直接影响到预测结果的准确性。目前市场上切线有很多种，常见的有趋势线、通道线、黄金分割线、甘特线、角度线等。

5. 波浪类

波浪理论是20世纪30年代，美国证券分析大师拉尔夫·纳尔逊·艾略特（Ralph Nelson Elliott）以道琼斯工业平均指数为研究工具，创造出来的一套分析价格趋势的理论。

艾略特认为，不管是股票还是商品价格的波动，都像大自然的潮汐、波浪一样，一浪跟着一浪，周而复始，具有相当程度的规律性，展现出周期循环的特点，任何波动均有迹可循。因此，投资者可以根据这些规律性的波动预测价格未来的走势，在买卖策略上加以应用。

波浪理论是把价格的上下变动和不同时期的持续上涨、下跌看成波浪的上下起伏，认为价格运动遵循波浪起伏的规律。波浪理论的核心内容是股价波动呈完整的波浪运行形态，而一个完整的波浪形态是由 5 个上升推动浪和 3 个调整浪组成。只要数清楚了各个浪就能准确地预见到跌势已接近尾声，牛市即将来临。波浪理论能提前很长时间预测到行情的底和顶，别的技术分析方法则要等到新的趋势已经确立之后才能看到。

波浪理论是公认的最难掌握的技术分析方法。波浪理论中数浪是关键，但是大浪套小浪，浪中有浪，数浪时非常容易出现偏差。一旦数浪出现了偏差，其预测结果的准确性就会大打折扣。实际分析过程中，真正会数浪的投资者很少。虽然行情走完之后大家回过头来再数浪，大都能准确地数出来，但之前绝大多数投资者都是无法准确数浪的。

以上 5 类技术分析方法是目前市场上主流的分析方法，而且是得到市场验证和认可的技术分析方法。这几种分析方法各有侧重点，但目的都是为了能够更准确地预测行情的未来走势。在实际运用过程中，每种技术分析方法都有其优点，也有其局限性，因此实际分析时要将这几类技术分析方法结合起来使用，这样才能提高交易的成功率。

第四节　技术分析的要素

技术分析的基本要素是量、价、时、空，四大要素千变万化的排列组合，形成了大盘和个股特定的技术形态和趋势。简而言之，大盘和个股技术形态和趋势的形成过程是这四大要素共同变化的结果，而不是某个单独因素或者某两三个要素变化的结果。

量是指成交量，即筹码成交转换的数量。价是指成交价格，即标示出价格的位置，主要研究价格的波动，观察价格运行的轨迹。时是指价格运行的时间周期，也是筹码波动运行的时间跨度。空是指价格运行的波动空间，也是筹码在一定时间内价格运行的高度。

1. 量

成交量是一种市场供需的表现，指一个时间单位内对某项交易成交的数量。成交量代表筹码转移的大小，成交量越大表示愿意买卖的意见分歧越大。当市场供不应求时，说明市场投资者大都在买进，成交量自然放大；反之，当市场供过于求，市场冷清无人，买盘稀少时，成交量势必萎缩。如果某个位置上没有成交量，那就说明大家比较认可这个价格，买入的人较少，卖出的人也较少。

成交量在市场行为中的表现，主要是放量和缩量。成交量的放量有多种表现形态，即温和放量、持续放量、间歇放量、突然放量、放大量和放天量。成交量的缩量也有多种表现形态，即逐渐缩量、快速缩量、间歇缩量和缩地量。

2. 价

价是指价格，即股票价格的位置。价格是技术分析四大要素中最根本的要素。如果股票未来价格被市场投资者一致看好，那么投资者就会买入股票，从而推动价格上涨。如果股票未来价格被市场投资者一致看弱，那么投资者就会卖出股票，从而推动价格下跌。如果股票当前价格被投资者认为是合理的，那么投资者通常不会买入股票，从而导致股票买卖稀少。

市场动态行为中，价格的表现主要有上涨、下跌和横盘。从投资者的角度来看，价格主要有低位、适中价位、高位。

成交价格和成交量是市场提供给投资者最基本的资料，量价关系在所有技术分析中都是非常重要的。价格的涨跌来自多空双方力量的博弈，每时每刻多空力量对比出现的量价关系，都是市场行为的直接反应。投资者可以通过价格涨跌和成交量的变化，来观察多空双方的意图，从而判断价格后期可能的走势。

多空双方矛盾冲突与成交量大小密切相关。如果多空双方相互认同程度小、分歧大，则买卖双方争夺激烈，成交量大；反之，如果多空双方认同程度大、分歧小，则买卖双方意图趋向一致，成交量小。

量价分析的本质特性，大致可以分为 4 种情形。

（1）价格上涨，成交量小，说明价格上涨过程中，空头没有抵制，意味着多头占上风并得到空头认同，市场抛压较小。

（2）价格上涨，成交量大，说明价格上涨过程中遭到空头抵制，多空双方剧烈争夺过程中多头占据上风，有不同程度的抛压，市场抛压较大。

（3）价格下跌，成交量小，说明价格下跌过程中，多头没有负隅顽抗，意味着空头占上风并得到多头认同，没有增加买盘。

（4）价格下跌，成交量大，说明价格下跌过程中多头负隅顽抗，多空双方激烈争夺过程中空头占据上风，有不同程度的托盘。

3. 时

时是指时间，即交易时间选择和行情走势的时间跨度。交易的时间选择，主要是指买入时间、卖出时间和持仓时间。行情走势的时间跨度，主要是指上涨时间、下跌时间和横盘时间。

对实际交易来说，时间非常重要。交易择时是非常关键的，什么时候买入或者什么时候卖出，是交易能否成功的关键。如果买入的时间选择错误，可能会导致投资者买入的股票长期不涨，甚至还可能长期被套。如果卖出的时间选择错误，可能会导致原本能赚钱的交易，最后却亏损出场。

4. 空

空是指空间，即股价波动的空间。股价波动的空间主要有上涨空间和下跌空间。对交易来说，空间是获取盈利和造成亏损的关键。如果股价没有波动空间，也就不会出现盈利或者造成亏损。

空间是确定每波行情顶部位置和底部位置的重要参考标准，也是决定支撑位和阻力位的关键。在技术分析中，有一些技术分析具有空间量度功能，如形态分析技术和通道线分析技术等。

时间和空间这两个要素是交易成功的关键，两者联系紧密。如果交易时间选择对了，而股价没有波动空间，则交易难以获利。如果股价有了波动空间，而交易时间选择错了，则交易也难以获利。所以，只有在正确的时间买入了具有波动空间的股票，并且在正确的时间卖出，才能够获利丰厚。

第五节　技术分析需要注意的问题

技术分析是目前市场上主流的用来分析股价未来走势的方法。很多散户投资者过分“神化”技术分析，认为技术分析是万能的，只要学会技术分析就能驰骋股票市场。然而，事实并非如此，所有的技术分析都存在片面性和局限性。

1. 技术分析的片面性和局限性

（1）技术分析是建立在三大假设基础上的，如“市场行为包含一切信息”的假设认为，市场行为反映了市场上所有的信息。但是市场反映出来的信息和原始信息毕竟存在一些差异，信息损失是必然的。所以，进行技术分析时，应当结合一些基本面的分析，以弥补其不足。

（2）技术分析是建立在历史数据的基础上，并且依据以往的历史数据来推断未来的行情走势。但事实上，虽然市场走势会惊人的相似，但绝不会简单地重复，每次行情走势都存在独立的特性。

（3）技术分析依据的图形、指标可能出现的结果多种多样，并且具有一定的滞后性，这使投资者使用时存在一定的困难。

（4）宏观调控政策、周期经济波动、行业及公司情况等各种因素，都直接影响股票市场，技术分析对此却无能为力。

（5）技术分析得出的结论仅仅具有参考价值，并没有完全的确定性，其准确性是以概率的形式出现的。

（6）技术分析考虑问题的范围相对比较窄，不能很好地判断市场的长远趋势，因此技术分析比较适合预测短期行情，要分析周期较长的行情则必须依靠其他手段。

2. 技术分析时需要注意的问题

由于技术分析具有片面性和局限性,所以投资者进行技术分析时需要注意一些问题。

（1）研判行情时要综合运用多种技术分析方法。

进行技术分析时，不能单纯地使用某种技术分析方法来研判行情，必须要用多种技术进行分析，因为任何一种技术都有不足之处。很多投资者认为，只要学会一种技术就能在股市中游刃有余。但实际上，行情走势本身就不是某种技术分析能够准确预判的，所有的技术分析都存在一定的滞后性，有时就算将各种技术分析结合起来使用，也无法保证预测能够百分百准确。在技术分析过程中，综合运用各种技术分析方法，也只能提高预判行情的准确性。

（2）灵活运用技术分析。

绝不能机械地运用技术分析来预测行情，因为市场是不断变化的，技术分析方法也会随着市场不断地变化，任何一种技术都不是一成不变的。所以，运用技术分析预测行情时一定要灵活。

（3）技术分析的结论要不断地进行修正。

技术分析的局限性在于，任何技术分析都不能完全精准地预测股价走势，股价的实际走势总会与技术分析产生一定的偏差。技术分析的种类很多，各种成熟的技术分析方法之所以能够长期被使用，是因为在实际运用过程中已被证明有效。

技术分析只是投资者进行分析的工具，投资者运用这些工具是想得到更加准确的结论。由于各种技术分析的侧重点不同，因此运用这些方法进行分析得出的结论通常会有所不同，使用技术分析时需要不断地进行修正。

（4）任何技术分析都要经过自己的实践证明其有效才能使用。

技术分析种类众多，每位投资者学习和钻研的侧重点不尽相同，就算同一种分析技术，在不同投资者的手中运用，得出的结论也可能不同。所以，所有的投资者使用技术分析时，一定要找到适合自己交易习惯的技术分析方法，并且经过实践证明其有效方可使用。

（5）技术分析只是一种分析工具。

技术分析只是一种分析工具，真正运用技术分析的是人，人是有思想感情的，对技术分析方法的使用起着决定作用。有时同样的技术分析，不同的人使用得到的结果会完全不同。同样的分析工具，有的投资者使用时可能会获利丰厚，而另外的投资者使用时可能会亏损不断。

技术分析中很多的技术参数都是人为设定的，不同的分析者设定的技术参数与标准会有所不同，其最终得到的结论也会有天壤之别。所以进行技术分析时，不要过分依赖某种技术分析，要将思维和方法回归到分析的人身上。只有将技术分析和分析的人相结合，找到适合分析者的技术分析方法，在交易中才能稳定获利。

（6）技术分析的结论是概率性的，不是绝对的。

在变幻莫测的股市中，就算运用多种技术分析方法，依然无法准确地判断市场的走势。股市中，所有的技术分析都不是绝对的，只是概率性的，没有谁能够完全准确地预测股价走势。因此，学习和研究各类技术分析，并利用这些方法判断行情走势，只是为了提高预测股市的成功率。

第二章　K 线基础分析

第一节　K 线理论及画法

K 线图作为一种特殊的市场语言，是技术分析中最重要的参考指标之一，是股价走势最直观的表现。通过分析 K 线图，投资者能够预判未来的行情走势，从而提高交易成功率。

1. K 线起源

K 线最早起源于日本德川幕府时代，被当时日本米市的商人用来记录米市的行情与价格波动，后因其细腻独到的标画方式而被引入股市及期货市场。目前，K 线已被广泛运用于世界各地金融市场的技术分析之中。由于 K 线颇似一根根蜡烛，又叫蜡烛线，加上这些蜡烛有黑白之分，因而也叫阴阳线。

通过 K 线，投资者能把每日或某一周期的市况表现完全记录下来。股价经过一段时间的盘档后，在图上即形成一种特殊区域或形态，不同形态显示出不同的意义。投资者可以从这些形态的变化中摸索出走势的规律。

2. K 线画法

K 线是一根柱状的线条，由影线和实体组成。影线在实体上方的部分叫作上影线，影线在实体下方的部分叫作下影线。K 线的具体画法：首先找到该日或某一周期的最高价和最低价，垂直地连成一条直线，然后再找出当日或某一周期的开市价和收市价，把这两个价位连接成一条狭长的长方柱体。假如当日或某一周期的收市价较开市价高（即低开高收），便以红色来表示，或在柱体上留白，这种柱体称为“阳线”。如果当日或某一周期的收市价较开市价低（即高开低收），则以绿色表示，或在柱体上涂黑，这种柱体称为“阴线”。如图 2–1、图 2–2 所示。

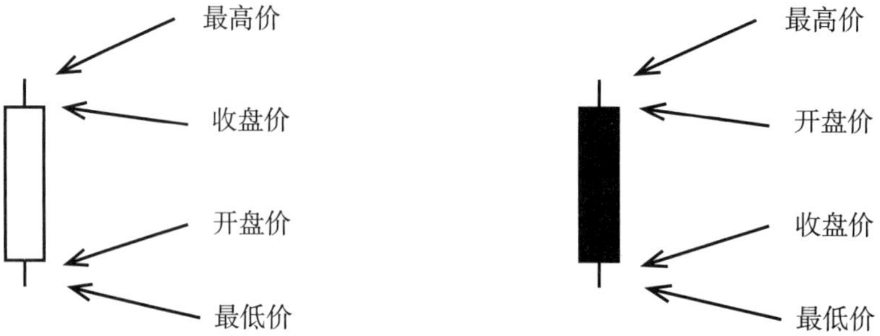

图 2–1

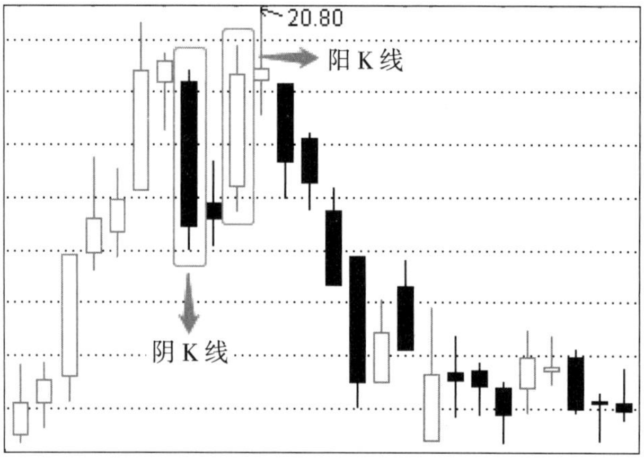

图 2–2

3. K 线构成要素

K 线是以每个分析周期的开盘价、最高价、最低价和收盘价绘制而成。其中，收盘价最为重要。以绘制日 K 线为例，首先确定开盘和收盘的价格，它们之间的部分画成矩形实体。如果收盘价高于开盘价，则 K 线被称为阳线，用红色实体或空心实体表示；反之，称为阴线，用黑色实体或白色实体表示。在国内股票和期货市场，通常用红色表示阳线，绿色表示阴线。用较细的线将最高价和最低价分别与实体连接，最高价和实体之间的线称为上影线，最低价和实体之间的线称为下影线。

如果用 1 分钟的价格数据绘制 K 线图，就称为 1 分钟 K 线图。如果用 1 个月的价格数据绘制 K 线图，就称为月 K 线图。绘图周期可以根据需要灵活选择。

第二节　K 线的形态及市场意义

K 线是一种特殊的市场语言，不同的形态有不同的含义。

1. K 线的概念

K 线是由一段时间内的开盘价、收盘价、最高价和最低价组成，表示这段时间内买卖双方的力量对比情况。K 线图又称蜡烛线、红黑线、阴阳线。K 线图技术又叫蜡烛线图技术，是源于日本的一种技术分析理论，这种理论经受了数百年的洗礼，在实际交易中得到了广泛应用。

K 线的优点：鲜明生动，信号灵敏，能够全面透彻地观察到市场的真正变化。投资者从 K 线图中，既可看到股价的整体趋势，同时也可以了解到每日市况的波动情形。

K 线的缺点：阴线与阳线变化繁多，不过也正是这种灵敏的信号使得伪信号增加，这加大了投资者的把握难度。因此，将 K 线图技术与其他技术分析工具结合起来相互验证，能使技术分析更加准确。

2. 常见的 K 线图

从单根 K 线来看，由于其涨跌幅度及上下影线的长度不同，可能具有不同的市场意义。即使同样形状的 K 线，出现在高价位还是低价位，其意义也会有所不同。

（1）光头光脚阳线。

光头光脚阳线，即开盘价等于最低价，收盘价等于最高价。这种阳线表示从一开盘买方就积极进攻，中间买方和卖方可能会出现激烈的斗争，但是买方发挥最大力量，始终占据优势，使价格一路上扬，直至收盘。

图 2–3 中标示的大阳线，即为光头光脚阳线，表明当日交易以最高价收盘，并且最低价就是当日的开盘价，说明该只股票的价格涨势很强，一路上涨，阻力不大。阳线越长，表明涨势越强，多方势力越强大。

图中框内所示的 K 线均属于光头光脚阳线。股价走势出现光头光脚中阳线或大阳线时，预示着市场表现强势，后市看涨概率较高。

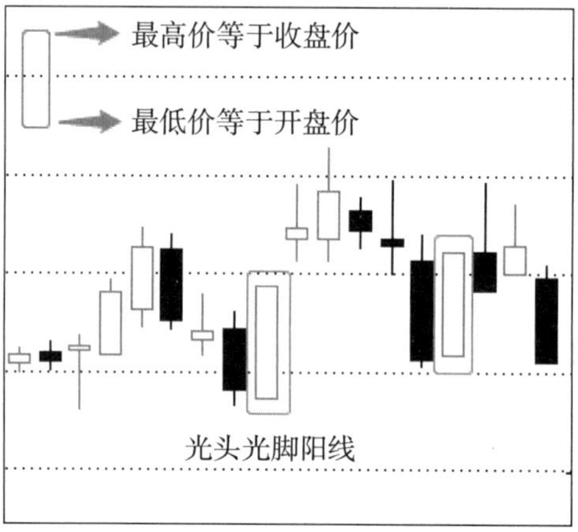

图 2–3

（2）光头光脚阴线。

光头光脚阴线，即开盘价等于最高价，收盘价等于最低价。这种阴线表示从一开盘卖方就占据优势，股价处于低潮，持有股票的投资者不限价地向外抛售，造成恐慌心理，市场呈现单边下跌走势，价格始终保持下跌，最终以最低价收盘。

图 2–4 中标示的大阴线，即为光头光脚阴线，表明当日交易以最低价收盘，并且最高价就是当日的开盘价，说明该只股票的价格跌势很强，一路下跌，支撑力不大。阴线越长，表明跌势越强，空方势力越强大。

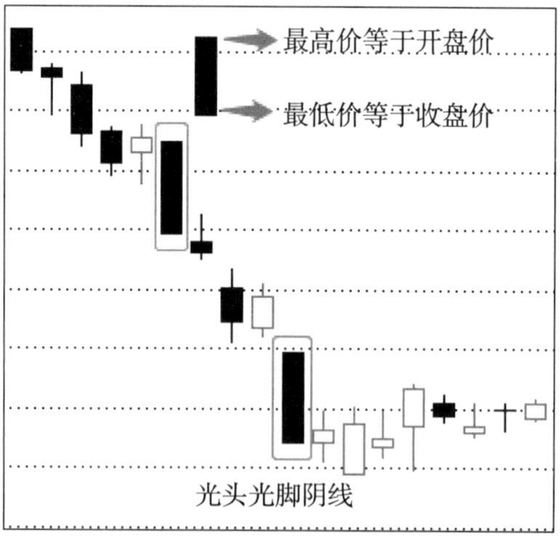

图 2–4

图中框内所示的 K 线均属于光头光脚阴线。股价走势出现光头光脚中阴线或大阴线时，预示着市场表现弱势，后市看跌的概率较高。

（3）光头阳线。

图 2–5 中标示的阳线是带下影线而不带上影线的阳线，表明当日开盘后交易价曾跌破开盘价，但随即上涨，并以最高价收盘。说明该只股票价格上涨的过程中曾遇到抵抗，但股价有强有力的支撑，表明涨势很强，后市看涨。

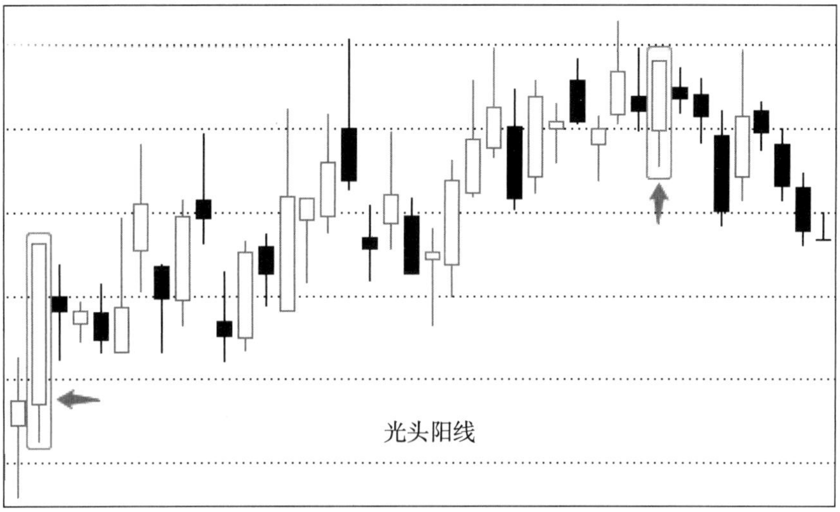

图 2–5

图中框内所示的 K 线均属于带下影线的光头阳线。股价走势出现带下影线的光头阳线时，说明当天行情经过短时间的弱势之后买盘开始强势，股价开始强势上涨，最终以当日最高价收盘。

（4）光头阴线。

图 2–6 中标示的阴线是带下影线而不带上影线的阴线，表明当日开盘后，股价一路

图 2–6

下跌，但在买方势力的抵抗下，价位跌到当天最低价时，买方迫使价位回升了一定的幅度，并以较高价收盘。说明该只股票价格下跌的过程中出现了支撑的力量，虽不足以立即止跌，但已不可轻视。

图中框内所示的K线均属于带下影线的光头阴线。股价走势出现带下影线的光头阴线时，说明当天行情开盘后就表现弱势，抛盘严重，导致股价下跌，股价下跌一定幅度后买方力量逐渐增强，导致股价只是稍微有所回升。这种K线形态是股价弱势的表现。

（5）光脚阳线。

图2–7中标示的阳线是带上影线而不带下影线的阳线，表明当日开盘后，股价一路上涨，但在最高价又跌了下来，没能以最高价收盘。说明该只股票价格上涨过程中曾遇到较强的阻力，被迫未能以最高价收盘，多方优势已受到有力的挑战。上影线越长，表明阻力越强。

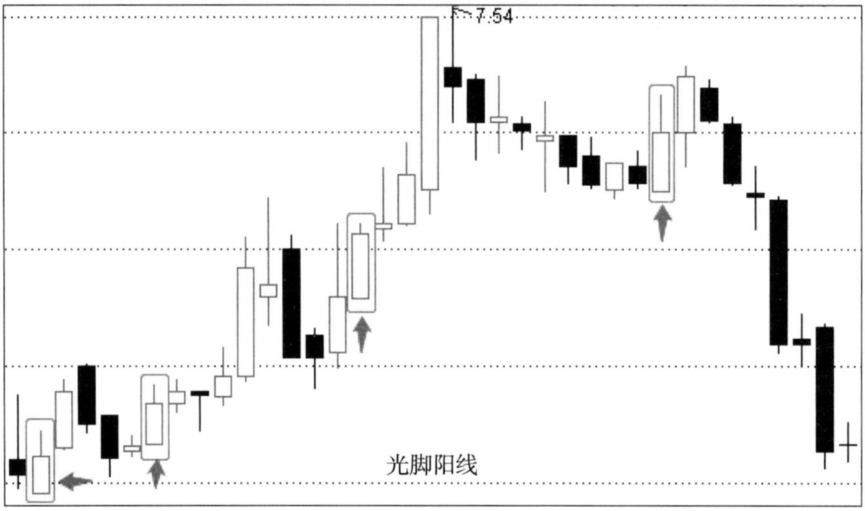

图2–7

图中框内所示的K线均属于带上影线的光脚阳线。股价走势出现带上影线的光脚阳线时，说明当日股票开盘后便因买盘积极刺激股价强势上涨，但股价冲高后抛压增加，导致股价出现部分回落。

（6）光脚阴线。

图2–8中标示的阴线是带上影线而不带下影线的阴线，表明当日开盘后，股价曾涨过开盘价，但在卖方势力的抛压下股价被压在开盘价以下，并以最低价收盘。说明该只股票下跌的过程中，多方虽进行了拉动上涨的努力，但阻力较强，空方力量很强大，后市看跌。

图 2-8

图中框内所示的 K 线均属于带上影线的光脚阴线。股价走势出现带上影线的光脚阴线时，说明当日股票开盘经过短暂的上涨后，受市场抛压影响出现下跌行情，股价开始持续走低，最终以当日最低价收盘。

（7）带上下影线的阳线。

图 2-9 中标示的阳线是带上下影线的阳线，表明当日开盘后，买方力量曾使交易价涨过开盘价，但卖方势力也曾将价位打压在开盘价以下，双方交锋之后，多方略胜一筹，但受空方影响并没能以最高价收盘。这种情况如果出现在上涨了一段时间之后，表明空方力量有所增强，涨势快到头了。如果出现在下跌了一段时间之后，表明多方力量在逐步凝聚，跌势很可能被止住。

图中框内所示的K线均属于带上下影线的阳线。股价走势出现带上下影线的阳线时，

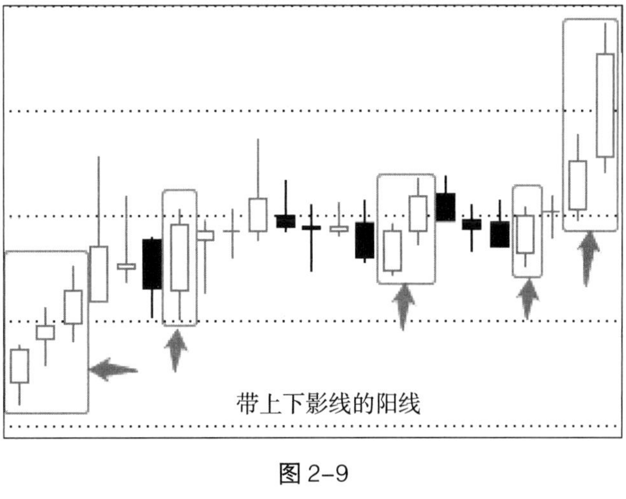

图 2-9

说明当日股票开盘经过短暂的下探后，受市场多方强势影响出现上涨行情，股价开始持续走高，股价冲高后受到空方打压，出现小幅回落，最终以上下都带影线的阳 K 线收盘。

（8）带上下影线的阴线。

图 2–10 中标示的阴线是带上下影线的阴线，表示当日开盘后，买方力量曾使交易价涨过开盘价，但卖方势力也曾将价位打压在开盘价以下，双方交锋之后，空方略胜一筹，但受多方影响没能以最低价收盘。这种情形如果出现在下跌了一段时间之后，表明多方力量在逐步凝聚，有力地牵制了跌势，后市可能出现反转。如果出现在上涨了一段时间之后，表明空方力量已经较强，涨势快到头了。

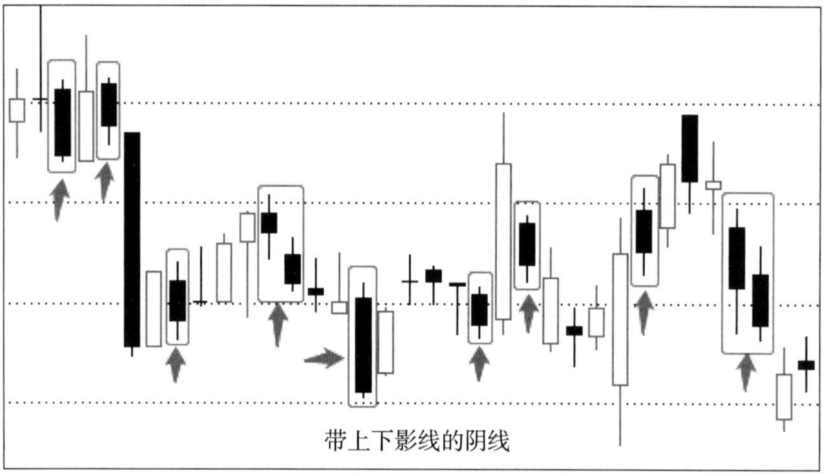

图 2–10

图中框内所示的K线均属于带上下影线的阴线。股价走势出现带上下影线的阴线时，说明当日股票开盘经过短暂的拉升后，受市场空方强势影响出现下跌行情，股价开始持续走低，股价下探后又受到多方抵抗，出现小幅回升，最终以上下都带影线的阴K线收盘。

（9）带长下影线的阳线。

图2–11 中标示的阳线是带上下影线的阳线，但下影线比上影线长，表明当日开盘后，遇到空方势力打压，价位一度跌得很低，但多方力量不仅弥补了这一下跌，还将收盘价拉到高于开盘价的地方收盘。这说明多方力量构成的支撑力比空方力量的压力大，后市继续上涨的概率较大。下影线越长于上影线，说明支撑力越大。

图中框内所示的K线均属于带长下影线的阳线。股价走势出现带长下影线的阳线时，说明当日股票开盘后股价出现大幅下探，之后又受市场多方强势影响出现上涨行情，股价开始持续走高，股价冲高后又受到空方打压，出现小幅回落，最终形成下方留下较长下影线，而上方只留下很短上影线或者没有上影线的阳 K 线。

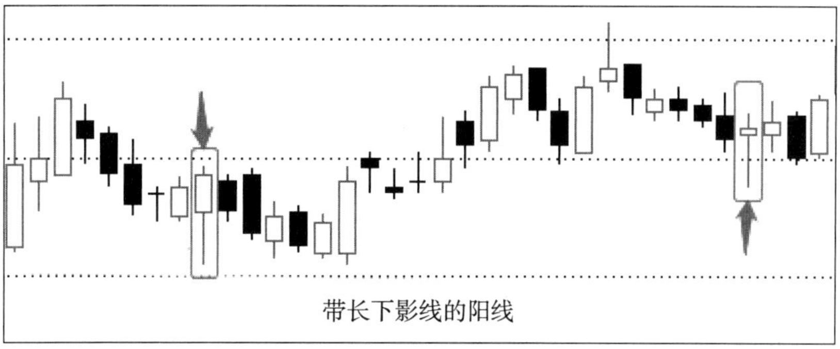

图 2-11

（10）带长下影线的阴线。

图 2-12 中标示的阴线是带上下影线的阴线，但下影线比上影线长。只要它的实体不是很长，跌幅不是很大，其意义基本与图 2-11 相同，表明支撑力比压力大，后市极有可能止跌，开始上涨。下影线越长于上影线，说明支撑力越大。

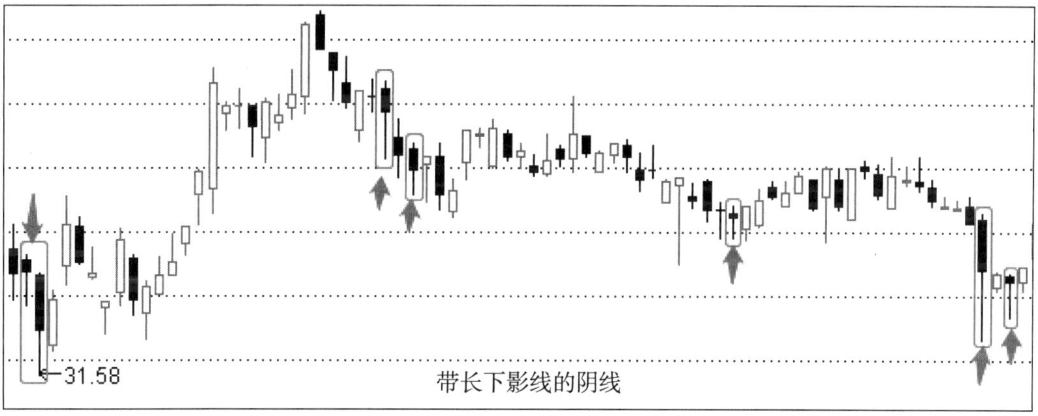

图 2-12

图中框内所示的 K 线均属于带长下影线的阴线。股价走势出现带长下影线的阴线时，说明当日股票开盘后股价小幅拉升，之后又受市场空方强势影响出现下跌行情，股价持续走低，股价下跌后又受到多方抵抗，出现大幅回升，最终形成下方留有较长的下影线，而上方只留有很短的上影线或者没有上影线的阴 K 线。

（11）带长上影线的阳线。

图 2-13 中标示的阳线是带上下影线的阳线，但上影线比下影线长，表明当日开盘后，多方力量虽然将价位拉得很高，但遇到空方势力打压，收盘价并不比开盘价高多少。这说明多方力量构成的支撑力不比空方力量的压力大，后市极可能下跌。上影线越长于下影线，说明压力越大。

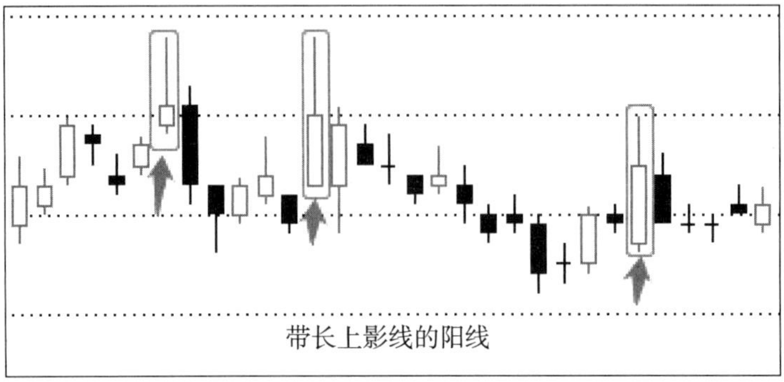

图 2–13

图中框内所示的K线均属于带长上影线的阳线。股价走势出现带长上影线的阳线时，说明当日股票开盘后股价出现小幅下探或者没有下探，就受市场多方强势影响出现上涨行情，股价大幅冲高后又受到空方打压，出现大幅回落，最终形成下方留下较短下影线或没有下影线，上方留下很长上影线的阳 K 线。

（12）带长上影线的阴线。

图 2–14 中标示的阴线是带上下影线的阴线，但上影线比下影线长，只要它的实体不是很长，跌幅不是很大，其意义基本与图 2–13 相同，表明支撑力不如压力大，后市极有可能继续下跌。上影线越长于下影线，说明压力越大。

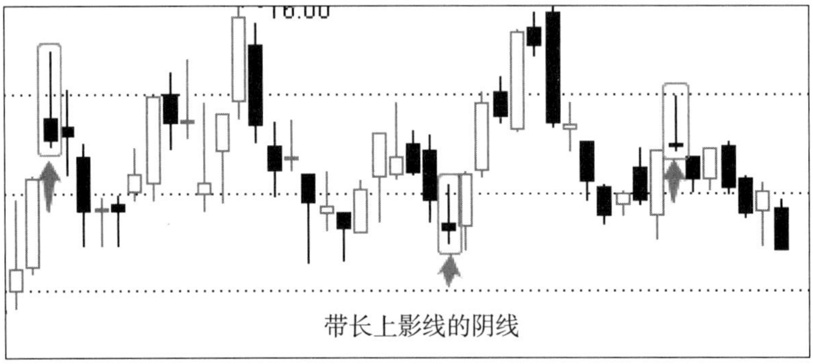

图 2–14

图中框内所示的K线均属于带长上影线的阴线。股价走势出现带长上影线的阴线时，说明当日股票开盘后股价大幅拉升，之后又受市场空方强势影响出现下跌行情，股价翻绿下探后又受到多方抵抗，出现小幅回升，最终形成下方留下较短下影线，上方留下很长上影线的阴 K 线。

（13）带上下影线的十字星。

图 2–15 中标示的 K 线是带上下影线的“十字星”，表示开盘价与收盘价相同，而

上下影线基本相同，说明多方力量构成的支撑力与空方力量的压力差不多。十字星是非常重要的 K 线形态，出现在股价高位和低位时具有非常明显的反转信号。这种形态出现在上涨或下跌过程中，可能是趋势的延伸，也可能是反转的信号。

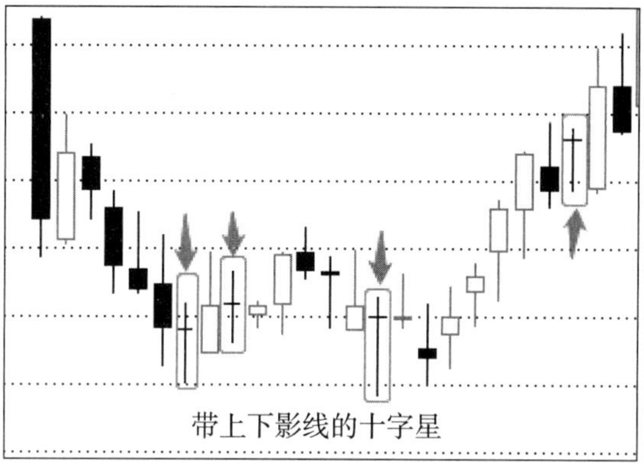

图 2-15

图中框内所示的 K 线均属于十字星。股价走势出现十字星时，说明股票开盘后多空双方展开激烈的搏斗，最终力量胶着，多方力量和空方力量势均力敌，收盘时在开盘价或开盘价附近收盘。

十字星上下都带影线，收盘价比开盘价高一点的叫阳十字星，收盘价比开盘价低一点的叫阴十字星，收盘价与开盘价相同的叫十字星。

十字星经常是一种明显的反转信号，具体是什么样的反转信号，要看十字星出现的位置。如果十字星出现在连续上涨之后，则是一个明显的高位预警，如伴随成交量大增，后市行情可能会反转下跌。高位十字星，上影线越长越有效，这样的十字星又叫“黄昏十字星”或“单针推顶”。

如果十字星出现在连续下跌之后，则是一个明显的低位触底预警，如伴随成交量放大，后市行情可能会触底反弹。低位十字星，下影线越长越有效，这样的十字星又叫“启明十字星”或“单针探底”。

（14）T 字线。

T 字线是一种下方带影线上方不带影线，光头不光脚，同时收盘价等于或者非常接近开盘价的一种形态。股票开盘后，强大的卖方力量推动行情下跌，跌到一定低位时受到买盘的强势支撑，股价出现回升，直至最终买盘都表现强势，卖方无法压制买方的力量，这是一种强烈的见底和看涨信号。如果伴随着量能大增，则后市上涨的概率较大。如果出现在行情连续下跌的底部，则说明行情可能见底，即将转向上涨。如果出现在上涨中途，则说明行情还将继续上涨。

图 2–16 中框内所示的 K 线属于 T 字线。股价走势出现 T 字线时，说明股票开盘时多方强势，但随后空方出现强力抛压使股价下跌，之后多方又展开激烈争夺，使市场分歧转为一致，再次将股价拉升至开盘时的位置，最后以开盘价收盘，开盘价即为当日最高价。

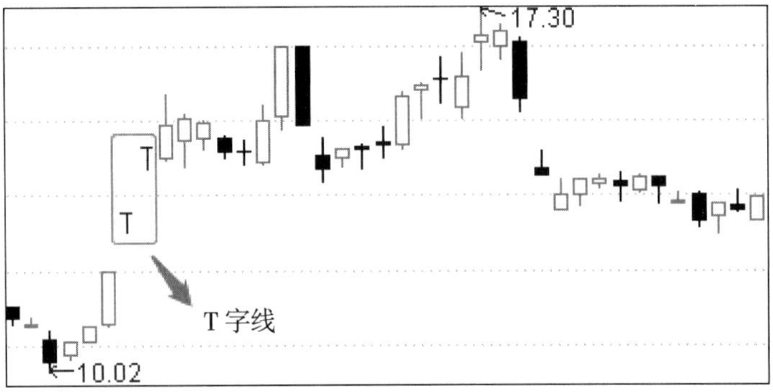

图 2–16

（15）倒 T 字线。

倒 T 字线是一种上方带影线下方不带影线，光脚不光头，同时收盘价接近开盘价的一种形态。股票开盘后，强大的买方力量推动行情上涨，涨到一定高位时受到卖盘的强势打压，价格出现回落，直至最终卖盘都表现强势，买方无法支撑卖方的力量，这是一种强烈的见顶和看跌信号。如果伴随着量能大增，则后市下跌概率较大。如果出现在行情连续上涨的顶部，则说明行情可能见顶，即将转向下跌。如果出现在下跌途中，则说明行情还将继续下跌。

图 2–17 中框内所示的 K 线属于倒 T 字线。股票走势出现倒 T 字线时，说明股票开盘时空方强势，但随后多方出现强力拉升使股价上涨，之后空方又出现强力抛压，使市场分歧转为一致下跌，再次将股价打压至开盘时的位置，最终以开盘价收盘，开盘价即为当日最低价。

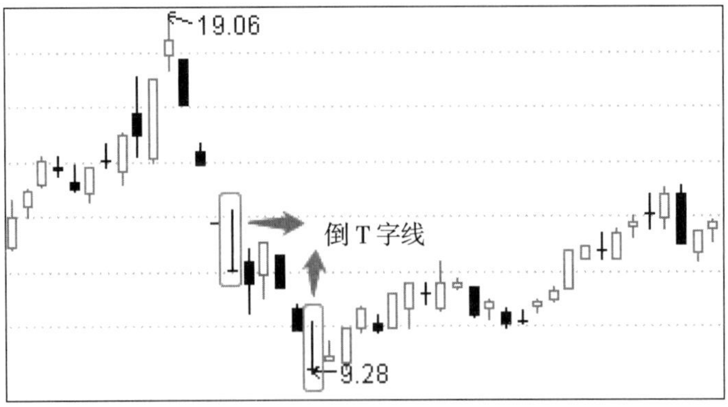

图 2–17

（16）一字线。

一字线是一种不常见的形态，即开盘价、收盘价、最高价、最低价在同一价位。出现这样的情况时，通常说明行情非常冷清，全天交易只有一档价位成交。这种走势的个股大都属于冷门股，不被市场关注，或者是完全控盘股，庄家刻意为之，此类情形较易发生“一字线”走势，尤其在行情比较冷淡的时期。这种个股要么被市场抛弃，要么基本面存在某种猫腻。

涨停一字线和跌停一字线均属于特殊一字线走势，涨停一字线通常属于市场热门股，跌停一字线通常属于市场抛弃股。

图 2-18 中框内所示的 K 线属于涨停一字线。股价走势出现涨停一字线时，说明股票非常强势，多方力量非常强，最终以开盘价收盘，并且全天的最高价和最低价都等于开盘价。

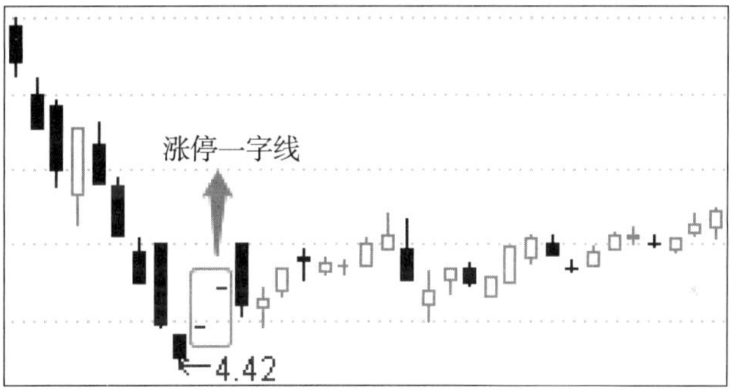

图 2-18

图 2-19 中框内所示的 K 线属于跌停一字线。股价走势出现跌停一字线时，说明股票非常弱势，空方力量非常强，最终以开盘价收盘，并且全天的最高价和最低价都等于开盘价。

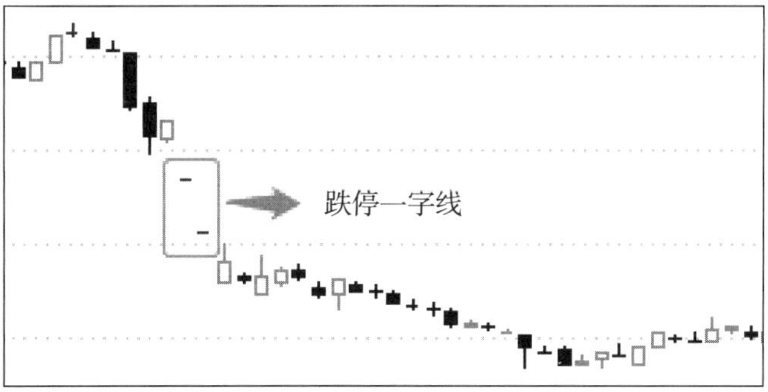

图 2-19

第三节　K 线和 K 线组合的顶底形态及市场意义

一些典型的 K 线或 K 线组合，会不断地重复出现。如果投资者掌握了这些规律，将在很大程度上提高交易的成功率。如果出现底部看涨 K 线或 K 线组合，则预示着股价很快就会上升，投资者可以赶快建仓。如果出现顶部看跌 K 线或 K 线组合，则预示着行情走势风险较大，投资者要及时获利了结。

1. 看涨 K 线或 K 线组合及市场含义

（1）早晨十字星。

图形特征：早晨十字星 K 线组合形态出现在下跌途中，是由 3 根 K 线组合而成。这种形态是指股价经过一段时间的下跌后，某天股价继续下跌收出一根实体较长的阴 K 线。第二天股价跳空低开，多空双方经过激烈争斗，收盘时形成一根带上下影线的十字星线。第三天股价上涨形成一根阳 K 线，并且阳 K 线的实体需进入第一根阴 K 线的实体之内，K 线收盘价可以高于第一天的开盘价。

市场含义：股价经过一段时间的持续下跌后，其走势出现早晨十字星时，说明股价在低位出现多空力量的转换，行情开始由空方主导逐渐转变为多方主导，是下跌趋势中行情出现反转时重要的买入信号。

如图 2–20 所示，2019 年 5 月 23 日—27 日期间的 3 个交易日，武汉中商（现名居然之家，000785）的股价形成的 K 线组合即为早晨十字星形态。经过一段时间的持续下跌，2019 年 5 月 23 日，股价下跌时收出一根实体较长的阴线。第二个交易日即 5 月 24 日，股价收盘出现十字星。第三个交易日即 5 月 27 日，该股股价继续上涨，收盘价进入第一天的 K 线实体之中，其后短期内该股出现持续上涨走势。

（2）早晨之星。

图形特征：早晨之星形态和早晨十字星形态相似，都出现在下跌途中，由 3 根 K 线组合而成。早晨之星 K 线组合形态的第一根 K 线是阴线。第二根 K 线是一根小阳 K 线或者小阴 K 线，这也是与早晨十字星最大的区别。第三根 K 线是阳线，且这根 K 线的实体深入到第一根阴 K 线的实体内。

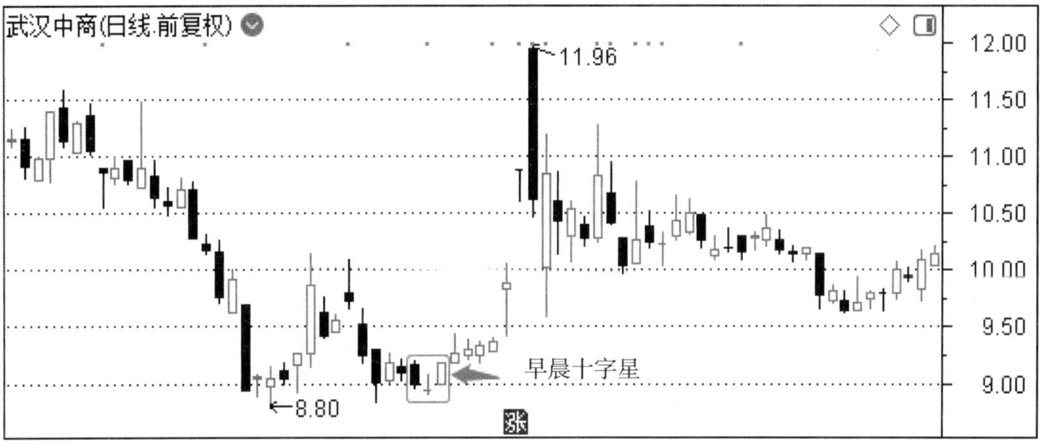

图 2-20

市场含义：股价经过一段时间的持续下跌后，早晨之星出现时，代表股价在低位出现多空力量的转换，空方力量逐渐减弱，多方力量逐渐增强，是行情可能见底的信号，后市看涨，但看涨信号不如早晨十字星强烈。

如图 2-21 所示，焦点科技（002315）的股价经过一段时间的持续下跌，2019 年 1 月 30 日收出一根实体较长的阴线。第二个交易日即 1 月 31 日，股价收盘出现带小实体的十字星。第三个交易日即 2 月 1 日，该股继续上涨，收盘价进入第一天的 K 线实体之中，其后短期内该股持续上涨。

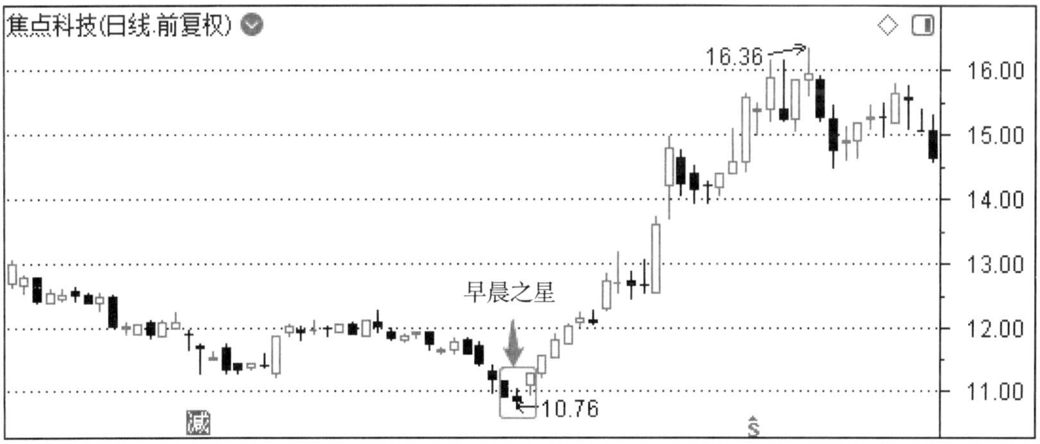

图 2-21

（3）曙光初现。

图形特征：曙光初现又叫刺透形态，其 K 线组合形态出现在下跌行情中，由一阴一阳两根 K 线组成。其中，第一根 K 线为中阴 K 线或大阴 K 线，第二根 K 线为中阳 K

线或大阳K线。第二根K线必须跳空低开，然后行情低开高走，且收盘时这根K线的实体深入到第一根阴K线实体的1/2以上位置。

市场含义：股价经过一段时间的持续下跌后，出现曙光初现K线走势时，说明空方力量已经衰竭，多方开始主导市场，是行情反转信号，阳线实体深入阴线实体的部分越多，行情反转的信号越强。

如图2-22所示，东诚药业（002675）的股价经过一段时间的持续下跌，2018年10月18日收出一根实体较长的阴线。第二个交易日即10月19日，股价跳空低开，随后低开高走，收盘时收出光头阳线，且阳线实体深入到前一根阴线的1/2以上位置，其后该股短期内呈持续上涨走势。

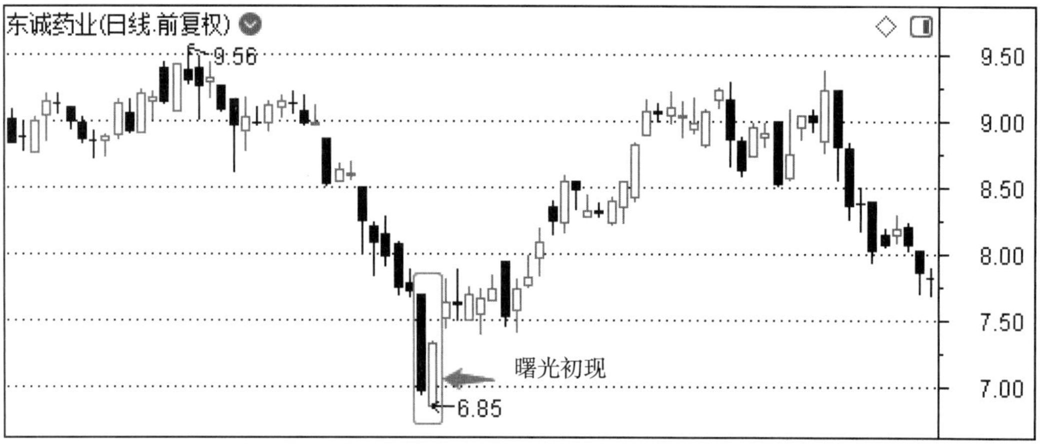

图2-22

（4）好友反攻。

图形特征：好友反攻K线组合形态出现在下跌行情中，由一阴一阳两根K线组成，其中第一根K线为中阴K线或大阴K线，第二根K线为中阳K线或大阳K线。第二根K线必须跳空低开，然后行情低开高走，且收盘时这根K线收在第一根阴K线收盘价相同或相近的位置。

市场含义：股价经过一段时间的持续下跌后，出现好友反攻K线走势时，说明空方力量已经衰竭，多方开始主导市场，是行情反转信号，但没有曙光初现的反转信号强烈。

如图2-23所示，旋极信息（300324）的股价经过一段时间的持续下跌，2019年8月14日收出一根实体较长的阴线。第二个交易日即8月15日，股价大幅跳空低开，随后低开高走，收盘时收出中阳线，收盘价与第一根阴K线的收盘价相近，其后该股短期内呈持续上涨走势。

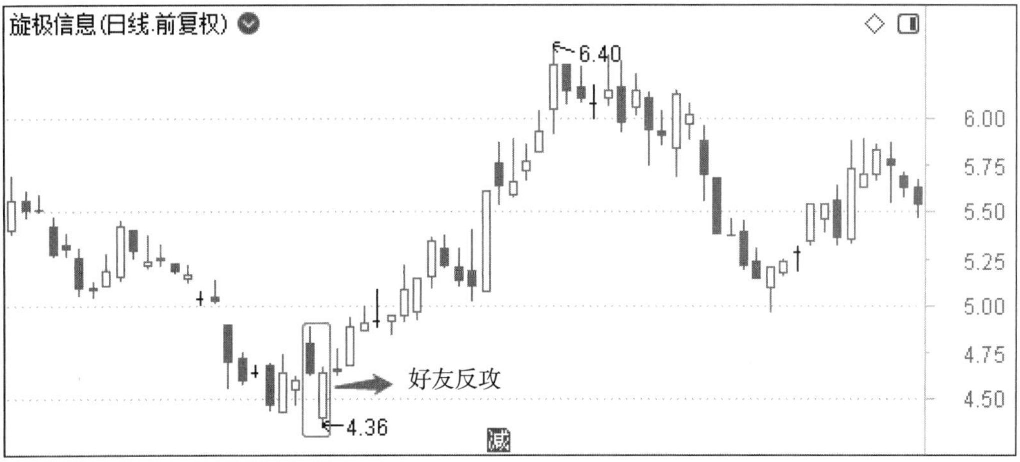

图 2-23

（5）旭日东升。

图形特征：旭日东升 K 线组合形态出现在下跌行情中，由一阴一阳两根 K 线组成，其中第一根 K 线为中阴 K 线或大阴 K 线，第二根 K 线为中阳 K 线或大阳 K 线。第二根 K 线必须跳空高开，然后行情高开高走，且收盘时这根 K 线收在第一根阴 K 线的开盘价上方。

市场含义：股价经过一段时间的持续下跌后，出现旭日东升形态时，说明空方力量衰竭，多方力量强劲，市场由多方主导，是强烈的见底信号，阳 K 线实体高于阴 K 线实体部分越多，行情反转的信号越强烈。

如图 2-24 所示，同为股份（002835）的股价经过一段时间的持续下跌，2019 年 7 月 22 日收出一根实体较长的阴线。第二个交易日即 7 月 23 日，股价跳空高开，且高开高走，收盘时第二根阳 K 线收于第一根阴 K 线开盘价上方，其后该股短期内持续上涨。

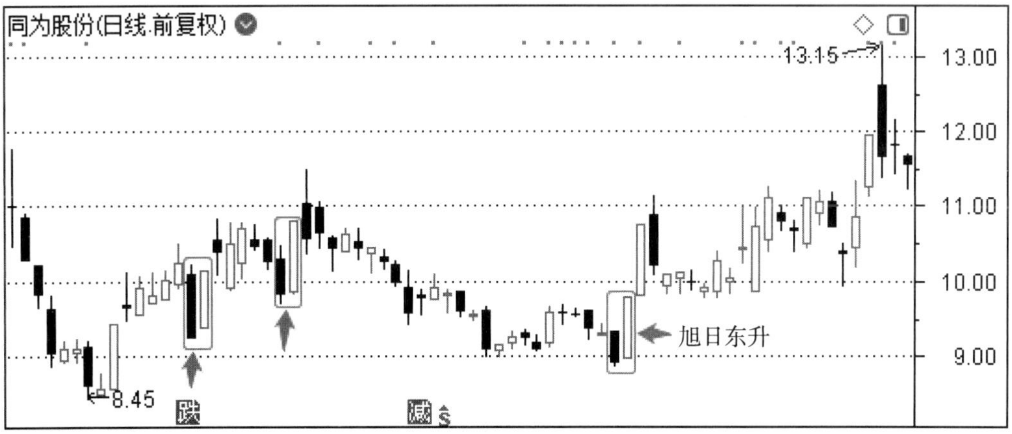

图 2-24

（6）锤头线。

图形特征：锤头线 K 线形态出现在下跌行情中，是指股价经过一段时间的下跌后，某天股票开盘后市场受空头打压一度急剧下跌，随后股价逐步回升，直至收盘时股价接近或者就是当日的最高价。其 K 线形态为，K 线实体部分较短（实体可以是阴线，也可以是阳线），上影线没有或者很短，下影线较长，下影线的长度至少是实体部分的 2 倍以上。

市场含义：股价经过一段时间的持续下跌后，在低位出现锤头线时，说明空方力量衰竭，多方开始反攻，是行情见底信号。锤头的实体 K 线与下影线比例越悬殊，见底信号越强烈，越具有参考价值。

如图 2–25 所示，智度股份（000676）的股价经过一段时间的持续下跌，2019 年 8 月 15 日、10 月 9 日形成的 K 线形态均为实体是阳线的锤头线。股票开盘后，股价受到空头打压下探，随后开始逐步走高。收盘时收在当日的最高价位置，同时下方留下较长的下影线，并且 K 线实体部分很短。该股形成锤头线后，短期内出现持续上涨走势。

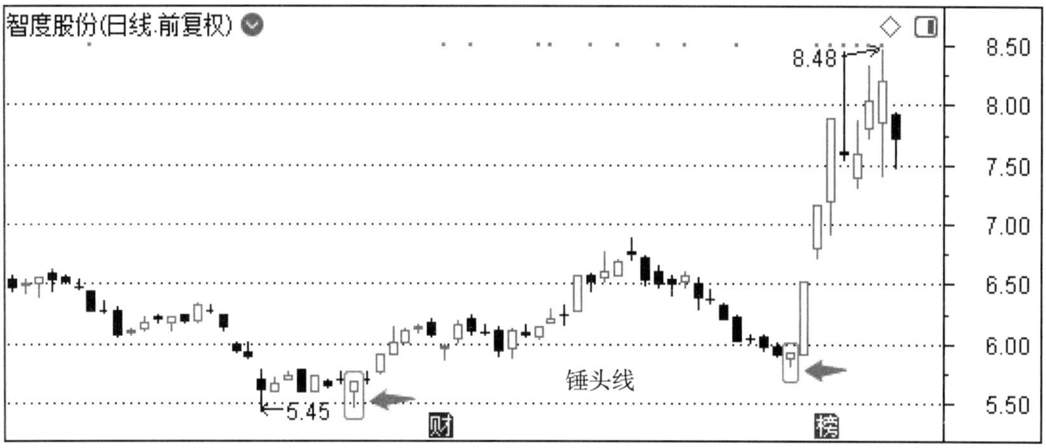

图 2–25

如图 2–26 所示，菲利华（300395）的股价经过一段时间的持续下跌，2018 年 12 月 25 日形成的 K 线形态即为实体是阴线的锤头线。股票开盘后，股价受到空头打压下探，随后开始逐步走高，收盘时收在当日的开盘价下方附近，开盘价为当日最高价，即光头不光脚，下方留下较长的下影线，K 线呈阴线，且实体部分很短。该股形成锤头线后，短期内出现持续上涨走势。

（7）倒锤头线。

图形特征：倒锤头线 K 线形态出现在下跌行情中，是指股价经过一段时间的连续

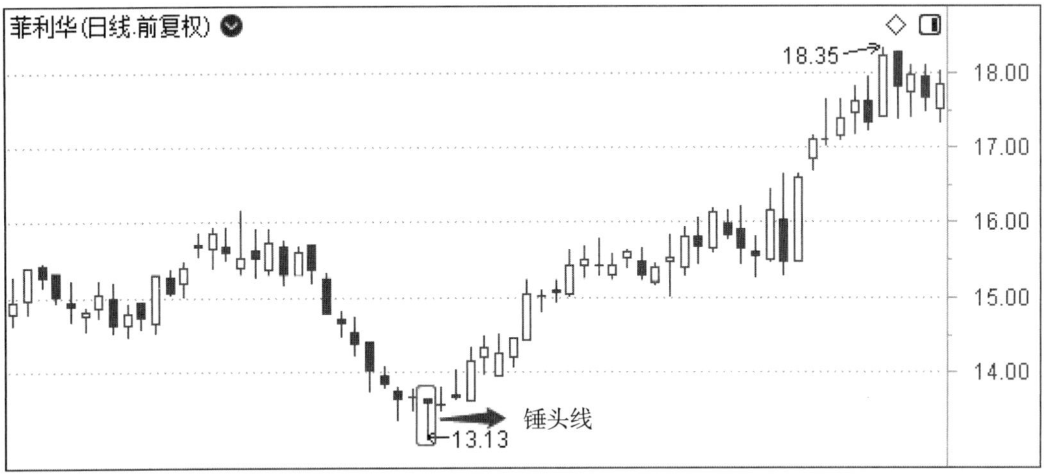

图 2-26

下跌后，某天跳空低开，股价受买盘强势影响拉升上涨，随后卖盘增加，导致股价持续回落，最后收盘时 K 线为小实体（小实体可以是阴线，也可以是阳线），下影线没有或者很短，长上影线至少是实体部分的 2 倍以上。

市场含义：股价经过一段时间的持续下跌后，出现倒锤头线时，说明空方力量开始减弱，多空双方争夺依然非常激烈，多方已经开始强烈反攻，虽然还是受到空方打压，但多方上攻意愿强烈，是行情见底信号。锤头的实体 K 线与上影线比例越悬殊，越具有参考价值。如果能伴随成交量的地量出现，则见底信号更强烈。但需要注意，在下跌行情中，有时倒锤头线的出现也可能是下跌中继。因此，在判断行情是否见底时，成交量是否出现地量，是检验倒锤头线见底有效性的重要参考指标。

如图 2-27 所示，安科生物（300009）的股价经过一段时间的持续下跌，2015 年 9 月 2 日形成的 K 线形态即为实体是阳线的倒锤头线。股票开盘后，受到多方强势影响，股价出现上涨。股价上涨一定空间后，受到空头打压开始回落，收盘时收出阳 K 线，收盘价在当日的开盘价上方附近，K 线光脚不光头，同时上方留下较长的上影线，且 K 线实体很短。该股形成倒锤头线后股价见底，短期内出现持续上涨走势。

如图 2-28 所示，易见股份（600093）的股价经过一段时间的持续下跌，2015 年 7 月 7 日形成的 K 线形态即为实体是阴线的倒锤头线。股票开盘后，股价受到多方强势影响，出现上涨。股价上涨一定空间后受空头打压开始回落，收盘时收出阴 K 线，收盘价在当日的开盘价下方附近，K 线光脚不光头，同时上方留下较长的上影线，且 K 线实体很短。该股形成倒锤头线后股价见底，短期内出现持续上涨走势。

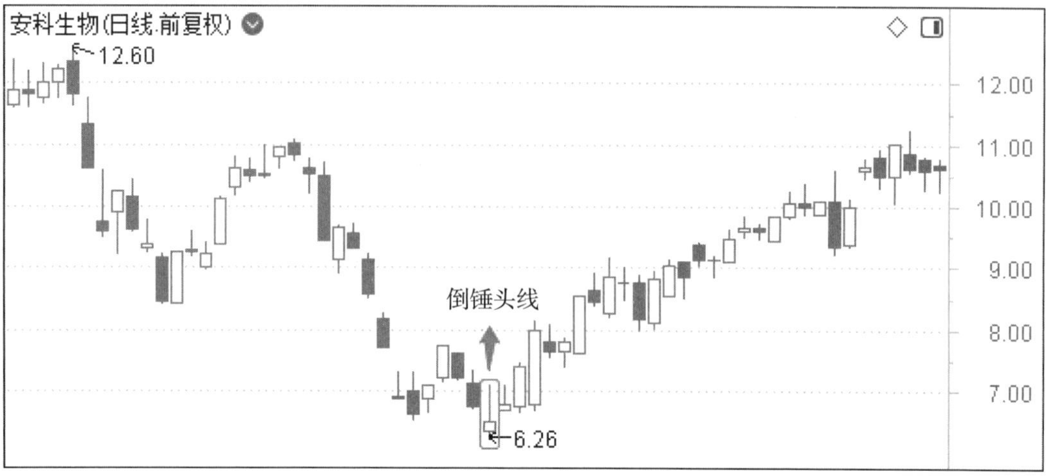

图 2-27

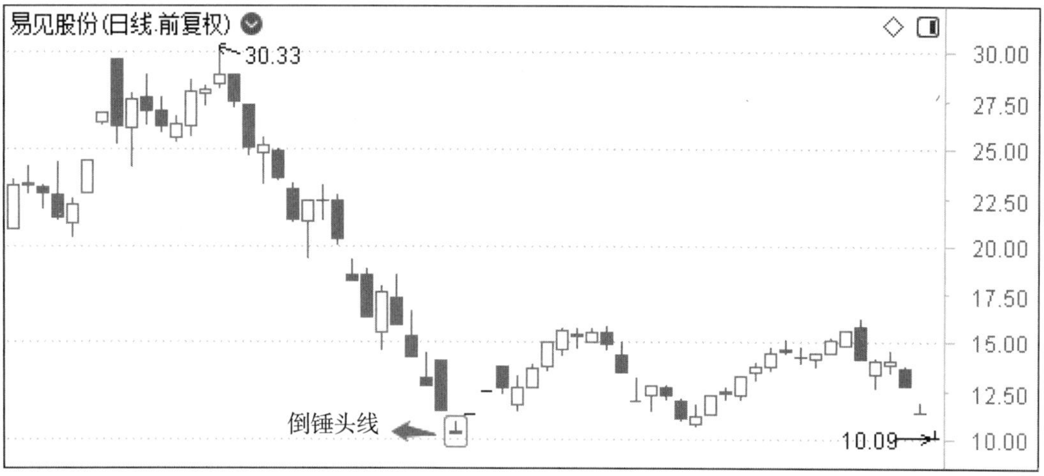

图 2-28

（8）平底形态。

图形特征：平底形态 K 线组合出现在下跌行情中，由两根或两根以上 K 线组成，所有 K 线的最低点都在同一水平线上。

市场含义：平底形态是指股价经过一段时间下跌后，连续 2 个或者多个交易日受到同一支撑位支撑后出现反弹，从而形成的一个形态。出现平底形态，说明下方支撑较强，并且下跌动力不足，空方经过多次下攻，都不能成功冲破下方的支撑位。股价在下方支撑位受到支撑的次数越多，说明此位置的支撑越强劲。如果股价是经过一段时间持续下跌后出现的平底形态，通常是即将见底的信号。如果随后几天股价上涨，并且每天的高低点逐步走高，则更能确定是见底信号。

如图 2–29 所示，洛阳玻璃（600876）的股价经过几天的持续下跌，2019 年 9 月 26 日下跌至 10 元位置受到支撑。随后 4 个交易日中有 3 个交易日的低点都在 10 元位置受到支撑。也就是说，连续 5 个交易日中 4 个交易日的最低点在 10 元位置，这一水平位置构成平底形态，其后该股短期内呈持续上涨走势。

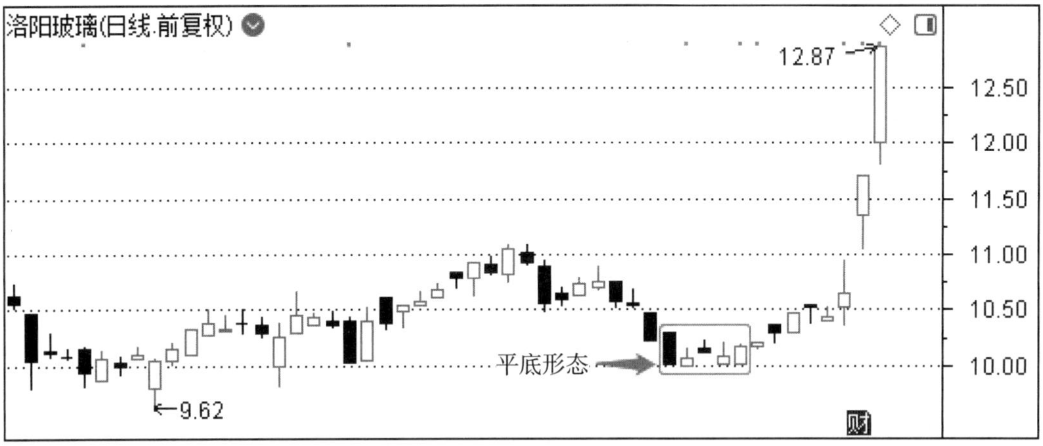

图 2–29

（9）塔形底。

图形特征：塔形底 K 线组合形态出现在下跌行情中，先是收出一根中阴线或大阴线，后面为连串的小阴线或小阳线，小阴线或小阳线先是逐步走低，之后又逐渐走高，形成一个塔尖，最后出现一根中阳线或大阳线。

市场含义：股价经过一段时间下跌后，出现塔形底时，说明股价在第一根中阴线或大阴线后空方力量逐渐衰竭，多方力量逐渐走强。出现一根中阳线或大阳线上涨时，说明多方已经主导行情走势，是行情见底信号。塔尖如果是由早晨十字星构成，则见底信号更加强烈。

如图 2–30 所示，2019 年 1 月 29 日—2 月 11 日期间的 5 个交易日，中牧股份（600195）的股价形成的 K 线组合即为塔形底形态。股价经过几天的持续下跌，2019 年 1 月 29 日收出一根实体较长的阴线。随后 3 个交易日，股价逐渐走低，然后再回升，构成塔形底的塔尖部分。第五个交易日即 2 月 11 日，股价出现一根中阳线上涨，其后该股短期内呈持续上涨走势。

（10）圆弧底。

图形特征：圆弧底 K 线组合形态出现在下跌行情中，先是收出一根中阴线或大阴线，后面为连串的小阴线或小阳线，小阴线或小阳线先逐步走低，后又逐步回升，构成小的

图 2-30

圆弧形态，最后出现一个向上跳空的缺口或一根中阳线来确认圆弧底形态成立。圆弧底的底部走势比较平缓，形成一个弧度，需要与塔形底分开。

市场含义：股价经过一段时间的持续下跌后，出现圆弧底形态时，说明股价在第一根中阴线或大阴线后，空方力量逐步衰竭，多方力量逐渐强势。多方力量稳步上攻，最后出现中阳线或向上跳空缺口时，多方开始主导行情走势，是行情见底信号。

如图2-31所示，龙溪股份(600592)的股价经过几天的弱势横盘后，2019年1月28日，股价下跌收出一根实体较长的阴线。随后3个交易日，股价逐渐走低，并于1月31日触底。之后3个交易日，股价缓慢上涨，并于其后的1个交易日即2月13日收出一根实体较长的阳线。1月28日—2月13日期间，股价呈逐渐走低后缓慢上涨走势，整体形态呈圆弧底状态。2月13日，股价收出实体较长的阳线后，该股短期内呈持续上涨走势。

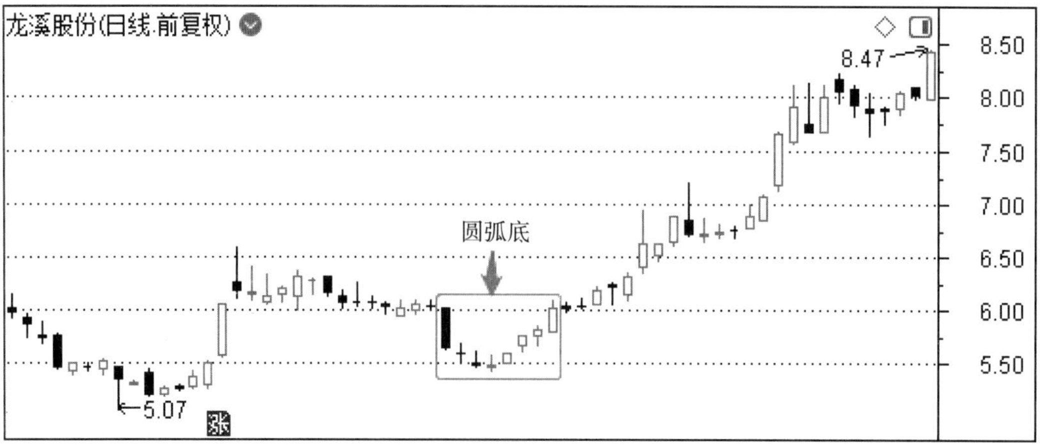

图 2-31

（11）上涨红三兵。

图形特征：上涨红三兵K线组合形态通常出现在上涨行情的初期，连续3日出现阳线，阳线依次上升，每天开盘价在前一天的阳线实体内，收盘价接近当日最高价，也就是连续3日行情都是低开高走。如果上涨伴随量能的逐步增加，则是一种强烈的反转信号，是行情即将启动的前兆。标准的红三兵，3根阳K线的实体差不多长。

市场含义：股价经过一段时间的持续下跌后，出现上涨红三兵走势时，说明空方力量已经衰竭，多方力量开始逐步走强，稳步上攻，是行情见底信号。

如图2-32所示，金溢科技（002869）的股价经过横盘整理后出现短暂的下跌。2019年2月11日，股价收出光头光脚小阳线，随后两天股价都低开高走，收出与第一天高度接近的光头光脚小阳线，形成上涨红三兵形态。其后，该股短期内呈持续上涨走势。

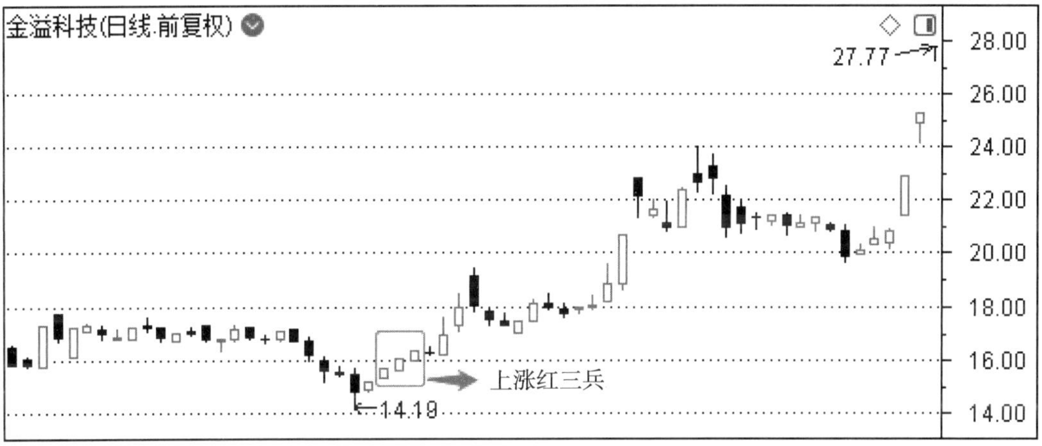

图2-32

（12）徐徐上升形态。

图形特征：徐徐上升K线组合形态通常出现在行情经过一段时间横盘整理或者探底结束的后期。这种形态是由若干小K线组成，通常K线数量不低于8根，其中以小阳线居多，中间也会夹杂着小阴线或十字星线。所有的小K线排列呈现逐步走高的态势。

市场含义：股价经过一段时间的持续下跌后，出现徐徐上升形态时，说明空方力量衰竭，多方力量开始走强，但多空双方仍在争斗。多方力量持续强于空方力量，是行情见底，后市看涨的信号。该K线组合如果伴随着量能增加，行情看涨的信号更强烈。

如图2-33所示，蓝丰生化（现名*ST蓝丰，002513）的股价经过一段时间的下跌后，呈现逐渐上涨走势，涨势比较缓慢。整体来看，阴阳K线交替出现，但股价重心逐渐上升，完成徐徐上升走势后开始加速上涨。

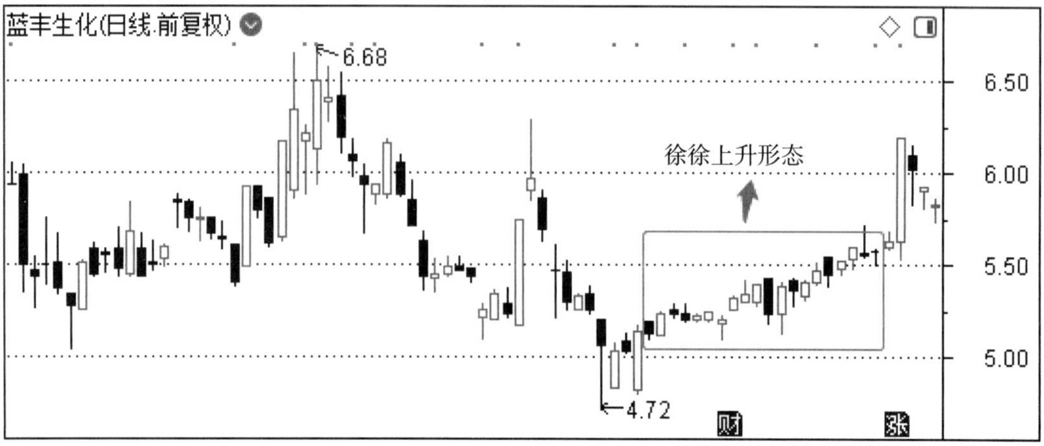

图 2-33

（13）看涨吞没。

图形特征：看涨吞没 K 线组合形态一般出现在上涨初期。这种形态由两根 K 线组成，第一根 K 线是一根小阴 K 线或者中阴 K 线，第二根 K 线是一根中阳 K 线或者大阳 K 线，第二根 K 线将第一根 K 线全部吞没。这种形态是行情可能反转的征兆。

市场含义：股价经过一段时间的持续下跌后，出现看涨吞没形态时，说明卖盘下跌衰竭，买盘力量明显强于卖盘力量，是行情见底、后市看涨的信号。

如图 2-34 所示，博彦科技（002649）的股价经过一段时间的持续下跌，2018 年 10 月 18 日收出一根实体较短的阴线。第二个交易日即 10 月 19 日，股价跳空低开，随后低开高走，收盘时收出中阳线，且这根阳线将第一根阴 K 线全部吞没。其后，该股短期内呈持续上涨走势。

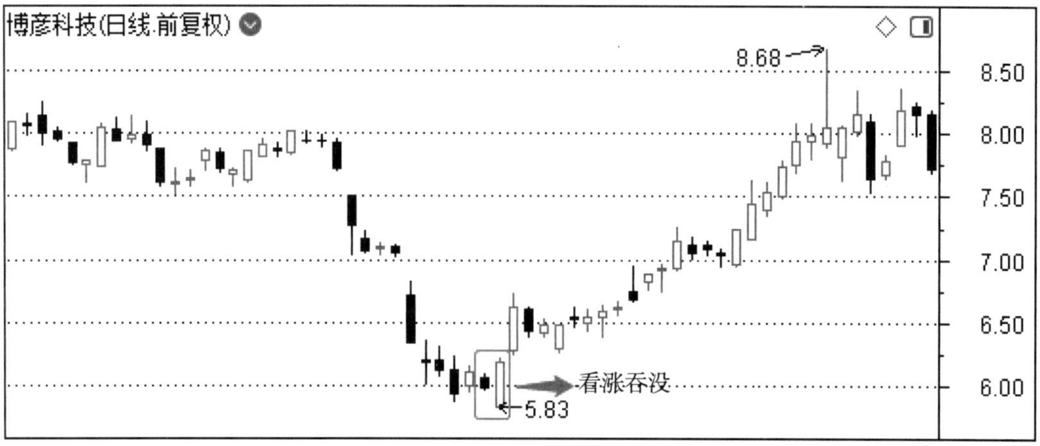

图 2-34

（14）底部 T 字线。

图形特征：底部 T 字线通常出现在下跌趋势的末端，是一种下方带影线上方不带影线，光头不光脚，同时收盘价等于或接近开盘价的形态。

市场含义：股价经过一段时间的持续下跌后，出现 T 字线时，说明股票开盘后，在强大的卖方力量下将股价拉低，股价下跌到低价位时，买方力量开始强劲，推动行情上攻，直至最终收盘买盘都表现强势，卖方无法压制住买方的力量，这是一种强烈的看涨信号。如果此种 K 线出现在股价连续下跌的底部，同时伴随量能大增，则说明行情可能见底，后市反弹上涨的概率较大，是明显的反转看涨信号。如果此种 K 线出现在股价上涨的途中，则说明多方依然处于强势，后市行情可能会继续上涨。

如图 2-35 所示，普莱柯（603566）的股价经过一段时间的持续下跌，2019 年 7 月 29 日开盘后受空方打压出现大幅下跌，随后多方开始强烈反攻，股价开始逐步回升，收盘时收于开盘价位置，K 线收成光头不光脚的 T 字线。其后，该股短期内呈持续上涨走势。

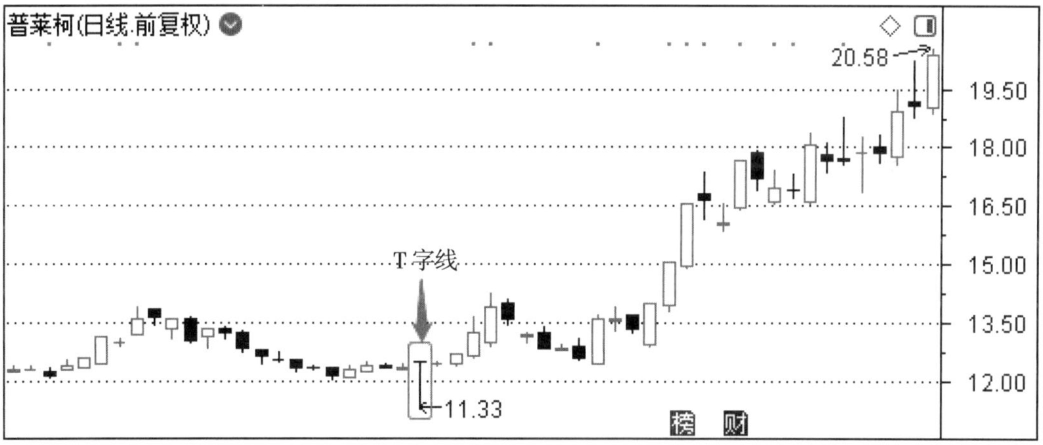

图 2-35

（15）底部倒 T 字线。

图形特征：底部倒 T 字线通常出现在下跌趋势的末端，是一种上方带影线下方不带影线，光脚不光头，同时收盘价等于或接近开盘价的形态。

市场含义：底部倒 T 字线是一种特殊的见底形态。这种形态出现时，说明市场极度弱势，但偶尔会出现弱极生强的走势。通常是因为市场突然出现利好消息或者主力故意以倒 T 字线做最后的洗盘。一般情况下，出现底部倒 T 字线走势后，第二天都会出现一根阳线拉升，多方向上展开进攻，确认底部的形成，这是一个行情反转的信号。

如图 2-36 所示，创意信息（300366）的股价经过一段时间的持续下跌，2019 年 1 月 31 日开盘后受多方强势影响，出现快速拉升。随后空方力量强势回击，股价逐步回落，收盘时股价收于开盘价位置，K 线收成光脚不光头的倒 T 字线。第二个交易日即 2 月 1 日，股价强势上涨，收出中阳 K 线，确定其底部形成。其后，该股短期内呈持续上涨走势。

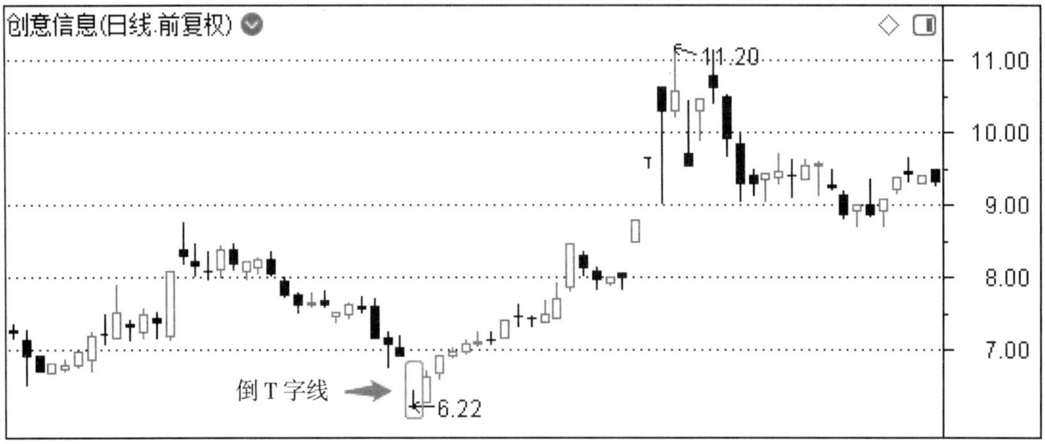

图 2-36

（16）上涨三颗星。

图形特征：上涨三颗星形态通常出现在底部启动上涨或者上涨途中。这种形态主要由 5 根 K 线组成，第一根 K 线是一根中阳线或大阳线，后面 3 根 K 线是波动幅度极小的 K 线或者十字星线（可以是阴 K 线，也可以是阳 K 线），这 3 根 K 线在前一根 K 线的顶端附近维持水平走势，后面的第五根 K 线通常是一根中阳线或者大阳线。这种形态是一种看涨信号。

市场含义：股价刚开始启动上涨或在上涨途中，主力第一天趁市场投资者还没注意到就快速拉升股价。其后 3 个交易日维持横盘窄幅振荡，以给市场投资者制造出股价只是短暂拉升的弱势格局，让那些意志不坚定的投资者乖乖地抛出手中筹码，主力则趁机进行收集。随后，主力便会继续拉升股价。这是一种持续看涨信号。

如图 2-37 所示，*ST 东网（002175）的股价经过一段时间的缓慢上涨，2019 年 2 月 25 日强势拉升收出大阳线。随后 3 个交易日，股价在第一根阳线的高位窄幅波动，收盘呈星形状态。第五个交易日即 3 月 1 日，股价开始拉升，收盘呈大阳线。其后，该股短期内呈持续上涨走势。

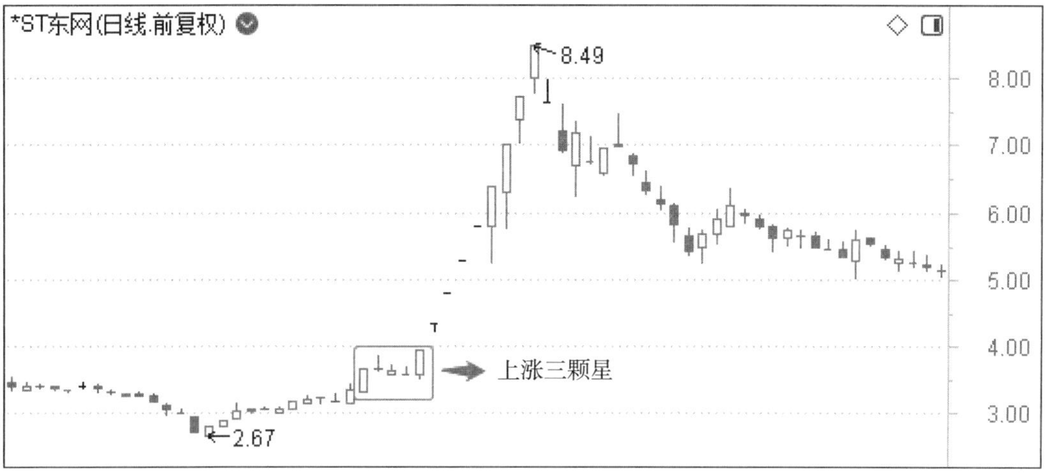

图 2-37

（17）上升三法。

图形特征：上升三法 K 线组合形态是由 5 根 K 线组合而成。第一根中阳线或大阳线后连续出现 3 根向下回落的小 K 线（均为小阴线或阴多阳少），3 根小 K 线低点不破大阳线低点，第五根 K 线再次出现 1 根大阳线，并且这根大阳线的收盘价会在第一根大阳线的收盘价附近或者高于这根大阳线的收盘价。这种组合形态是一种洗盘形态，是行情蓄势待发的征兆。

市场含义：股价刚开始从底部启动上涨或者在上涨途中，这种组合形态说明主力资金想要拉升个股，但拉升之前要洗出浮筹，把意志不坚定的投资者全部清洗出局，主力趁机获得更多筹码，这是一种后市看涨形态。

如图 2-38 所示，2018 年 7 月 25 日—31 日期间的 5 个交易日，银宝山新（002786）形成的 K 线组合即为上升三法形态。股价走势出现上升三法形态时，说明股价经过大

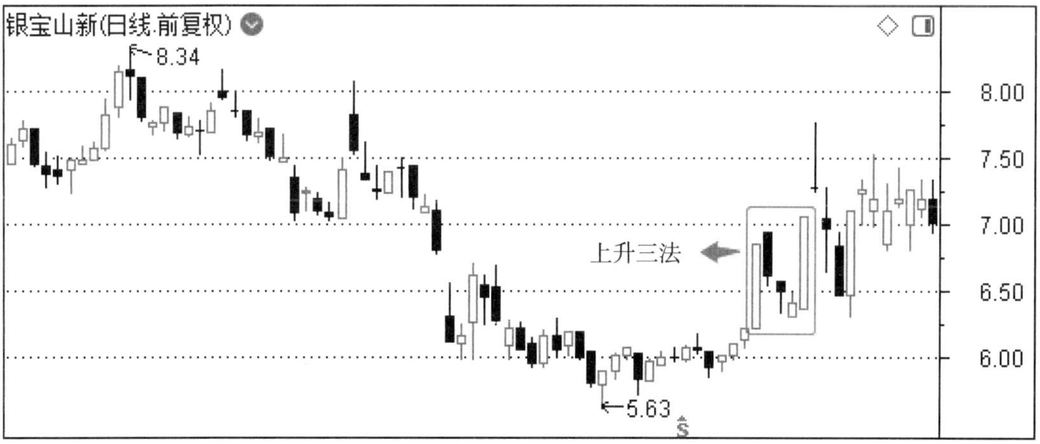

图 2-38

阳线的拉升后，多头力量显得疲弱，无法继续向上发起攻击，只能先回撤休整，待蓄势完成之后再次向上展开攻击。此形态虽然多方力量稍显强势，但是多头没有绝对优势，因此涨势显得比较平缓。

（18）两阳夹一阴。

图形特征：两阳夹一阴形态通常出现在底部启动上涨或者上涨途中。这种 K 线组合由 3 根 K 线组成，是指行情在上涨过程中，第一天出现中阳线或大阳线，第二天出现中阴线或大阴线，第三天再次出现中阳线或大阳线，将第二天的阴线全部吞没反包。这种组合形态又叫“上涨反包线”，第三天 K 线收盘价接近当天的最高价。

市场含义：股价在刚开始启动上涨或上涨途中，主力第一天大幅拉升股价，制造股价异动，让买入的投资者关注该股。第二天主力再度砸盘拉低股价，造成行情短暂拉升已经结束的错觉，促使投资者抛出手中筹码，主力则趁机进行收集。然后第三天再度快速拉升，不给前一天抛出筹码出局的投资者再次低价进场的机会。这种 K 线组合是强烈的看涨形态，说明行情可能持续上涨。

如图 2-39 所示，2019 年 10 月 30 日—11 月 1 日期间的 3 个交易日，金固股份（002488）形成的 K 线组合即为两阳夹一阴形态。股价在第一天出现大阳线上涨，第二天低开低走收中阴线，第三天低开高走强势反包收大阳线。股价走势在底部出现两阳夹一阴形态时，说明经过大阳线的拉升后，多头力量显得疲弱，或者主力为了洗盘吸筹，故而先回撤休整，待蓄势或洗盘吸筹完成之后再次向上展开攻击。

图 2-39

（19）低位反转十字星。

图形特征：低位反转十字星形态通常是股价经过一段时间的下跌，某日 K 线走出十字星形态，其后股价开始反转向上拉升，十字星构成了股价低位反转形态。

市场含义：股价经过一段时间的下跌，市场人气逐渐衰竭。某日股价继续下跌后，部分投资者开始重新买入该股，使股价有所回升。但由于市场人气弱势，多空之间的争夺比较剧烈，直至收盘时，多空双方力量依然旗鼓相当，因此收出十字星线。第二天，多头开始发力，股价走强。其后，资金开始逐渐回流该股，股价逐渐反转上涨。

如图 2-40 所示，宝馨科技（002514）的股价经过一段时间的持续下跌后，在 2019 年 12 月 3 日出现十字星走势。其后，股价开始反转上涨，该十字星构成低位反转形态。

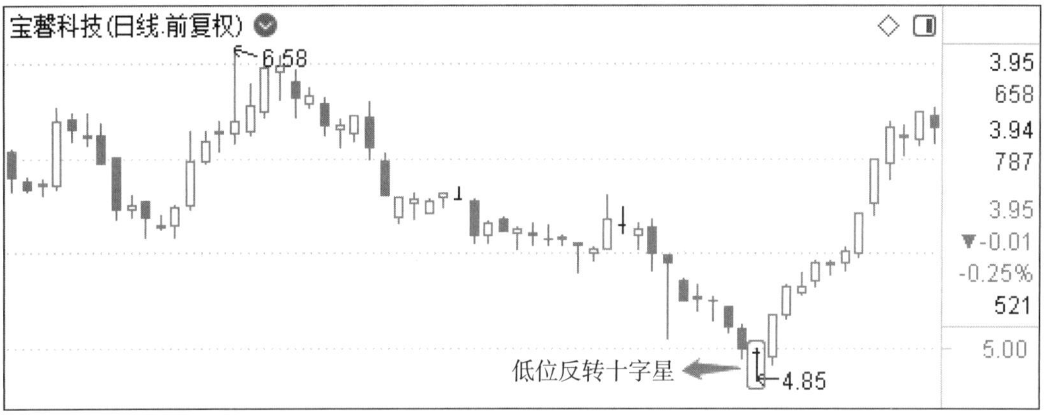

图 2-40

（20）底部反转岛形线。

图形特征：底部反转岛形线通常出现在下跌趋势的末端。这种 K 线组合是由 3 根 K 线组合而成，第一根 K 线是一根中阴线或大阴线，第二根 K 线是一根中阳线或大阳线，这根阳线大幅跳空低开高走，最终收盘时收在当日的最高点或者接近最高点位置，但这根阳线的当日最高点仍然低于前一日中阴线或大阴线的最低点，即第二根阳线实际上是假阳线，第三天股价跳空高开高走，且不回补跳空缺口。

市场含义：股价经过一段时间的连续下跌后，第一天收出一根阴 K 线，市场情绪极为低落，第二天股价大幅跳空低开。之后，多方强势入场，向上展开攻击，行情一路走高，直至收盘时股价收在当日最高价附近。虽然股价没能真正翻红，但依然显示出多方的强势。这种 K 线组合形态是行情可能见底的征兆，第二天出现的中阳线越长，见底征兆越明显，第三天股价跳空上涨，确认见底征兆。

如图 2-41 所示，2020 年 2 月 3 日—5 日，新赛股份（600540）的股价形成的 K 线组合即为底部反转岛形线形态。股价第一天出现大幅下跌，第二天股价大幅低开之后再大幅高走，收出一根光头光脚大阳线，但截至收盘时，股价依然低于前一天的最低价，第三天股价向上跳空高开高走，第二天的阳线便形成岛形线。其后，该股短期内呈持续上涨走势。股价走势出现底部反转岛形线时，说明股价已经开始向上展开强势攻击，其后通常会持续上涨。

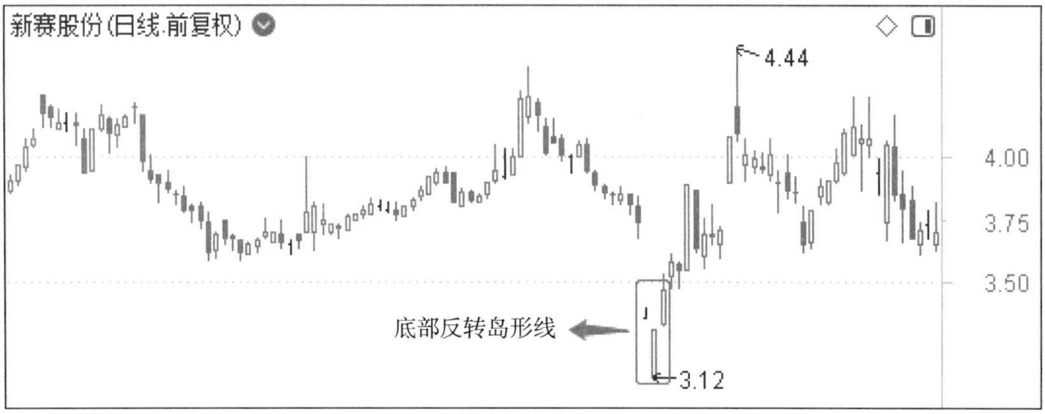

图 2-41

（21）底部反转分离线。

图形特征：底部反转分离线通常出现在下跌趋势的末端。这种 K 线组合是由一阴一阳两根 K 线组合而成，股价第一天收出一根阴线，第二天跳空高开，并且高开高走，当天的最低点高于第一天阴 K 线的最高点。

市场含义：股价经过一段时间的连续下跌后，第一天收出一根阴 K 线，说明市场情绪偏悲观。但之后股票可能出现利好消息或者主力有意向上展开进攻，股价第二天跳空高开，并且直接高开在第一天阴 K 线的最高点之上，意味着行情转向强势。这种 K 线组合形态是行情可能见底的征兆，第二天出现的阳 K 线越长，见底征兆越明显。如果当天出现涨停，则后市看涨越强烈。

如图 2-42 所示，海航基础（现名 *ST 基础，600515）的股价经过一段时间的持续下跌后，在 2020 年 6 月 29 日出现下跌小阴线。其后一天股价跳空高开高走，且当天的最低价高于前一天的最高价。这种 K 线组合形成底部反转分离线，其后股价短期内呈持续上涨走势。

（22）巨阳启明线。

图形特征：巨阳启明线通常出现在行情下跌的末端。这种 K 线组合是由两根 K 线组合而成，第一根 K 线是一根小阳线或小阴线，也可以是十字星线，第二根 K 线大幅低开后再大幅拉升，收盘为一根巨大的阳线，通常阳线涨幅在 10% 以上。巨阳启明线跟看涨吞没形态有些类似，属于特殊的看涨吞没形态。

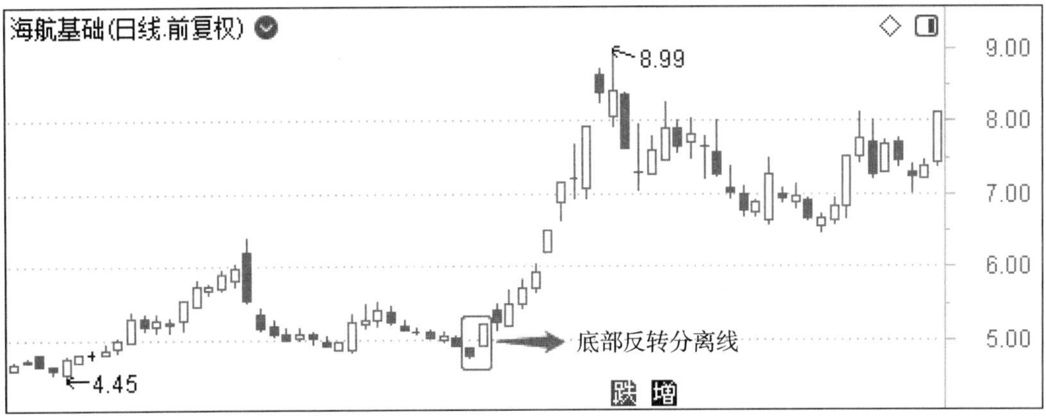

图 2-42

市场含义：股价经过一段时间的持续下跌，下跌行情进入末端，第一根 K 线显示空方力量开始减弱，但无法确定多方强势。第二根巨阳 K 线出现，说明多方开始展开强烈的进攻态势，是强烈的反转看涨信号。

如图 2-43 所示，2015 年 7 月 8 日、9 日，中航三鑫（现名海南发展，002163）的股价形成了巨阳启明线。股价第一天出现下跌倒 T 字线，第二天大幅低开再大幅高走，收出一根巨大的阳线，其后该股短期内呈持续上涨走势。股票走势的 K 线组合在底部出现巨阳启明线时，说明股价开始展开向上的强势攻击，其后通常会持续上涨。

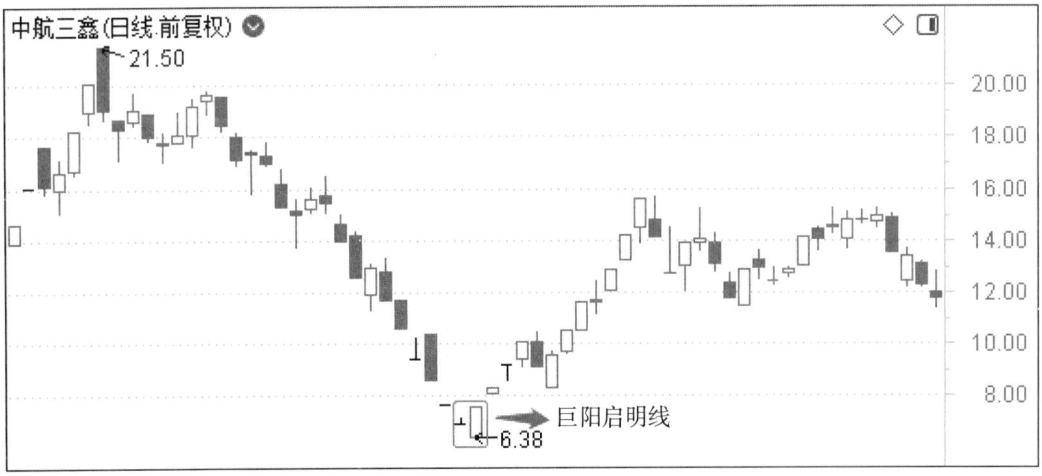

图 2-43

（23）底部反转一字线。

图形特征：底部反转一字线通常出现在下跌趋势的末端。这种 K 线组合由两根 K 线组成，第一根 K 线为开盘价、收盘价、最高价和最低价都在同一价位的 K 线，这根

K 线可以是正常的一字线或者跌停一字线，第二根 K 线为一根中阳线或者大阳线。

市场含义：股价经过一段时间的持续下跌后，第一天收出一字线时，说明该股已经被市场遗弃，行情没有任何的交投活跃度，或者被投资者抛弃直接砸至一字跌停。而盘后可能出现利好消息或者被主力机构看中，第二天中阳线或大阳线强势上涨，多方展开强势进攻。这种 K 线组合形态是行情可能见底的征兆，第二天出现的阳线越长，见底征兆越明显。如果当天出现涨停，则后市看涨越强烈。

如图 2-44 所示，蓝英装备（300293）的股价经过一段时间的持续下跌，在 2015 年 7 月 8 日出现一字跌停走势。第二个交易日即 7 月 22 日（停盘后开始交易），股价出现一字涨停走势。股价走势强势反转，说明多方开始强势进攻，是股价见底的信号。其后，该股短期内呈持续上涨走势。

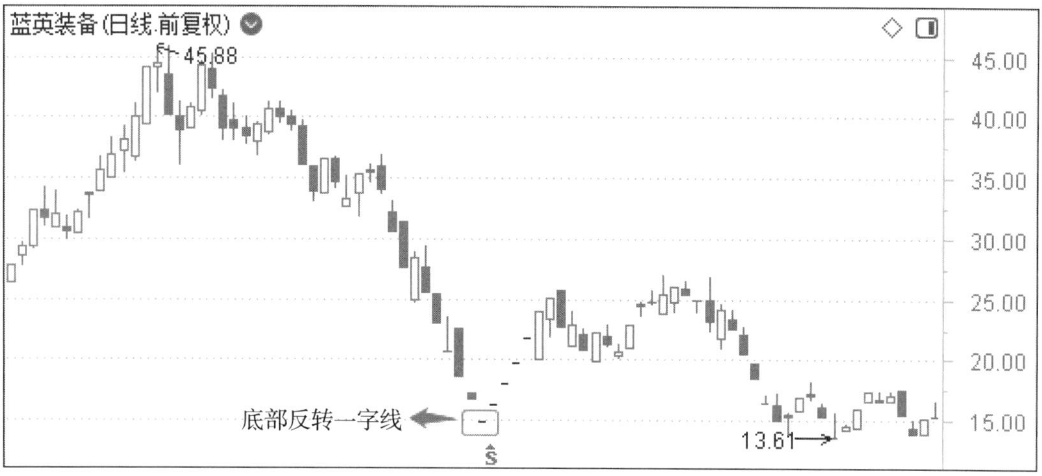

图 2-44

2. 看跌 K 线或 K 线组合及市场含义

（1）黄昏十字星。

图形特征：黄昏十字星 K 线组合通常出现在上涨趋势的末端。这种形态是由 3 根 K 线组合而成，是指股价经过一段时间的上涨后，某天继续上涨收出一根实体较长的阳线，第二天股价跳空高开，多空双方展开激烈争夺，最终收盘时形成一根带上下影线的十字星线，第三天股价下跌形成一根阴线，并且这根阴线的实体需进入第一根阳线实体之内，K 线收盘价可以低于第一天的开盘价。这种形态与早晨十字星正好相反，是股价见顶的信号。

市场含义：股价经过一段时间的持续上涨后，出现黄昏之星时，说明股价在高位发生了多空力量的转换，行情开始由多方主导逐渐转变为由空方主导，是上涨趋势中行情出现反转时重要的卖出信号。

如图 2-45 所示，2015 年 6 月 4 日—8 日期间的 3 个交易日，创维数字（000810）的股价形成的 K 线组合即为黄昏十字星形态。经过一段时间的持续上涨，2015 年 6 月 4 日股价上涨收出一根实体较长的阳线。第二个交易日即 6 月 5 日，股价收盘出现的十字星即为黄昏十字星。第三个交易日即 6 月 8 日，该股股价继续下跌，收盘价进入第一天 K 线实体下方。其后，该股短期内出现持续下跌走势。

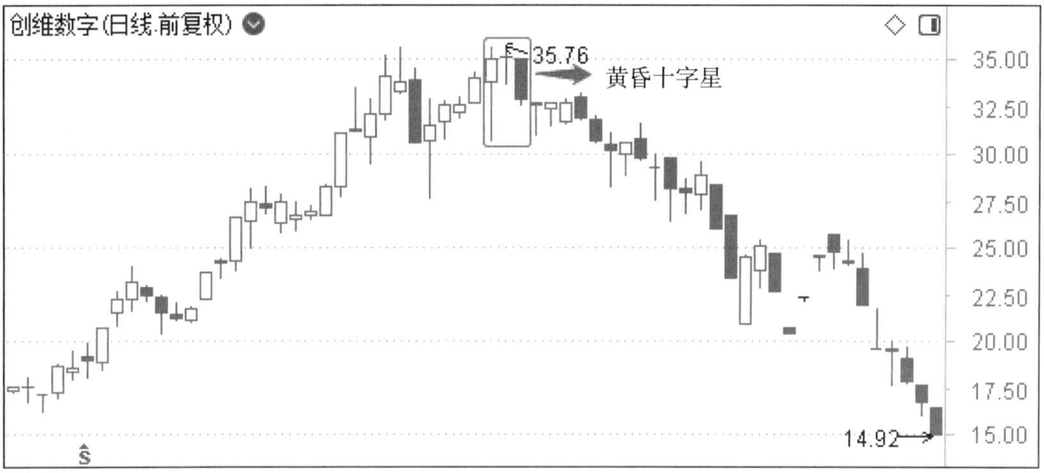

图 2-45

（2）黄昏之星。

图形特征：黄昏之星形态和黄昏十字星形态相似，都出现在上涨趋势的末端，由 3 根 K 线组合而成。黄昏之星 K 线组合形态的第一根 K 线是阳线，第二根 K 线是一根小阳线或者小阴线，这也是与黄昏十字星最大的区别。第三根 K 线是阴线，且这根 K 线的实体深入到第一根阳线的实体内。黄昏之星与早晨之星正好相反，是股价见顶的信号。

市场含义：股价经过一段时间的持续上涨后，出现黄昏之星时，说明股价在高位出现多空力量的转换，多方力量逐渐减弱，空方力量逐渐增强，是行情可能见顶的信号，后市看跌，但看跌信号不如黄昏十字星强烈。

如图 2-46 所示，2019 年 4 月 3 日—8 日期间的 3 个交易日，菲利华（300395）的股价走势形成了黄昏之星形态。经过一段时间的持续上涨，2019 年 4 月 3 日股价上涨收出一根实体较长的阳线。第二个交易日即 4 月 4 日，股价收盘出现带小实体的十字星。第三个交易日即 4 月 8 日，该股股价继续下跌，收盘价进入第一天 K 线实体下方。其后，

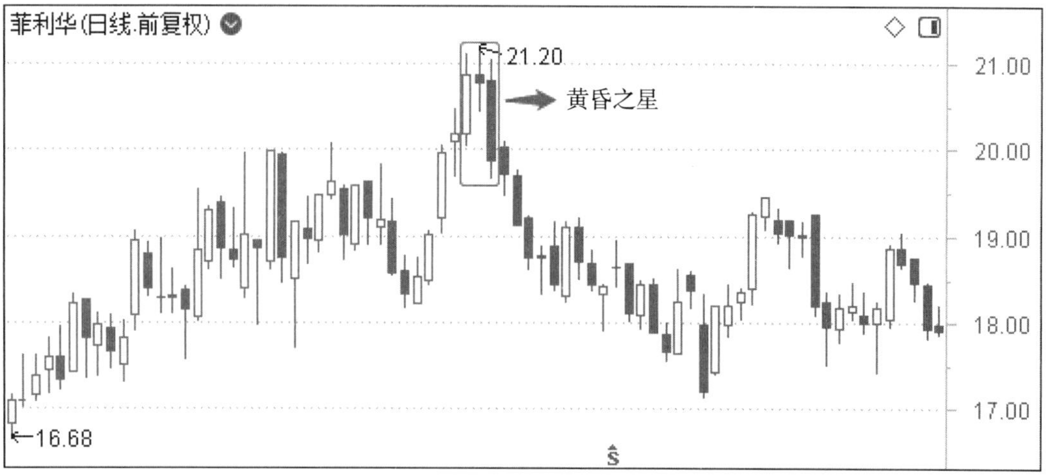

图 2-46

该股短期内出现持续下跌走势。

（3）乌云盖顶。

图形特征：乌云盖顶是一种较为常见的反转形态。它由两根 K 线组成，一般出现在上升趋势的末端，偶尔会出现在横盘区间整理的顶部位置，是看跌的反转信号。在乌云盖顶形态中，股价经过一段时间的持续上涨，某天表现强势，收盘为一根实体较长的阳线，第二天股价高开低走转为下跌，直至收盘时接近当日最低价附近，并且收盘价明显深入到第一根阳线实体内部的 1/2 以下位置。

市场含义：乌云盖顶形态是一个非常重要且十分常见的看跌反转信号。股价经过一段时间的持续上涨后，上涨动能耗尽，投资者普遍选择获利了结，使得抛盘增加，卖方开始主导行情，从而导致股价开始下跌。

如图 2-47 所示，2019 年 4 月 12 日、15 日，万邦德（002082）的股价走势形成了乌云盖顶形态。经过一段时间的持续上涨，2019 年 4 月 12 日收出了一根实体较长的阳线。第二个交易日即 4 月 15 日，股价跳空高开，随后高开低走，收盘时收出实体较长的阴线，且阴线实体深入到前一根阳线 1/2 以下的位置。其后，该股短期内呈持续下跌走势。

（4）淡友反攻。

图形特征：淡友反攻 K 线组合出现在上涨行情中，由一阳一阴两根 K 线组成。其中第一根 K 线为中阳线或大阳线，第二根 K 线为中阴线或大阴线，这根阴线必须跳空高开，然后高开低走，且收盘时收在与第一根阳线收盘价相同或者相近的位置。

市场含义：股价经过一段时间的持续上涨后，出现淡友反攻 K 线走势时，说明多方力量已经衰竭，空方力量开始增强，并开始主导市场。这种形态是行情反转的信号，

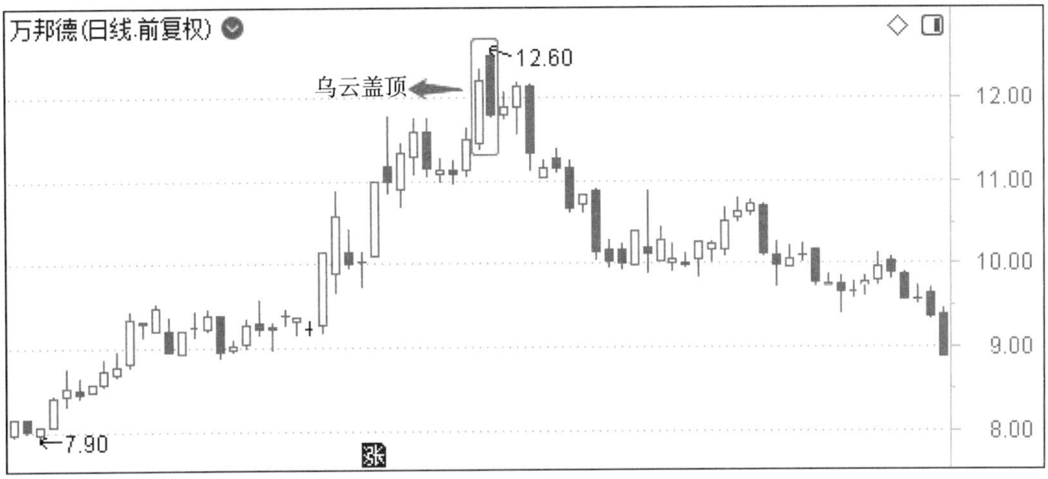

图 2-47

但没有乌云盖顶形态的看跌意愿强。

如图 2-48 所示，2019 年 4 月 17 日、18 日，海鸥住工（002084）的股价走势形成了淡友反攻形态。经过一段时间的持续上涨，2019 年 4 月 17 日股价 K 线收出一根实体较长的阳线。第二个交易日即 4 月 18 日，股价大幅跳空高开，随后高开低走，收盘时收出中阴线，收盘价与第一根阳线的收盘价相近。其后，该股短期内呈持续下跌走势。

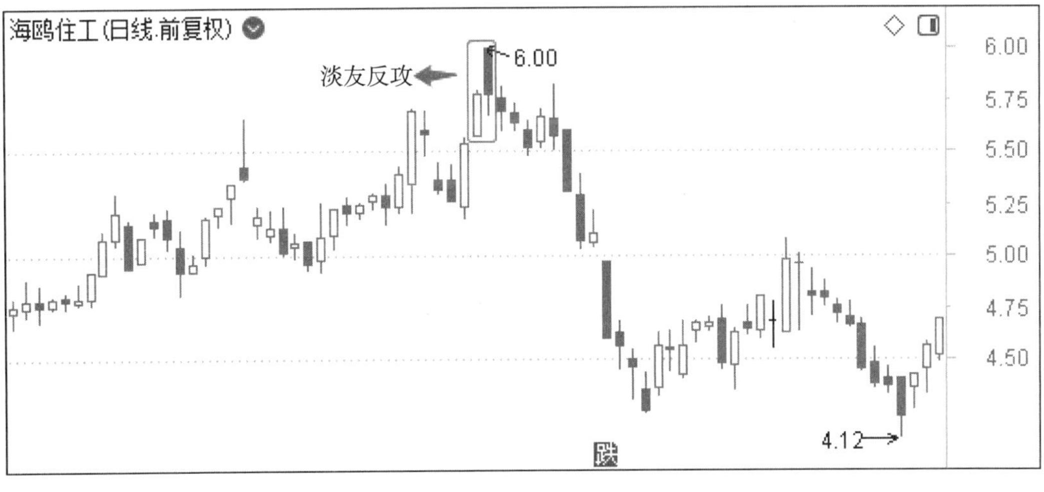

图 2-48

（5）倾盆大雨。

图形特征：倾盆大雨 K 线组合形态出现在上涨行情中，由一阳一阴两根 K 线组成。其中第一根 K 线为中阳线或大阳线，第二根 K 线为中阴线或大阴线，这根阴线必须跳空低开，然后低开低走，且收盘时收在第一根阳 K 线的开盘价下方。

市场含义：股价经过一段时间的持续上涨后，出现倾盆大雨形态时，说明多方力量衰竭，空方力量强劲，市场由空方主导，是强烈的见顶信号。阴K线实体低于阳K线实体部分越多，行情反转的信号越强烈。

如图2–49所示，2017年6月30日、7月3日，万丰奥威（002085）的股价走势形成了倾盆大雨形态。经过一段时间的持续上涨，2017年6月30日股价K线收出了一根实体较长的阳线。第二个交易日即7月3日，股价跳空低开，且低开低走，收盘时收在第一根阳线开盘价下方。其后，该股短期内出现持续下跌走势。

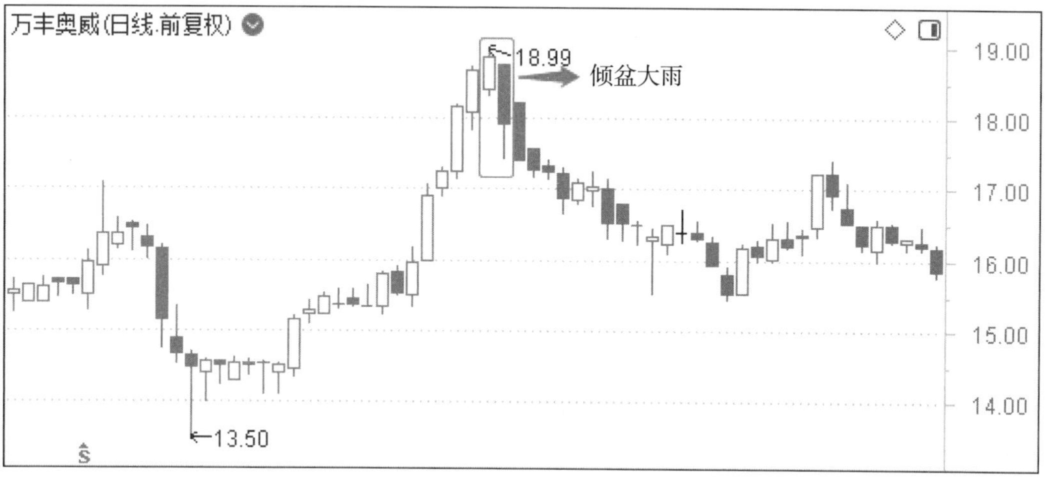

图2–49

（6）射击之星。

图形特征：射击之星是指股价经过一段时间的连续上涨后，某天跳空高开，股价受到买盘强势影响出现上涨，随后卖盘增加，股价持续回落，最后收盘时K线为小实体（小实体可以是阴线，也可以是阳线），下影线没有或者很短，长上影线至少是实体部分的2倍以上。

市场含义：股价经过一段时间的持续上涨后，出现射击之星时，说明股价上涨的力量受到压制，空方力量逐步增强。通常来说，射击之星的反转信号没有黄昏之星强烈。如果同时出现黄昏之星，则见顶信号更加强烈。

如图2–50所示，万隆光电（300710）的股价经过一段时间的持续上涨，在2019年3月7日形成了实体是阳线的射击之星。股价开盘后受到多方强势影响出现上涨，随后逐步走低，收盘时收出阳线，收盘价在当日的开盘价上方附近，K线光脚不光头，同时上方留下较长的上影线，K线实体部分很短。该股形成射击之星后，股价短期内呈持续下跌走势。

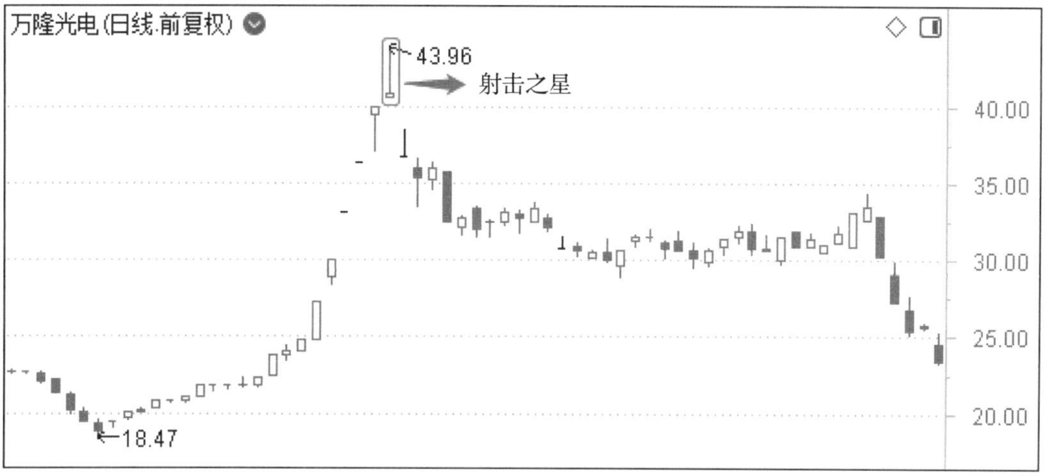

图 2–50

如图 2–51 所示，国际实业（000159）的股价经过一段时间的持续上涨，在 2010 年 11 月 2 日形成了实体是阴线的射击之星。股价开盘后受到多方强势影响出现上涨，随后逐步走低，收盘时收出阴线，收盘价在当日开盘价下方，K 线光脚不光头，同时上方留下较长的上影线，K 线实体部分较短。该股形成射击之星后，股价短期内呈持续下跌走势。

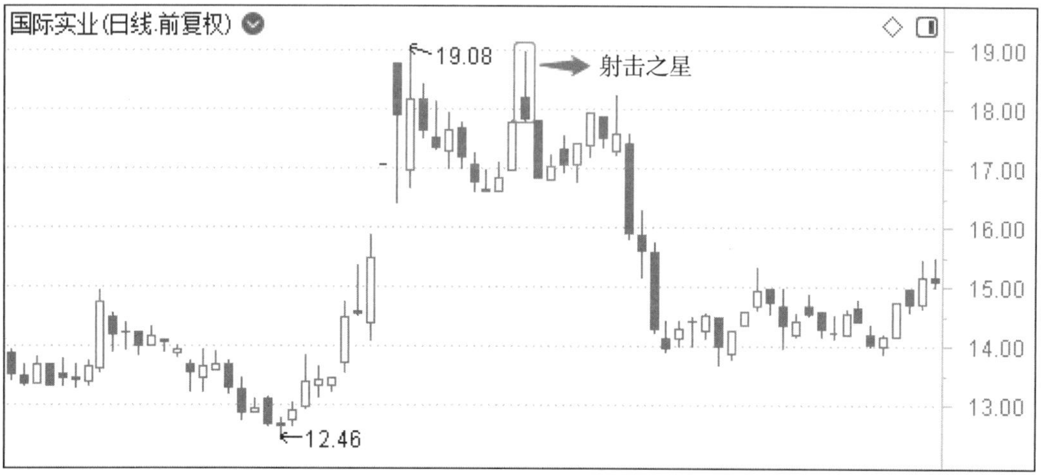

图 2–51

（7）吊颈线。

图形特征：吊颈线是指股价经过一段时间的上涨后，某天开盘后市场受空头打压一度急剧下跌，随后股价逐步回升，直至收盘时接近当日的最高价。其 K 线形态为，K 线实体部分较短（实体可以是阴线，也可以是阳线），上影线没有或者很短，下影线较长，下影线的长度至少是实体部分的 2 倍以上。

市场含义：股价经过一段时间的持续上涨后，出现吊颈线时，说明股价在上涨趋势中，多空力量开始产生分歧，空方力量在逐步增强，但还未占据主导优势。就单独一根吊颈线来说，反映出的市场可能看涨，也可能看跌，具体趋向性要看它在趋势中所处的位置。如果吊颈线出现在持续上涨后的高位，该 K 线则可能是上涨趋势即将反转的卖出信号。如果出现黄昏之星，则反转信号更加强烈。

如图 2–52 所示，2019 年 4 月 2 日，四方精创（300468）的股价走势出现了吊颈线形态。股价经过一段时间的持续上涨，在 2019 年 4 月 2 日形成了实体是阳线的吊颈线。股价开盘后受到空方打压而下跌，随后逐步上涨，收盘时收出阳线，收盘价在当日的开盘价上方附近，K 线光头不光脚，同时下方留下较长的下影线，而 K 线实体部分很短。该股形成吊颈线后，股价短期内呈持续下跌走势。

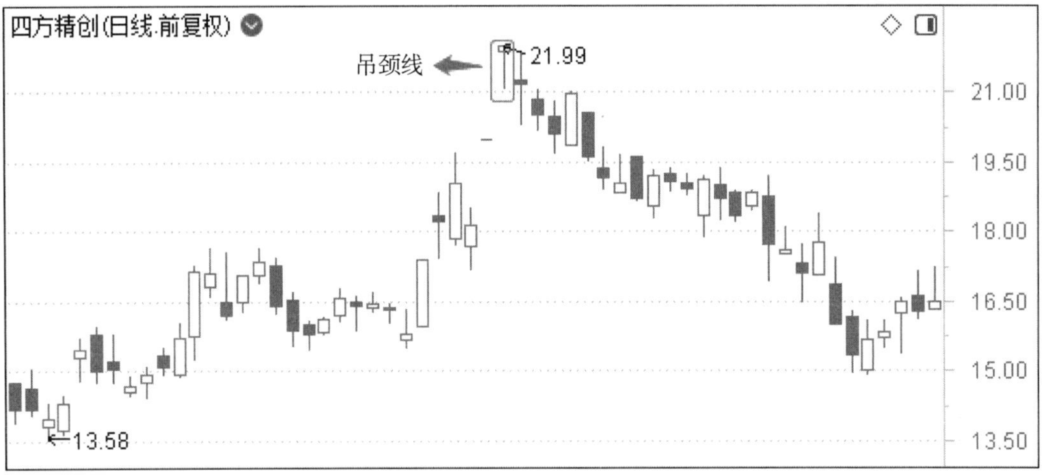

图 2–52

如图 2–53 所示，2015 年 6 月 5 日，汉威科技（300007）的股价走势出现了吊颈线形态。股价经过一段时间的持续上涨，在 2015 年 6 月 5 日形成了实体是阴线的吊颈线。股价开盘后受到空方打压而下跌，随后逐步回升，收盘时收出阴线，收盘价在当日的开盘价下方附近，K 线光头不光脚，同时下方留下较长的下影线，K 线实体部分很短。该股形成吊颈线后，股价短期内呈持续下跌走势。

（8）平顶形态。

图形特征：平顶形态是指股价经过一段时间的上涨后，连续两个或者多个交易日受到同一阻力位压制而出现回落，从而形成一个平顶形态。这种形态出现，说明上方的压力较强，并且上涨动力不足，多方经过多次上攻，都不能成功地冲破上方的压力位。股

图 2-53

价在上方阻力位受阻的次数越多，说明此位置的阻力越强。

市场含义：如果股价是经过一段时间持续上涨后出现的平顶形态，通常是股价即将见顶的信号。如果随后几天股价下跌，并且每天的高点逐步走低，则更能确定是股价的见顶信号。

如图 2-54 所示，广博股份（002103）的股价经过几天的持续上涨，2015 年 6 月 15 日、16 日形成的 K 线组合就是平顶形态。6 月 15 日，股价上涨至 24.85 元位置受到阻力。第二天即 6 月 16 日，股价开盘后再次受到 24.85 元位置的压制开始下跌。24.85 元这一水平位置构成了平顶形态。其后，该股短期内呈持续下跌走势。

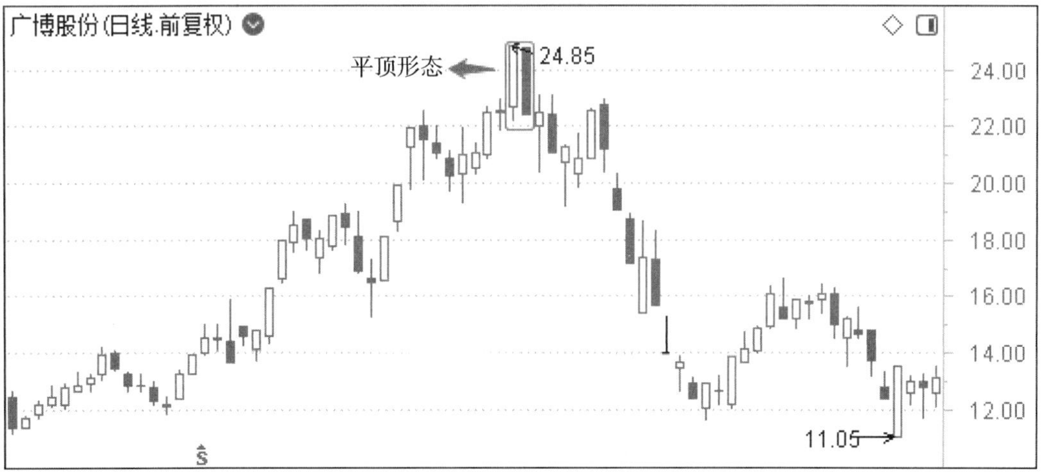

图 2-54

（9）塔形顶。

图形特征：塔形顶 K 线组合形态出现在上涨行情中，先是走出一根中阳线或大阳线，之后为一连串的小阳线或小阴线，小阳线或小阴线先逐步走高，之后又逐渐走低，形成一个塔尖，最后出现一根中阴线或大阴线。

市场含义：股价经过一段时间的上涨后，出现塔形顶时，说明股价在第一根中阳线或大阳线后多方力量逐渐衰竭，空方力量逐渐走强。出现一根中阴线或大阴线下跌时，说明空方已经主导行情走势，是行情见顶信号。如果塔尖是由黄昏十字星构成，则见顶信号更加强烈。

如图 2-55 所示，2019 年 4 月 3 日—19 日期间的 12 个交易日，华侨城 A（000069）的股价走势形成了塔形顶形态。经过一段时间的持续上涨，2019 年 4 月 3 日股价大幅上涨，收出一根实体较长的阳线。随后 3 个交易日，股价逐渐走高，触顶形成塔尖，然后再经过 8 个交易日逐渐回落。其后，股价短期内呈持续下跌走势。

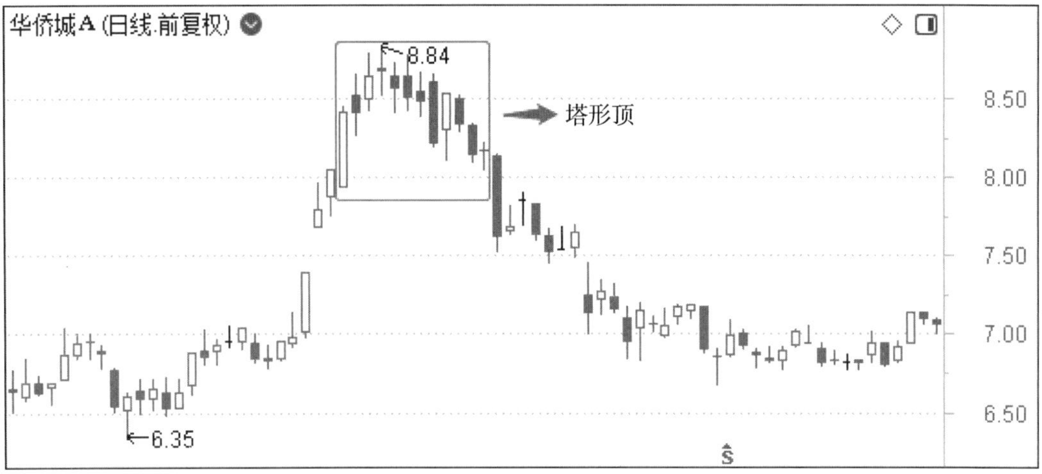

图 2-55

（10）圆弧顶。

图形特征：圆弧顶 K 线组合形态出现在上涨行情中。先是走出一根中阳线或大阳线，之后为一连串的小阳线或小阴线，小阳线或小阴线先逐步走高，后又逐步回落，构成了小的圆弧形态。最后出现一个向下跳空的缺口或一根中阴线，来确认圆弧顶形态的成立。圆弧顶的顶部走势比较平缓，形成一个弧度，需要与塔形顶分开。

市场含义：股价经过一段时间的持续上涨后，当出现圆弧顶形态时，说明股价在第一根中阳线或大阳线后，多方力量逐步衰竭，空方力量开始逐渐强势，并稳步下压，最后出现向下跳空缺口或中阴线时，空方开始主导行情走势，是行情见顶信号。

如图 2-56 所示，2019 年 7 月 23 日—8 月 3 日期间的 10 个交易日，中兴通讯（000063）的股价走势形成了圆弧顶形态。股价经过短期上涨后，上涨速度放缓，于 7 月 29 日形成高点，之后又开始呈缓慢下跌走势，其整体形态构成圆弧顶形态。其后，该股短期内呈持续下跌走势。

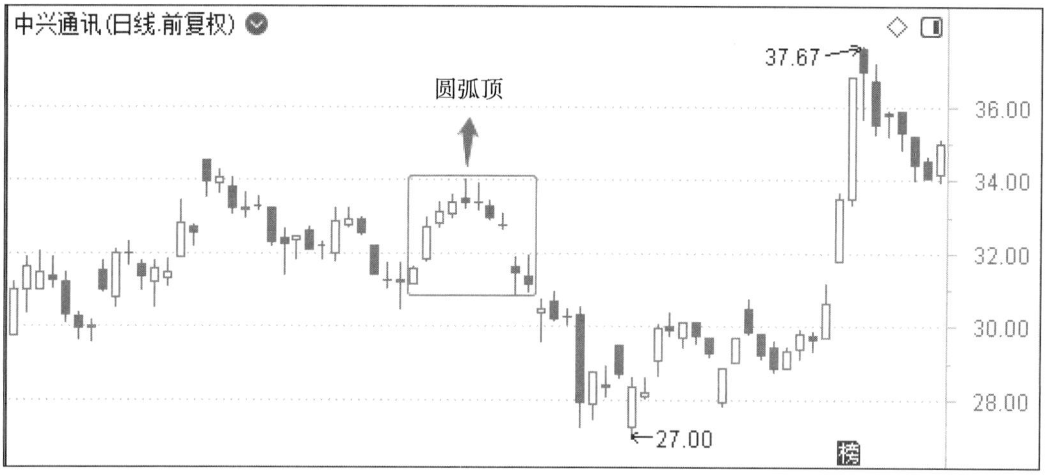

图 2–56

（11）三只黑乌鸦。

图形特征：三只黑乌鸦通常又称暴跌三杰，这种 K 线组合一般出现在上涨趋势中，由 3 根幅度相近的阴线组成，阴线多为中阴线或大阴线。这种 K 线组合主要是指行情经过连续上涨或横盘后，连续 3 日出现阴线，阴线依次下跌，每天开盘价在前一天阴线的实体内，收盘价接近于当日最低价，是一种强烈的下跌信号。出现这种 K 线组合，投资者一定要及时撤离，因为后市往往会出现大跌行情。如果三只黑乌鸦出现于股价持续涨升之后，无论 3 根阴线的幅度多大，股价仍将下调，投资者不应抢反弹。三只黑乌鸦下行时无须放量，不能因价跌量缩存有侥幸心理。

市场含义：股价经过一段时间的上涨或横盘后，出现三只黑乌鸦走势时，说明多方力量已经衰竭，空方力量开始走强并主导市场，行情逐步下跌，是行情见顶的信号。

如图 2–57 所示，2019 年 9 月 24 日—26 日，海普瑞（002399）的股价走势形成了三只黑乌鸦形态。经过一段时间的横盘振荡，2019 年 9 月 24 日股价高开低走，收出一根阴线。随后 2 个交易日都高开低走收出阴线，且连续 3 根阴线的幅度相近。其后股价经过一日休整之后出现大跌。之后，股价短期内呈持续下跌走势。

（12）缓缓下跌形态。

图形特征：缓缓下跌 K 线组合通常出现在行情经过一段时间横盘整理或者上涨结束的后期。这种组合形态由若干小 K 线组成，通常 K 线数量不低于 8 根，其中以小阴线居多，中间也会夹杂着小阳线或十字星线，所有的小 K 线排列呈现逐步走低的态势。

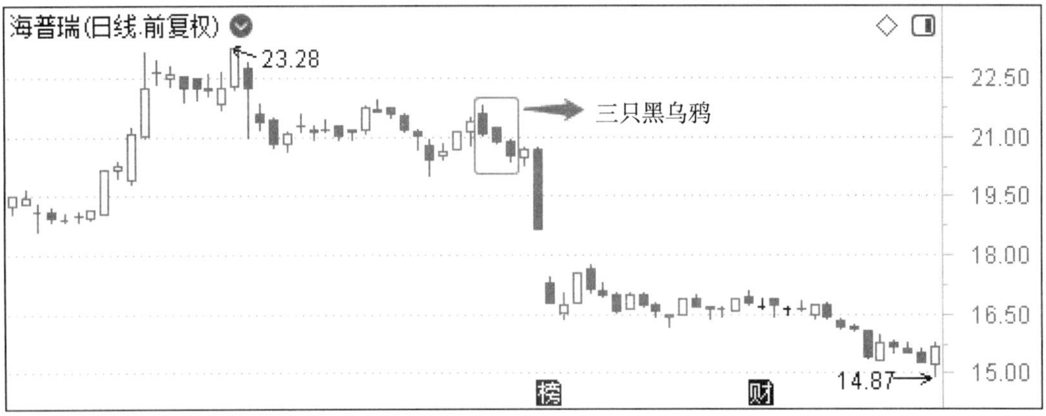

图 2-57

市场含义：股价经过一段时间的持续上涨后，出现缓缓下跌形态时，说明多方力量衰竭，空方力量开始走强，多空双方仍在进行斗争，但空方力量持续强于多方力量，是行情见顶，后市看跌的信号。如果这种组合形态伴随着量能增加，那么行情看跌的信号更加强烈。

如图 2-58 所示，特力 A（000025）的股价经过一段时间的横盘冲高后，2016 年 11 月 21 日—12 月 8 日开始缓慢下跌，K 线阴阳交替出现。虽然下跌速度很慢，但整体重心下移，显示股价弱势。其后股价开始加速下跌。

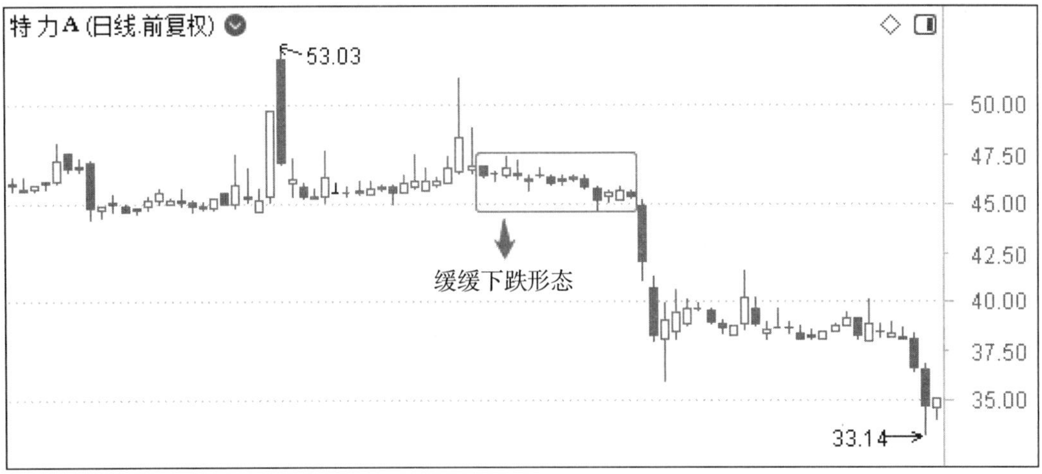

图 2-58

（13）下降三法。

图形特征：下降三法 K 线组合出现在下跌趋势中，通常由 5 根 K 线组合而成。第一根 K 线为中阴线或大阴线，后面连续出现 3 根向上爬升的小阳线（偶尔可能会超过 3

根小 K 线），其高点均不破第一根大阴线的高点。最后一根中阴线或大阴线又全部或者大部分吞没前面 3 根爬升的小阳线。这种形态是主力出货撤离的手法，也是行情走弱的征兆。

市场含义：股价在下跌趋势中出现下降三法，说明主力资金想要撤离，但手中筹码过多，无法一次性撤出，只能通过制造短线反弹诱多，使更多散户进入接盘，自己可以顺利出货，这是一种后市看跌形态。

如图 2–59 所示，2017 年 9 月 25 日—10 月 9 日期间的 6 个交易日，中钢天源（002057）的股价走势形成了下降三法形态。出现下降三法形态时，说明股价经过大阴线的下跌后，空方卖出的筹码不多，因此通过几天的小幅反弹来诱导市场资金买入，空方好趁机出货。空方出货足够多时，股价会再次展开下跌走势。

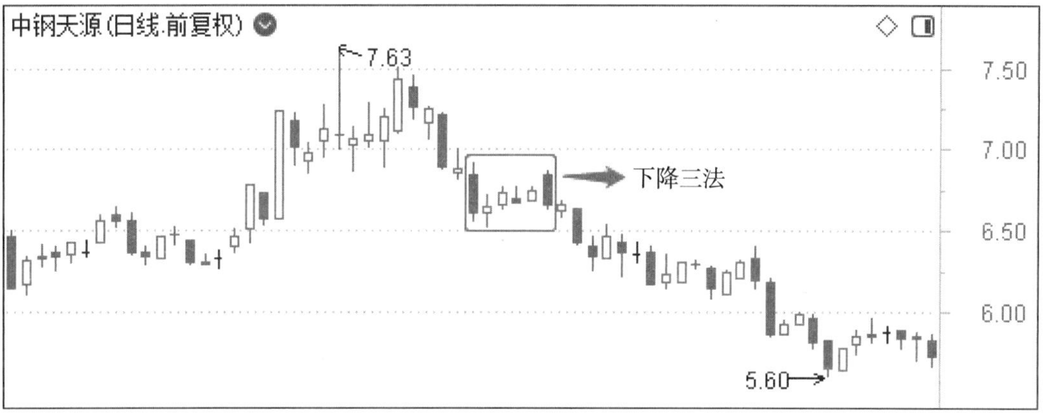

图 2–59

（14）两阴夹一阳。

图形特征：两阴夹一阳 K 线组合是指行情在下跌过程中，由两根较长的阴线和一根较短的阳线组成，较短的阳线在两根较长的阴线中间。第一天出现阴线，第二天出现阳线，第三天再次出现阴线，全部吞没反包第二天的阳线，这根 K 线的收盘价接近当天最低价。这种 K 线组合是强烈的看跌形态，说明行情可能持续下跌。

市场含义：股价刚开始出现下跌或下跌途中，主力第一天大量抛出筹码拉低股价。第二天主力小幅拉升股价，给投资者制造行情只是短暂下跌的错觉，好让其继续持有或买入股票。第三天主力再度快速抛出筹码拉低股价，不给前一天买入筹码的投资者获利出局的机会。这种 K 线组合出现在下跌趋势中，是强烈的看跌形态，说明行情可能持续下跌。

如图 2–60 所示，2020 年 3 月 9 日—11 日，东港股份（002117）的股价走势形成了两阴夹一阳形态。股价第一天出现大阴线下跌，第二天低开高走收中阳线，第三天高开低走强势反包收出大阴线。股价走势在阶段高位出现两阴夹一阳形态时，说明股价经过大阴线的下跌后，空头力量显得强势，主力为了更好地出货，故而先拉升股价，待出货后股价会继续下跌。

图 2-60

（15）看跌吞没。

图形特征：看跌吞没 K 线组合一般出现在行情连续上涨的末期。这种形态由两根 K 线组合而成，第一根 K 线为一根小阳线，第二根 K 线是一根中阴线或者大阴线，这根阴线将第一根 K 线全部吞没。出现这种形态是行情可能翻转的信号。

市场含义：经过一段时间的持续上涨后，股价走势出现看跌吞没形态时，说明买盘上涨力量开始衰竭，卖盘力量明显强于买盘力量，是行情见顶，后市看跌的信号。

如图 2-61 所示，太阳纸业（002078）的股价经过一段时间的持续上涨，在 2018 年 2 月 26 日、27 日形成了看跌吞没形态。2018 年 2 月 26 日，股价上涨收出一根实体较长的阳线，第二个交易日即 2 月 27 日，股价跳空高开，随后高开低走，收盘时收出中阴线，且阴线实体部分将第一根阳线全部吞没。其后，该股短期内呈持续下跌走势。

（16）高位反转十字星。

图形特征：高位反转十字星形态通常是股价经过一段时间的上涨，某日 K 线走出十字星形态，其后股价开始反转向下，呈下跌走势，十字星构成股价高位反转形态。

市场含义：股价经过一段时间的上涨，市场获利盘增多，投资者开始逐渐获利了结。某日股价继续上涨后，多空双方出现分歧，争夺比较激烈，直至收盘时，多空双方力量依然旗鼓相当，因此收出十字星线。第二天多头力量衰竭，空头力量开始发力，股价开始走弱。其后，投资者纷纷抛售该股，股价开始反转下跌。

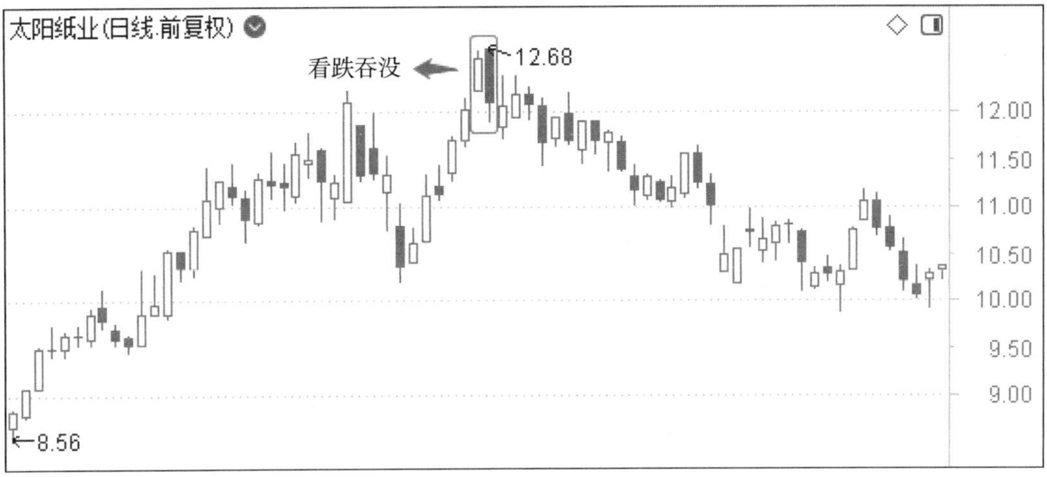

图 2-61

如图 2-62 所示，聚龙股份（300202）的股价经过一段时间的持续上涨后，2018 年 4 月 16 日出现十字星走势。其后股价反转下跌，该十字星构成高位反转形态。

图 2-62

（17）顶部 T 字线。

图形特征：顶部 T 字线通常出现在上涨趋势的末端，是下方带影线上方不带影线，光头不光脚，同时收盘价接近或等于开盘价的一种形态。

市场含义：顶部 T 字线是一种特殊的见顶形态，这种形态出现的情况较少。股价走出 T 字线，通常认为是行情强势的表现，但在一些特殊情况下，可能会出现顶部反转。比如，股价出现 T 字线后，市场突然出现利空消息或者主力故意以 T 字线做出诱多的信号，诱导投资者买入，以达到趁机出货的目的。一般情况下，出现顶部 T 字线走势后，第二天都会出现一根阴线杀跌，空方向下展开进攻，确认顶部形成，这是一个行情反转信号。

如图 2-63 所示，蓝英装备（300293）的股价经过一段时间的持续上涨，在 2019 年 3 月 7 日形成了顶部 T 字线。股价开盘后受到空方强势打压而下跌，随后多方开始强势反击，股价逐步回升，收盘时收出 T 字线，收盘价等于开盘价，K 线光头不光脚，同时下方留下较长的下影线。该股形成顶部 T 字线后，短期内呈持续下跌走势。

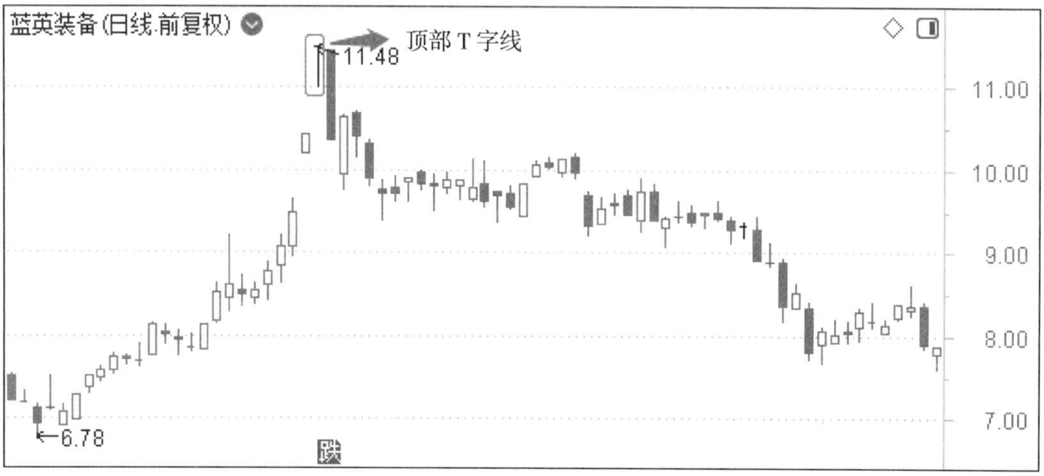

图 2-63

（18）顶部倒 T 字线。

图形特征：顶部倒 T 字线通常出现在上涨趋势的末端，是上方带影线下方不带影线，光脚不光头，同时收盘价接近或等于开盘价的一种形态。

市场含义：经过一段时间的持续上涨后，某天开盘后在强大的买方力量下推动行情上涨，涨到一定高位时受到卖盘强势打压，价格出现回落，直至最终卖盘表现强势，买方无法支撑卖方的力量，这是一种强烈的见顶和看跌信号。如果伴随着量能大增，则后市下跌的概率较大。如果出现在行情连续上涨的顶部，则说明行情可能见顶，即将转向下跌。如果出现在下跌中途，则说明行情将继续下跌。

如图 2-64 所示，亿帆医药（002019）的股价经过一段时间的持续上涨，在 2015 年 6 月 15 日形成了顶部倒 T 字线。股价开盘后受到多方强势影响而上涨，随后空方开始强势打压，股价逐步回落，收盘时收出倒 T 字线，收盘价等于开盘价，K 线光脚不光头，同时上方留下较长的上影线。该股形成顶部倒 T 字线后，短期内呈持续下跌走势。

（19）顶部反转岛形线。

图形特征：顶部反转岛形线通常出现在上涨趋势的末端，这种 K 线组合由 3 根 K 线组合而成。第一根 K 线是一根中阳线或大阳线，第二根 K 线是一根中阴线或大阴线，

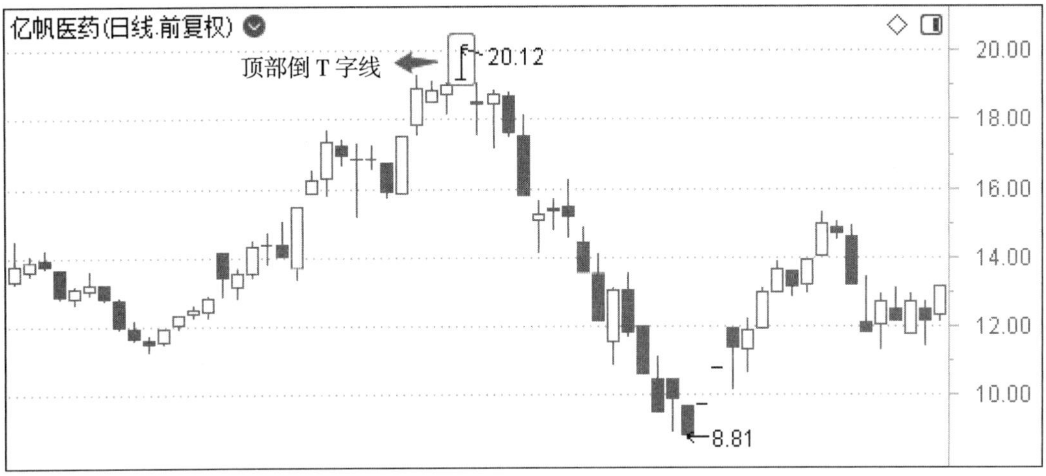

图 2-64

这根阴线大幅跳空高开低走，最终收盘时收在当日的最低点或者最低点附近，但阴线当日的最低点仍然高于前一日阳线的最高点，即第二根阴线实际上是假阴线。第三天股价跳空低开，并且跳空缺口不回补。

市场含义：顶部反转岛形线是指行情经过一段时间的连续上涨后，股价第一天收出一根阳线，市场情绪极为亢奋，第二天股价大幅跳空高开，之后空方强势入场，向下展开攻击，行情一路走低，直至收盘时股价收在当日最低价附近，虽然股价没能真正翻绿，但依然显示出空方的强势。这种 K 线组合形态是行情可能见顶的征兆。第二天出现的中阴线越长，见顶征兆越明显。第三天股价跳空下跌，更加确认股价的见顶征兆。

如图 2-65 所示，2018 年 8 月 8 日—10 日，红宝丽（002165）的股价走势形成了顶部反转岛形线。股价第一天出现大幅上涨，第二天大幅高开后冲高回落，收出一根带长

图 2-65

上影线的假阴线，截至收盘时，股价低点依然高于前一天的最高点，第三天股价向下跳空低开，第二天的假阴线便形成岛形线。其后，股价短期内呈持续下跌走势。

（20）顶部反转分离线。

图形特征：顶部反转分离线通常出现在上涨趋势的末端，由一阳一阴 2 根 K 线组成。股价第一天收出一根阳线，第二天跳空低开，并且低开低走，当天的最高点低于第一天阳线的最低点。

市场含义：顶部反转分离线是指行情经过一段时间的连续上涨后，股价第一天收出一根阳线，说明市场情绪偏乐观，但盘后可能出现利空消息或者主力有意快速抛货，第二天股价跳空低开，并且直接低开在第一天阳线的最低点之下，意味着行情转向弱势。这种 K 线组合形态是行情可能见顶的征兆。第二天出现的阴线越长，见顶征兆越明显。如果当天出现跌停，则后市看跌更强烈。

如图 2-66 所示，恒银科技（603106）的股价经过一段时间的持续上涨后，2019 年 6 月 27 日出现跳空高开上涨大阳线。第二天股价跳空低开低走，且当天的最高价低于前一天 K 线形成的最低价，其 K 线组合形成顶部反转分离线。其后，股价短期内呈持续下跌走势。

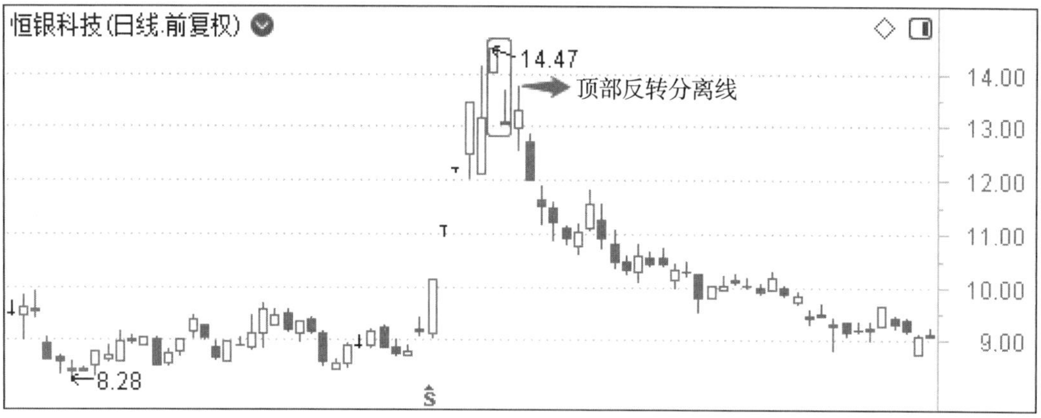

图 2-66

（21）巨阴封杀线。

图形特征：巨阴封杀线通常出现在行情上涨趋势的末端，由 2 根 K 线组成。第一根 K 线是一根小阳线或小阴线，也可以是十字星线。第二根 K 线为股价大幅高开后再大幅走低，收盘为一根巨大的阴线，通常阴线跌幅在 10% 以上。巨阴封杀线跟看跌吞没形态类似，属于特殊的看跌吞没形态。

市场含义：股价经过一段时间的持续上涨，上涨行情进入末端，第一根 K 线显示多方力量开始减弱，但无法确定空方强势。第二根巨阴 K 线出现，说明空方开始展开强烈的进攻态势，是强烈的反转看跌信号。

如图 2–67 所示，2019 年 6 月 20 日、21 日，金陵体育（300651）的股价走势形成了巨阴封杀线。股价第一天出现小阳线上涨，第二天大幅高开后再大幅低走，收出一根巨大的阴线，其后股价短期内呈持续下跌走势。股价走势在顶部出现巨阴封杀线时，说明股价上涨乏力，空头已开始展开强势攻击，其后股价通常会持续下跌。

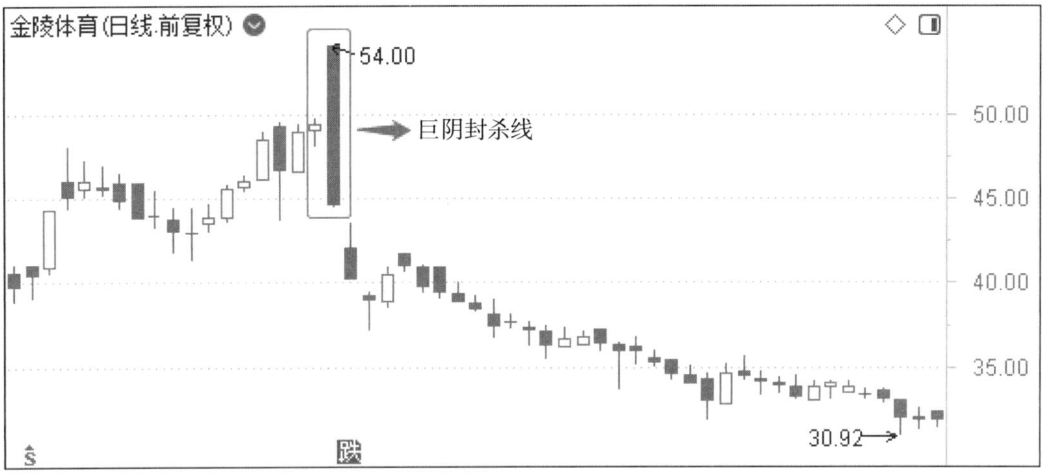

图 2–67

（22）顶部反转一字线。

图形特征：顶部反转一字线通常出现在上涨趋势的末端，由 2 根 K 线组成。第一根 K 线为开盘价、收盘价、最高价和最低价都在同一价位的 K 线，此 K 线可以是正常的一字线或者涨停一字线。第二根 K 线为中阴线或者大阴线。

市场含义：股价经过一段时间的持续上涨后，第一天收出一字线时，说明该股已经被市场遗弃，行情没有任何的交投活跃度，或者市场极度活跃被投资者直接顶成一字涨停板，而盘后可能出现利空消息或者主力机构有意抛售。第二天出现中阴线或大阴线，股价强势下跌，空方展开强势进攻。这种 K 线组合形态是行情可能见顶的征兆。第二天出现的阴线越长，见顶征兆越明显。如果当天出现跌停，则后市看跌更强烈。

如图 2–68 所示，汉威科技（300007）的股价经过一段时间的持续上涨，2019 年 10 月 29 日出现一字涨停走势。第二个交易日即 10 月 30 日，股价出现低开低走的行情走势，股价走弱，短期行情出现反转，说明空方力量强势进攻，是股价见顶的信号。其后，股价短期内呈持续下跌走势。

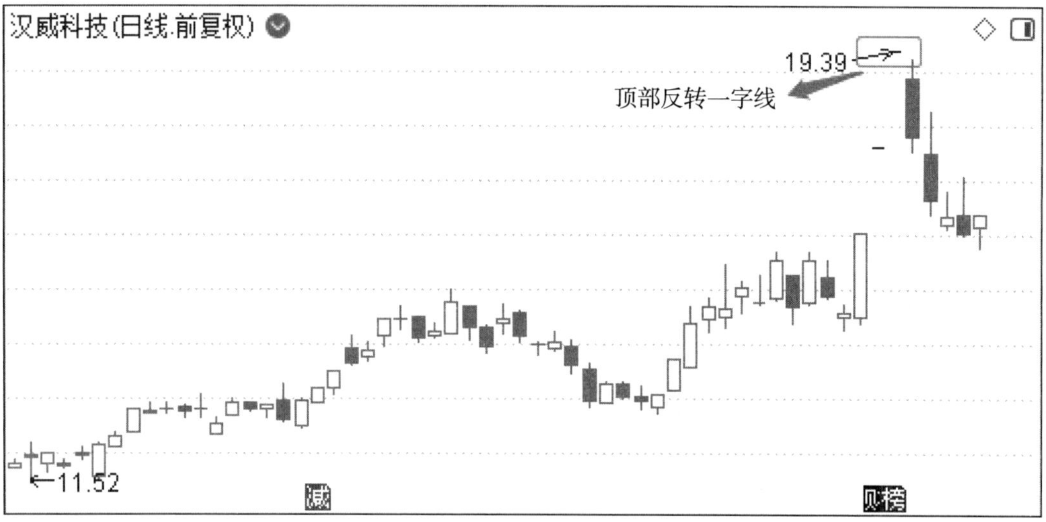

图 2-68

第三章　分时图交易方法

分时图是日内交易非常重要的参考指标。很多投资者都希望日内交易时能够买在最低点，卖在最高点，但如果不懂分时图交易方法，就会出现盲目操作，可能卖在最低点，买在最高点，这是所有投资者都不希望看到的。

第一节　分时图的含义

分时图是指大盘和个股的动态实时（即时）分时走势图。在实战研判中，它的地位极其重要，是即时把握多空力量转化的根本所在。

1. 大盘分时线含义

（1）白色曲线：表示大盘加权指数，即证交所每日公布的大盘实际指数。

（2）黄色曲线：在大盘中表示不含加权平均的大盘指数，也就是不考虑上市股票的盘子大小，假定所有股票对指数的影响是相同的。当指数上涨时，黄线在白线上方，说明小盘股涨幅大于大盘股的涨幅；黄线在白线下方，说明小盘股涨幅小于大盘股涨幅。当指数下跌时，黄线在白线上方，说明小盘股的跌幅小于大盘股的跌幅；黄线在白线下方，说明小盘股的跌幅大于大盘股的跌幅。

2. 个股分时线含义

（1）分时图中的白线，在个股中是指当时成交的价格线，代表当前成交的即时价格。

（2）分时图中的黄线，在个股中是指当日平均成本价格，即按照每笔成交量依据移动加权平均计算出来的价格反应，体现为当日的平均成本。

3. 均线的作用

很多投资者喜欢通过观察分时线来进行交易，分时图中有两条线，一条是价格线，一条是均线。均线对价格线有支撑和阻力作用：当价格线在均线上方时，均线对价格线起支撑作用，支撑价格不往下跌；当价格线在均线下方时，均线对价格线起阻力作用，阻挡价格不往上涨。

第二节　分时图买入法

从分时线上看，所有处于正常交易的个股，都存在各种各样的形态走势。利用分时线进行交易时，均线是重要的参考工具，价格上涨和回落时，均线是寻找买入点的参考依据。盘中交易时，利用分时线的走势选择买入策略的方法有很多，在此只介绍比较常见，并且成功率较高的分时线买入方法。

1. 上破平台买入法

上破平台买入法，是指股价在盘中的分时图走势形成横向平台式波动，当股价上涨至平台位置时遇到阻力而回落，经过一段时间的横盘波动后，向上突破横盘波动平台，并且开始放量拉升，此时是绝佳的短线买点。

如图 3–1 所示，在 2019 年 11 月 1 日的分时图中，金固股份（002488）的股价低开后快速持续拉升。当股价拉升至上涨 7% 时受到阻力，开始出现横盘振荡，价格回落至均线位置，受均线支撑后回升。当价格回升至上涨 7% 的位置时再次受阻回落，其后股价多次回升至上涨 7% 的位置，均受到阻力出现回落。午后，股价向上放量突破上涨 7% 位置的平台压制后直线拉升并封死涨停板。对于这种走势的个股，投资者可在股价放量上破平台时买入股票。

2. 上破均线买入法

上破均线买入法，是指股价在分时图中一段时间维持在均线下方波动运行，某一时点价格线开始由下方向上穿越均线，并且放量上涨，这是分时图中短线操作的绝佳买点。

使用这种上破均线买入法时需要注意的是，价格线在均线下方波动时不能偏离均线过远。如果偏离过远，价格线从下往上穿越均线时，买入点操作的成功率会小很多。因

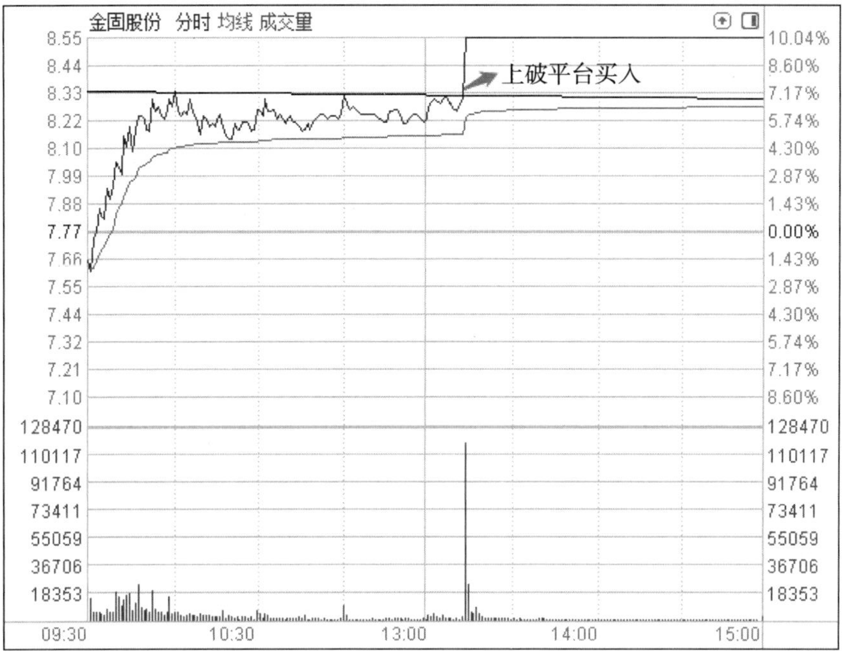

图 3-1

为股价上涨至均线位置时，中间已经上涨了一段距离，向上穿越均线时，有可能动能已经衰竭。

如图 3-2 所示，在 2019 年 11 月 1 日的分时图中，汉鼎宇佑（现名海峡创新，

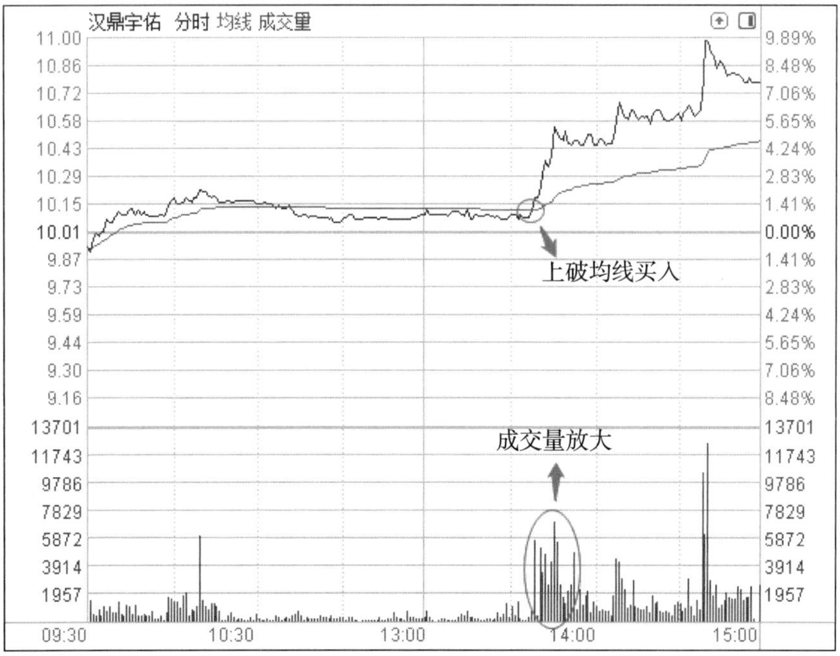

图 3-2

300300）的股价低开后逐渐上涨至 1.5% 位置受阻回落，并下破均线。其后一段时间，股价一直在均线下方运行。午后，股价在均线下方运行一段时间后，开始自下而上穿越均线拉升，并且成交量快速放大。对于这种走势的个股，投资者可在股价放量上破均线时买入股票。

3. 回踩均线买入法

回踩均线买入法，是指股价在分时图中维持在均线上方，每当回踩到均线位置时，都会受到均线支撑而上涨，股价回踩至均线位置时便是绝佳的买点。

如图 3–3 所示，在 2019 年 11 月 1 日的分时图中，润欣科技（300493）的股价低开后逐渐上涨。当股价上涨至 1.4% 位置时出现回落，短暂跌破均线后又被快速拉回到均线上方，并受到均线支撑。其后，股价逐渐上涨至 2.7% 位置后再度回落，回落至均线位置时受到均线支撑后开始回升。之后维持横盘振荡走势，但当股价回踩至均线位置时都会受到均线支撑而重新回升。午后股价逐渐走高，并放量拉升至涨停。对于这种走势的个股，投资者可在股价回踩并受到均线支撑时买入股票。

图 3–3

4. 回踩多支撑点买入法

回踩多支撑点买入法，是指股价在分时图中波动时，多次冲高回落都受到同一水平线支撑，在水平线上形成多点位支撑，即每次回落到某一价格时都会受到强有力的支撑，再度转为上涨，这一多点位水平支撑线就是价格回落时的绝佳买点。

如图 3–4 所示，在 2019 年 11 月 4 日的分时图中，天域生态（603717）的股价开盘后快速拉升至上涨 2.8% 的位置，随后受阻回落至下跌 1.4% 的位置时遇到支撑后回升。股价回升至上涨 1.4% 的位置时再次受阻回落，回落至下跌 1.4% 的位置时再次受到支撑。其后，股价多次回升后再次出现回落，均受到下跌 1.4% 位置的支撑而回升。午后股价开始振荡走高，尾盘冲击涨停。该股股价在分时图中多次回踩都受到下跌 1.4% 位置的支撑，因此下跌 1.4% 的位置就是多支撑买入点位。对于这种走势的个股，投资者可在股价回落至多支撑点位时买入股票。

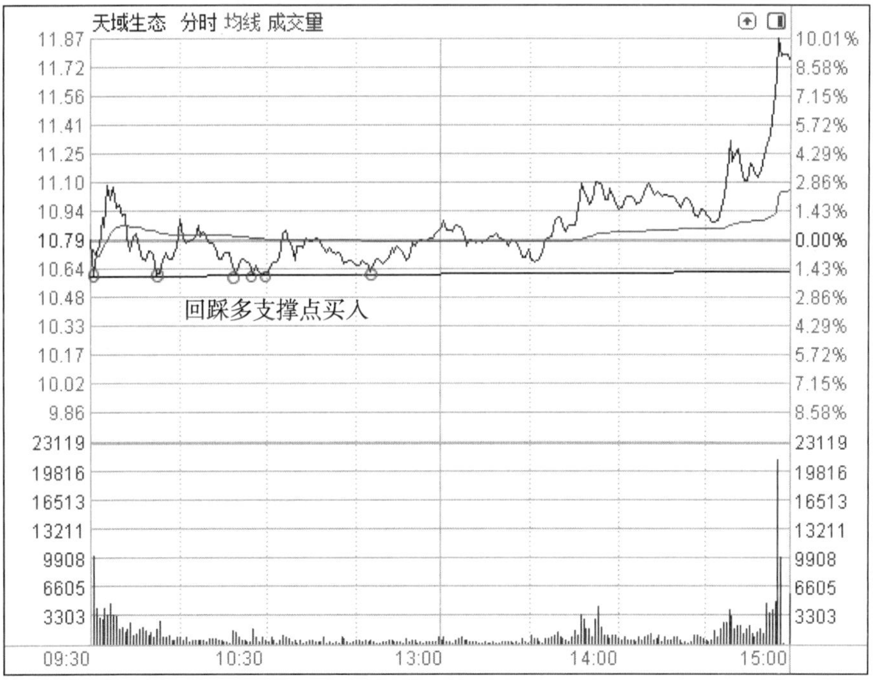

图 3–4

5. 突破形态买入法

突破形态买入法，是指股价在分时图中的走势会形成各种不同的底部形态，比如 W 底形态、头肩底形态、圆弧底形态、矩形形态、三角形形态等，交易时可以根据形态特征进行操作，股价向上放量破位形态走势时是绝佳的买入时机。

如图 3-5 所示，在 2019 年 11 月 14 日的分时图中，诚迈科技（300598）的股价开盘后小幅拉升至上涨 1.4% 的位置。随后受阻回落缓慢下跌，下跌至下降 3.7% 的位置时受到支撑，开始缓慢回升，分时图走势形成圆弧底形态。当股价回升至上涨 1.4% 的位置时，股价开始放量上涨，突破圆弧底的颈线位置，并快速拉升，最后拉升至涨停。该股突破圆弧底形态放量拉升时就是突破形态买入点位。对于这种走势的个股，投资者可在股价放量突破圆弧底形态时买入股票。

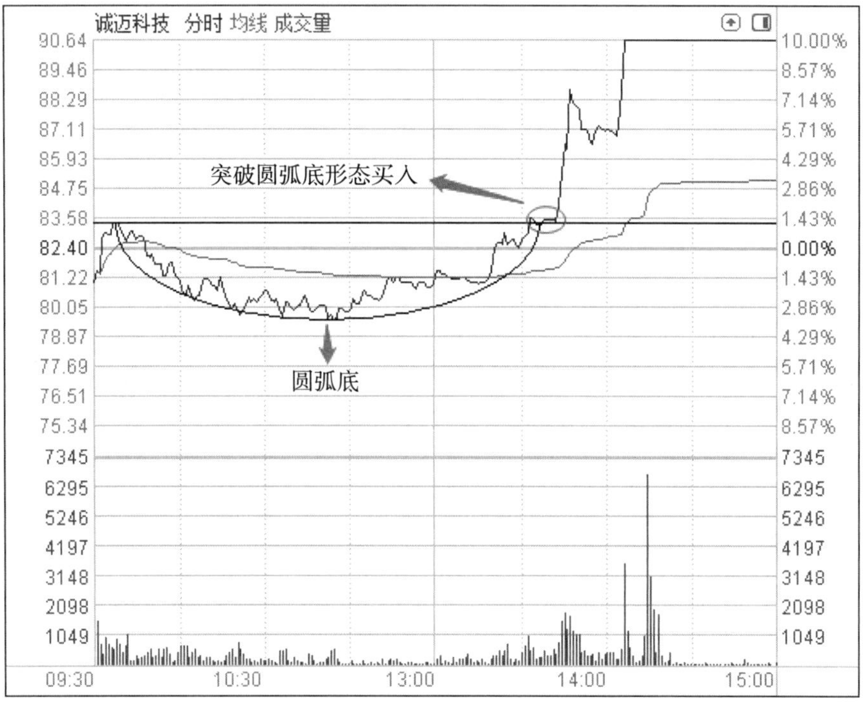

图 3-5

如图 3-6 所示，在 2019 年 11 月 14 日的分时图中，八方股份（603489）的股价跳空高开后快速拉升至上涨 7% 的位置。随后快速回落至 2.86% 的位置，之后又逐渐回升至 5.7% 位置，受到压力回落至 3% 位置后，再度回升至 5.7% 位置，构成 W 底形态。之后，股价在 W 底形态颈线位置短时盘整后开始放量拉升，并快速冲击涨停并封死涨停板。对于这种走势的个股，投资者可在股价放量突破 W 底形态时买入股票。

6. 快速上涨买入法

快速上涨买入法，是指股价在分时图中的走势出现快速上涨，交易量呈现持续放大时，是短线买入的绝佳时机。

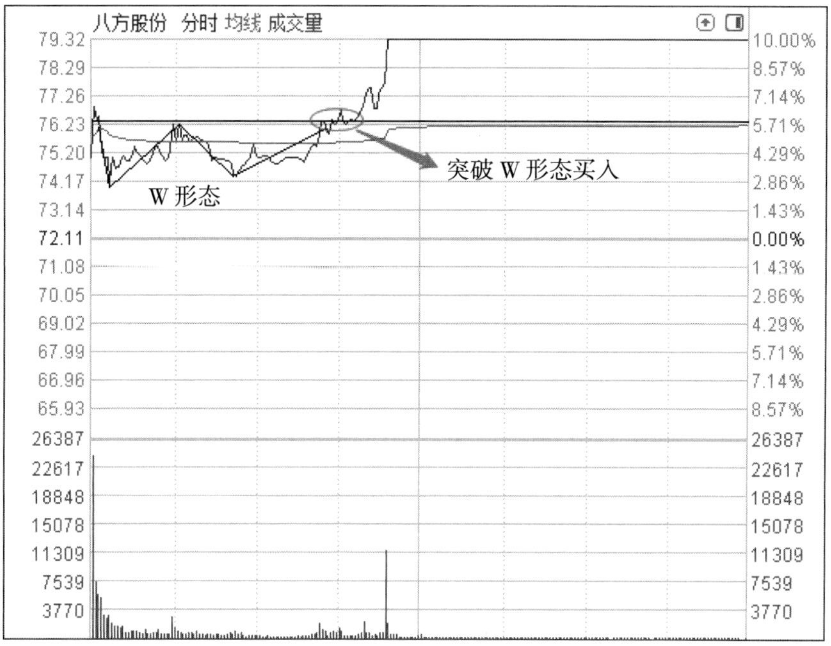

图 3-6

如图 3-7 所示，在 2019 年 11 月 14 日的分时图中，飞乐音响（现名 *ST 飞乐，600651）的股价开盘后快速放量拉升至上涨 4.29% 的位置。短暂回踩分时均线后，放量拉升至上涨 6% 位置。再次短暂回踩分时均线后，又放量拉升至涨停板。该股开盘后市

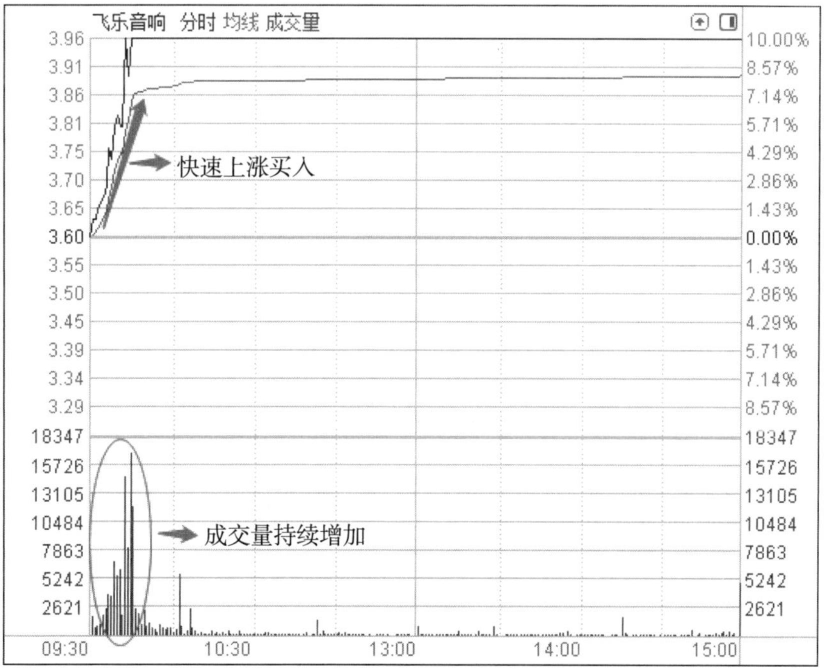

图 3-7

场资金大量持续地买入，股价快速拉升至涨停，对于这种走势的个股，投资者可在股价放量拉升后回踩分时均线时买入股票。

7. 快速下跌买入法

快速下跌买入法，是指股价在分时图中的走势出现快速下跌，当盘中股价快速大幅下跌，并且交易量很少，待股价下跌速度停滞，开始放量上涨时，是短线买入的绝佳时机。

使用快速下跌买入法时，一定要先观察个股的整体走势。如果个股的整体走势是在底部阶段或者上涨途中，则买入后成功的概率较高。如果个股的整体走势已经大幅上涨，则操作时需要谨慎，要控制好风险，有可能盘中的快速下跌是主力在出货，股价再次拉升可能只是短暂的反弹，反弹之后股价会再度转为下跌。

做日内低吸高抛时，快速下跌买入法的效用通常比较高。股价快速大幅下跌后，企稳时买入股票，待股价回升后再抛出相应的股票，以此来完成日内低吸高抛的操作。

如图 3-8 所示，在 2020 年 11 月 19 日的分时图中，中集集团（000039）的股价冲高后短时间内快速回落，成交量逐渐减少，随后股价短暂企稳后又开始放量上涨。对于这种走势的个股，投资者可在股价快速回落，企稳后放量上涨时买入股票。

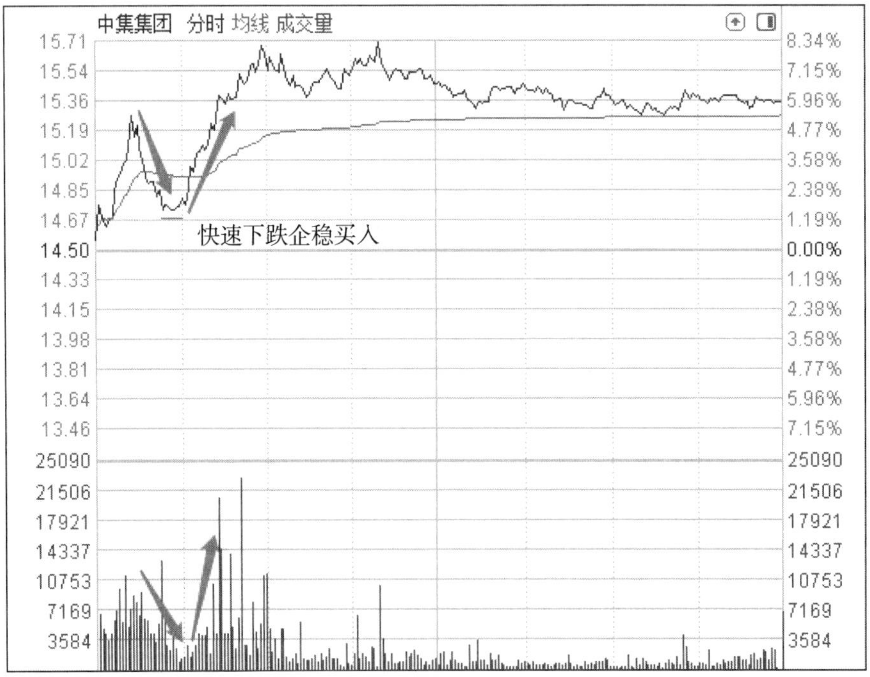

图 3-8

8. 趋势线支撑买入法

趋势线支撑买入法，是指股价在分时图中的走势按照一定的角度往上爬升，股价每次回落的低点都在一条趋势线上受到支撑，随后股价会再次上涨，股价每次上涨时需要伴有成交量的放大，每当股价回落至趋势线位置附近时，便是买入时机。

如图 3–9 所示，在 2019 年 11 月 1 日的分时图中，凯恩股份（002012）的股价低开小幅下探后逐渐上涨。股价沿倾斜向上的趋势线稳步上涨，每当股价回落至趋势线位置都会受到支撑而再次回升。每次回升的高点都比前一次高点要高，成交量在股价持续上涨过程中也逐渐放大。对于这种走势的个股，投资者可在股价回踩并受到趋势线支撑时买入股票。

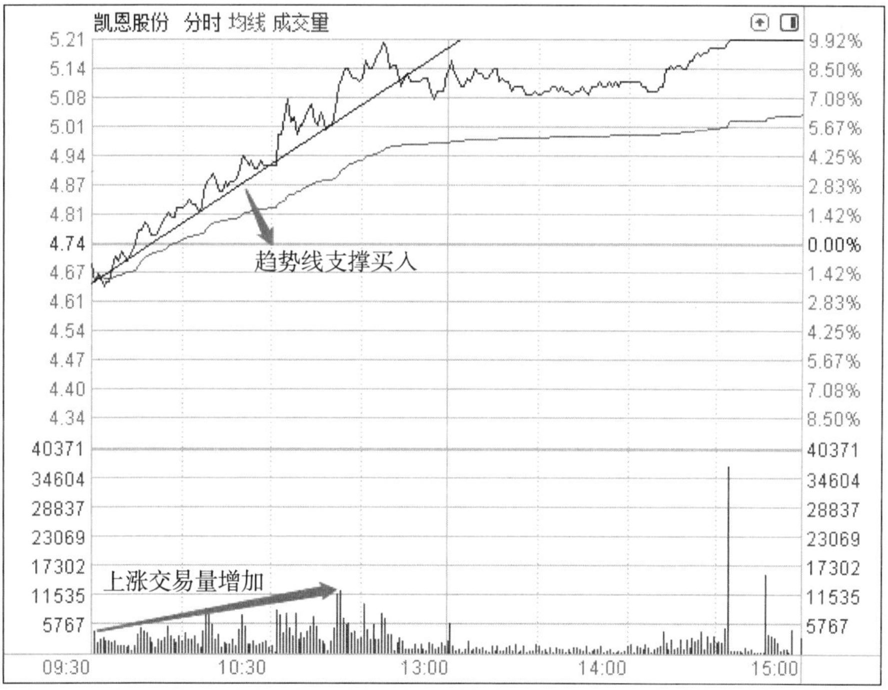

图 3–9

9. 趋势线突破买入法

趋势线突破买入法，是指股价在分时图中的走势按照一定的角度运行，股价每次上涨的高点都在一条趋势线上受到压力，并出现回落，之后在某一时点股价开始向上突破这条趋势线强势上涨，股价突破趋势线上涨时需要伴有成交量的放大，股价放量突破趋势线时，便是买入时机。

如图 3–10 所示，在 2019 年 11 月 4 日的分时图中，恒铭达（002947）的股价高开后快速拉升，上涨至 7.5% 位置时受阻回落。之后，股价每次回升的高点都受到一条向下倾斜的趋势线压制，每当股价反弹至这条趋势线时都会受到压制再次回落，股价每次回升的高点都比前一次的高点要低。尾盘时，股价开始放量向上强势突破趋势线，成交量在股价突破趋势线之后持续放大。对于这种走势的个股，投资者可在股价向上突破趋势线时买入股票。

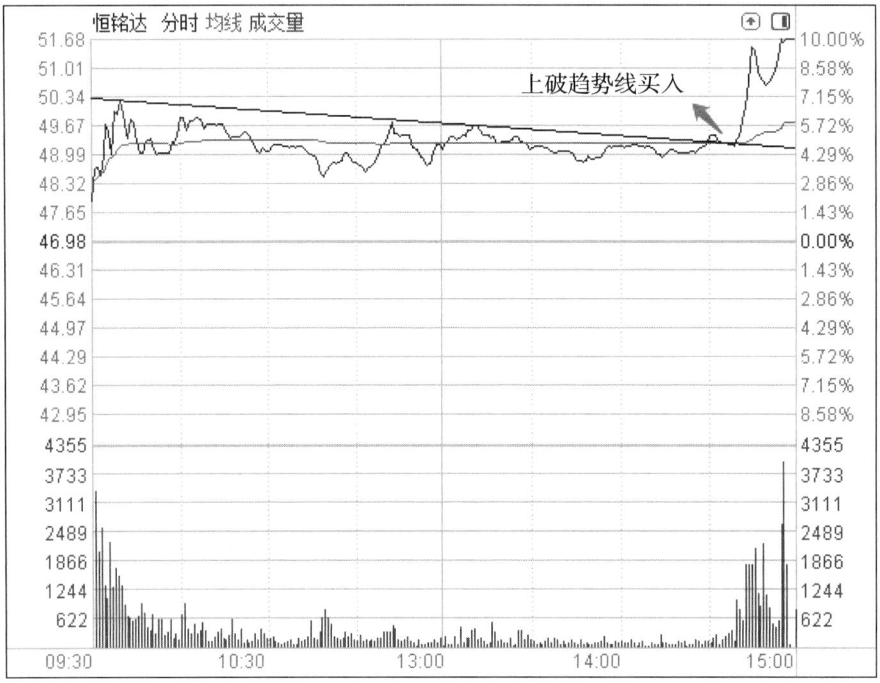

图 3–10

10. 高乖离买入法

高乖离买入法，是指股价在分时图中的走势，价格线在均线下方，且价格线偏离均线过远，这样价格线就有回归靠拢均线的需求，当价格线在均线下方且出现高乖离时，是盘中短线买入机会。高乖离买入法，对于盘中低吸高抛操作具有明显的效果。

如图 3–11 所示，在 2019 年 11 月 4 日的分时图中，聚龙股份（300202）的股价开盘后维持在上涨 2% 位置附近横盘振荡。午后股价快速走低，跌至下跌 3.99% 处，而分时均线依然维持在上涨 1% 位置附近，随后股价经过短暂企稳后便在尾盘开始放量加速上涨，短时间快速拉升了 10 多个点的涨幅。对于这种走势的个股，投资者可在股价企稳后开始放量拉升时买入股票。

图 3–11

11. 大幅低开买入法

大幅低开买入法，是指股价开盘时大幅跳空低开，开盘后短暂下探后便开始持续放量拉升，或者开盘后直接持续放量拉升时，是短线买入时机。如果低开的位置在 K 线上正好处于支撑位置，则买入的成功率会更高。

大幅低开买入法需要注意个股的 K 线走势处于什么状态。如果股价已经大幅上涨，那么此时大幅低开后的放量上涨，可能是主力为了方便出货，故意放量拉升股价诱导投资者买入，自己则趁机出货。这种情况下，股价短暂上涨后通常会转为下跌。

大幅低开买入法还需要注意个股的基本面信息。如果股票基本面出现了利空消息，股价大幅低开，开盘后出现放量上涨，可能是主力故意诱导市场上盲目的投资者买入，以方便自己顺利出逃。

如图 3–12 所示，在 2020 年 2 月 4 日的分时图中，科达制造（600499）的股价大幅低开 4 个多点，开盘后股价放量快速拉升，拉升至平盘附近时开始横盘振荡。对于这种走势的个股，投资者可在股价开盘放量拉升时部分买入股票。然后在股价横盘振荡区间低点处再买入部分仓位，来博弈后市的继续上涨。股价在低位运行时出现这种走势的个股，大多会在其后几个交易日出现持续上涨。

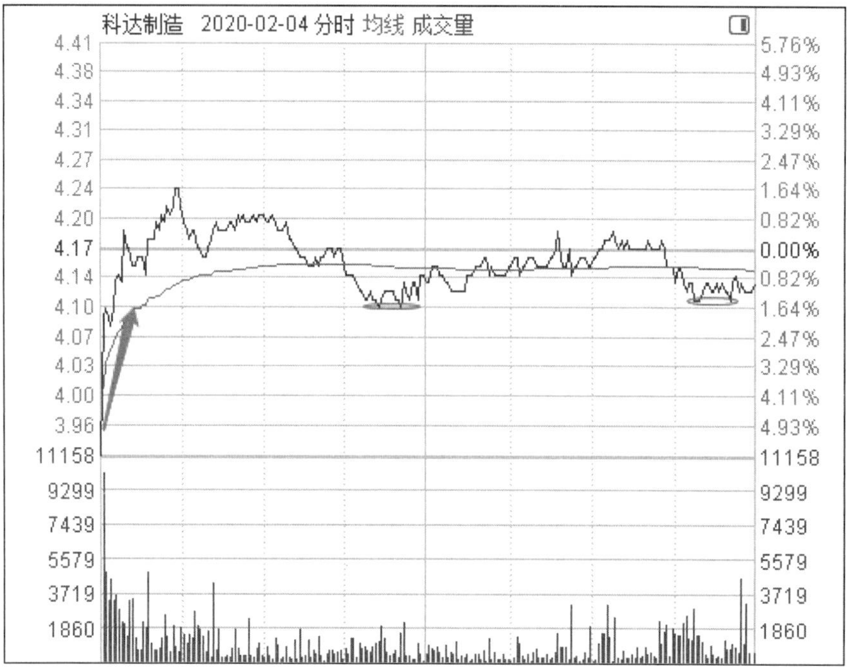

图 3-12

12. 阶梯上涨买入法

阶梯上涨买入法，是指股价开盘后的走势呈现阶梯式的上涨形态。这种形态通常是主力每次拉升后，通过持续横盘整理的走势来吸收筹码，当主力横盘期间无法获得更多筹码时，就选择拉升一下股价，然后再通过横盘整理的方式诱导一些投资者卖出，从而获得更多筹码。

如图 3-13 所示，在 2019 年 11 月 14 日的分时图中，香山股份（002870）的股价开盘后在 0.5% 位置附近，经过短暂横盘振荡后，快速拉升至 1.43% 位置继续横盘。午后，股价再度拉升至 4% 位置附近横盘振荡。尾盘阶段，股价快速放量拉升至涨停板。从分时图走势上看，股价分时呈现阶梯上涨的走势。对于这种走势的个股，投资者可在股价横盘振荡受到分时均线支撑时买入股票，也可在每个阶梯股价放量拉升突破当前阶梯位置时买入股票。

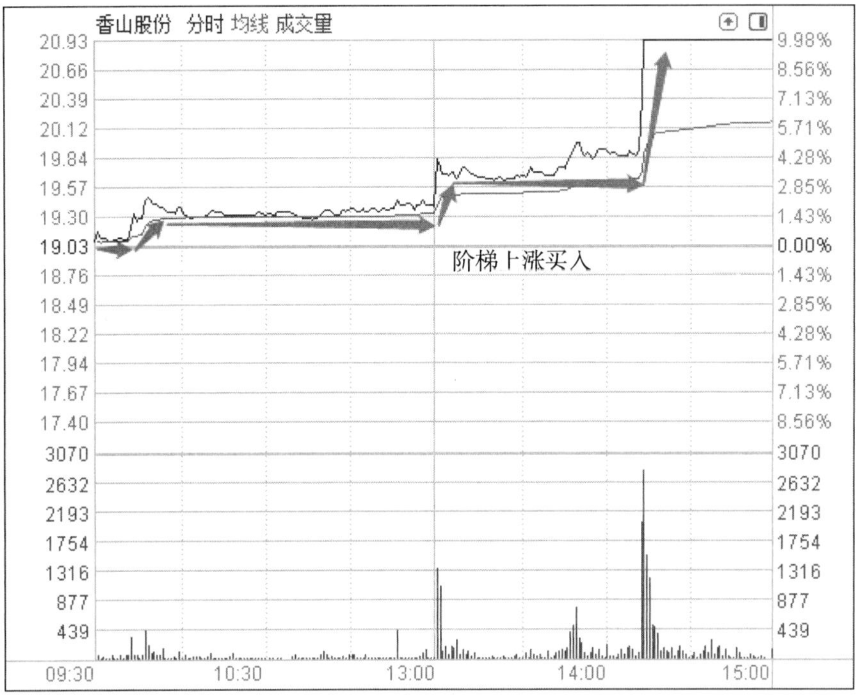

图 3-13

第三节　分时图卖出法

1. 跌破平台卖出法

跌破平台卖出法，是指股价在分时图走势中形成横向平台式波动，股价下跌至平台位置时都会受到其支撑而出现回升，经过一段时间的横盘波动后，股价向下突破横盘波动平台，并且开始放量下跌，此时是分时图中的短线卖出点。

如图 3-14 所示，在 2019 年 11 月 14 日的分时图中，新能泰山（000720）的股价开盘后在零轴线至上涨 1% 的位置之间横盘窄幅波动，零轴线成为股价波动的支撑平台。午后，股价逐渐走低，跌破零轴线平台，其后开始持续放量下跌。对于这种走势的个股，投资者可在股价跌破平台时卖出股票。

2. 跌破均线卖出法

跌破均线卖出法，是指在分时图中，股价在一段时间内维持在均线上方波动运行，

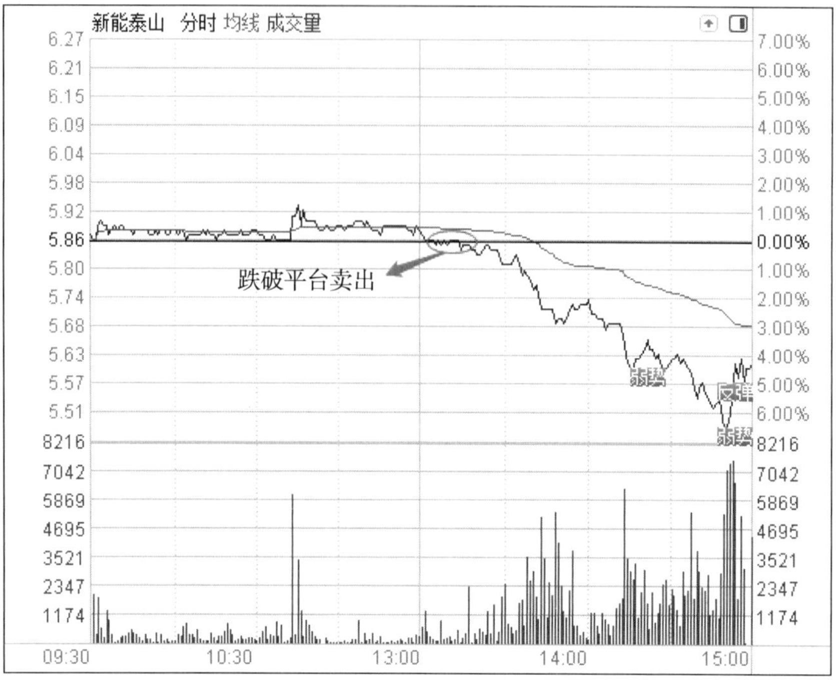

图 3-14

某一时点，价格线开始由均线上方向下穿越均线，并且放量下跌时，是分时图中短线操作的绝佳卖出点。在这种跌破均线卖出法中，投资者需要注意的是，价格线在均线上方波动时不能偏离均线过远。因为股价下跌至均线位置时，中间已经下跌了一段距离，股价向下穿越均线时，动能可能已经衰竭。

如图 3-15 所示，在 2019 年 10 月 31 日的分时图中，掌阅科技（603533）的股价低开小幅下探后，逐渐上涨至 0.65% 位置受阻回落，股价回落至均线时受到支撑后回升。当股价放量回升至 0.65% 位置时，再次受到阻力。其后，股价持续在 0.65% 位置附近波动，成交量逐渐减少。午后股价开始逐渐走低，并放量下破均线，其后股价开始持续下跌。股价放量下破均线时，投资者可以卖出股票。

3. 反弹均线卖出法

反弹均线卖出法，是指股价在分时图中维持在均线下方运行，每当股价反弹到均线位置时，都会受到均线压制而下跌，股价反弹至均线位置时便是绝佳的卖出机会。

如图 3-16 所示，在 2019 年 10 月 31 日的分时图中，广信材料（300537）的股价小幅高开后，经过短暂下探后快速拉升。股价上涨至 3.3% 位置时出现回落，并跌破均线。其后，每次回升都受到均线阻力，出现回落。股价多次回升都没有向上突破均线，午后股价逐渐走低，并放量下跌。股价回升受到均线阻挡时，投资者可以卖出股票。

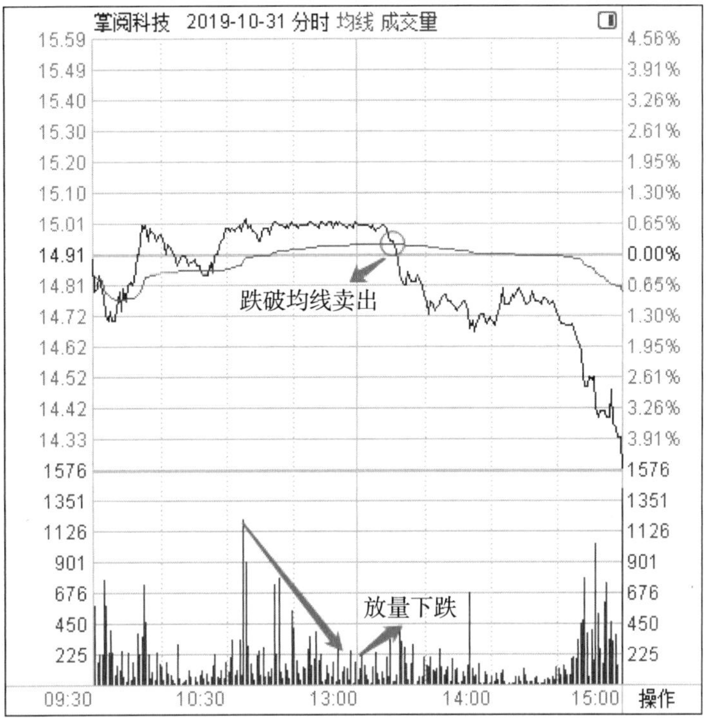
掌阅科技　2019-10-31 分时 均线 成交量
15.59
15.49
15.40
15.30
15.20
15.10
15.01
14.91
14.81
14.72
14.62
14.52
14.42
14.33
1576
1351
1126
901
676
450
225
4.56%
3.91%
3.26%
2.61%
1.95%
1.30%
0.65%
0.00%
0.65%
1.30%
1.95%
2.61%
3.26%
3.91%
跌破均线卖出
放量下跌
09:30
10:30
13:00
14:00
15:00
操作

图 3-15

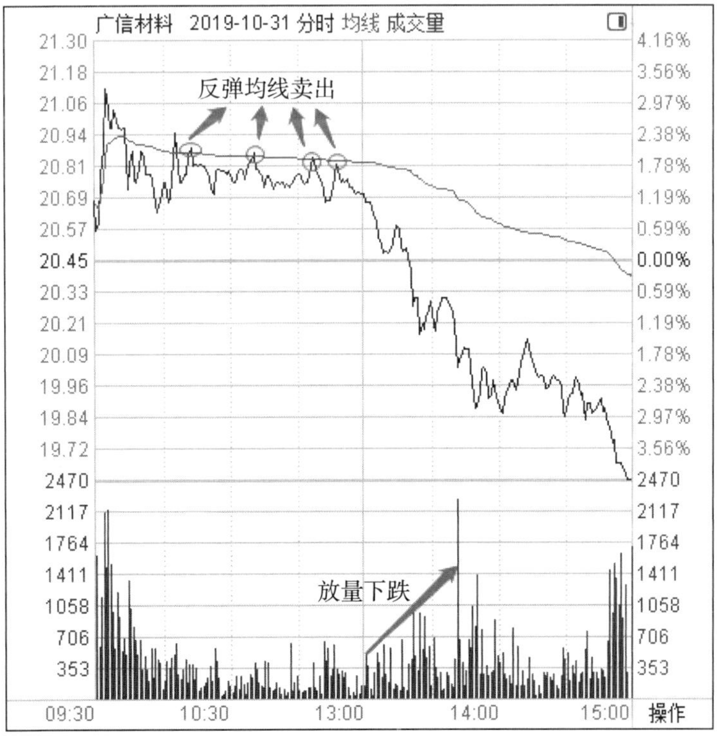
广信材料　2019-10-31 分时 均线 成交量
21.30
21.18
21.06
20.94
20.81
20.69
20.57
20.45
20.33
20.21
20.09
19.96
19.84
19.72
2470
2117
1764
1411
1058
706
353
4.16%
3.56%
2.97%
2.38%
1.78%
1.19%
0.59%
0.00%
0.59%
1.19%
1.78%
2.38%
2.97%
3.56%
反弹均线卖出
放量下跌
09:30
10:30
13:00
14:00
15:00
操作

图 3-16

4. 反弹多压力点卖出法

反弹多压力点卖出法，是指股价在分时图中波动时，多次下跌反弹时都受到同一水平线压制，在水平线上形成多点位阻力，即每次股价反弹到某一价格时都会受到强有力的阻力，再度转为下跌，这一多点位水平压力线就是股价反弹时的绝佳卖点。

如图 3–17 所示，在 2019 年 11 月 4 日的分时图中，恒宝股份（002104）的股价小幅低开后振荡上涨，上涨至 0.67% 位置时受压回落。股价下跌至 0.6% 位置时回升，回升至 0.67% 位置时再次受压回落。此后，股价连续多次下探后回升至 0.67% 位置时都受压回落，经过多次回升都没有突破 0.67% 位置的压力位。之后股价逐步下跌，午后股价开始加速下跌。该股分时图中股价多次回升都受到 0.67% 位置的压力，因此 0.67% 位置就是多压力卖出点位。股价回升至多压力点时，投资者可以卖出股票。

图 3–17

5. 突破形态卖出法

突破形态卖出法，是指股价在分时图中的走势会形成各种不同的顶部形态，比如 M 顶形态、头肩顶形态、圆弧顶形态、矩形形态等，在交易时可以根据形态特征进行操作，股价向下放量破位形态走势时是绝佳的卖出时机。

如图 3–18 所示，在 2019 年 11 月 14 日的分时图中，安恒信息（688023）的股价开盘后经过一段时间的横盘振荡，开始逐步上涨。股价上涨至 4.8% 位置时，经过短暂小

图 3–18

幅回落后快速上涨，上涨至 6.63% 位置时受到阻力开始回落。股价回落至 4.7% 位置时，经过短暂小幅反弹后，向下突破头肩顶的颈线位置，并快速下跌。至此，分时图走势形成头肩顶形态。该股突破头肩顶形态放量下跌时，就是突破形态卖出点位。股价放量跌破头肩顶形态时，投资者可以卖出股票。

6. 快速下跌卖出法

快速下跌卖出法，是指股价在分时图中的走势出现快速下跌时，如果交易量呈现持续放量，则是短线卖出的绝佳时机。

如图 3–19 所示，在 2020 年 11 月 20 日的分时图中，龙利得（300883）的股价小幅高开，开盘后快速下跌，并且量能放大。股价走势快速下跌过程中，下跌放量，反弹缩量，显示行情弱势。对于这种走势的个股，投资者可在股价反弹受到分时均线压制时卖出。

7. 快速拉升卖出法

快速拉升卖出法，是指在分时图中，当盘中股价快速大幅拉升，并且交易量很少，待股价上涨速度停滞，开始放量下跌时，是短线卖出的绝佳时机。

运用快速拉升卖出法时，一定要先观察个股的整体走势。如果个股的整体走势出现在顶部阶段或者下跌途中，则卖出成功的概率较高。如果个股的整体走势已经出现大幅

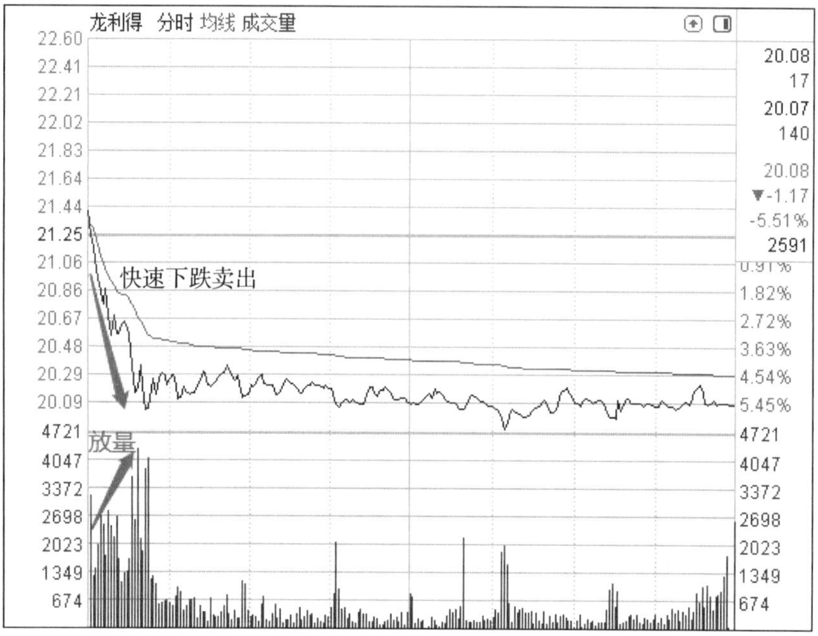

图 3–19

下跌，处于下跌趋势的末期或者上涨趋势的初期，操作时则需要谨慎，要控制好风险。此时，盘中的快速拉升有可能是主力开始拉抬股价，股价可能在短暂回落后再次转为上涨。如果选择卖出，就可能踏空后市行情。

如图 3–20 所示，在 2019 年 11 月 4 日的分时图中，聚龙股份（300202）的股价在下午持续走弱后，在尾盘阶段突然放量快速拉升，很快从下跌 3 个多点拉升至上涨 9 个多点。随后，量能无法持续跟进，开始逐渐萎缩，股价无法继续走强，随后开始回落。对于这种走势的个股，投资者可在股价快速大幅拉升后，量能无法持续跟进时卖出。

8. 趋势线压力卖出法

趋势线压力卖出法，是指股价在分时图中的走势按照一定的角度往下运行，股价每次反弹的高点都在一条趋势线上受到压制，随后股价会再次下跌，每当股价反弹至趋势线位置附近时，便是卖出时机。

如图 3–21 所示，在 2019 年 11 月 4 日的分时图中，田中精机（300461）的股价高开小幅上涨后开始逐渐下跌，股价沿着一定斜率向下倾斜的趋势线稳步下行。每当股价反弹至这条趋势线附近时，都会受到压力再次下跌，每次下跌的低点都比前一次的低点要低，成交量在股价持续下跌过程中也逐渐放大，属于逐渐放量下跌。股价反弹受到趋势线压制时，投资者可以卖出股票。

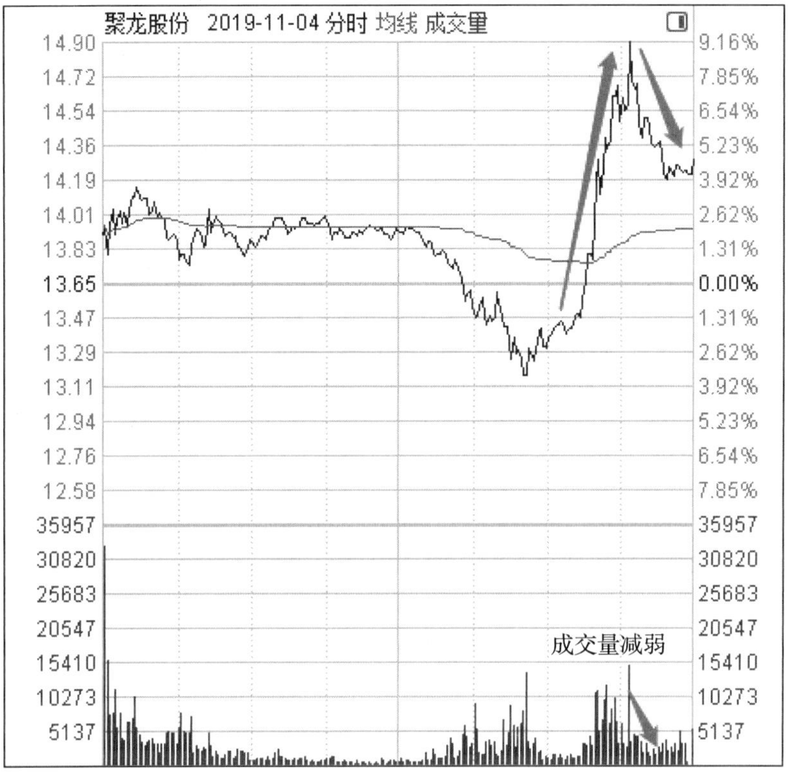
聚龙股份　2019-11-04 分时 均线 成交量
14.90
14.72
14.54
14.36
14.19
14.01
13.83
13.65
13.47
13.29
13.11
12.94
12.76
12.58
9.16%
7.85%
6.54%
5.23%
3.92%
2.62%
1.31%
0.00%
35957
30820
25683
20547
15410
10273
5137
成交量减弱

图 3-20

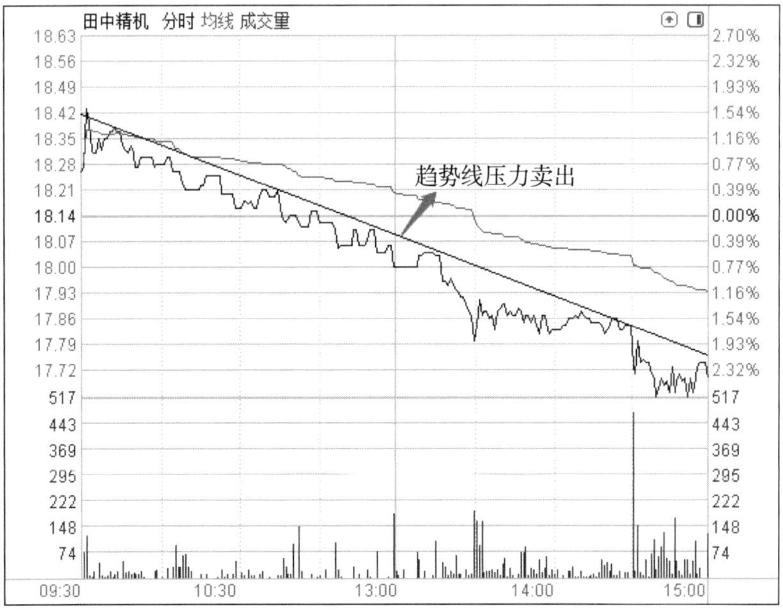
田中精机　分时 均线 成交量
18.63
18.56
18.49
18.42
18.35
18.28
18.21
18.14
18.07
18.00
17.93
17.86
17.79
17.72
2.70%
2.32%
1.93%
1.54%
1.16%
0.77%
0.39%
0.00%
517
443
369
295
222
148
74
趋势线压力卖出
09:30
10:30
13:00
14:00
15:00

图 3-21

9. 趋势线跌破卖出法

趋势线跌破卖出法，是指股价在分时图中的走势按照一定的角度运行，股价每次下跌的低点都在一条趋势线上受到支撑，并导致股价回升，之后某一时点股价向下突破这条趋势线强势下跌，股价突破趋势线下跌时可以不需要很大的成交量，但如果股价突破趋势线下跌伴有成交量的放大，则下跌速度可能会更快。股价放量跌破趋势线时，便是卖出时机。

如图 3-22 所示，在 2019 年 11 月 4 日的分时图中，安妮股份（002235）的股价低开后快速拉升，拉升至 1.5% 位置后开始振荡上涨。之后，股价每次上涨回落的低点都受一条斜率向上倾斜的趋势线支撑，每当股价回落至这条趋势线上时，都会受到支撑再次回升，股价每次回落的低点都比前一次的低点要高。上午尾盘时，股价开始向下强势跌破趋势线，午后股价开始加速下跌。股价向下跌破趋势线时，投资者可以卖出股票。

图 3-22

10. 高乖离卖出法

高乖离卖出法与高乖离买入法类似，是指股价在分时图中的走势，价格线在均线上方，且偏离均线过远，这样价格线有回归靠拢均线的需求，当价格线在均线上方且出现高乖离时，是盘中短线的卖出机会。高乖离卖出法，对于盘中的高抛低吸具有十分明显的效果。

如图 3-23 所示，在 2019 年 11 月 4 日的分时图中，北京君正（300223）的股价午后下跌至下降 1% 位置附近。随后，股价快速放量拉升，拉升至上涨 4.88% 位置，而分时均线只运行到上涨 1% 位置附近，与股价产生高乖离率。随后成交量减少，股价逐渐回落。对于这种走势的个股，投资者可在股价快速拉升后，与分时均线乖离过大，且成交量开始减弱时卖出。

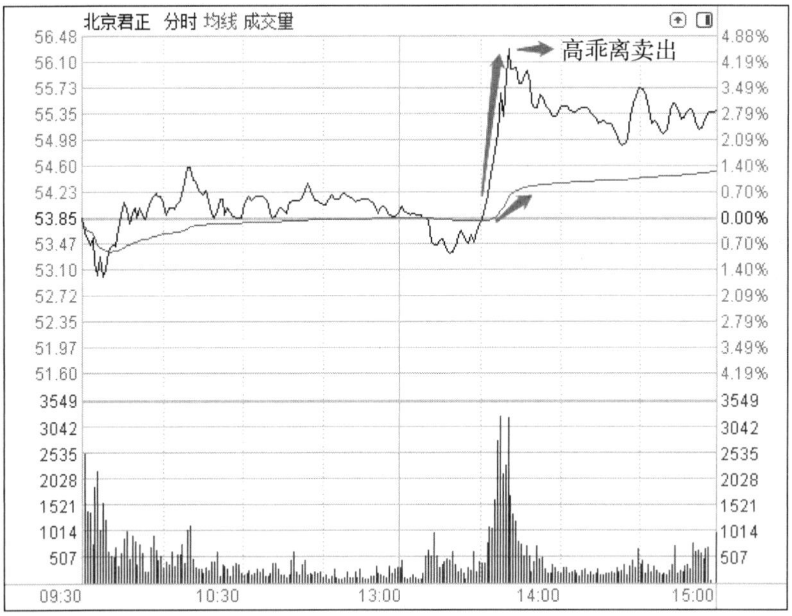

图 3-23

11. 大幅高开卖出法

大幅高开卖出法，是指股价开盘时大幅跳空高开，开盘后股价短暂拉升便持续放量下跌，或者开盘后直接持续放量下跌时，是短线卖出的时机。如果高开的位置在 K 线上正好处于压力位置，则卖出的成功率会更高。大幅高开卖出，通常是及时获利了结和高抛低吸操作的有效方法。

如图 3-24 所示，在 2020 年 11 月 16 日的分时图中，晶晨股份（688099）的股价开盘时在 8.27% 位置大幅高开，开盘位置处于前压力点附近。开盘后，股价快速放量下跌，随后半天时间里股价持续走弱，行情一度翻绿。如果持仓的投资者能在开盘时卖出，然后平盘时再接回，这样当天可以通过高抛低吸获得 8 个多点的利润空间。对于这种走势的个股，投资者可在股价开盘时就卖出部分持仓，等股价回落之后再接回相应的份额。

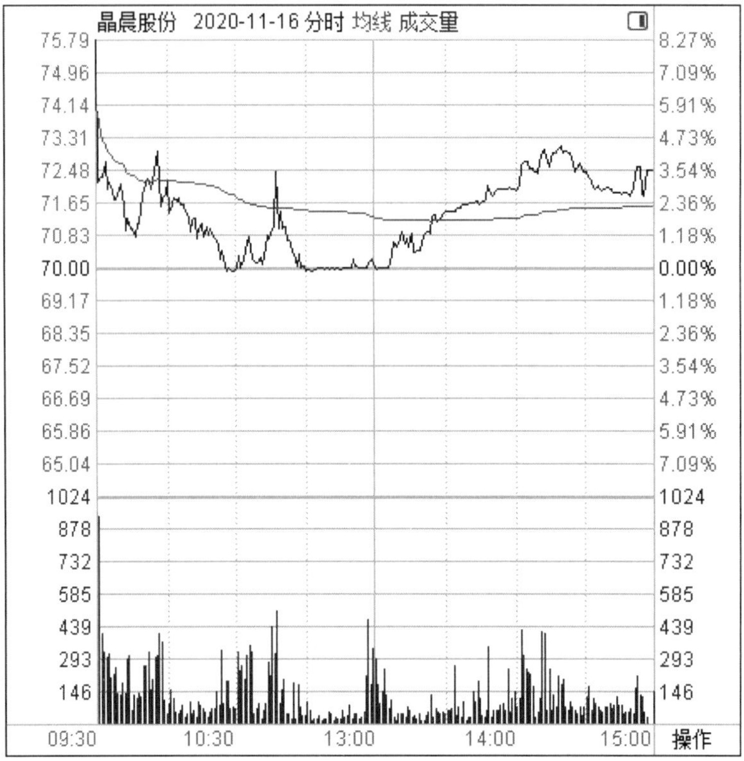
晶晨股份 2020-11-16 分时 均线 成交量
75.79
74.96
74.14
73.31
72.48
71.65
70.83
70.00
69.17
68.35
67.52
66.69
65.86
65.04
8.27%
7.09%
5.91%
4.73%
3.54%
2.36%
1.18%
0.00%
1.18%
2.36%
3.54%
4.73%
5.91%
7.09%
1024
878
732
585
439
293
146
09:30
10:30
13:00
14:00
15:00
操作

图 3-24

第四章　趋势交易实战运用

第一节　趋势分析概述

1. 趋势分析的含义

趋势理论中，趋势是指市场形成上涨趋势后，行情将沿着上涨趋势的方向继续运行；反之，市场形成下跌趋势后，行情将沿着下跌趋势的方向继续运行。

从市场投资者行为上进行分析，当股价上升时，市场一片看好，市场投资者都在等待股价回调时买进的时机，心理预期逐步提高，股价回落到前一低点之前，在强烈买气的作用下，股价企稳回升，波动低点逐步提高，这种强烈的买气造成了上升趋势。当股价下跌时，市场一片看坏，市场投资者都在等待反弹时出货的时机，心理预期逐步下移，股价回升到前一高点之前，已有大量筹码等待卖出，股价逐波回落形成下降趋势。

趋势主要来源于趋势理论，其核心源自技术分析三大假设中的价格以趋势方式演变，趋势在股市技术分析中处于核心位置，没有趋势其他技术分析都无从下手。趋势的运行看似简单，但在实战操作过程中，大多数投资者很难准确地抓住趋势。如果能够通过特有的分析方法，准确地把握市场趋势的运行规律，那么在实战交易中将会无往不利。

2. 趋势的类型

（1）按照趋势运行的方向划分，股市中一般有 3 种趋势，即上升趋势、下跌趋势和横盘振荡趋势。

①上升趋势是指价格波动的主要运行方向为向上，并且持续的时间较长。在上升趋势中，每一波上涨的波峰都比前一波上涨的波峰高，波谷也比前一波下跌的波谷高，如图 4–1 所示。

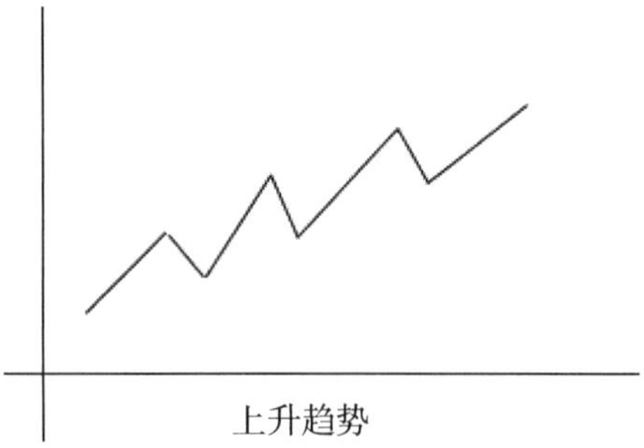

图 4-1

②下跌趋势是指价格波动的主要运行方向为向下，并且持续时间较长。在下跌趋势中，每一波下跌的波谷都比前一波下跌的波谷低，波峰也比前一波上涨的波峰低，如图 4-2 所示。

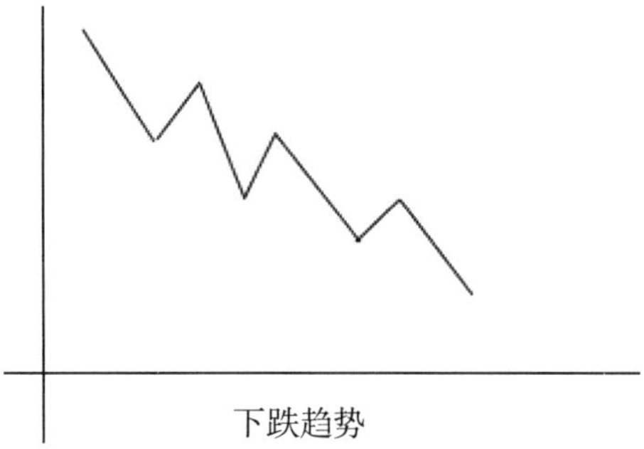

图 4-2

③横盘振荡趋势是指价格沿着水平方向波动，并且持续时间较长。每一次上涨的波峰或下跌的波谷，都与前面的波峰或波谷差异不大，如图 4-3 所示。

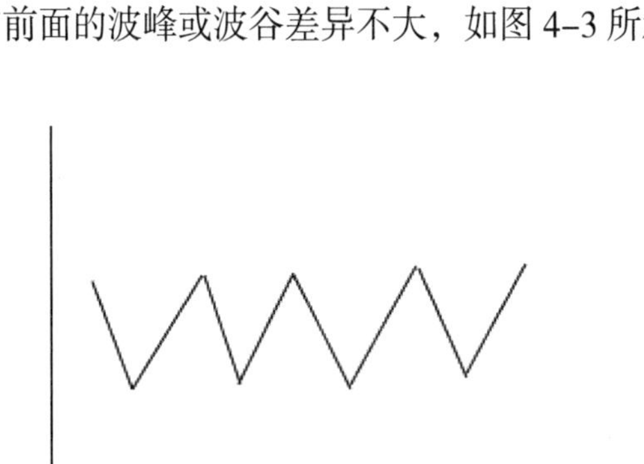

图 4-3

（2）按照趋势运行的时间长短划分，股市中也有 3 种趋势，即长期趋势、中期趋势和短期趋势。

①长期趋势也称主要趋势，一般以年为单位，通常是 1 年至数年，是用趋势线连接长期的主要波动点形成的趋势。行情走势持续向上的走势称为多头市场，也叫长期上涨趋势。行情走势持续向下的走势称为空头市场，也叫长期下跌趋势。

②中期趋势也称次要趋势，一般以月或季为单位，通常持续周期为 4 周至 6 个月，是用趋势线连接中期的主要波动点形成的趋势。中期趋势一般是主要趋势的折返走势，是多头市场的调整走势和空头市场的反弹走势。

③短期趋势也称短暂趋势，一般以日或周为单位，通常持续周期小于 4 周，是用趋势线连接短期的主要波动点形成的趋势。短期趋势是中期趋势中进行的调整。短期趋势最难把握，在短期内股价会受到各种即时消息影响。

3. 趋势的 3 个阶段

（1）上涨趋势的 3 个阶段。

①收集筹码阶段也称进货期。在这个阶段，一些有远见的投资人觉察到虽然行情不景气，但即将有所转变。因此，主动隐蔽地买进那些市场投资者没有信心，不顾血本抛售的股票，然后在他们卖出的数量减少时逐渐提高买进的价格。在此阶段，市场氛围通常是偏悲观的，一般投资者都非常憎恨股市甚至完全离开了股市。此时的成交量通常不会很大，但当行情上升时成交量会在短期内出现增大。

②温和上升阶段。在这个阶段，股价会比较温和地缓慢上升，成交量也会逐渐增多。一般来说，股价会在较长时间内沿着某条均线、趋势线或者角度线持续缓慢地上涨。股价在盘面上的表现一般都是每天涨幅会很小，但一直在持续上涨，就算偶尔下跌，也很快被拉回到上涨轨迹上来。在这个过程中，股价上涨十分稳健，很难出现大幅上涨或下跌，市场投资者看到这种情形时，会争相买入股票。在这个阶段，使用技术性分析的交易，通常能获得可观的利润。

③快速上升阶段。在这个阶段，整个交易都处于非常活跃的状态，人气旺盛。此阶段，股价上涨的速度很快，很容易吸引市场上的人气，很多市场投资者会追高买入。同时，前期持有股票的投资者也会趁机抛售手中的股票，兑现利润，股票交投活跃度增加，成交量大增。通常来说，股价进入快速上升阶段也是股价最后的疯狂阶段，股价持续快速拉升后，市场投资者获利盘增多，很容易出现集中抛压，从而导致股价见顶。

（2）下跌趋势的 3 个阶段。

①抛售筹码阶段也称出货期，它真正的形成是在前一个多头市场的最后阶段。在这个阶段，有远见的投资人觉察到市场氛围出现了未知的风险，股价上涨已经达到了不正常的高点，开始加快出货的步伐。虽然股价走势的整体重心下移，很多投资者却仍然热衷于交易，他们认为股价依然会继续上涨，所以成交量仍然很高。但是，所有此阶段买进股票的投资者，都会感到预期的获利逐渐消逝，甚至无法实现获利。

②快速下跌阶段，这个阶段属于恐慌抛售阶段。在这个阶段，原本想要买进股票的投资者开始退缩，想要卖出的投资者则急着要卖出，造成卖单大增、买单稀少，股价下跌加速。股价快速下跌阶段，是投资者亏损速度最快的阶段，只要投资者卖出股票的速度稍微慢一点，就会产生较大的亏损。

③缓跌触底阶段，这一阶段主要是由那些缺乏信心的投资者卖出手中持股造成的。在这个阶段，股价下跌趋势和速度逐渐放缓，造成市场恐慌的坏消息已经过去，市场上部分投资者开始买进股票。但是，由于前期空头市场的快速下跌，很多投资者无法从恐慌中摆脱出来，依然抛售手中筹码，市场多空争夺中空头仍然略占优势。

第二节　趋势线的运用

1. 趋势线的含义

股市中，趋势线是技术分析人士绘制的某一只股票过去价格走势的直线。其目的是用来预测未来股票价格的变化。这条直线是通过连接某一特定时期内股价上升的最高点或下跌的最低点形成的，最终直线的角度将指明该股是处于上升趋势还是下跌趋势。

如果行情处于上升趋势，那么股价波动必是向上发展的，即使出现回档也不影响总体涨势。把各个回档低点用直线相连，这些低点大多在这条线上。连接各波动低点的直线称为上升趋势线。

相反，如果行情处于下降趋势，那么股价波动必定是向下发展的，即使出现反弹也不影响总体跌势。把各个反弹的高点相连，这些高点也大多在一条直线上。连接各波动高点的直线称为下降趋势线。

上升趋势线的功能在于能够显示出价格上升的支撑位，一旦价格在波动过程中跌破此线，就意味着行情可能出现反转，由上涨转为下跌。下降趋势线的功能在于能够显示出价格下跌过程中回升的阻力，一旦价格在波动中向上突破此线，就意味着价格可能会止跌回涨。

2. 趋势线的画法及需要注意的问题

一般说来，通过股价波动的两个波峰或波谷就能画出一条趋势线。如果这条线能被价格走势第三次甚至更多次触及，则趋势线的可靠性会更高。所以，趋势线的有效性及重要性，与价格走势中接触并反弹的次数成正比。

（1）趋势线的画法。

正确地画出趋势线，投资者就可以大致了解股价的未来发展方向，并按照趋势发展的方向进行交易决策。

①上升趋势线的画法。

在上升趋势中，行情走势由一系列较小的价格波动构成的波峰和波谷都会依次升高，被称为牛市。具体的画法是，行情每一次波动的低点都逐步抬高，用直线连接各波动的低点（注意：不是连接各波动的高点），让尽可能多的低点处于同一条直线上，这样画出的直线即为上升趋势线，如图 4–4 所示。

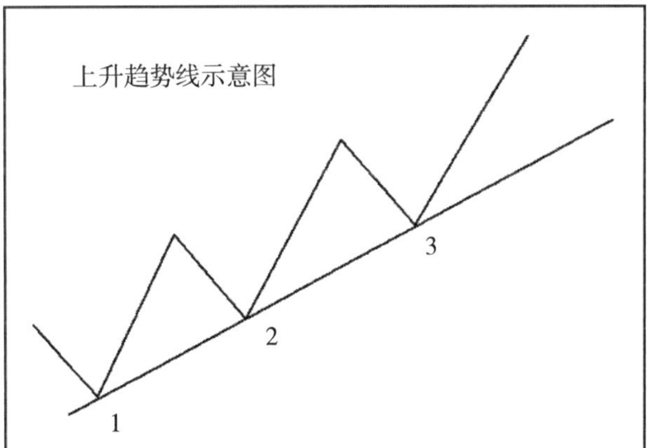

图 4–4

②下降趋势线的画法。

在下降趋势中，行情走势由一系列较小的价格波动构成的波峰和波谷都会依次降低，被称为熊市。具体的画法是，行情每一次波动的高点都逐步降低，用直线连接各波动的高点（注意：不是连接各波动的低点），让尽可能多的高点处于同一条直线上，这样画出的直线即为下降趋势线，如图 4–5 所示。

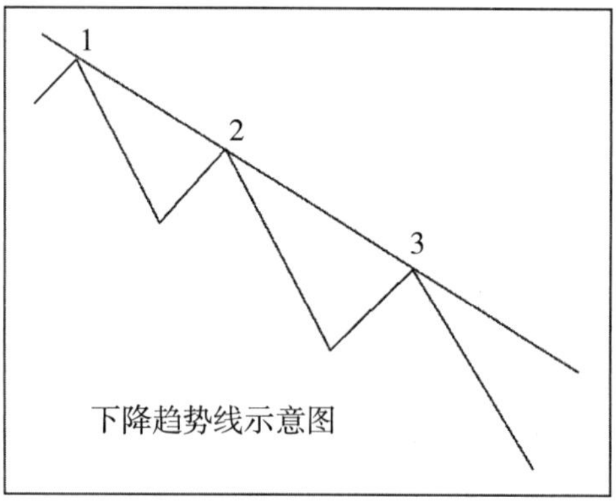

图 4–5

③横盘振荡趋势线的画法。

在横盘振荡趋势中，行情走势由一系列小波动横向伸展，波峰和波谷大致趋平，被称为牛皮市。具体的画法是，用两条直线分别连接各波动的高点和低点，即顶点和底点分别用直线相连，让尽可能多的高点和低点处于直线上，两条直线形成的区间称为振荡区间。如图 4–6 所示。

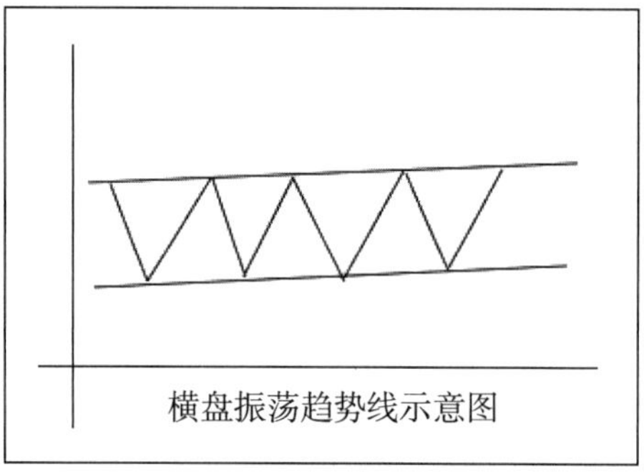

图 4–6

（2）画趋势线时应注意的问题。

①根据价格波动时间的长短，趋势线可以分为长期趋势线、中期趋势线和短期趋势线。长期趋势线应选择长期波动点的连线，中期趋势线应选择中期波动点的连线，短期趋势线则应选择短期波动点的连线。时间周期越长，趋势线的有效性就越高。

②趋势线连接的高点或低点的数量越多，有效性就越强，重要程度就越高。

③对趋势线的短暂突破，不被认为价格将改变运行的趋势。

④趋势线不应过于陡峭，否则很容易被横向整理突破，从而失去分析意义。

⑤股价的上升与下跌，在各种趋势之末期，皆有加速上升与加速下跌的现象。因此，股价趋势反转的顶点或底部，大都远离趋势线。

⑥股价波动逐渐偏离原有趋势线时，需要重新画一条趋势线对原有趋势进行修正。得到修正后的新趋势线，能更准确地反映出股价的走势。

3. 趋势线的作用

（1）趋势线对股价未来运行的方向具有指引作用。

（2）趋势线对股价未来的变动起约束作用，具有支撑与阻力作用。

（3）趋势线被有效突破后，是股价原有趋势即将反转的信号。在上升趋势中，重要的上升趋势线被有效突破，经常被作为能否卖出筹码的重要依据。在下降趋势中，重要的下降趋势线被有效突破，经常被作为能否建仓的重要依据。

（4）趋势线可作为买卖操作的依据。

①买入依据：股价在上升趋势中，当价格回落至趋势线，确定支撑有效后，可以买入股票。股价在下跌趋势中，下降趋势线被有效突破后，也可以买入股票。

②卖出依据：股价在上升趋势中，当上升趋势线被有效向下突破，可以卖出股票。股价在下降趋势中，价格反弹至趋势线遇阻回落时，也可以卖出股票。

4. 趋势线的有效突破

价格走势明显突破原趋势线特别是重要的趋势线，可能意味着关键行情转变。此时，行情走势可能产生大幅变化，带来交易机会。

上升趋势线被有效跌破是指股价经过一段时间的持续上涨，受到上升趋势线支撑，连续冲高后开始回落，自上而下穿越上升趋势线，跌破趋势线后，短期内再度回升至上升趋势线位置时，受到趋势线压制，再次转为回落，说明趋势线已经被有效跌破。如图4–7所示。

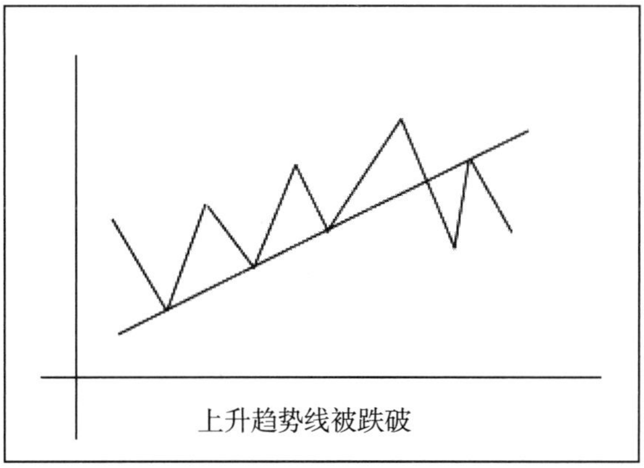

图 4–7

下降趋势线被有效突破是指股价经过一段时间的持续下跌，受到下降趋势线阻挡，持续下跌后开始回升，自下而上穿越下降趋势线，突破趋势线后，短期内再度回落至下降趋势线位置时，受到趋势线支撑，再次转为回升，说明趋势线已经被有效突破。如图4-8所示。

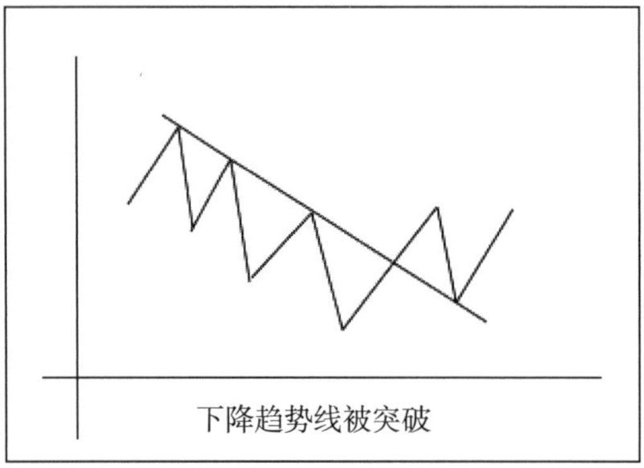

图 4-8

需要注意的是，有时价格突破只是暂时小幅穿越趋势线，并没有使趋势线失效。所以，分析时必须区分有效突破和非有效突破。对此，不同的分析人员会有不同的标准。

（1）收盘价比日内价的突破重要。假如股价在一天的交易时间里突破了趋势线，但其收盘价并没有超出趋势线的外面，这不算真正突破，可以忽略，这条趋势线仍然有用。

（2）如果收盘价突破了趋势线，必须要超越 3% 才可信赖，并且股价突破后距离趋势线越远越有效。

（3）股价突破趋势线后，在趋势线的另一方停留的时间越长越有效。通常连续两个交易日的收盘价都突破趋势线，方可认为突破有效。

（4）股价上升突破下降趋势线的阻力时，需要成交量增加相配合。但是，向下跌破上升趋势线的支撑则不必如此，通常突破当天成交量并不增加，突破后的第二天成交量会有增大的现象。

（5）股价突破趋势线时出现跳空缺口，这种类型的突破比正常的突破更强劲、更有效。

（6）股价突破趋势线后再次回档至趋势线时，行情受到趋势线的支撑或阻挡后迅速反转，则认为趋势线突破有效。

确认趋势线是否被有效突破时，不管采取何种标准，只要能“过滤”掉那些非有效突破的干扰，就是实用的标准。但另一方面，如果标准过于严格，有可能丧失最佳的交易时机。因此，投资者需要结合实际情况灵活选择最恰当的标准。

5. 趋势线的应用调整

（1）趋势线的倾斜角度。

①趋势线陡峭，表明价格上升（或下降）过快，不能持久，需要进行修正，使上升（或下降）趋于缓和。

②趋势线平缓，表明价格趋势较弱，其可靠程度相对较低，趋势的持续性较弱。

③最佳上升角度为 45°。趋势线沿着 45° 角上下 10° 角运行，通常运行的时间会比较持久。股价进入末端加速时，一般角度都会超过 60°。

（2）趋势线的修正。

在一定时间内，价格会按既定的趋势方向运行。但随着时间的推移，价格的趋势会发生改变，所以趋势线需要不断的修正。

①趋势线修正的意义。

第一，是对原有趋势的修正，而不是更换，原趋势线仍有效。

第二，因趋势的加速或减缓，为了追踪价格趋势的变化而修正趋势线。

②趋势线修正的方法。

第一，上升陡峭趋势线的修正。前期因股价上升速度很快，趋势线斜率会很大，看起来非常陡峭。股价走势陡峭一般维持的时间不会很久，趋势线就会被突破，通过原有的趋势线无法有效判断行情的趋势状态。因此，需要以股价突破趋势线回落的低点为基础，再画一条稍微平缓的趋势线来修正原来的趋势线。如图 4–9 所示。

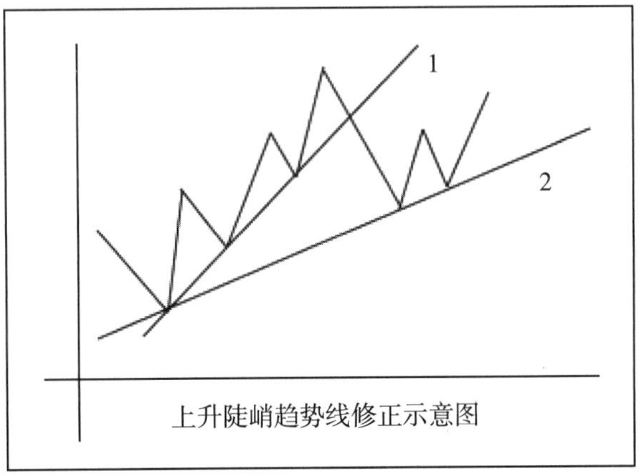

图 4–9

第二，上升缓慢趋势线的修正。前期股价上升速度稍微缓慢，趋势线看起来比较平缓。随着后期股价开始加速上涨，股价开始远离原来的趋势线，通过原有的趋势线无法有效判断行情的趋势状态。因此，需要以股价加速上涨后回落的低点为基础，再画一条斜率更大的趋势线，来修正原来的趋势线。如图 4–10 所示。

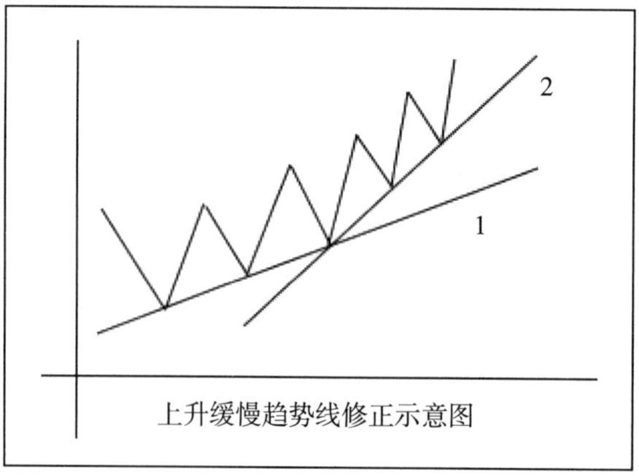

图 4–10

第三，下降陡峭趋势线的修正。前期因股价下跌速度很快，导致趋势线向下斜率很大，看起来非常陡峭。股价走势陡峭一般维持的时间不会很久，趋势线就会被突破，通过原有的趋势线无法再有效判断行情的趋势状态。因此，需要以股价突破趋势线反弹的高点为基础，再画一条稍微平缓的趋势线，来修正原来的趋势线。如图 4–11 所示。

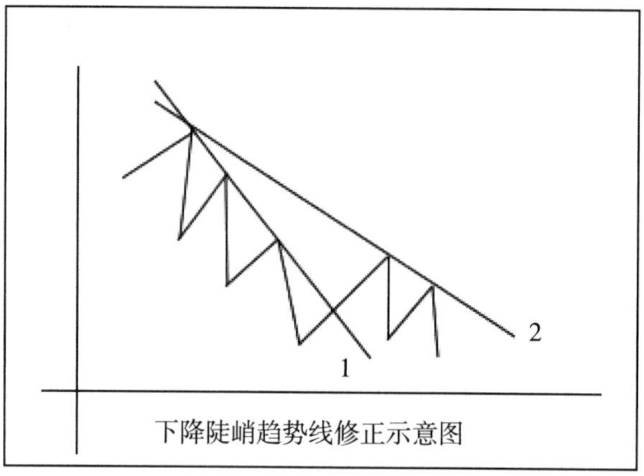

图 4–11

第四，下降缓慢趋势线的修正。前期股价下跌速度比较缓慢，趋势线看起来比较平缓。随着后期股价开始加速下跌，股价开始远离原来的趋势线，通过原有的趋势线无法有效判断行情的趋势状态。因此，需要以股价加速下跌后反弹的高点为基础，再画一条向下斜率更大的趋势线，来修正原来的趋势线。如图 4–12 所示。

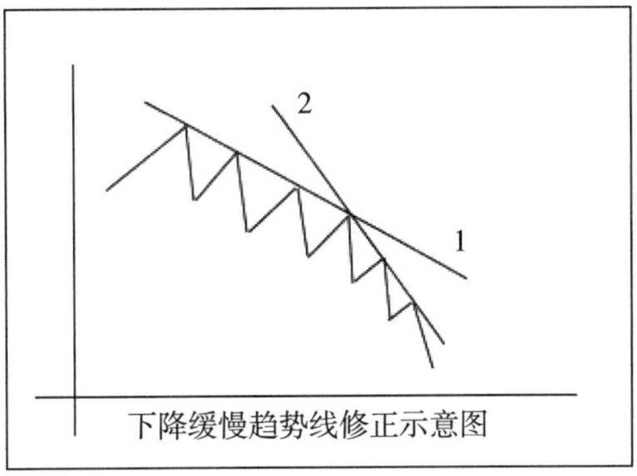

图 4–12

第三节　趋势线的支撑和阻力

趋势线除了对行情走势的方向具有指引作用外，还有一个重要的作用就是对行情走势具有支撑和阻力。

1. 支撑线与阻力线的含义

支撑线又称抵抗线。股价下跌到某个价位附近时会停止下跌，甚至可能回升，这是因为多方在此大量买入造成的。支撑线起阻止股价继续下跌的作用。股价要维持上升行情，就必须突破上升压力线的阻力和干扰，创造出新的高点。

阻力线又称压力线。股价上涨到某个价位附近时会停止上涨，甚至回落，这是因为空方在此大量抛售造成的。压力线起阻止股价继续上升的作用。股价要维持下跌行情，就必须突破支撑线的阻力和干扰，创造出新的低点。

支撑位是指股价回落中形成的低点，它是由于多方在此买入形成的。阻力位是股价上升中形成的高点，是因为空方卖出造成的。趋势中的支撑与阻力无处不在，且时时发挥着作用。

2. 趋势线对于支撑和阻力的作用

（1）趋势线对支撑和阻力的一个作用在于，暂时阻止股价向某一方向变动，即支撑与阻力都将被突破，股价只是暂时受到限制，但趋势仍将按照原有的趋势方向继续运行。

（2）趋势线对支撑和阻力的另一个作用是，彻底阻止股价按照原有的趋势方向变动，即构成趋势的转折。

3. 支撑线与阻力线的作用

（1）上升趋势中的支撑和阻力。

①支撑线起着主导行情上升的作用，决定着上升趋势的持续性。

②支撑线的支撑作用是为了阻止股价在回落过程中继续下跌。

③阻力线居次要地位，起着延缓上升趋势持续发展的作用。只有关键阻力线才能对趋势的变化起重要作用。

④支撑和阻力的重心随着趋势的上升而逐步上移。

（2）下降趋势中的支撑和阻力。

①阻力线起着主导行情下跌趋势的作用，决定着下降趋势的持续性。

②阻力线的阻力作用是为了阻止股价在反弹过程中继续上涨。

③支撑线居次要地位，起着延缓下降趋势持续发展的作用。只有关键的支撑线才能对趋势的变化起重要作用。

④支撑和阻力的重心随着趋势的下行而逐步下移。

4. 支撑线与阻力线的相互转换

同一条趋势线，可能成为支撑线，也可能成为阻力线，可能此时为支撑线，彼时为阻力线。趋势线被有效突破后，支撑与阻力的角色发生转换。也就是说，上升趋势线被突破后，其支撑作用转为阻力作用；下降趋势线被突破后，其阻力作用转为支撑作用。

上升趋势线的功能在于，能够显示出股价上升的支撑位。一旦股价在波动过程中跌破此支撑线，就意味着行情可能出现反转，由上涨转为下跌，而此支撑线转为阻力线。

下降趋势线的功能在于，能够显示出股价下跌过程中回升的阻力位。一旦股价在波动中向上突破此阻力线，就意味着股价可能会止跌回涨，而此阻力线转为支撑线。

（1）在上升趋势中，支撑线和阻力线二者的角色互换。前期阻力线被向上突破后，股价出现回调时，这条阻力线即转变为支撑线，起阻止股价继续回落的作用。

（2）在下降趋势中，支撑线和阻力线二者的角色转换。前期支撑线被向下突破后，股价出现反弹时，这条支撑线即转变为阻力线，起阻挡股价继续反弹的作用。

（3）支撑线与阻力线角色转换后的确认。行情走势有效突破支撑线或阻力线后，才能确认支撑线和阻力线角色转换有效。如果行情短暂地突破支撑线或阻力线后，很快又回到原来的位置，那么这样的支撑线和阻力线没有完成角色互换，依然起着原来的作用。

支撑线和阻力线角色转换的确认，主要看支撑线或阻力线是否被有效突破。有效突破的力度越强，二者角色转换的概率越高，其作用也越大。

第四节　趋势交易的重要性

1. 趋势交易为什么很重要

趋势交易能让投资者清楚地知道，自己的交易处于市场行情走势的哪个方向，是处于上涨趋势、下降趋势，还是处于横盘振荡趋势。A 股市场中，做股票交易只有做多买涨才能获利，不能做空买跌（指数交易除外）。因此，做交易最能产生获利的趋势是上涨趋势。

技术分析中，趋势定性很重要，尤其是大型趋势。生成和改变这种趋势的力量非常强大。大型趋势一旦生成，就不会轻易改变。如果大型趋势为上涨趋势，则买入股票获利的概率会非常高。如果大型趋势为下降趋势，则买入股票亏损的概率就很高。

在上涨趋势中买入股票，在下跌趋势中卖出股票，在横盘振荡趋势中做高抛低吸的短线操作，更容易在交易中获利。如果在下跌趋势中买入股票，则风险就会增加，可能会导致盈利被吞噬或者亏损加大。如果在横盘振荡趋势中做单边走势，则可能持股时间较长还难以获利，甚至出现亏损。

趋势一旦被确认，就不会很快结束，除非趋势判断失误。如果参与进去后，发现先前对趋势的判断有误，就必须及时止损出局。

如果交易时顺势操作，投资者可能会做对无数次，而只会做错一次，只错在转折点上。如果交易时逆势操作，那么很可能做错无数次后才能换来正确的一次。所以进行交易时，一定要顺势而为，一定要等到趋势确立后才能进场交易。这样，虽然获得的利润可能会比偶尔抄对底和卖对顶时赚得少，却是最能长期稳定获利的方式。

2. 逆势交易的危害

长期在股市中博弈的投资者应该能发现，在大行情走下跌趋势时进行交易，最终成功率都不高。行情可能偶尔会有反弹，但可操作性不高，操作难度很大，就算有获利也不会太多。如果不能及时获利出局，反而容易在行情继续下跌时被套或者被迫割肉出局。

逆势交易容易扩大亏损，还容易错过顺势机会。投资者持有的股票处于下跌趋势时，如果不能及时割肉出局，那么只会让亏损继续扩大。很多投资者买入下跌趋势的股票后，发现自己的股票处于亏损状态，不但不割肉离场，还不停地加仓，他们认为下方每个支撑位都可能会让行情出现反转。因此，很多投资者在下跌行情中操作股票时，都是在亏损不断扩大的煎熬中度过。投资者持有某只下跌趋势的股票被套时，如果市场下跌趋势出现反转，投资者只能被动地等待解套，而不能主动抓住最佳的买入时机。

如果投资者长期在逆势中进行交易，则很容易形成逆势交易思维，即熊市思维。逆势交易思维主要是指行情处于下跌过程时，投资者持续不断地进行反弹交易。行情主要趋势是下跌趋势，反弹通常持续的时间不长，并且反弹的高度也有限，因此操作反弹获利比较困难，风险远大于机会。下跌趋势中，反弹行情持续时间短暂，投资者参与交易时通常很快就卖出，也就是短线交易。然而，行情反转为上涨趋势时，投资者的空头思维却难以转变，依然在行情短暂上涨后选择卖出，这样投资者就失去了在上涨趋势中大幅获利的机会。

3. 顺势交易的好处

顺势交易是指顺着趋势的方向做交易，在A股市场中主要就是顺着上涨趋势做交易。顺势交易首先是要发现趋势，然后根据趋势的方向进行交易，这是长期盈利的必然方法。顺势交易的难点在于确定趋势的成立和趋势的级别，很多时候投资者确定趋势形成时，实际趋势已经运行了很长一段时间，甚至趋近结束。

顺势交易的核心在于顺应大趋势进行交易。实际交易时，通常会在每次回调确认结束时进场。

相比买入下跌趋势的股票，买入上涨趋势的股票，其安全性会高很多，盈利机会也高很多。股票的上涨趋势一旦形成，可能会持续很长时间。上涨趋势股票的股价易涨难跌，就算在上涨途中出现短暂下跌，也会在市场人气作用下再次上涨。在上涨趋势中，股价上涨比下跌容易，投资者自然盈利也会比较容易。

如果买入下跌趋势的股票，股价就会易跌难涨，就算在下跌途中出现短暂反弹，也很快会被市场恐慌盘再次砸低。在下跌趋势中，股价下跌比上涨容易，投资者自然盈利就比较困难。

做顺势交易能让投资者的交易更安全，盈利的稳定性也更强。做逆势交易，不但会使投资者获利困难，还容易出现严重亏损。所以做交易时，一定要选择顺势交易。

第五节　趋势交易时机把握

在趋势交易中，趋势线的作用极其重要，尤其对中长线投资者来说，趋势线的破位情况是指导进场或者离场的关键参考依据。不过，很多投资者大都在短期趋势中交易，因此通常只关注短期趋势的变化。但在实战交易中，相比短期趋势，做中长期趋势的盈利能力通常要高很多。因为短期趋势经常多变，一旦交易方向出现变化，投资者容易止损出局。

股价向着某一固定的方向移动时，非常可能沿着趋势线继续移动。投资者可以通过对行情走势画出趋势线，来判断行情未来可能运行的方向，同时利用趋势线的支撑和阻力作用来指导交易。

1. 上升趋势中的买入时机

在上升趋势中，股价会沿着上升趋势线的上方运行，股价的每一次回调，趋势线都起支撑作用。每当股价回调到趋势线附近时，趋势线都会阻止股价继续下跌。当股价无法向下突破趋势线时，证明该趋势线支撑有效，并且股价会因为受到有效支撑，再次转为上涨。投资者可在股价回调至上升趋势线附近，并确认下跌受到有效支撑后买入股票。

如图 4–13 所示，亿纬锂能（300014）K 线图中的趋势线即为上升趋势线。股价长期沿着趋势线上方运行，每当股价回落至趋势线时都会受到强有力的支撑，随后再度转为上涨。投资者可在股价回落至趋势线附近，并确认支撑有效后买入股票。

图 4–13

2. 上升趋势中的卖出时机

在上升趋势中，股价会持续沿着上升趋势线的上方运行，股价的每一次回调，趋势线都起支撑作用。股价某一次回调至趋势线时，没有受到有效支撑，而是向下跌破趋势线，并被确认跌破有效时，投资者可以卖出股票。股价向下有效跌破上升趋势线后，趋势线的支撑作用就转为阻力作用。

如图 4–14 所示，大洋电机（002249）K 线图中的趋势线即为上升趋势线，股价前期一直沿着上升趋势线上方运行。每当股价回调至趋势线附近时，都会受到强有力的支撑，随后再度转为上涨。最后股价在一次回调时，上升趋势线的支撑作用失效，股价向下有效跌破趋势线，之后股价趋势由上涨转为下跌，一段时期内股价都呈持续下跌走势。上升趋势线确认被有效向下突破后，投资者可以卖出股票。

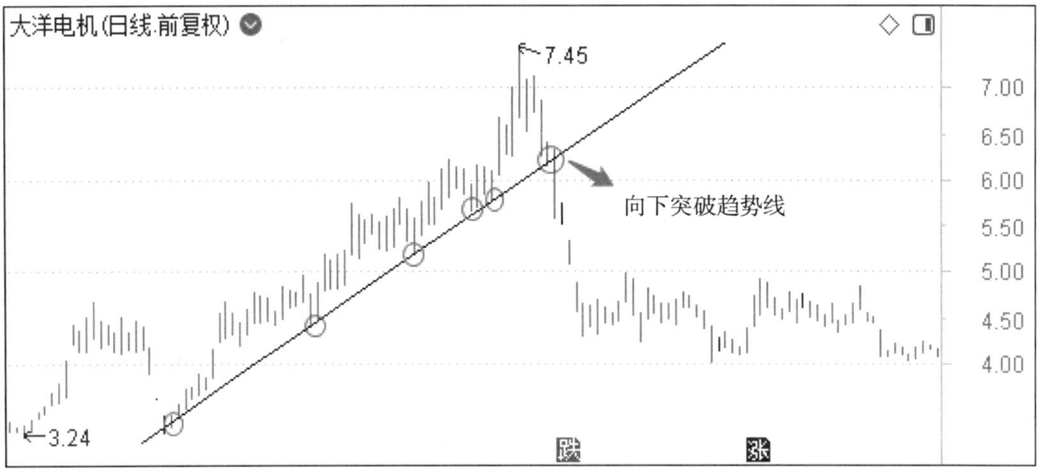

图 4–14

3. 下跌趋势中的买入时机

在下跌趋势中，股价会持续沿着下降趋势线的下方运行，股价的每一次反弹，趋势线都起阻力作用。股价某一次反弹至趋势线时，没有受到有效阻挡，向上突破了趋势线，并被确认突破有效时，投资者可以买入股票。股价向上有效突破下降趋势线后，趋势线的阻力作用就转为支撑作用。

如图 4–15 所示，天马科技（603668）K 线图中的趋势线即为下降趋势线，股价前期一直沿着下降趋势线下方运行。每当股价反弹至趋势线附近时，都会受到强有力的阻挡，随后再度转为下跌。最后股价在一次反弹时，下降趋势线阻挡失效，股价向上有效突破趋势线，之后股价趋势由下跌转为上涨，一段时期内股价都呈持续上涨走势。下降

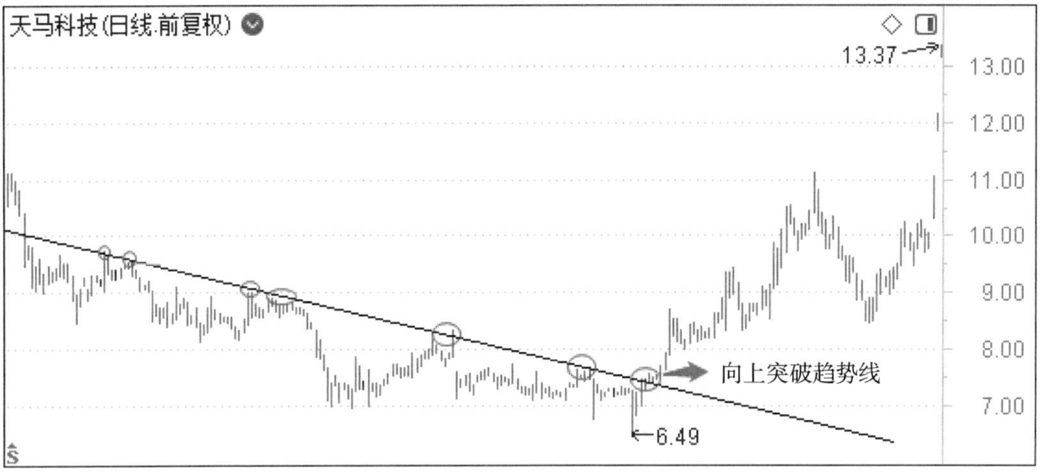

图 4–15

趋势线确认被有效向上突破后，投资者可以买入股票。

4. 下跌趋势中的卖出时机

在下跌趋势中，股价会沿着下降趋势线下方运行，股价的每一次反弹，趋势线都起阻力作用。每当股价反弹到趋势线附近时，趋势线都会阻止股价继续反弹。股价无法向上突破趋势线时，证明该趋势线阻挡有效，并且因为受到趋势线的有效阻挡，股价会再次转为下跌。股价反弹至下降趋势线附近，并确认受到趋势线有效阻挡后，投资者可以卖出股票。

如图 4–16 所示，世嘉科技（002796）K 线图中的趋势线即为下降趋势线，股价长期沿着下降趋势线下方运行。每当股价反弹至趋势线附近时，都会受到强有力的阻挡，

图 4–16

随后股价会再度转为下跌。股价反弹至趋势线附近，并确认趋势线阻挡有效后，投资者可以卖出股票。

5. 横盘振荡趋势中的买入和卖出时机

在横盘振荡趋势中，股价会持续运行在上下两条趋势线中间。上趋势线对股价起着阻力作用，阻止股价继续上涨。下趋势线对股价起着支撑作用，阻止股价继续下跌。股价每次上涨至上趋势线附近时，都会受到阻力而回落。股价每次回落至下趋势线附近时，又会受到支撑而上涨。只要股价没有有效地向上突破上趋势线或者向下跌破下趋势线，股价就会运行在上下两条趋势线中间。投资者可在股价下跌至下趋势线并受到支撑时买入，在股价上涨至上趋势线并受到阻挡时卖出。

如图 4–17 所示，潍柴动力（000338）的 K 线图中，股价长期运行在上下两条趋势线中间。每当股价下跌至下趋势线并受到支撑时，股价就转为上涨。股价上涨至上趋势线并受到强有力的阻挡时，就再度转为下跌。投资者可在股价下跌至下趋势线并受到支撑时买入，上涨至上趋势线并受到阻力时卖出。

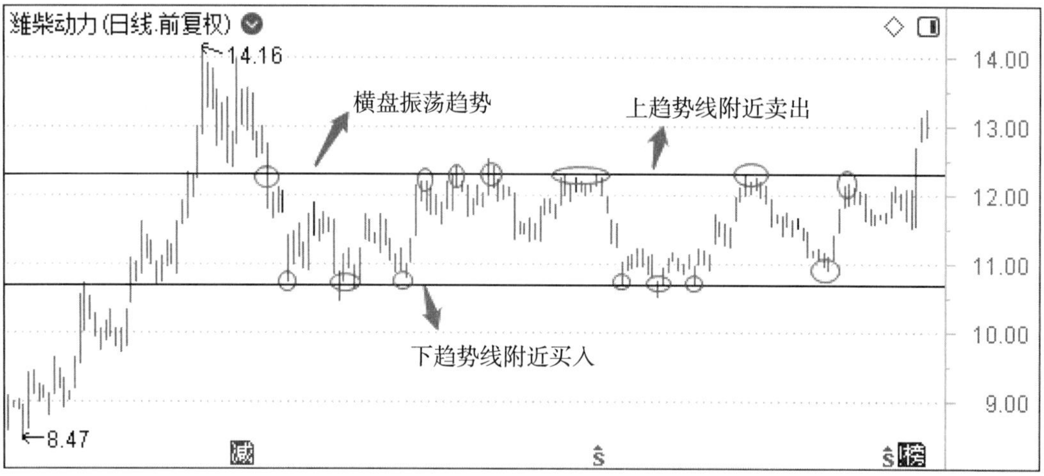

图 4–17

第六节　通道线的画法及交易实战运用

1. 通道线的含义

通道线又称管道线，是在趋势线的反方向上画一条与之平行的直线，且这条直线穿越近段时期价格的最高点或最低点。这两条直线将行情价格夹在中间运行，有明显的管道或通道形状。

通道的主要作用是限制价格的变动范围，让它不能变得太离谱。通道一旦得到确认，价格就会在这个通道里变动。如果通道线被价格有效突破，那就意味着趋势将有一个较大的变化。通道线被价格突破后，趋势上升或下降的速度会加快，出现新的价格高点或低点，原有的趋势线会被废止，要依据价格新高或新低重新画趋势线和通道线。在通道线操作模式中，很多投资者就是利用价格突破通道线的时机来加仓或减仓的。

通道线除了有限制价格运行空间的作用外，还有一个发出趋势转向的警报作用。如果价格在一次波动中没有触及通道线，离通道线很远就开始掉头，这往往是趋势将要改变的信号，说明市场可能没有力量继续维持原有的上升趋势或下降趋势。

研究通道线时，有两个值得注意的现象。一个是通道线被价格突破后，往往不会发生价格反抽的现象，即通道线不起支持回抽运动的作用。价格突破通道线后，要么一飞冲天，要么迅速跌回趋势通道，而不会在通道线附近做任何停留。再一个是下降趋势中的通道线往往起不到支撑的作用，它们经常会被价格迅速地跌破。

与趋势线一样，通道线也有被确认的问题。在上升通道线中，如果价格每到通道线附近就开始掉头，则说明这条通道线是被市场认可的。通道线被价格触及的次数越多，有效维持的时间越长，其被市场认可的程度就越高。通道线突破的确认，与趋势线突破的确认一样，只是没有价格反抽的动作。

价格走势沿着一个趋势在两条平行线之间运动时，这两条平行线中，一条是基本的趋势线，另一条则是通道线。两条平行线之间的区域被称为平行通道，价格在该通道中沿着既定趋势发展。

2. 上升通道线和下降通道线

（1）上升通道是指价格波动的主要方向是向上的，并且持续的时间较长。在上涨趋势中，每波上涨的波峰都比前一波上涨的波峰高，波谷也比前一波下跌的波谷高。股价每波的回调都受到下方趋势线的支撑，每波的上涨都受到上方通道线的压制，股价一直运行在下方趋势线和上方通道线的中间。如图 4-18 所示。

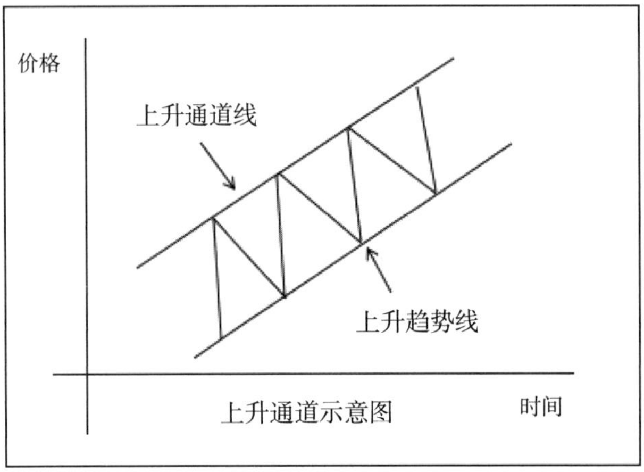

图 4-18

如图 4-19 所示，卓胜微（300782）的行情走势图中，股价沿着上升通道运行。股价回落至下方趋势线时，就会受到支撑转为上涨。股价上涨至上方通道线时，就会受到通道线压制转为下跌。

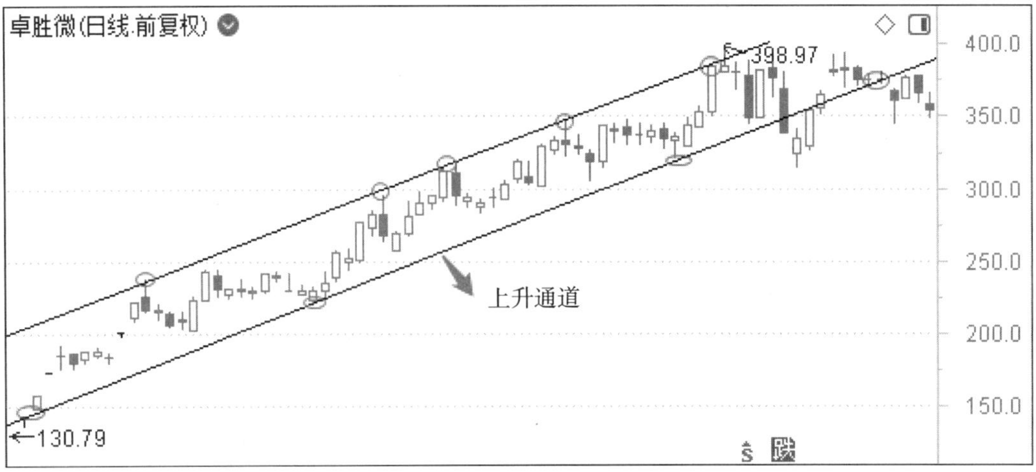

图 4-19

（2）下降通道是指价格波动的主要方向是向下的，并且持续的时间较长。在下跌趋势中，每波下跌的波谷都比前一波下跌的波谷低，波峰也比前一波上涨的波峰低。股价每波的反弹都受到上方趋势线的压制，每波的下跌都受到下方通道线的支撑，股价一直运行在上方趋势线和下方通道线的中间。如图 4-20 所示。

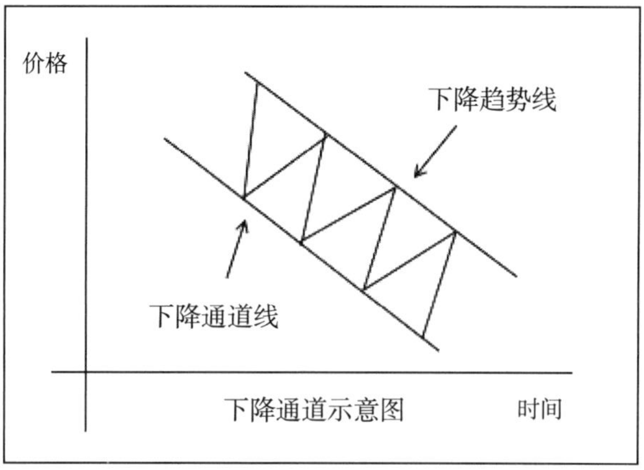

图 4-20

如图 4-21 所示，有研新材（600206）的行情走势图中，股价沿着下降通道运行。股价反弹至上方趋势线时，就会受到压制转为下跌。股价下跌至下方通道线时，就会受到通道线支撑转为上涨。

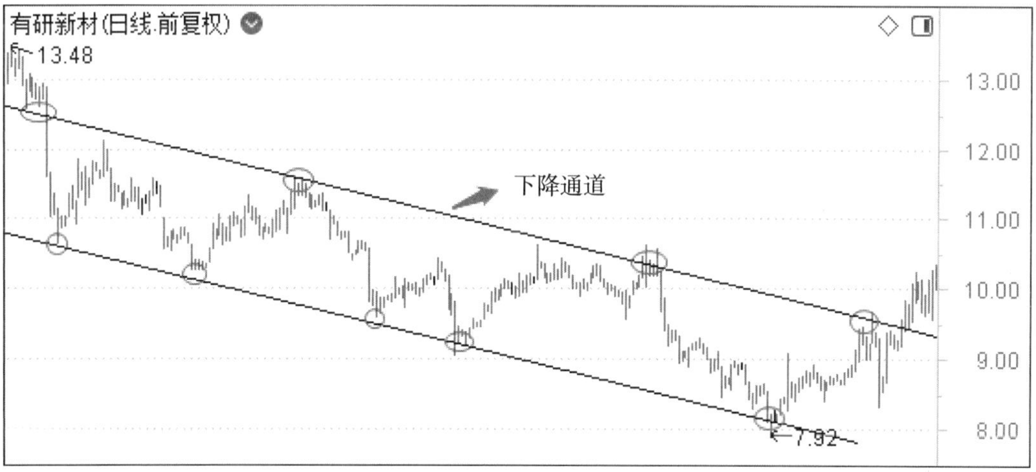

图 4-21

3. 通道线的画法

上升平行通道首先要确定一条基本的趋势线，连接两个上涨趋势波动的低点即可画出一条趋势线。然后，以股价上升的关键高点为基点，画一条与趋势线平行的直线，即为通道线。通道线被价格波动触及两次以上就可以基本确定有效。与趋势线相同，平行通道线持续的时间越长，被价格触及并回落的次数越多，这个通道就越重要、越可靠。如图 4–22 所示，下方斜向上的实线为趋势线，上方斜向上的虚线为通道线。

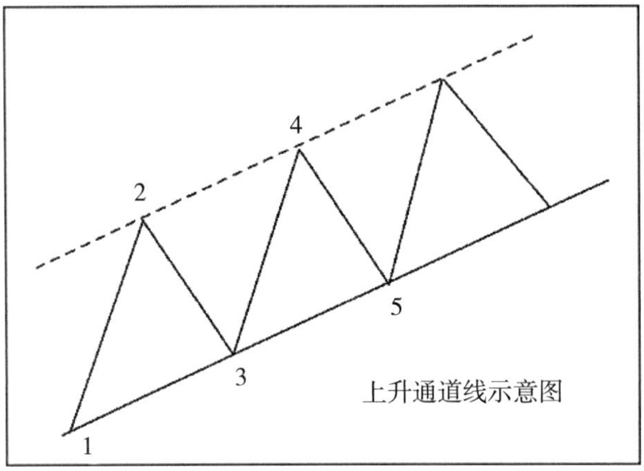

图 4–22

下降平行通道首先也要确定基本的趋势线，连接两个下跌趋势波动的高点即可画出一条趋势线。然后，以股价下跌的关键低点为基点，画一条与趋势线平行的直线，即为通道线。通道线被价格波动触及两次以上就可以基本确定有效。与趋势线相同，平行通道线持续的时间越长，被价格触及并反弹的次数越多，这个通道就越重要、越可靠。如图 4–23 所示，上方斜向下的实线为趋势线，下方斜向下的虚线为通道线。

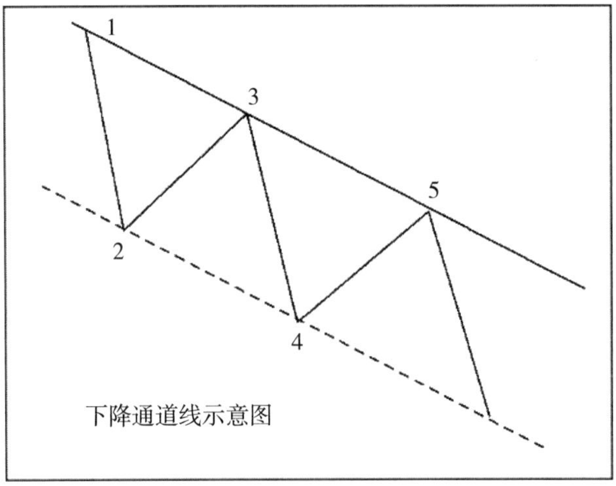

图 4–23

4. 通道线的意义

（1）通道线对股价未来的变动起着约束作用，具有支撑或阻力的作用。

（2）通道线经常作为投资者买卖交易的参考依据。通道线被有效突破后，通常意味着行情开始加速运行。如果上行通道被向上突破，说明股价加速上涨；如果下行通道被向下突破，则说明股价加速下跌。

5. 通道线与趋势线的区别

（1）趋势线说明趋势的方向，通道线说明价格区域的目标。

（2）趋势线突破后意味着市场转向，通道线突破后趋势可能会加速。

（3）趋势线起决定作用，通道线起辅助作用。

6. 通道线与趋势线的突破

股价可能会在一段时间内运行在通道内，但时间长了必定会在通道中选择一个方向进行突破。具体突破方向要根据股票的走势来决定，但不管向哪个方向突破，通道线都能给投资者带来重要的参考价值。

（1）在上升通道中，股价向上突破上方通道线，代表原有趋势开始加速。股价向上突破上方通道线时，股价开始加速上涨，此时投资者可以买入股票。如图 4–24 所示。

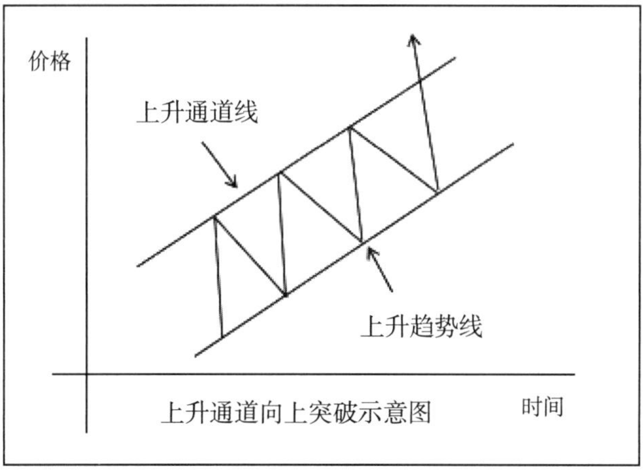

图 4–24

（2）在上升通道中，股价向下突破下方趋势线，代表原有趋势出现反转。股价向下突破下方趋势线时，说明股价开始出现反转，此时投资者可以卖出股票。如图 4–25 所示。

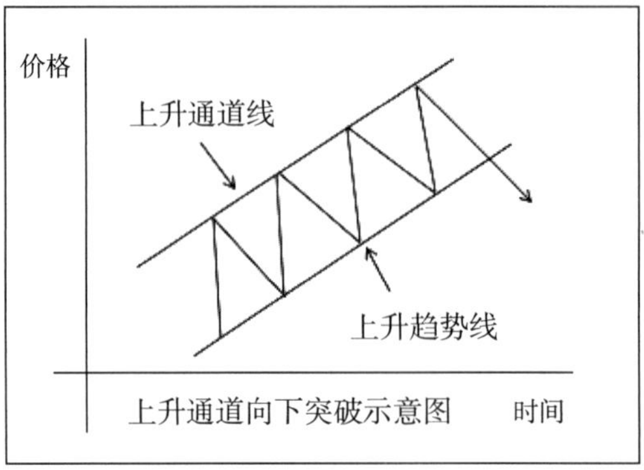

图 4-25

（3）在下降通道中，股价向下突破下方通道线，代表原有趋势开始加速。股价向下突破下方通道线时，股价开始加速下跌，此时投资者可以卖出股票。如图 4-26 所示。

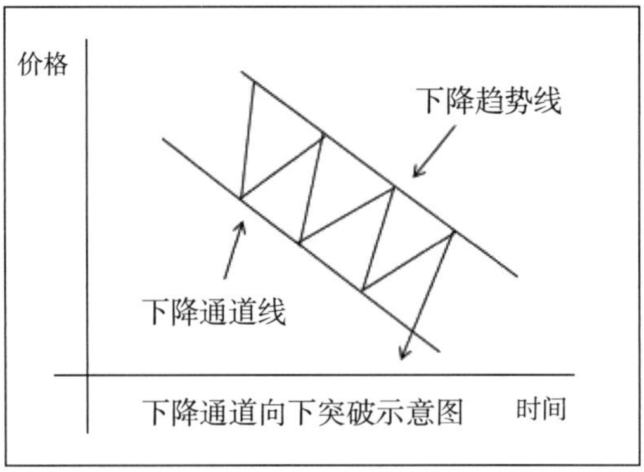

图 4-26

（4）在下降通道中，股价向上突破上方趋势线，代表原有趋势出现反转。股价向上突破上方趋势线时，说明股价开始出现反转，此时投资者可以买入股票。如图 4-27 所示。

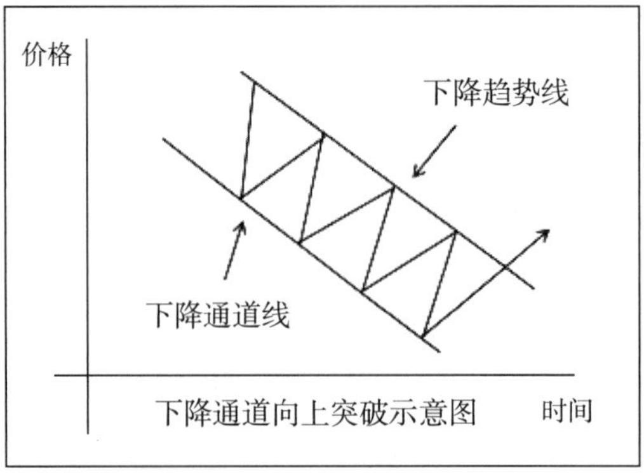

图 4-27

7. 通道线的修正

在一定的时间内，股价会在趋势线和通道线组成的通道内运行，但随着时间的推移，趋势经常会出现加速或减缓的现象。所以，要对趋势线进行必要的修正，趋势线修正后即可修正相应的通道线。

（1）上升通道的修正。

上升通道的修正是指股价向上突破上方通道线出现加速上涨走势。股价加速上涨时，趋势线的斜率就会向上增加，原有的通道线无法再起作用，因此要重新画出一条通道线来修正原有的通道线。其画法是，连接加速上涨走势的两个低点画出一条新的趋势线，然后再寻找行情加速冲高时的一个关键高点，画出一条与趋势线平行的通道线。如图 4–28 所示。

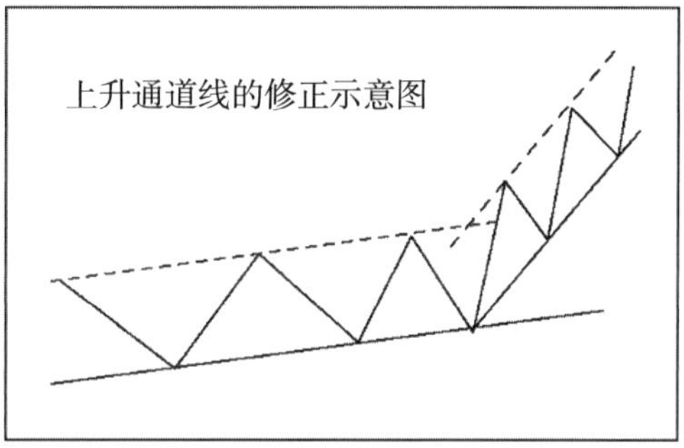

图 4–28

如图 4–29 所示，三安光电（600703）的行情走势图中，股价沿着 L1 上升通道运行，之后行情在上涨途中开始向上突破上方通道线，出现加速上涨，原有的通道线不再起作用。因此，需要修正一条新的上升通道，即 L2 上升通道，在行情加速后，股价沿着修正后的 L2 上升通道运行。

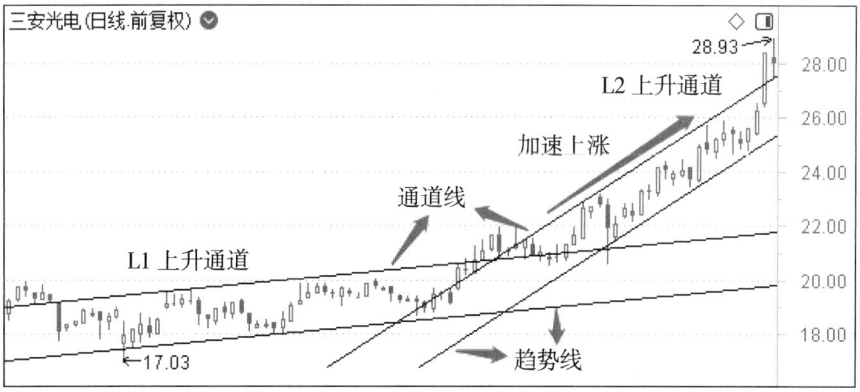

图 4–29

需要注意的是，上升通道的修正一般都是因为股价加速上涨而向上修正，偶尔会因为行情持续横向波动而出现横向修正，但不会出现向下修正。因为如果行情向下突破，则说明行情出现反转，后市可能会走出下跌趋势，而在下跌趋势中的通道是下降通道。

（2）下降通道的修正。

下降通道的修正是指股价向下突破下方通道线出现加速下跌走势。股价加速下跌时，趋势线的斜率就会向下增加，原有的通道线无法再起作用，因此要重新画出一条通道线来修正原有的通道线。其画法是，连接加速下跌行情走势的两个高点画出一条新的趋势线，然后再寻找行情加速下跌时的一个关键低点，画出一条与趋势线平行的通道线。如图 4–30 所示。

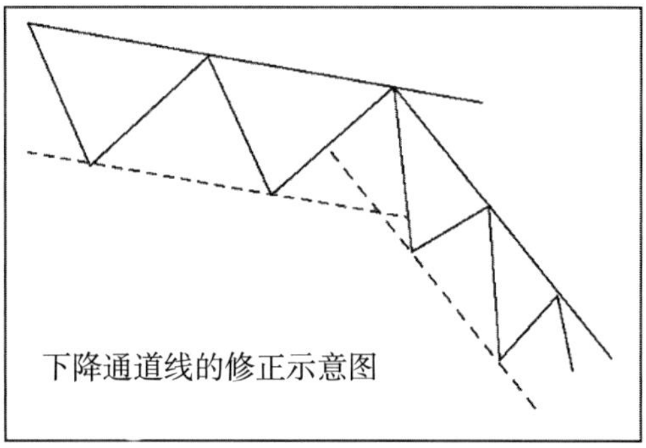

图 4–30

如图 4–31 所示，ST 岩石（600696）的行情走势图中，股价沿着 L1 下降通道运行，之后行情在下跌途中向下突破下方通道线，开始加速下跌，原有的通道线不再起作用。因此，需要修正一条新的下降通道，即 L2 下降通道，在行情加速后，股价沿着修正后的 L2 下降通道运行。

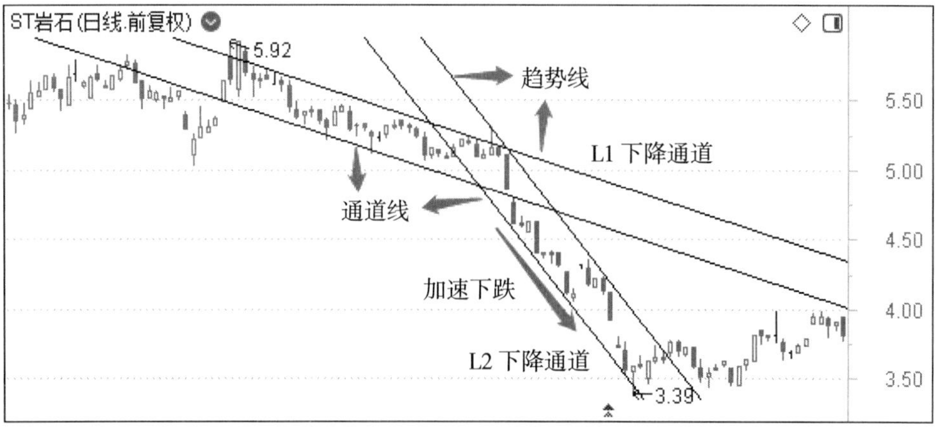

图 4–31

需要注意的是，下降通道的修正一般都是因为股价加速下跌而向下修正，偶尔会因为行情持续横向波动而出现横向修正，但不会出现向上修正。因为如果行情向上突破，则说明行情出现反转，后市可能会走出上涨趋势，而在上涨趋势中的通道是上升通道。

8. 趋势通道的实战应用

实战中运用平行通道的策略，就是顺应趋势。当行情在上升通道内运行时，投资者应当在趋势线处买入股票，在通道线处获利了结，即在价格到达上升通道线时卖出股票。当股价向上突破上升通道上方的通道线时，投资者应当买入股票。当股价向下突破上升通道下方的趋势线时，投资者应该卖出股票。

当行情在下降通道内运行时，投资者应当在趋势线处卖出股票，在股价触及下降通道线时买入股票。当股价向上突破下降通道上方的趋势线时，投资者应当买入股票。当股价向下突破下降通道下方的通道线时，投资者应该卖出股票。

股价在上升通道运行，出现无力抵达通道顶部的通道线时，表明趋势转弱，下破趋势线的可能性增大。股价出现无力抵达通道底部的趋势线时，表明趋势转强，上破通道线的可能性增大。

股价在下降通道运行，出现无力抵达通道底部的通道线时，表明趋势转强，上破趋势线的可能性增大。股价出现无力抵达通道顶部的趋势线时，表明趋势转弱，下破通道线的可能性增大。

（1）股价向上突破上升通道的上方通道线，行情加速上涨。

如图 4–32 所示，聚龙股份（300202）K 线图中的通道即为上升通道，股价在一段时间内持续在上升通道内运行。每当股价上涨至上方通道线附近时，受到通道线的压力

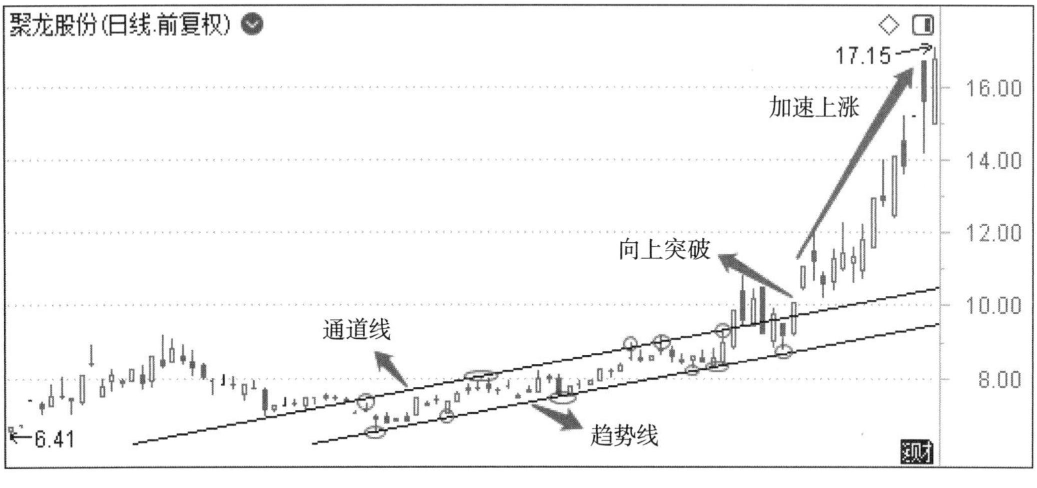

图 4–32

后即回落。股价回落至下方趋势线附近时，受到趋势线强有力的支撑后，再度转为上涨。股价在通道内运行时，投资者可在每次股价回落至趋势线附近，并确认趋势线支撑有效后买入股票，在股价上涨至通道线附近时卖出股票。股价向上突破通道线上涨时，说明股价开始加速上涨，此时投资者可以买入股票。

（2）股价向下突破上升通道的下方趋势线，行情趋势可能即将反转。

如图 4–33 所示，环球印务（002799）K 线图中的通道即为上升通道，股价在一段时间内持续在上升通道内运行。每当股价上涨至上方通道线附近时，受到通道线的压力会回落。股价回落至下方趋势线附近时，受到趋势线强有力的支撑后，会再度转为上涨。股价在通道内运行时，投资者可在每次股价回落至趋势线附近，并确认趋势线支撑有效后买入股票，在股价上涨至通道线附近时卖出股票。股价向下突破趋势线下跌时，说明股价上升趋势出现反转，后市可能由上升趋势转为下降趋势，此时投资者可以卖出股票。

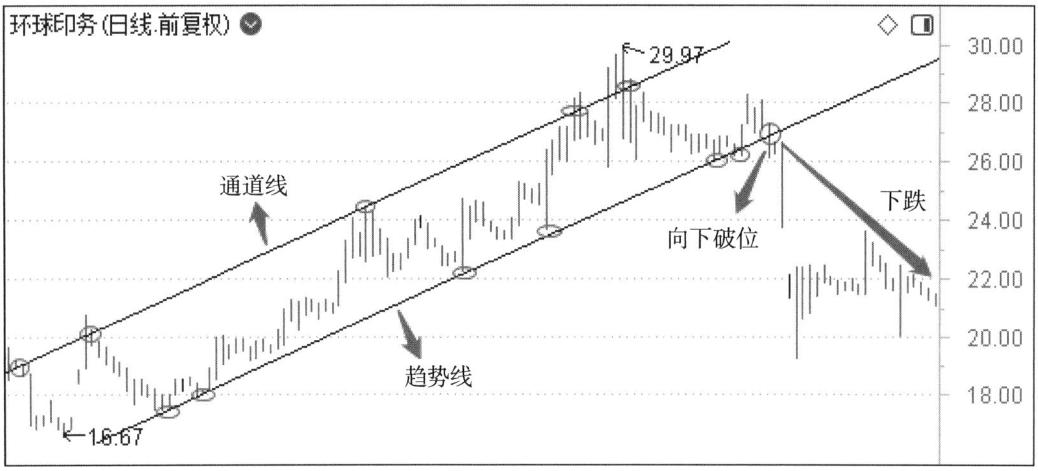

图 4–33

（3）股价向下突破下降通道的下方通道线，行情加速下跌。

如图 4–34 所示，派思股份（603318）K 线图中的通道即为下降通道，股价在一段时间内持续在下降通道内运行。每当股价上涨至上方趋势线附近时，受到趋势线的压力股价会回落。股价回落至下方通道线附近时，受到通道线强有力的支撑后，会再度转为上涨。股价在下降通道内运行时，投资者可在每次股价回落至通道线附近，并确认通道线支撑有效后买入股票，在股价上涨至趋势线附近时卖出股票。股价向下突破通道线下跌时，说明股价开始加速下跌，此时投资者可以卖出股票。

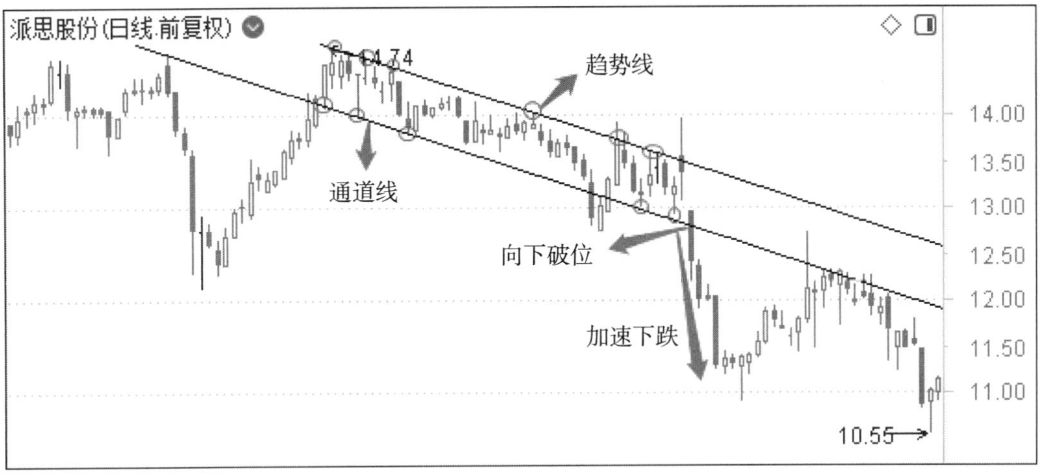

图 4–34

（4）股价向上突破下降通道的上方趋势线，行情可能即将反转。

如图 4–35 所示，珠海中富（000659）K 线图中的通道即为下降通道，股价在一段时间内持续在下降通道内运行。每当股价上涨至上方趋势线附近时，受到趋势线的压力股价会回落。股价回落至下方通道线附近时，受到通道线强有力的支撑后，会再度转为上涨。股价在下降通道内运行时，投资者可在每次股价回落至通道线附近，并确认通道线支撑有效后买入股票，在股价上涨至趋势线附近时卖出股票。股价向上突破趋势线上涨时，说明股价下降趋势开始出现反转，后市可能由下降趋势转为上升趋势，此时投资者可以买入股票。

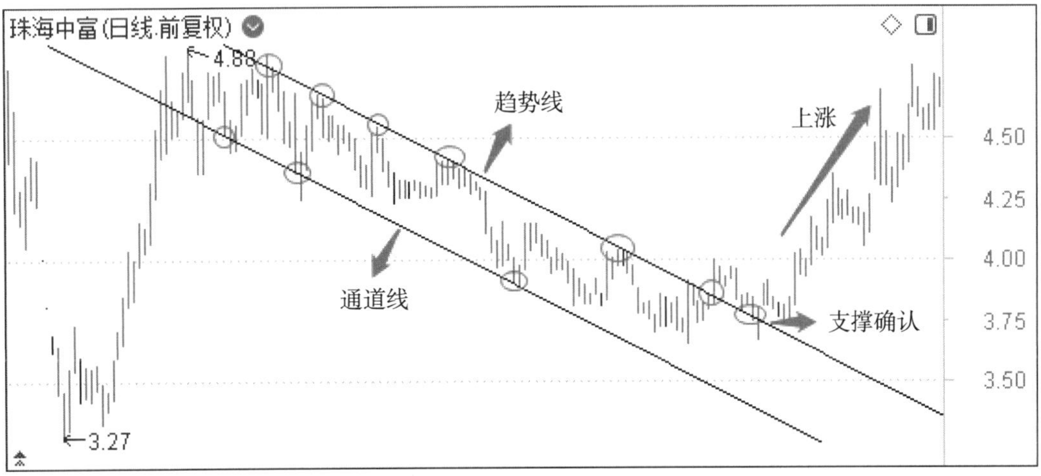

图 4–35

第五章　宝塔线实战运用

第一节　宝塔线的理论概述

1. 宝塔线的含义

宝塔线指标又称 TOWER 指标，是指以不同颜色（或虚实体）的棒线来区分股价涨跌的一种图表型指标。它主要是把股价多空之间的争斗过程和力量转变表现在图表中，借以研判未来股价的涨跌趋势及选择适当的买卖时机。通常股价下跌用黑色柱体表示，股价上涨用白色柱体表示。

2. 宝塔线的原理

宝塔线主要是应用趋势线的原理，引入支撑区和压力区的概念，来确认行情是否反转。对于行情发展可能产生的变化方向，不做主观的臆测，只是客观地承认。

宝塔线指标认为，如果一只股票价格的上升趋势已经确认，就应该买进股票并持有，不主动预测股价的高点在哪里，而要留意股价从高位反转向下的征兆。一旦确认股价头部出现卖出信号，就要及时卖出股票。反之，如果一只股票价格的下跌趋势形成，就应卖出股票，离场观望，不轻易预测底部在哪里，只在股价由低位向上反转并出现买入信号时买入股票。

宝塔线指标信奉的是“涨不言顶”“跌不言底”的投资理念。它告诉投资者不要刻意去预测股价高点或低点的位置，而是等到可能的高点或低点出现时，采取相应的卖出或买入决策。

一般而言，按照宝塔线指标揭示的方法买卖股票，虽然高点卖出可能会错失股价继续上涨带来的收益，但能够避免股价下跌带来的损失；低点买入未必买在最低点，但不会错失股价涨升带来的盈利机会；同时，也不会轻易在上升途中的盘整行情被震仓出局。因此，宝塔线指标比较适合稳健操作的投资者。

3. 宝塔线的画法

宝塔线指标是以股票的收盘价作为参照。股价上涨时用白色柱体，股价下跌时用黑色柱体，从而通过黑白柱体的变化情况来研判股价的未来走势。与其他技术分析指标不同的是，宝塔线指标没有计算公式，而是靠画图表的方式形成。

由于选用的图表周期不同，宝塔线指标可分为日宝塔线指标、周宝塔线指标、月宝塔线指标、年宝塔线指标、分钟宝塔线指标等。经常被用于股市研判的是日宝塔线指标和周宝塔线指标。

以日宝塔线指标为例，其具体画法如下（参见图 5-1）。

（1）股价上涨时，用白色柱体表示。股价下跌时，用黑色柱体表示。

（2）以某日的收盘价为基准价，每日依次将收盘价的涨跌画于图表上。

（3）如果上一日股价是涨升的白色柱体，而次日下跌，股价未跌破上一日白色柱体低点的那一部分跌幅仍用白色柱体，跌破的部分用黑色柱体。

（4）如果上一日股价是下跌的黑色柱体，而次日上涨，股价未涨过上一日黑色柱体高点的那一部分涨幅仍用黑色柱体，涨过的部分用白色柱体。

图 5-1

目前股市技术分析软件上的宝塔线是电脑自动生成的，投资者不需要自己画。这里主要通过了解宝塔线的画法，让大家熟悉这个指标。

4. 宝塔线的使用方法

宝塔线的特殊分析方法，主要集中在宝塔线三平顶和三平底形态的研判，以及宝塔线和均线的配合使用等方面。

宝塔线是实战价值极高的技术指标，其极好的市场敏感性和客观实战性，可有效辅助投资者避险，在大的波段顶和反弹见顶时发出卖出信号。其中，三平顶翻黑的可靠性较好，当然在强势市场中三平底翻白，中短线顺势做多的赢面也颇为不俗。

宝塔线三平顶和三平底形态的研判，是无数投资者在投资实践中总结出来的投资经验。其中，三平顶形态出货的可靠性和准确率高于三平底形态。

以日宝塔线指标为例，其主要分析过程如下。

（1）三平顶。

三平顶形态是指股价经过短时间的快速上升行情后，宝塔线图表中出现连续 3 个或以上、几乎处于同一水平位置的实体很长的黑色柱体，或下部为黑、上部为白的混合柱体形态。

三平顶形态有两种类型。其中一种形态的前提条件为，股价短期涨幅已经相当大，近期波段涨幅要超过 30%，越大越有效。

股价经过一段较短时间的拉升行情后，在高位出现三平顶翻黑的形态时，预示着股价的强势行情已经见顶，将开始一段比较迅猛的跌势行情。因此，一旦宝塔线指标在高位出现三平顶翻黑形态，应果断地短线卖出全部股票，离场观望。如图 5–2 所示。

三平顶的另一种形态为，股价在中高位进行了一段时间的盘整后，一旦宝塔线指标出现三平顶翻黑形态，并且股价几乎同时向下跌破中长期均线。这种三平顶形态出现，意味着股价开始了一轮新的跌势，应及时清仓观望。

（2）三平底。

三平底形态是指股价经过一段较长时间的快速下跌行情后，宝塔线图表中出现了连续 3 个或以上、位置依次向上的实体较长的白色柱体，或下部为黑、上部为白的混合柱体形态。

三平底形态有两种类型。其中一种形态的前提条件是，股价中长期的跌幅已经很大，而且近期的跌幅累计超过 30%。

股价经过一段较短时间的暴跌行情后，在低位出现三平底翻白形态时，预示着股价已经严重超跌，短期内可能产生一波短线反弹行情。因此，宝塔线指标在底部出现三平底翻白形态时，投资者可以适量地买入股票，操作短线反弹行情。如图 5–3 所示。

图 5-2

图 5-3

三平底的另一种形态为，股价在上涨途中进行了一段较长时间的盘整后，一旦宝塔线指标出现三平底翻白形态，并且股价同时依托中长期均线向上扬升。这种三平底形态的出现，意味着股价开始了一轮新的涨势，应及时短线逢低买入或持股观望。

第二节　宝塔线交易技巧

1. 宝塔线买入法

（1）股价在上涨中途进行了一段较长时间的盘整后，一旦宝塔线指标出现三平底翻白形态，并且股价同时依托中长期均线向上扬升（或带量向上突破中长期均线），那么这种三平底形态的出现，意味着股价开始了一轮新的涨势，这是宝塔线指标发出的买入信号。此时，投资者应及时跟进买入。

（2）股价由底部向上反转，宝塔线的黑白柱体进入翻白状态时，说明股价开始上涨，投资者可适量介入。

（3）股价在上升途中，只要宝塔线的白色柱体一直持续出现，说明股价一直维持强势上涨的态势，投资者应坚决持股或逢低短线买入。

（4）股价在上升途中维持中低位整理，一旦出现实体很长的白色柱体向上突破整理区间，说明股价中低位整理的态势已经结束，将进入一个快速的上涨行情，投资者应及时短线买入股票或持股待涨。

（5）股价在底部横盘很久后，突然出现一根实体很长的向上突破大阳线，如果宝塔线也出现实体较长的向上白色柱体，则说明股价的涨势开始确立，投资者可以及时买进股票。

（6）股价在中长期上升途中，股价 K 线出现小阴大阳相互交替的向上态势时，只要宝塔线一直维持白色柱体的状态，说明股价涨势强劲，投资者应坚持一路持股待涨。

（7）宝塔线在中低位翻白后，只要宝塔线放出一连串的白色柱体，并且股价依托中短期均线向上运行，说明股价强势依旧，还将继续上攻，这是宝塔线发出的持股待涨信号。此时，投资者应坚决持股待涨。

2. 宝塔线卖出法

（1）股价经过一段很大的涨幅后，在中高位区域滞涨盘整时，一旦宝塔线出现三平顶翻黑形态，并且股价几乎同时向下跌破中长期均线，意味着股价开始了一轮新的跌势，这是宝塔线发出的卖出信号。此时，投资者应及时清仓离场。

（2）宝塔线维持白色柱体状态的时间很长，并且股价短期内涨幅已经很大时，投资者应密切关注宝塔线的状态。一旦宝塔线的白色柱体开始翻黑，就说明股价的短期涨势可能结束。此时，投资者应卖出全部股票，离场观望。

（3）股价下跌途中，只要宝塔线的黑色柱体一直持续出现，说明股价一直维持弱势下跌的态势，投资者应坚决持币观望或逢高卖出。

（4）股价在一段幅度的盘整区间中维持小翻白、小翻黑状态时，只要这个盘整区间没有被突破，说明股价的整理态势没有结束，投资者可以持股或持币观望。

（5）股价维持高位盘整，一旦出现实体很长的黑色柱体向下突破盘整区间，说明股价高位盘整的态势已经结束，将进入一个较长时间的下跌行情，投资者应及时卖出股票，离场观望。

（6）股价下跌途中，宝塔线翻黑一段时间后，突然翻白，投资者应再观察几天，不可轻易买入，防止股价假突破。

（7）股价中长期下降途中，股价K线出现大阴小阳相互交替的向下态势时，只要宝塔线一直维持黑色柱体的状态，说明股价处于绵绵下跌状态，投资者应坚决一路持币观望。这点和上面一点研判股价走势的准确率极高。

（8）股价经过一段时间幅度较大的上涨行情后，如果股价K线在高位出现一根实体较长向下突破的阴线后，宝塔线也出现一根实体较长的向下黑色柱体，说明股价的跌势已经开始，投资者应及时卖出股票。

（9）宝塔线高位翻黑向下后，只要宝塔线放出一连串黑色柱体而没有明显翻白，同时股价被中短期均线压制下行，说明股价的跌势依旧，这是宝塔线发出的持币观望信号。此时，投资者应以持币观望为主。

3. 宝塔线交易需要注意的问题

由于宝塔线应用法则较为简单，且操作指向明确、客观，就是根据股价高低点反转进行判断，投资者很容易掌握。不过，值得注意的是，虽然宝塔线能起到一定的“过滤”作用，但和其他指标一样不可能杜绝“骗线”的困扰，如行情在高位出现调整，宝塔线翻黑发出卖出信号，下跌一段后可能翻白而发出买入信号，此时很可能是下跌途中的小幅反弹，后市仍有继续下跌的可能。因此，投资者应结合K线、均线、成交量等进行综合研判，以便更好地把握买卖时机。

利用宝塔线翻黑变盘点卖出股票时，同时应注意配合使用K线、均线系统，这样可以增加该信号的可靠性。

宝塔线是一种走一步看一步的短线战术指标，不胜任选股的战略使命。宝塔线技术只能判断当天该站在多头立场还是空头立场，是一种帮助投资者尽量做到每步别搞错的操盘技术，但不能预示后市涨幅或跌幅的大小。

第六章　筹码分布实战运用

第一节　筹码分布概述

1. 筹码分布的含义

筹码分析即成本分析，是指流通股票持仓成本分布，基于流通盘是固定的，无论流通筹码在盘中如何分布，累计量必然等于总流通盘。按照持有者性质，可分为主力筹码和散户筹码。按照盈亏状况，可分为获利筹码和被套筹码。

在流通过程中，筹码分布可以这样理解，它反映的是不同价位上投资者的持仓数量，表明的是盘面上最真实的仓位状况。一般情况下，筹码分布图是在K线图的右边，在价位上，它和K线图使用同一个坐标系。大量筹码堆积在一起时，筹码分布看上去像一个侧置的群山图案。实际上，这些山峰是由一条条自右向左的线堆积而成，每个价位区间拥有一条代表持仓量的横线。持仓量越大则线越长，这些长短不一的线堆在一起就形成了高矮不齐的山峰状态，也就形成了筹码分布的形态。

筹码分析理论是形态分析的根本基础，只有透彻地掌握了筹码分析理论，才可能准确地进行形态分析。“筹码分布”又被称为“筹码结构”。筹码分析理论，就是根据筹码流动的特点，对大盘或个股的历史成交情况进行分析，得出其筹码结构，然后根据这个筹码结构来预测以后的走势。筹码分析理论的自然规律基础，是筹码流动的特点。

在股市的这场博弈中，投资者就是用自己的资金换取别人的筹码，再用自己的筹码换取别人的资金，通过博弈中间的差价来取得差额利润。所以，投资者需要准确地理解和运用筹码及筹码分布，才能更好地在股票交易时游刃有余。

2. 筹码集中度

筹码集中度是指某只股票的筹码集中程度，也就是要分析庄家掌握一只个股筹码的程度。一般情况下，筹码集中度包含两个方面，即大部分筹码所在的价格区间以及筹码在区间的集中程度。集中度是表示筹码密集程度的一个指标。数值越高，表明筹码越集中；反之，数值越低，表明筹码越分散。

如果一只股票的筹码集中度在 30% 以下，说明这只股票筹码分布散乱。如果一只股票的筹码集中度在 30% 以上，则说明该股票已经达到中度控盘。如果一只股票的筹码集中度在 70% 以上，则说明该股票已经达到高度控盘。筹码集中度越高，表明个股未来上涨的空间越大。

主力拥有筹码数量的多少决定了主力的控盘程度高低，市场中主力资金或绝大部分的筹码成本对股票未来的走势起决定作用。对于筹码的持股分布判断是股市操作的基本前提，股票筹码集中程度的变化趋势，是追踪主力资金建仓与减仓的重要指标。

3. 筹码分布的作用

筹码分布情况最真实地反映了市场投资者的持仓变动情况，分析筹码分布能够提高投资者交易时获胜的概率。

（1）筹码分布具有真实反映投资者持仓情况的作用。筹码分布能够清晰地反映出投资者在不同时间和价格的持仓情况。

（2）筹码分布具有识别主力交易行为的作用。通过跟踪分析筹码分布的变化，能够有效地识别主力建仓和派发的全过程，可以准确地判断主力的交易行为。

（3）筹码分布具有清楚显示市场筹码盈亏状况的作用。筹码分布能有效地反映持有该股票的市场投资者，在某一时间和某一价格持仓的盈亏状况。

（4）筹码分布对股价具有支撑和阻力作用。通过分析筹码分布的情况和集中情况，能够清楚地了解股价有效的支撑位和阻力位。

（5）筹码的分布情况具有成本测定作用。筹码分布能准确地反映市场投资者持仓筹码所处的成本位置。

4. 筹码分布的形态

根据筹码集中与分散的程度，筹码分布主要有 4 种形态，即筹码单峰密集形态、筹码多峰密集形态、筹码发散形态和筹码顶格形态。在市场行情中，各种形态表现出不同的含义。

筹码作为股票市场商品流通的等价物，密集与发散的转换过程也是商品流通的过程。筹码的密集往往是一轮新的多空争夺战的前奏，筹码的发散则表明多空争夺战正在进行。

（1）筹码单峰密集形态。

筹码单峰密集形态是指成交密集的区域形成单一的筹码峰。密集分为高位密集和低位密集。

任何一轮行情都将经历由低位换手到高位换手，再由高位换手到低位换手。筹码的运动过程是实现利润的过程，也是出现亏损的过程。低位充分换手是吸筹阶段完成的标志，高位充分换手是派发阶段完成的标志。

股票筹码一旦发生低位密集，那么割肉的一方基本上都是散户。其实，完全可以把筹码的低位密集现象理解为主力的缓慢吸筹。但筹码进入低位密集时，主力未必掌握了足够的筹码，主力需要在低位密集区蛰伏很长时间。

低位密集个股最佳的买入条件只有两个：一是确认了主力的高度控盘；二是确认了大盘的中级行情已经开始。在这个过程中，需要密切注意的是低位的幅度，有些股票的股价自高位密集区下跌了 30% 左右再次形成密集，这种密集不叫低位密集。低位密集是指筹码的转移最少要有 6 ～ 7 个跌停板的空间，也即股价已经跌了 1 倍的距离。

与筹码的低位密集相反，筹码的高位密集很可能是主力出货的迹象。这些高位的筹码是低位筹码向上转移的形态，说明市场上发生或正在发生大量的获利了结行为。

如图 6–1 所示，东方中科（002819）2019 年 9 月 6 日的筹码分布区形成的筹码分布结构就是筹码单峰密集形态。

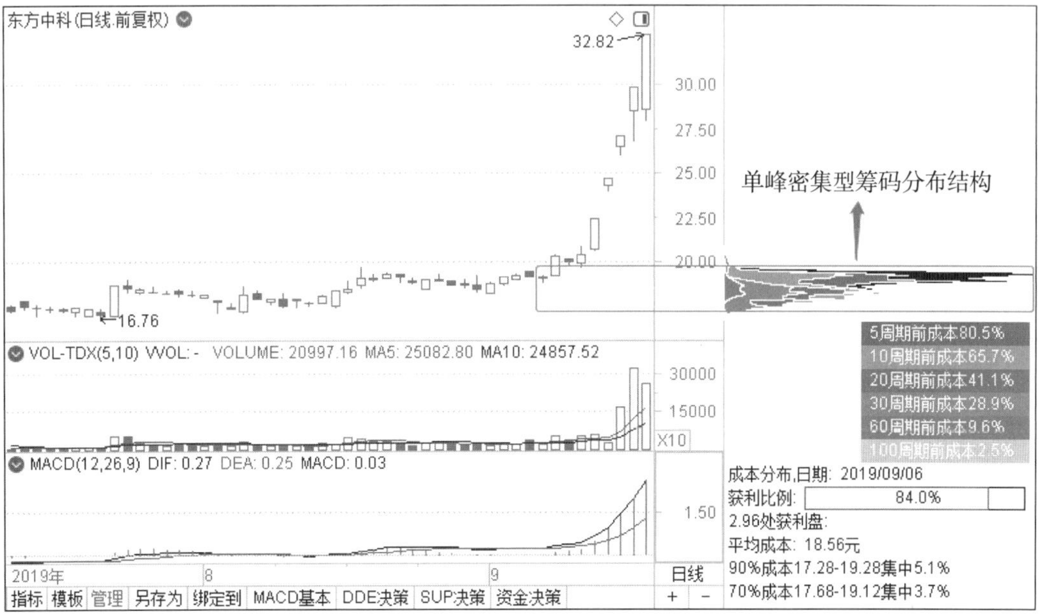

图 6–1

（2）筹码多峰密集形态。

筹码多峰密集形态是指筹码在股价上涨或下跌过程中出现两个或两个以上筹码密集区域的筹码分布状态。

筹码多峰密集形态通常出现在行情上涨或下跌过程中。如果股价在上涨过程中，主力低位吸筹建仓的筹码则一直处于锁定状态，待股价上涨到一定高度时，市场短期内又产生剧烈分歧，成交量急剧放大，筹码呈现峰值分布，加之底部主力锁定的筹码峰还在，便呈现出双峰状态。股价上涨过程中出现双峰状态，通常说明投资者仍然看好股票后市的上涨潜力。

如果股价在下跌过程中，主力已经完成出货，导致股价下跌，主力高位出货区域通常会形成高位筹码密集套牢区。股价持续下跌过程中，部分投资者继续看跌股价后市，选择抛售手中的筹码。此时，又有部分市场投资者认为该股票可能已经下跌完成，便开始买入该股票，随之短期内成交量急剧放大，在筹码分布区域形成密集筹码峰状态，加之上方主力出货时被套的筹码还有很多投资者不愿意割肉卖出，便呈现出双峰状态。

如图 6–2 所示，德新交运（603032）2019 年 3 月 4 日的筹码分布区形成的筹码分布结构就是筹码多峰密集形态。

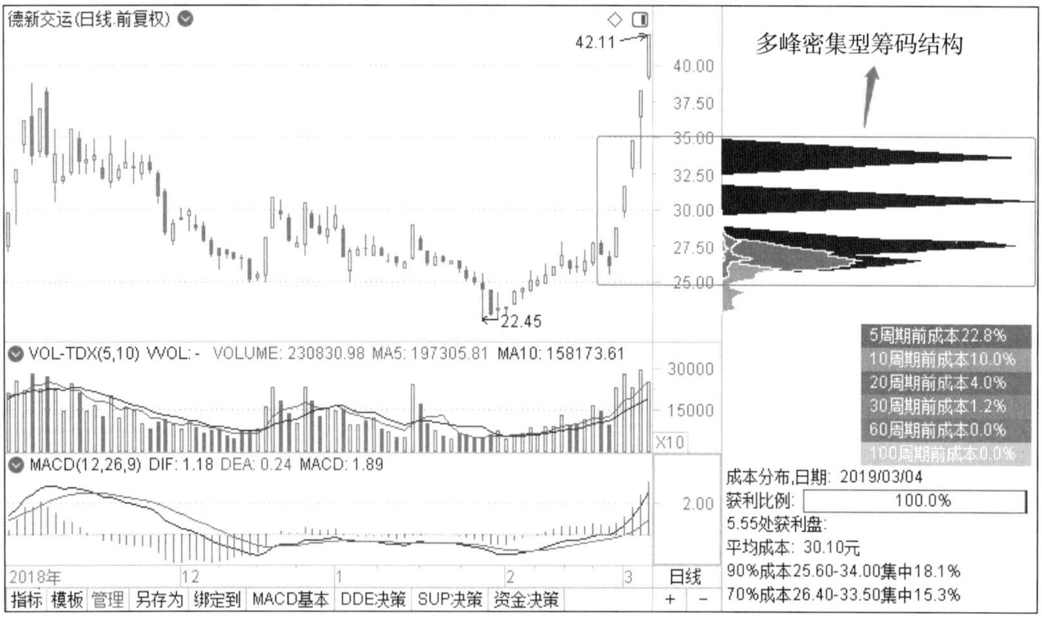

图 6–2

（3）筹码发散形态。

筹码发散的市场含义是股价正处在大幅度的持续上升或下降之中。股价下跌过程中，投资者在不同价位上被大面积套牢，随着一些投资者的不断补仓，筹码分布出现发散状态，通常称为“筹码向下发散”。随着股价上涨，部分低位筹码获利了结，筹码向高位转移，这种筹码发散的过程，通常称为“筹码向上发散”。

筹码分布的技术意义，对短线投资者较小，对中长期投资者较大。流动分析的研究也是成本转换的获利分析过程。这种成本转换的过程不仅是利润实现的过程，也是割肉亏损的过程，从而形成了股票走势的全部历史。筹码密集是下一个阶段行情的准备过程，筹码发散是行情的展开过程。

如图 6–3 所示，三维股份（603033）2019 年 6 月 14 日的筹码分布区形成的散乱筹码分布结构就是筹码发散形态。其形态表明股价在持续上涨的过程中，低位部分筹码始终持仓不变。随着股价不断上涨，一部分投资者抛售筹码，筹码分布逐渐向上发散。

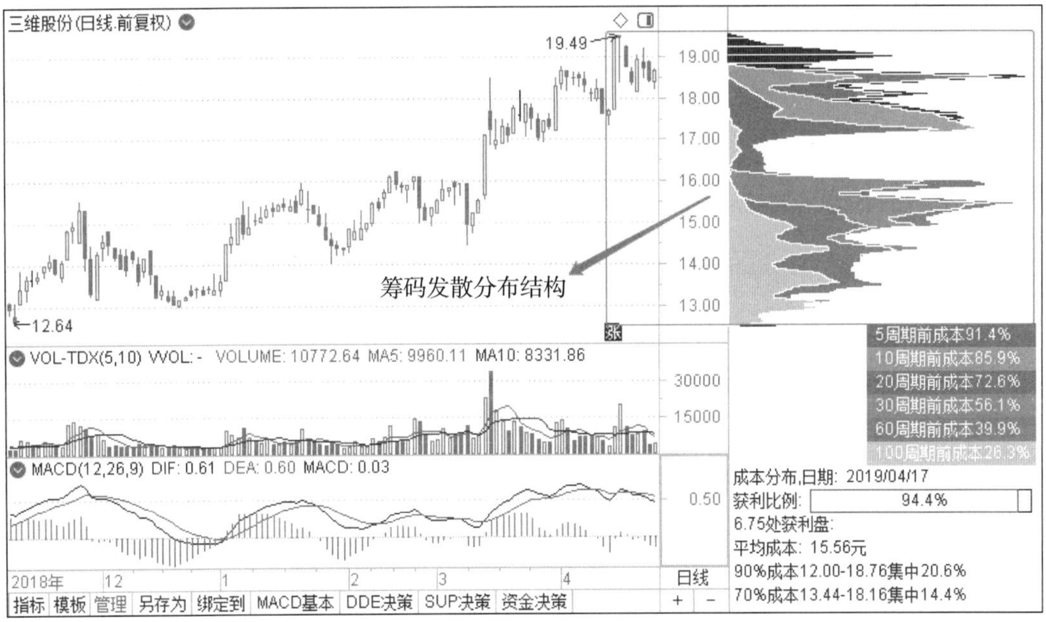

图 6–3

（4）筹码顶格形态。

筹码顶格形态是指股价在上涨或下跌过程中突然出现暴量状态。筹码顶格形态是一种特殊形态，是多空双方出现剧烈分歧的结果。如果行情在上涨过程中出现筹码顶格形态，后市看涨的概率较高。如果行情在下跌过程中出现筹码顶格形态，说明下跌过程中有资金开始进入，后市下跌的速度会减弱。

如图 6–4 所示，金力永磁（300748）2019 年 5 月 21 日的筹码分布区形成的筹码峰结构就是筹码顶格形态。

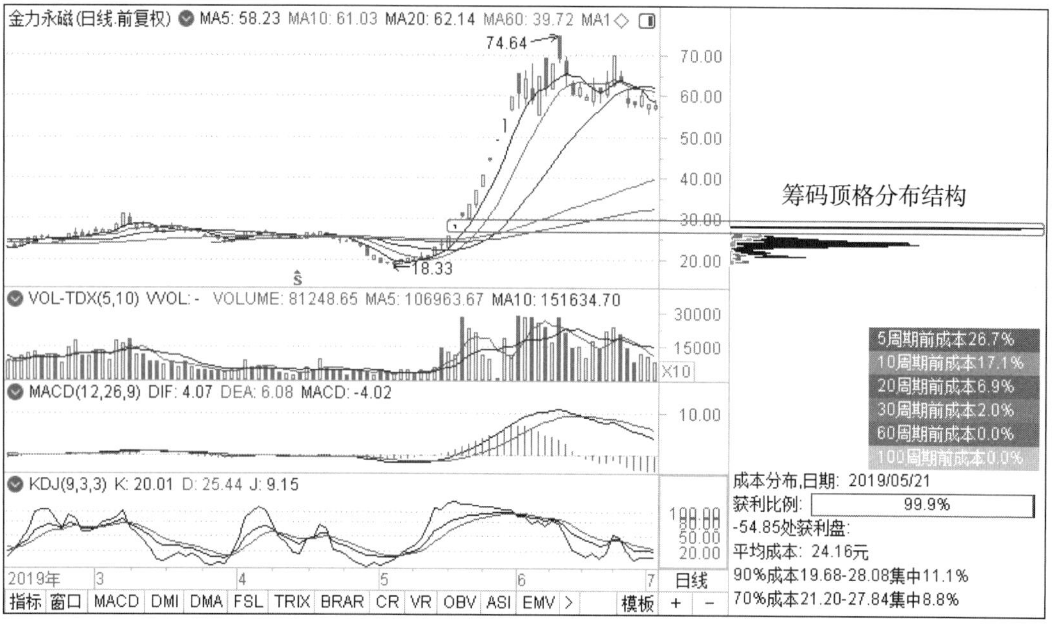

图 6-4

5. 筹码分布图下方数字的意义

在筹码分布图中（通达信版本），不同的颜色显示不同时期的成本分布，显示的色彩是由大红色到金黄色。时间越短，颜色越红；时间越长，颜色越黄。由于各个时间段叠加的原因，筹码分布的色彩图也是叠加的。

第一行是成本分布的日期。

第二行是市场投资者获利比例分布。前面区域表示获利，后面区域表示套牢。框中的数字表示以收盘价为参考，在收盘价以下的筹码占总成本的百分比，即为获利盘比例。

第三行是将光标移动至行情走势中的任意位置时，在此位置以下的筹码占总数的百分比，也就是在当前价位市场投资者持仓的获利比例。

第四行是平均成本，是市场上所有筹码的平均价格。

第五行是 90% 筹码的持仓成本集中区域，是指市场上投资者 90% 的持仓成本集中位置，是筹码成本分布状态。

第六行是 70% 筹码的持仓成本集中区域，是指市场上投资者 70% 的持仓成本集中位置。

在实战操作中，通过筹码的集中度可以知道筹码是否已经在集中，集中到了什么样的程度。如果股价处于高位，筹码集中度很高，则说明市场下跌的动能比较强。如果股价处于低位，且筹码的集中度很高，则表示市场的下跌动能已经释放，未来股价上涨的可能性比较大。

6. 筹码分析的应用原则

（1）低位单峰密集并不一定是底部，也可能是下跌的中继。筹码在低位单峰密集后，如果市场围绕单峰密集区出现较大振荡，说明股价形成底部的可能性比较大。这里只是可能性比较大，而不是确定性，因为如果大环境趋势不好，股价很容易继续下跌。

（2）出现底部单峰密集后，适合中长线波段买入。

（3）股价向上突破单峰密集区后，是中短线波段买入时机。

（4）向上多峰密集适合中短线波段操作。股价下跌到下密集峰时买入，上涨到上密集峰时卖出。

（5）上峰不移，下跌不止。在股价下跌过程中，如果高位密集峰没有向下移动，说明高位套牢盘仍然存在，后市会受到套牢盘的压力，股价很难向上发展。对于这类个股，投资者不能轻易参与中线或长线波段操作。

（6）下峰锁定，行情未止。在股价上涨过程中，如果低位密集峰没有出现松动，说明市场持筹稳定，场内抛压不大。这种情况多出现在有主力资金参与的个股中，说明主力资金并没有派发筹码的现象，因此行情没有终结，股价会继续上涨。对于这类个股，投资者可以继续持股，或参与波段操作。

（7）双峰填谷，高抛低吸。筹码出现上下两个密集峰时，股价往往会在上下密集峰之间振荡，将筹码进行移动。此时可以利用股价在这个空间的来回振荡，进行中短线波段操作，当股价下跌到下密集峰时买入，上涨到上密集峰时卖出。

（8）高位密集单峰是风险加大的标志，但不一定代表市场行情结束。在实际波段操作中，出现高位单峰密集时，中短线波段操作可以平仓，长线投资可以适当减仓，是否全部平仓则可根据当时的整体行情走势来具体判断。

第二节　单峰筹码密集分布的市场含义及实战运用

单峰筹码密集分布是指股价经过多空双方的剧烈争夺造成大量换手，将低位的筹码和高位的筹码都向着密集成交区间集中，使筹码在较小的价格区间内形成一个密集筹码峰。

单峰筹码密集的形成通常有两种方式：一种是短期内股价在某个振荡区间剧烈波动造成大量的换手，这是以短期内高成交量和高换手率来换取筹码的密集。另一种是股价经过长期的横盘，使原有的获利筹码或亏损筹码都选择卖出了结，这是以时间换取筹码的密集。

每只个股的筹码总是在“密集—分散—再密集”这样的一个循环中运行。

单峰筹码密集分为 4 种形态：低位单峰筹码密集分布形态，上涨途中单峰筹码密集分布形态，高位单峰筹码密集分布形态，下跌途中单峰筹码密集分布形态。如果筹码是在低价位区实现单峰密集，通常称为低位单峰筹码密集分布。如果筹码是在上涨途中形成的单峰筹码密集，称为上涨途中单峰筹码密集分布。如果筹码是在高价位区实现密集，称为高位单峰筹码密集分布。如果筹码是在下跌过程中形成的单峰筹码密集，称为下跌途中单峰筹码密集分布。

1. 低位单峰筹码密集分布

低位单峰筹码密集分布形态一般是在下跌趋势末端经过放量振荡，换手充分，或者经过长期横盘整理后形成的。筹码形成低位单峰密集分布，说明主力吸筹可能即将结束。在实际操作中，一旦遇到筹码在低位密集分布的情况，投资者就要注意这可能是一波上涨趋势的预兆。

如图 6–5 所示，东方中科（002819）的股价经过长时间的横盘整理后，筹码形成低位单峰筹码密集分布形态。

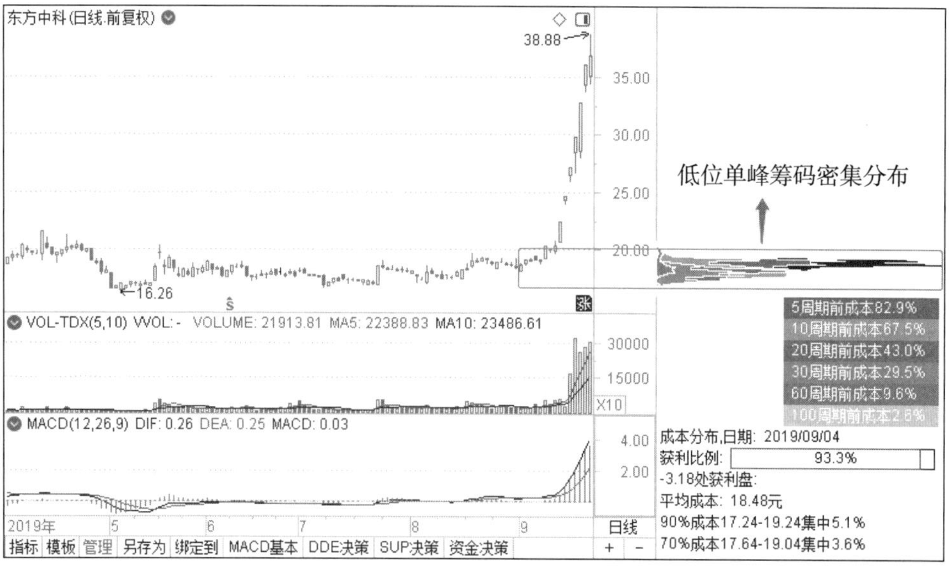

图 6–5

（1）低位单峰筹码密集分布的买入方法。

股票形成低位单峰筹码密集分布时，通常是主力已经完成了吸筹和洗盘操作。股价向上突破单峰筹码密集区时，说明股价突破了单峰筹码密集的阻力区，上方没有筹码抛盘压力，后市看涨概率较高，是比较优质的买点。

（2）低位单峰筹码密集分布的卖出方法。

股票形成低位单峰筹码密集分布时，通常是主力已经完成了吸筹和洗盘操作。但市场变化多端，尤其熊市中或者遇到利空事件时，低位单峰筹码密集的股票也可能再次出现下跌。股价向下突破单峰筹码密集区时，说明股价跌破了单峰筹码密集的支撑区，容易引起筹码密集区的投资者跟风抛盘，股价后市可能出现下跌走势，需要卖出股票。

2. 上涨途中单峰筹码密集分布

上涨途中单峰筹码密集分布通常是股价经过一段时间上涨后，底部获利筹码不断抛售，造成底部筹码成本上移。股价上涨一段时间后，形成短暂的振荡走势或者短期内形成大量的换手，市场筹码再次汇聚，形成新的单峰筹码密集分布形态。

如图 6–6 所示，德新交运（603032）的股价经过前期持续上涨后，在上涨途中停留休整 3 天，筹码在此区域再次集中。之后，股价再次开启强势上涨走势，休整 3 天形成的单峰筹码密集分布，就是上涨途中单峰筹码密集分布形态。

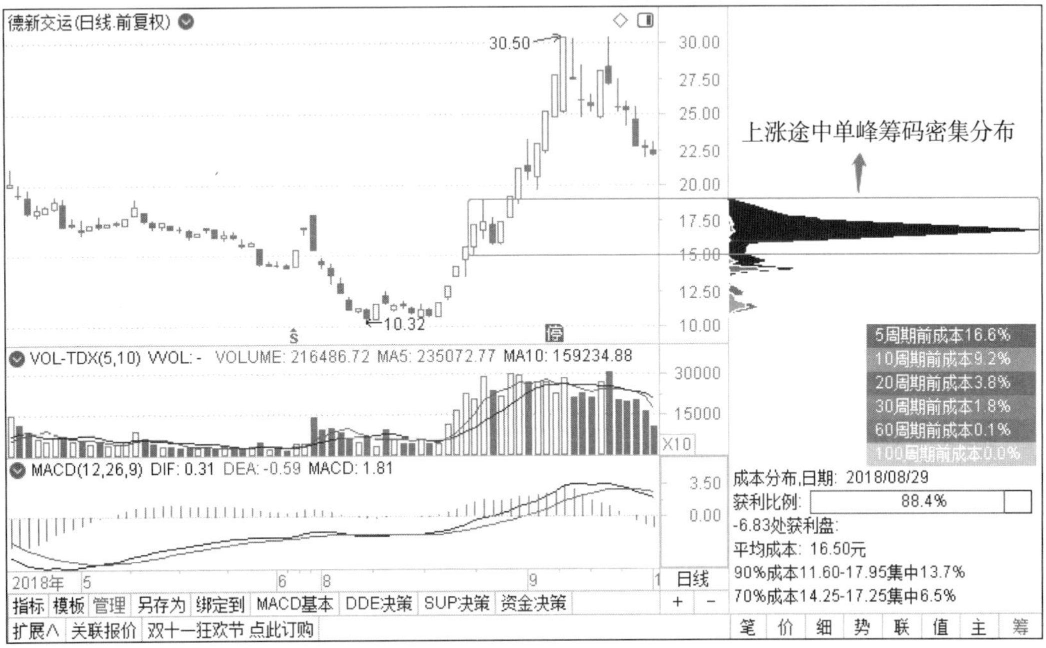

图 6–6

（1）上涨途中单峰筹码密集分布的买入方法。

股价经过一段时间上涨后，在某一价格区域出现大成交量和高换手率，处于底部筹码密集峰值的投资者大都在此卖出手中的筹码，筹码再次形成单峰筹码密集形态。股价再次向上突破单峰筹码密集形态时，可以适当买入股票，此时买入仓位要轻于低位单峰筹码密集向上突破时的仓位。

（2）上涨途中单峰筹码密集分布的卖出方法。

股价经过一段时间上涨后，再次形成单峰筹码密集形态。股价向下跌破单峰筹码密集区域时，筹码密集区便会成为压力位，同时部分投资者因为持股出现亏损会选择抛盘，容易使股价下跌。所以，股价跌破筹码密集区域时，可以卖出股票。

3. 高位单峰筹码密集分布

高位单峰筹码密集形态一般都是股价经过大幅度的上涨之后，在高位出现放量滞涨聚集的大量筹码。筹码在高位堆积时，预示着股价后市很可能会出现一波下跌走势，投资者要进行适当的减仓操作，并关注卖出信号的出现，随时准备卖出离场。还没有入场的投资者最好持币观望，重新等待时机。

如图 6-7 所示，金力永磁（300748）的股价经过一段时间的持续上涨，在高位筹码重新集中，形成高位单峰筹码密集分布形态。

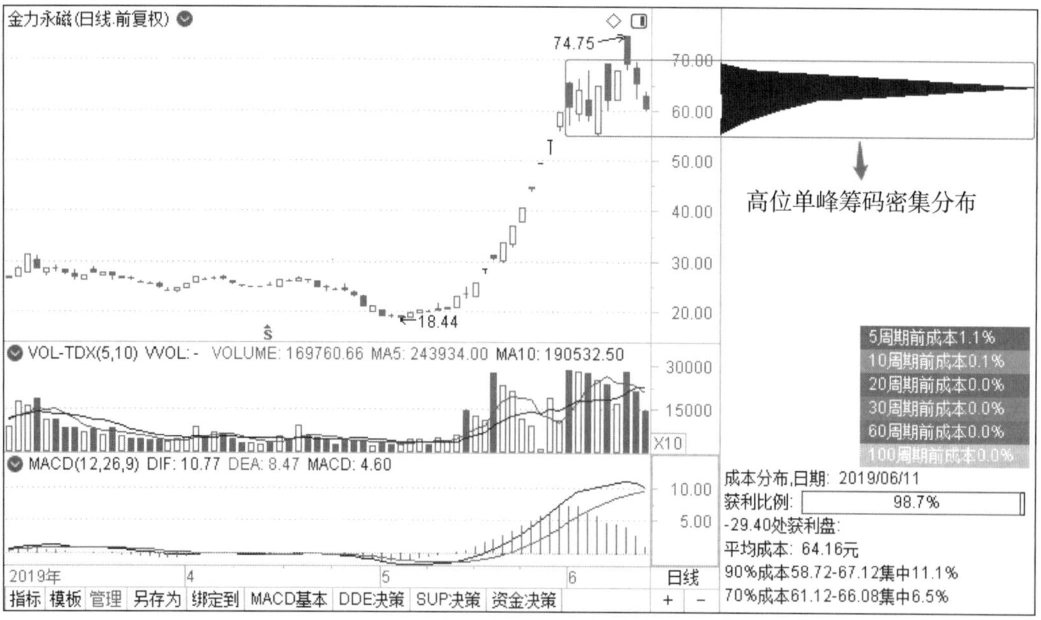

图 6-7

（1）高位单峰筹码密集分布的买入方法。

股价经过一段时间的持续上涨，在高位形成单峰筹码密集形态，通常不建议此时买入股票，但有时也可以适当地参与博弈。比如，行情处于牛市阶段，多数人都知道市场上有“牛市不言顶”之说，在牛市中很多个股能涨到让投资者怀疑人生，所以有时投资者认为的高位，在行情走完之后会发现其实并不是高位。为了防止错过机会，偶尔也可以参与高位单峰筹码密集形态的个股。股价上涨突破高位筹码密集形态后，可以适当轻仓博弈后市行情。

（2）高位单峰筹码密集分布的卖出方法。

股价经过一段时间的持续上涨，在高位形成单峰筹码密集形态，这时主力通常会诱导投资者买入，自己则趁机出货。股价在高位向下跌破单峰筹码密集区域时，后市下跌的概率较高，应当卖出股票。

4. 下跌途中单峰筹码密集分布

下跌途中单峰筹码密集分布通常是因为股价经过一段时间下跌后，短期内形成振荡走势，高位被套筹码选择割肉离场，而振荡区域又有资金接入筹码。短期内筹码再度集中，形成下跌途中的单峰筹码密集分布形态。

如图 6–8 所示，盘龙药业（002864）的股价经过一段时间的下跌后行情转为横盘振荡，筹码开始重新集中。之后，股价再次开启下跌走势，股价在横盘振荡区间形成的单峰筹码密集分布，就是下跌途中的单峰筹码密集分布形态。

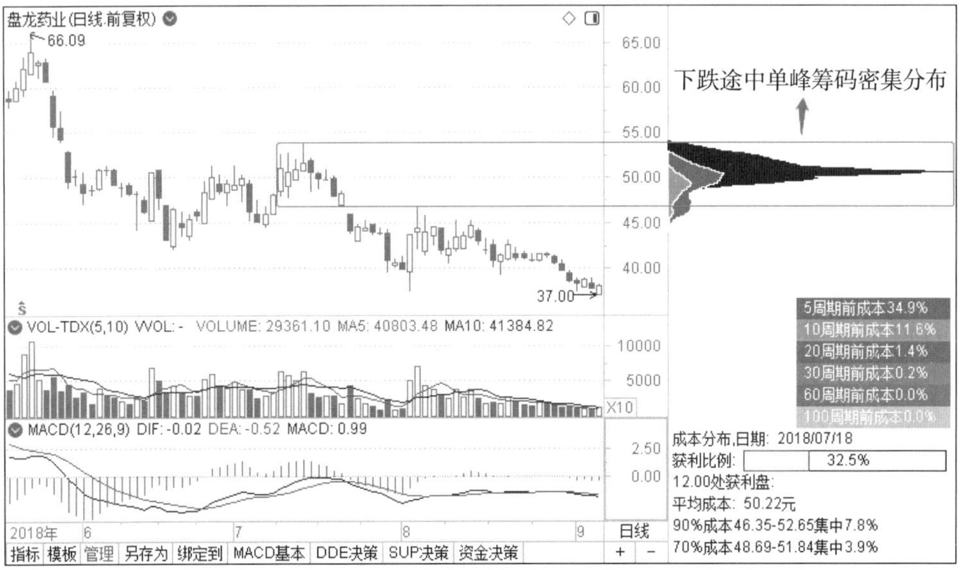

图 6–8

（1）下跌途中单峰筹码密集分布的买入方法。

股价经过一段时间的下跌后，在某一价格区域出现大成交量和高换手率，高位套牢筹码密集峰值的投资者此时大都卖出手中筹码，筹码再次形成单峰筹码密集形态。股价再次向上突破单峰筹码密集形态时，可以适当买入股票。此时一定要轻仓买入股票，谨防行情持续弱势而被套，因为行情在走下跌趋势时，反弹力度通常不会很强。

（2）下跌途中单峰筹码密集分布的卖出方法。

股价经过一段时间的下跌后，再次形成单峰筹码密集形态。股价向下跌破单峰筹码密集区域时，筹码密集区便会成为压力位，同时部分投资者因为持股出现亏损会选择抛盘，容易使股价下跌。所以，股价跌破筹码密集区域时，可以卖出股票。

理论上，筹码的高位密集和低位密集是相反的。如果筹码出现低位单峰密集形态，预示着一波行情可能即将开启，是股价看涨的信号之一。如果筹码出现高位单峰密集，则是一个比较危险的形态。筹码高位密集区的市场含义是，低位获利盘大规模在高位获利了结，这种情况通常意味着前期主力离场。如果没有新主力入场接力，这样的股票通常会走出下跌走势。如果有新主力入场接力，股价则可能会形成新一轮上涨。

筹码分布指标在低位高度集中，且股价刚刚向上突破筹码密集区时，说明当前市场上大多数投资者包括庄家的持股成本很低。这些投资者刚刚进入盈利状态，短期内不会大量卖出手中股票，未来股价会被庄家持续向上拉升。牛市行情中，这类筹码在低位集中的股票是投资者应该重点观察的对象。一旦股价被向上拉升，就可以积极买入。

筹码分布指标在高位高度集中时，说明很多投资者刚在高位完成交易，这是庄家高位出货的信号。一旦股价跌破高位筹码密集区，就会有大量高位买入股票的投资者进入亏损状态。亏损的投资者会大量抛出股票，股价出现大幅下跌。看到这样的形态时，投资者应该尽快卖出手中持有的股票。

第三节　多峰筹码密集分布的市场含义及实战运用

在筹码分布中，筹码形态多种多样，无论是什么样的筹码形态，投资者都要进行仔细分析。有单峰筹码密集分布，就会有多峰筹码密集分布。

多峰筹码密集分布是指股价上涨或下跌过程中，市场筹码形成两个或两个以上的筹码密集峰分布形态。股价在上涨阶段形成的多峰筹码密集分布形态，通常是因为低位筹码锁定形成的。股价在下跌阶段形成的多峰筹码密集分布形态，通常是因为高位筹码套牢形成的。

多峰筹码密集形态中，在两个或者两个以上的价格区域中，筹码密集峰将会形成同样数量的筹码密集峰区域。上方的筹码密集峰为上密集峰；下方的筹码密集峰为下密集峰；中部的筹码密集峰为中密集峰。因为个股所处的行情不同，可以有上涨中形成的上涨多峰筹码密集分布和下跌中形成的下跌多峰筹码密集分布。

1. 上涨多峰筹码密集分布

上涨多峰筹码密集分布是股价上涨过程中，低位筹码锁定形成的。股价被拉升过程中，低位密集筹码峰会在股价上涨过程中逐步被推至高位。股价在上方某一区域出现大成交量和高换手率，筹码在该区域中堆积，形成密集筹码峰。下方低位密集筹码峰区域仍有很多密集筹码处于锁定状态，没有随着股价上涨而发生转移，这样便形成了多个密集筹码峰形态。

如图 6–9 所示，必创科技（300667）的股价经过一段时间的上涨后行情转为横盘振荡，筹码开始重新集中形成筹码密集峰。之后，股价再次开启上涨走势，向上跳空突破横盘振荡期间压力位上涨，成交活跃，筹码在此集中形成筹码密集峰。随后，股价再次跳空高开高走，市场成交活跃，筹码又一次集中，形成筹码密集峰。同时，下方的两个筹码密集峰并没有消失。因此，构成了上涨多峰筹码密集分布形态。

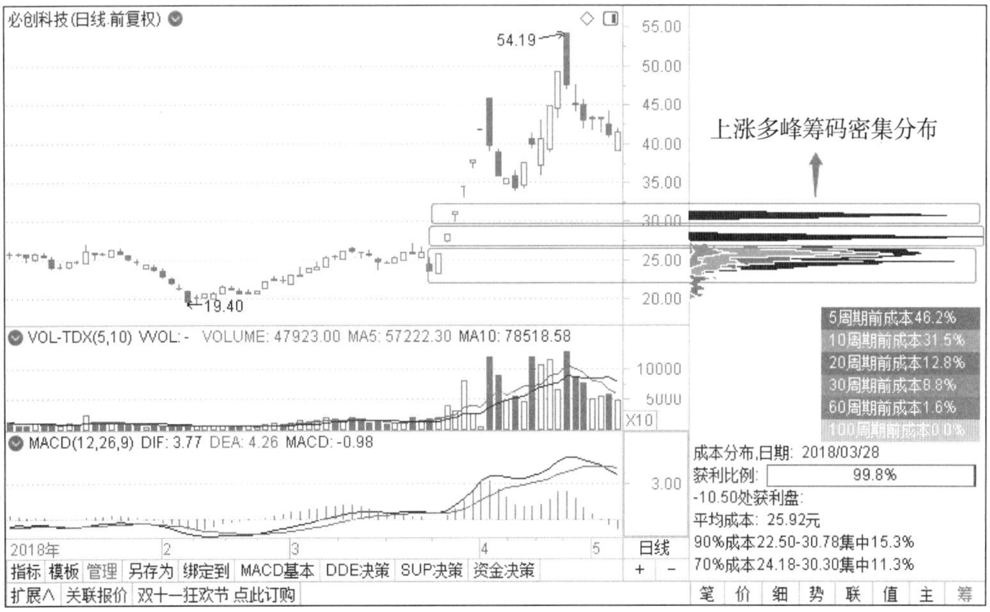

图 6–9

（1）上涨多峰筹码密集分布的买入方法。

上涨多峰筹码密集分布是股价上涨过程中形成的多峰筹码密集状态。股价在两个筹码密集峰之间波动时，上方的筹码密集峰对股价上涨具有阻力作用，下方的筹码密集峰对股价下跌则具有支撑作用。股价运行在上下两个筹码密集峰之间时，可以进行高抛低吸操作。

股价上涨突破上方筹码密集峰时，上方筹码密集峰将由对股价上涨时的阻力转为对股价回落时的支撑。所以，股价上涨突破上方筹码密集峰时，可以适量买入股票。

（2）上涨多峰筹码密集分布的卖出方法。

股价上涨回落跌破筹码密集峰时，筹码密集峰对股价的支撑转为阻力。所以，股价回落跌破筹码密集峰时，可以卖出股票。

2. 下跌多峰筹码密集分布

下跌多峰筹码密集分布是股价下跌过程中，高位筹码套牢形成的。股价上涨到高位后，主力会大量出货，诱导市场投资者高位接盘，从而出现高位筹码密集峰形态。主力出货后，股价通常会进入下跌过程。股价下跌至某一价格区域时，市场投资者或者主力再次买入股票，股价在这个价格区域产生大成交量和高换手率，筹码在该区域堆积，形成筹码密集峰。上方仍有很多密集筹码处于套牢状态，并没有随着股价下跌而卖出，从而形成多个筹码密集峰形态。

如图 6–10 所示，兆日科技（300333）的股价经过一段时间的下跌，出现小幅反弹后转为横盘振荡，筹码开始重新集中形成筹码密集峰。之后，股价再次开启下跌走势，在下跌途中股价再次反弹横盘整理，部分筹码在此集中形成筹码密集峰。随后股价再次下跌，转为横盘振荡，部分筹码在此集中形成筹码密集峰。同时，上方的两个筹码密集峰依然存在。因此，构成下跌多峰筹码密集分布形态。

（1）下跌多峰筹码密集分布的买入方法。

下跌多峰筹码密集是股价下跌过程中形成的多峰筹码密集状态。股价在两个筹码密集峰之间波动时，上方的筹码密集峰对股价上涨具有阻力作用，下方的筹码密集峰对股价下跌则具有支撑作用。股价运行在上下两个筹码密集峰之间时，可以进行高抛低吸操作。需要注意的是，下跌趋势中操作反弹振荡行情，一定要轻仓。

（2）下跌多峰筹码密集分布的卖出方法。

股价下跌突破下方筹码密集峰时，下方筹码密集峰将由对股价下跌时的支撑转为对股价反弹时的阻力。所以，股价向下跌破下方筹码密集峰时，可以卖出股票。

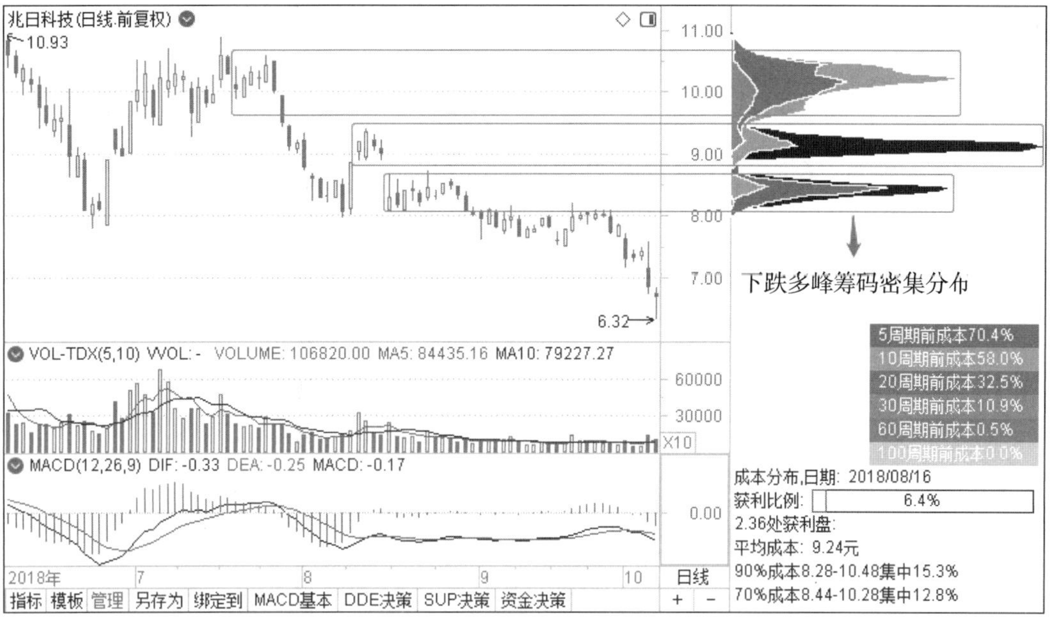

图 6-10

第四节　筹码散乱分布的市场含义及实战运用

筹码分布形态有密集型的，也有发散型的。密集型的可以判断筹码集中度，发散型的依然可以判断股价的走势变化。不管股价处于牛市行情还是熊市行情，筹码的再分配其实也是投资者高卖低买后的一种正常操作手段。

发散分布的筹码形态出现后，说明股价在趋势持续的过程中，投资者已经开始逐步调整手中的仓位。获利的投资者高位减仓出货，场外的投资者短线做多，多空双方的股票完成交易后，筹码自然会在当时的价位上分布开。如果是牛市行情，多方在拉升股价过程中，必然会遭遇很大的抛售压力。主力通吃空方卖出的股票后，不同价位上的筹码就相应地出现了。

总的来说，个股的筹码发散分布形态，其实就是不同价格上出现了大量换手的股票后，才形成了不同价位上的筹码发散分布形态。持续横盘期间，个股是很难形成发散分布的筹码峰的。即便短时间拉升或者打压股价的趋势中，筹码也可能出现发散趋势。

牛市中的筹码发散，其实就是多方资金不断通吃并抛售筹码造成的。如果从空方的角度来看，牛市中发散分布的筹码说明短线获利的投资者在不断地减少持股数量。牛市中筹码向上发散，说明多空双方在筹码密集区域进行了疯狂的争夺。

1. 股价上涨阶段的筹码散乱分布

股价上涨阶段就是股价由底部拉升到顶部的过程。上涨阶段的筹码散乱分布就是股价在上涨阶段主力和投资者筹码不断沉淀而造成的筹码散乱分布。股票形成底部的初期，大部分筹码都被散户持有。主力开始吸筹时，筹码开始在底部集中，主力吸筹区域的成交量会大于主力收集筹码的成交量，这主要是因为存在散户行为。

主力吸筹完成后，开始拉升股价。股价上涨过程中，随着获利盘的卖出和持续看好后市的投资者不断买入，底部筹码开始逐步上移。部分投资者买入后持续看好股价后市走势，选择持仓不动，股价呈现筹码散乱分布。此时通常是慢牛股居多。

如图 6-11 所示，五粮液（000858）的股价走出上升趋势。上涨途中，各个阶段都有筹码互换并保持持股状态。筹码分布区显示股价持续上涨过程中，筹码呈现散乱分布状态。通常来说，上涨阶段出现筹码散乱分布状态，都是股价呈缓慢爬升趋势形成的，也就是所谓的慢牛股。这种走势虽然慢，但赚钱效应很好。投资者遇到股价上涨阶段筹码散乱分布状态的慢牛股时，可以适当地中线买入持仓，这样能够获得较好的收益。

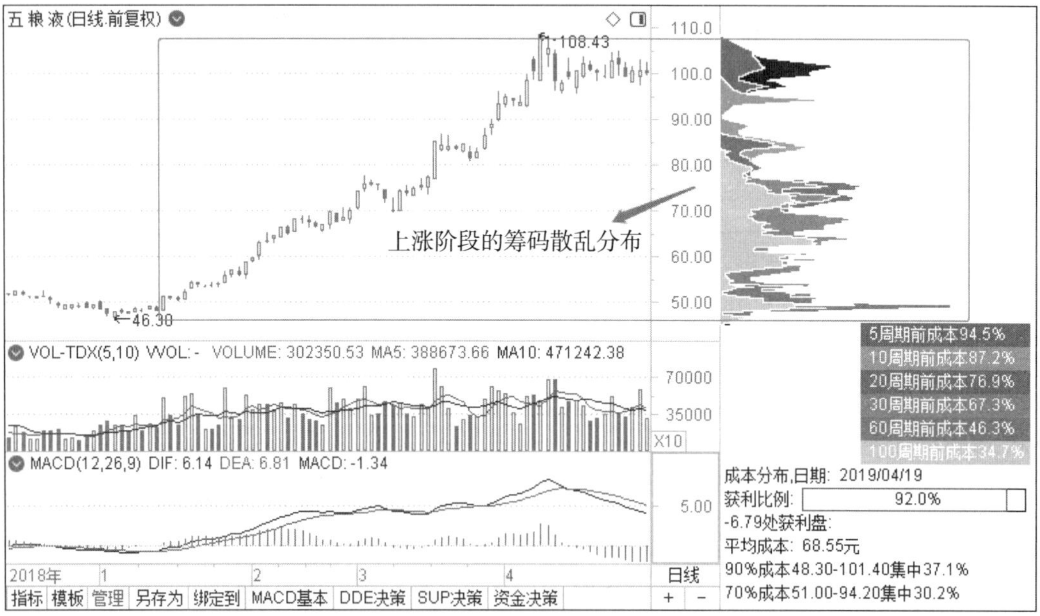

图 6-11

在股价上涨阶段的筹码散乱分布中，如果股价呈慢牛走势上涨，投资者可以沿着某条重要支撑的均线进行买卖，或者沿着重要的趋势线做买卖交易。当股价回踩到重要均线或者趋势线受到支撑时买入，股价回踩到重要均线或者趋势线并且破位下跌时卖出。

2. 股价下跌阶段的筹码散乱分布

股价下跌阶段就是股价由顶部下跌到底部的过程。下跌阶段的筹码散乱分布就是股价下跌阶段主力或投资者筹码不断被套牢而造成的筹码散乱分布。股票形成顶部的后期，主力的大部分筹码都已经转移至散户手中。主力在股价顶部区域完成出货后，股价通常走出下跌走势。股票下跌过程中，不断有买入的散户投资者被套牢，而且很多投资者不选择割肉离场，而是继续持股，以期股价重新上涨，从而使股价筹码散乱分布。在下跌过程中，股价筹码散乱分布，通常会出现在持续缓慢下跌走势的个股中。

如图 6–12 所示，银星能源（000862）的股价一直呈现持续下跌走势。在下跌途中，各个阶段都有上方的套牢筹码卖出，同时也有人接手股票。筹码分布区显示股价在持续下跌过程中，呈现筹码散乱分布状态。通常来说，下跌阶段出现筹码散乱分布状态，都是股价呈缓慢下跌趋势形成的，也就是所谓的慢熊股。这种走势很磨人，同时杀伤力也很大。上方套牢的投资者总是不忍心割肉，看着股价缓慢下跌，总感觉行情走势有反转的希望，但实际行情走势又让他们看不到任何希望，因此很容易越套越深。投资者遇到股价下跌阶段筹码散乱分布状态的慢熊股时，尽量不要买入，持股的投资者最好尽早卖出离场。

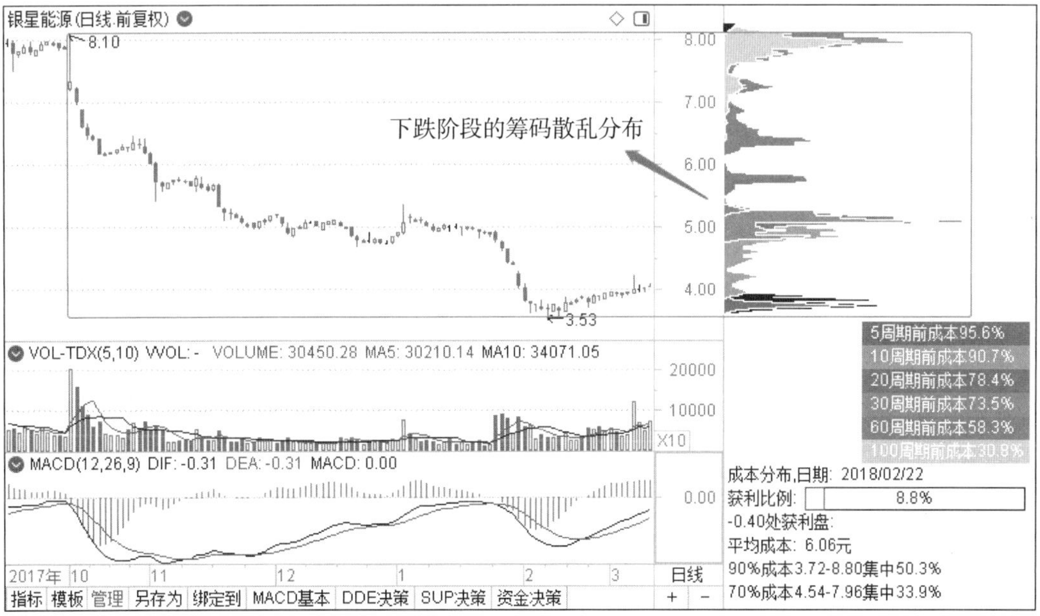

图 6–12

在股价下跌阶段的筹码散乱分布中，如果股价呈慢熊走势下跌，投资者可以沿着某条重要支撑的均线进行买卖，或者沿着重要的趋势线做买卖交易。当股价反弹到重要均线或者趋势线受到压制时卖出，股价反弹到重要均线或者趋势线并且破位上涨时买入。

第五节　筹码顶格分布的市场含义及实战运用

1. 筹码顶格的含义

筹码顶格又叫筹码顶格峰，是指股价在上涨或者下跌过程中，筹码突然出现一条顶格的直线筹码峰，并且伴随着成交量放大和换手率大增。

筹码的本质是资金买入成本的聚集，因此筹码顶格可以理解为大资金合力建仓的成本线。如果筹码顶格一直存在，说明买入的大资金极度看好这只股票。倘若这只股票是一只股性非常活跃的牛股，这些大资金则更加看好该股后市的走势。股价再次回踩到筹码顶格这个大资金成本线时，很容易诱发场内资金再次抢筹。筹码顶格股是最容易出现妖股的筹码模式，具有非常高的研究价值和实用价值。

筹码顶格的出现通常伴随着换手率大增。一般情况下，换手率维持在 3% 以下，该股票被认为处于不活跃状态。如果换手率维持在 3% ～ 10% 之间，说明该股处于相对活跃状态。如果换手率维持在 10% ～ 15% 之间，意味着该股处于高度活跃状态。如果换手率维持在 15% ～ 20% 之间，意味着该股有庄家在操作。如果换手率维持在 20% 以上，则意味着该股有大资金参与操作，很容易成为板块龙头。这里的换手率不包括新上市的次新股。

2. 筹码顶格的种类

（1）一字涨停筹码顶格。

一字涨停筹码顶格，顾名思义，就是指股价出现一字涨停板，同时伴有大量的成交量和换手，使得筹码在一字涨停板位置聚集，形成筹码顶格形态。

如图 6–13 所示，中钢天源（002057）的股价出现一字涨停时，成交量大增，经过充分换手后，在筹码区形成筹码顶格形态。

图 6–13

（2）T 字涨停筹码顶格。

T 字涨停筹码顶格，是指股价以涨停板开盘，但盘中出现开板，最终仍然回封涨停板，开板过程中形成大成交量和高换手率，使得筹码在涨停板开板后的走势区域聚集，形成筹码顶格形态。

在 T 字涨停筹码顶格中，股价开板回落的幅度越小，说明股票越强势，后市上涨的概率越高。

如图 6–14 所示，兆日科技（300333）的股价出现一字涨停后，盘中出现开板，随后又被强势回封，维持涨停板至收盘，股价开板期间成交量大增，使得在筹码区形成筹码顶格形态。

图 6–14

（3）高开 8 个点以上涨停筹码顶格。

高开 8 个点以上涨停筹码顶格，是指股价开盘时高开在 8 个点以上，并且开盘后股价上涨封死涨停，上涨过程中伴随着大成交量和高换手率，使筹码在上涨区域聚集，形成筹码顶格形态。

高开 8 个点以上涨停筹码顶格中，股价封死涨停板越快，说明股票越强势。并且没有下影线直接拉升封死涨停的股票，要比有下影线拉升封死涨停的股票更强势。

如图 6–15 所示，华培动力（603121）的股价经过前一日涨停集聚人气后，第二日跳空大幅高开，直接高开高走封死涨停板，高开高走期间成交量大增，筹码区形成筹码顶格形态。

图 6–15

（4）一字跌停筹码顶格。

一字跌停筹码顶格，顾名思义，就是指股价出现一字跌停板，同时伴有大成交量和高换手率，使得筹码在一字跌停板位置聚集，形成筹码顶格形态。这种形态与一字涨停筹码顶格正好相反。

一字跌停筹码顶格，分析时需要考虑一字跌停板个股所处的位置。如果股价经过一段时间持续大幅上涨后，刚启动下跌时出现一字跌停筹码顶格，则是股价下跌信号。市场抛售情绪会随着股价的跌停而加重，股价可能会持续下跌。如果股价经过一段时间的大幅下跌后再出现一字跌停筹码顶格，则是股价见底信号，股价可能即将触底反弹。因为股价大幅下跌后市场空头情绪得到释放，再出现跌停筹码顶格，通常是主力资金进场或者故意以跌停方式洗盘，从而更好地收集筹码。

如图 6–16 所示，金力永磁（300748）的股价经过一段时间的上涨后，开始逐步走弱。股价经过短时间的缓慢下跌后，直接跳空以跌停板下跌，跌停板位置正好在前面一次回调的支撑位。因此，市场承接很强，成交量很大，筹码区形成一字跌停筹码顶格。但是因为股价持续上涨后刚开始启动下跌，一字跌停顶格后，短期内会出现持续下跌走势。

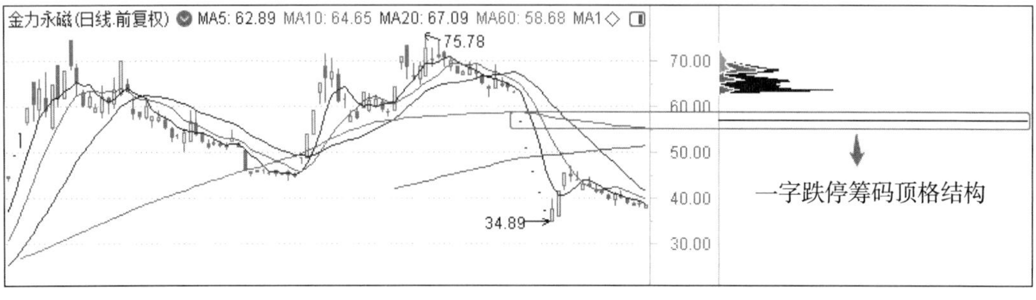

图 6–16

如图 6-17 所示，梅安森（300275）的股价经过一段时间的持续下跌后，连续多日跌停，最后出现一字跌停。出现一字跌停时，市场承接很强，成交量大增，筹码区形成一字跌停筹码顶格。因为是股价大幅下跌后的一字跌停顶格，因此市场空头情绪得到充分释放，股价跌停时经过充分换手后，短期内会出现持续上涨走势。

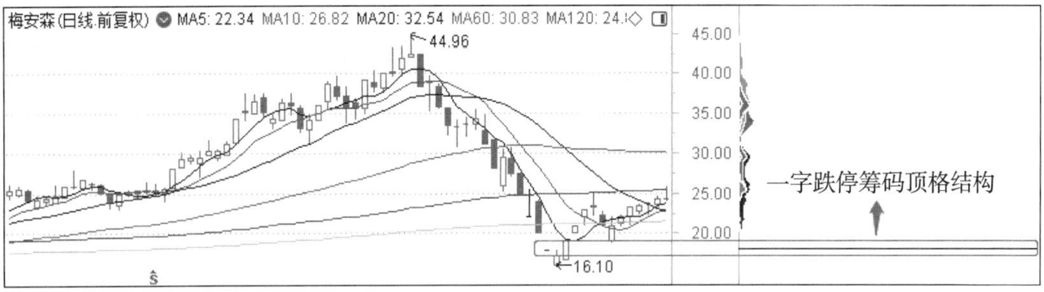

图 6-17

（5）倒 T 字跌停筹码顶格。

倒 T 字跌停筹码顶格，是指股价以跌停板开盘，但盘中出现开板，最终仍然回封跌停板，在开板过程中形成大成交量和高换手率，使得筹码在跌停板开板后的走势区域聚集，形成筹码顶格形态。

在倒 T 字跌停顶格中，股价开板反弹的幅度越小，说明股票越弱势。成交量和换手率越大，下跌企稳或反转的概率越高。和一字跌停筹码顶格一样，如果股价经过一段时间持续大幅上涨后，刚启动下跌时出现的倒 T 字跌停筹码顶格，则是股价下跌信号，股价可能会持续下跌。如果股价经过一段时间的大幅下跌后再出现倒 T 字跌停顶格，则是股价即将见底的信号，股价可能即将触底反弹。

如图 6-18 所示，鲍斯股份（300441）的股价经过一段时间的持续大幅下跌，最后出现倒 T 字跌停。出现倒 T 字跌停时，市场承接很强，成交量大增，筹码区形成倒 T 字跌停筹码顶格。因为股价大幅下跌后出现倒 T 字跌停顶格，市场空头情绪得到充分释放，股价跌停时经过充分换手后，短期内会出现持续上涨走势。

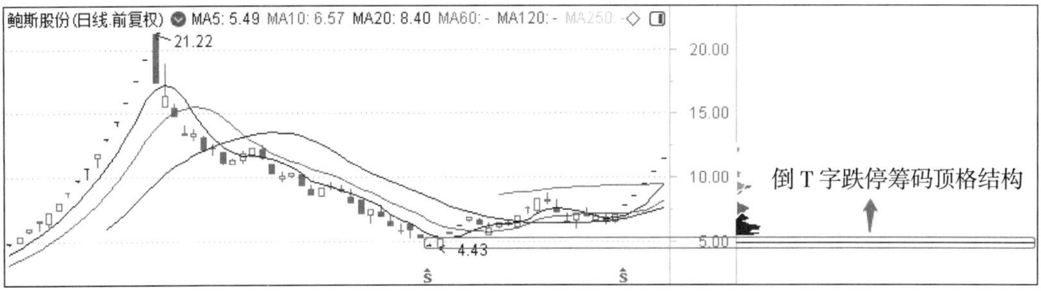

图 6-18

（6）低开 8 个点以上跌停筹码顶格。

低开 8 个点以上跌停筹码顶格，是指股价开盘时低开 8 个点以上，并且开盘后股价下跌封死跌停，下跌过程中伴随着大成交量和高换手率，使得筹码在下跌区域聚集，形成筹码顶格形态。

低开 8 个点以上跌停筹码顶格中，股价封死跌停板越快，说明股票越弱势。并且没有上影线直接下跌封死跌停的股票，要比有上影线下跌封死跌停板的股票更弱势。

如图 6–19 所示，超图软件（300036）的股价经过一段时间的持续大幅下跌，最后跳空低开 8 个点以上并快速封死跌停板。股价低开 8 个点以上至封死跌停板期间，市场承接很强，成交量大增，筹码区形成低开 8 个点以上跌停筹码顶格形态。

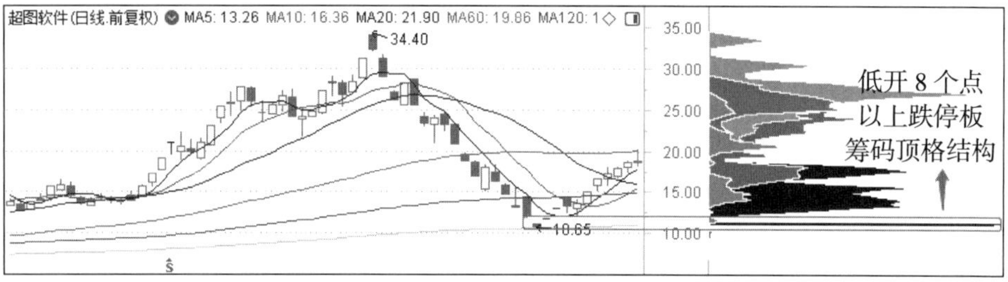

图 6–19

（7）低位横盘整理筹码顶格。

低位横盘整理筹码顶格，是指股价在低位持续横盘窄幅波动，成交量活跃，使得筹码在低位横盘波动时集中，筹码区形成筹码顶格形态。

低位横盘整理筹码顶格是特殊的顶格形态。它不是日内交易形成的，而是经过多日或一段时间的横盘波动形成的。虽然其市场人气没有日内交易形成筹码顶格的效应强，但这种形态一旦启动上涨，比较容易被投资者捕捉到，并且盈利概率也非常高。

如图 6–20 所示，华阳国际（002949）的股价经过短期横盘窄幅波动，筹码在股价窄幅波动时逐渐集中，筹码区形成筹码顶格形态。随后，股价开始向上拉升，短期内股价出现大幅上涨走势。

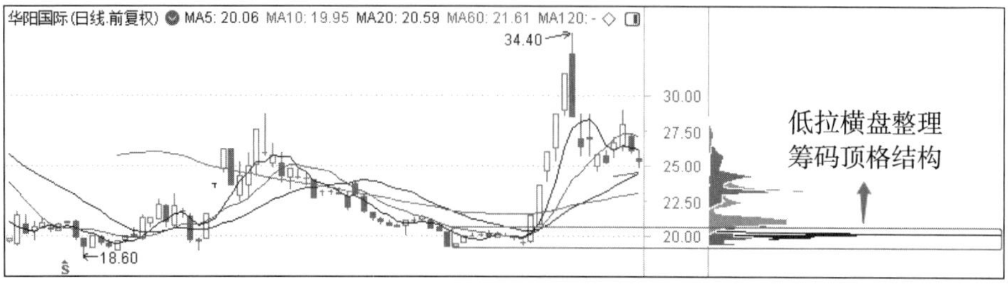

图 6–20

应用筹码顶格来寻找牛股或妖股时，重点研究前 3 种涨停筹码顶格股。因为涨停形成的筹码顶格更能体现市场大资金看涨或做多后市的潜能，这样的个股更具有爆发成妖股的潜质。跌停板类型的顶格价值稍微低一些，但如果跌停板类型的筹码顶格出现在股价已经大幅下跌的低位，且换手充分，那么研究此类跌停板顶格的价值也很高。

3. 筹码顶格的买入

（1）低位启动一字涨停筹码顶格。

低位启动一字涨停筹码顶格，是指股价经过长期下跌，处于低位阶段，主力经过充分吸筹后，开始启动拉升走势，或者低位个股出现突发性利好消息刺激，以一字涨停板开始启动上涨。这种低位启动一字涨停顶格有多种买入方式。

①低位启动出现一字涨停顶格后，如果股价在第二个交易日高开 3% 以上，尽量不要追高，容易被主力诱导接盘，可以等股价回落到筹码顶格附近后买入。

②如果股价第二个交易日的开盘价低于前一天的涨停板价格，可以直接买入。

③如果股价第二个交易日的开盘价与前一天一字涨停顶格价格持平，开盘后股价在顶格位置受到强有力支撑，可以买入。

④如果股价第二个交易日的开盘价高开 1% ～ 3%，可以少量买入做底仓。如果股价回落到顶格附近受到强力支撑，可以继续买入。

⑤如果股价第二个交易日的开盘价高开 8% 以上，可以少量买入博弈持续涨停的机会。

（2）第二板以上出现筹码顶格。

第二板以上出现筹码顶格，是指股价出现筹码顶格之前已经有一天或者多天涨停。股价在第二板以上出现筹码顶格，说明市场资金对该股青睐有加，继续看涨该股后市走势。第二板以上出现筹码顶格的，通常都是市场人气聚集的个股，又叫换手龙头股。股价经过充分换手后，低价区的投资者获利出局，新主力在高位接手，筹码成本向上移至顶格位置，所以后市看涨概率较高。这种筹码顶格也有多种买入方式。

①如果股价第二个交易日高开 3% 以上，尽量不要追高，容易被主力诱导接盘，可以等股价回落到筹码顶格附近时再买入。

②如果股价第二个交易日的开盘价低于前一天的涨停板价格，可以直接买入。

③如果股价第二个交易日的开盘价与前一天一字涨停顶格价格持平，可以买入。

④如果股价第二个交易日的开盘价高开 1% ～ 3%，可以少量买入做底仓。这种类型开盘的个股很容易出现下影线，所以初始买入仓位可以适当低一些，等股价回落至筹

码顶格位置受到强力支撑时再买入。

⑤如果股价第二个交易日的开盘价高开 8% 以上，可以少量买入博弈持续涨停的机会。需要注意的是，个股必须具备市场热点属性，并且具有较高的人气才能介入，否则容易被骗接盘。

（3）T 字涨停筹码顶格。

T 字涨停筹码顶格，是指股价以涨停板开盘，随后在盘中出现开板，最终依然封死涨停板。在 T 字涨停顶格走势中，股价以涨停板开盘后，市场分歧严重，导致股票打开涨停板，随后又因有主力资金强势领头，使分歧再次转为一致看涨并封死涨停板。

在 T 字涨停顶格形态中，成交量和换手率在股价开板过程中快速增加，形成筹码顶格形态。这种 T 字涨停顶格走势也有多种买入方法。

①如果股价第二个交易日高开 3% 以上，尽量不要追高，容易被主力诱导接盘，可以等股价回落到筹码顶格附近时再买入。

②如果股价第二个交易日的开盘价低于前一天的涨停板价格，可以直接买入。

③如果股价第二个交易日的开盘价与前一天 T 字涨停顶格价格持平，可以买入。通常股价会短暂下探至前一天 T 字线的下影线尾端。

④如果股价第二个交易日的开盘价高开 1% ～ 3%，可以少量买入做底仓。这种类型开盘的个股很容易出现下影线，所以初始买入仓位可以适当低一些。

⑤如果股价第二个交易日的开盘价高开 8% 以上，可以少量买入博弈持续涨停的机会。在这一条中需要注意的是，个股必须具备市场热点属性，并且具有较高的人气才能介入，否则容易被骗接盘。

（4）回踩筹码顶格。

回踩筹码顶格，是指筹码顶格出现后，因为持有筹码资金的分歧，股价出现回落，但因为筹码顶格的超强属性加持，后续股价依然会逐渐反弹拉升，股价拉升之前，投资者可以根据实际情况做筹码顶格股回踩之后的低吸。回踩顶格有多种模式，同时也对应多种买入方式。

①股价冲高回踩筹码顶格模式。

股价冲高回踩筹码顶格，是指股价出现筹码顶格后短暂上涨，随后股价再次回落至筹码顶格位置，并且受到筹码顶格位置强力支撑，即每当股价回落至筹码顶格位置时，都有资金维持股价不跌破顶格价格位置。这种模式通常是主力资金不愿意将低价筹码释放给市场投资者，所以选择死守顶格位置，这类股票通常会走得非常强势，回踩顶格位置时就是买入时机。

②筹码顶格直接回落均线支撑模式。

筹码顶格直接回落均线支撑，是指股价出现筹码顶格后并没有直接上涨，而是短期回落，股价回落至重要均线即 10 日均线或者 20 日均线位置时受到强力支撑，主力资金持续维持股价不跌破关键均线。这类筹码顶格股票稍显弱势，但是只要筹码顶格没有消失，股价会再次启动上涨，经常会突破筹码顶格位置而创出新高。这类回落均线支撑的筹码顶格模式，回踩均线位置时就是买入时机。

③筹码顶格回踩平台支撑模式。

筹码顶格回踩平台支撑，是指股价出现筹码顶格后，经过短暂上涨，然后回踩至筹码顶格附近受到支撑，持续横盘振荡，形成平台，或者股价出现筹码顶格后，直接小幅回落，持续横盘振荡，形成平台。这类筹码顶格股票也稍微偏弱势，但只要筹码顶格没有消失，股价会再次启动上涨，并且经常会突破筹码顶格位置而创出新高。这类平台支撑顶格模式，平台下方的支撑位和突破振荡区间上方的压力位，都是买入时机。

（5）跌停板筹码顶格。

跌停板筹码顶格，是指股价跌停时出现的筹码顶格模式，主要包括一字板跌停筹码顶格、T 字跌停筹码顶格和低开 8% 以上跌停板的筹码顶格。跌停板筹码顶格是一种比较特殊的筹码顶格模式，实际交易过程中遇到的数量较少，这种顶格类型的个股操作起来难度较大。

跌停板筹码顶格后，股价不能再出现深度下跌。也就是说，跌停板筹码顶格出现后，股价需要在跌停板筹码顶格附近企稳，并且就算企稳也不能确定跌停板筹码顶格的有效性。

跌停板筹码顶格的确定需要满足以下几个条件。

①跌停板筹码顶格附近企稳后，股价再次开启上涨时必须出现一根涨停阳线。

②出现涨停阳线后，个股必须形成上升趋势。也就是说，出现涨停阳线后，次日的开盘价必须在跌停顶格上方。

③股价再次开启上涨时，5 日均线要形成明显的向上翻转形态。

跌停板筹码顶格模式的买入时机，可以是股价再次以涨停板阳线开启新的上涨走势之时。

（6）变异筹码顶格。

变异筹码顶格是指筹码形成顶格形态时，并非是以涨停板或者跌停板的模式出现，而是以一根小阳 K 线或者连续几日窄幅横盘形成的筹码顶格形态出现。这是一种比较特殊的筹码顶格形态。

超跌低位的变异筹码顶格股具有重要的分析价值，变异筹码顶格要成立，需要满足多个条件。

①均线呈多头发散排列，均线对股价具有明显的支撑作用。

②出现变异筹码顶格时，必须是近期的放量阳线，并且从筹码集中度上可以看到筹码非常集中。

③出现变异筹码顶格后，股价即使出现调整，也始终保持在其上方，而且变异筹码顶格没有任何变化。

出现变异筹码顶格后，如果变异筹码顶格没有变化，可以沿均线低吸买入。只要股价回落不跌破变异筹码顶格位置，就可以继续持股。

4. 筹码顶格止盈原则

股市交易中，贪心是最大的敌人，很多投资者经常会从盈利变成亏损，大都是因为贪心导致的。操作筹码顶格模式时，一定要给自己设置一个盈利预期点，及时将利润变现，因此要学会及时止盈。

下面介绍几种止盈方式供大家参考。

（1）以重要压力位止盈。

股价上涨到某一重要压力位时，拉升明显出现动能减弱。量能不足时，投资者可以止盈出局。

如图 6-21 所示，东方电子（000682）的股价短期内快速大幅拉升。股价上涨至前一反弹高点时，上涨明显受到压力，动能不足导致股价回落，前一反弹高点即是重要压力位。其后，股价呈持续下跌走势，投资者可在股价前一反弹的高点处卖出股票。

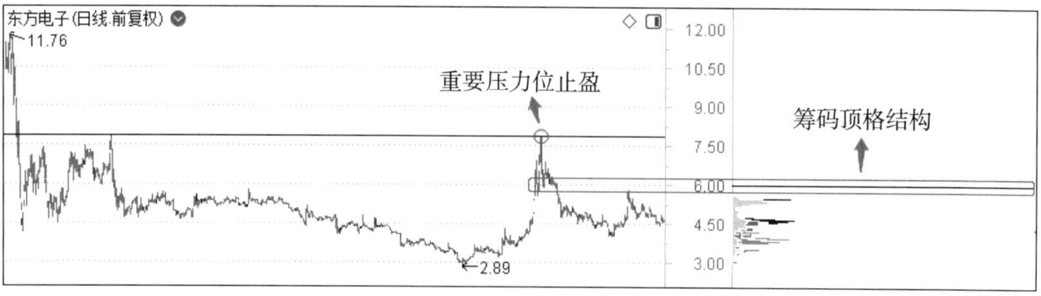

图 6-21

（2）以均线止盈。

股价持续上涨时可以选择某条均线作为止盈线。一旦股价回落跌破参考的止盈均线，便可及时止盈。强势快速拉升的股票中，通常会以 5 日均线或 10 日均线为止盈线。投资者也可以选择某一均线组作为参考。均线组出现死叉或股价跌破均线组时，及时止盈。强势快速拉升的股票中，通常会以 5 日均线和 10 日均线死叉作为止盈点。

如图 6–22 所示，启迪古汉（现名启迪药业，000590）的股价持续快速拉升。投资者可将 5 日均线设置为止盈参照线，如果股价跌破 5 日均线就可以及时止盈。从图中可以看出，股价跌破 5 日均线后，短期呈持续下跌走势。

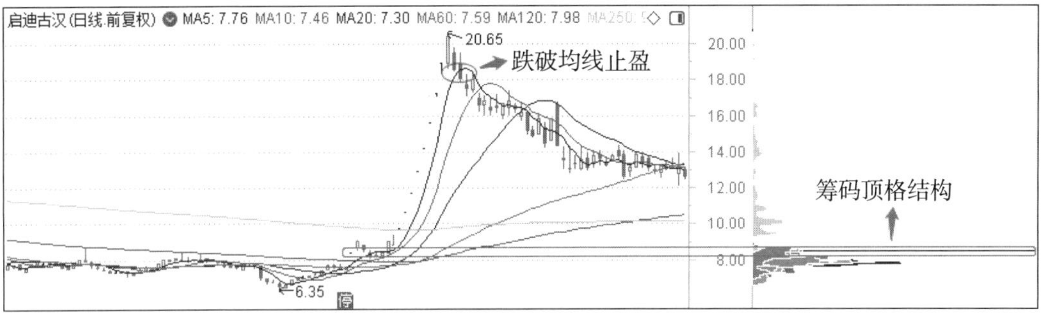

图 6–22

（3）以日内分时止盈。

股价经过持续快速的大幅拉升后，盈利盘大增，随时可能出现盈利盘集中抛盘的情况。股价涨幅过大后，盈利盘开始抛售，市场人气旺盛，接盘的投资者也会较多，使得股价日内呈现大幅波动。如果股价日内分时上出现剧烈波动，投资者可在日内分时高点止盈。

如图 6–23 所示，领益智造（002600）的股价经过一段时间的持续大幅上涨后，2019 年 3 月 8 日，市场产生巨大分歧，股价大幅低开，被市场大量的人气买入后，股价开始快速大幅拉升。股价拉升之后，获利盘迅速抛售，股价又大幅回落，最终收盘时收在开盘价附近。这说明股价剧烈波动中，空方占据优势，投资者可在日内高点卖出股票。其后，股价短期内呈现持续下跌走势。

图 6–23

（4）以趋势线止盈。

股价持续快速上涨时，投资者可以跟随股价的变动画出趋势线。如果股价一直在趋势线上运行，则可以耐心持股。如果股价回落跌破趋势线，即可止盈出局。

如图 6-24 所示，深大通（000038）的股价在拉升过程中沿着趋势线上涨。股价到达顶部区域，经过短时间的横盘振荡，跌破趋势线时即为止盈位置。其后，股价呈持续下跌走势。

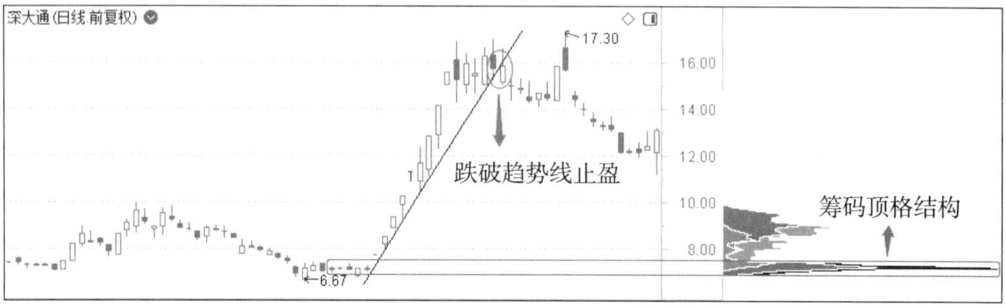

图 6-24

（5）以顶部 K 线组合形态止盈。

股价经过持续大涨后，经常会出现一些顶部的 K 线组合形态。如果股价在高位出现顶部 K 线组合形态，投资者可以止盈出局。

如图 6-25 所示，万兴科技（300624）的股价经过一段时间的持续大幅上涨后，2018 年 4 月 10 日，股价大幅高开后高开低走。截至收盘时收出大阴线，且阴线实体部分吞没前一日上涨的阳 K 线。因此，该股 K 线形态上形成巨阴断魂刀看跌吞没形态，投资者可在股价 K 线形成顶部 K 线组合形态时卖出股票。

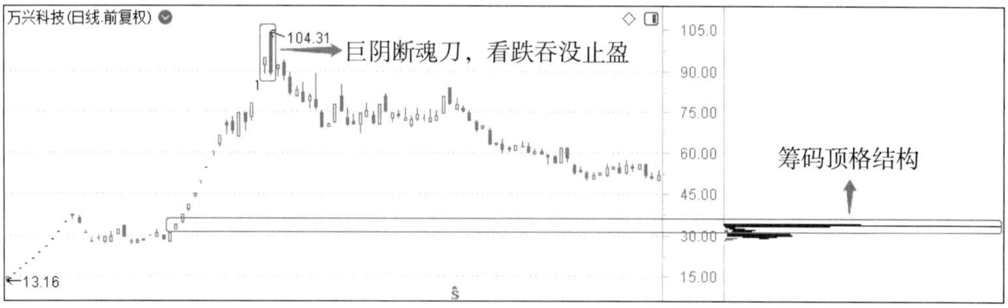

图 6-25

5. 筹码顶格止损原则

筹码顶格是一种比较特殊的分析方法，虽然准确率很高，但也要防止出现意外风险，设置好止损是有效控制风险的最佳方法。

投资者遇到以下几种情况时，可以止损离场。

（1）股价跌破 K 线警戒线时止损。

首先要给筹码顶格的股票设置警戒线，一般按照筹码顶格出现的前一个交易日收盘价为基准。

如图 6–26 所示，四环生物（000518）的股价前期经过一段时间的持续大幅上涨后，行情逐渐回落。随后，行情再度强势涨停上攻，2019 年 4 月 11 日，股价一字涨停，形成筹码顶格结构。第二天股价低开低走，并且收盘于第一天涨停板的下方。之后一天股价再次下跌，破位警戒线。股价破位警戒线时，投资者可以进行止损操作。

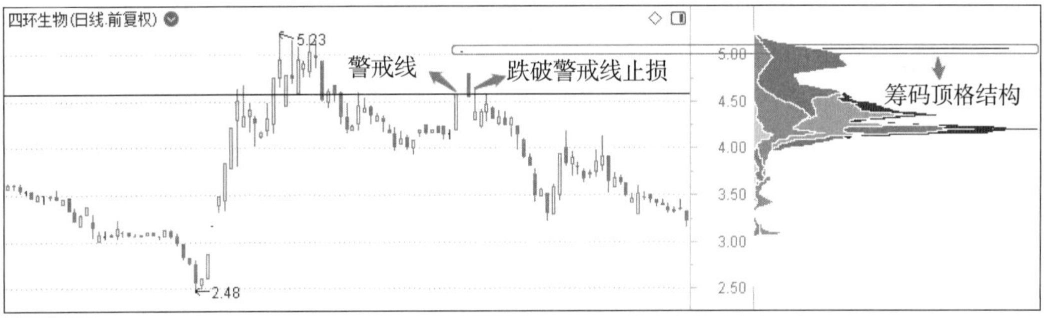

图 6–26

（2）股价跌破参照的重要均线时止损。

股价出现筹码顶格结构后，跌破设立参考的重要均线（如 10 日均线或 20 日均线等）时，需及时止损。

如图 6–27 所示，恒银科技（603106）的股价经过一段时间的持续大幅上涨后，2019 年 10 月 28 日，股价涨停开盘后盘中回落，最终封死涨停板，形成 T 字涨停板筹码顶格结构。第二天股价高开低走，回落至筹码顶格当日股价下探的低点。第三天股价

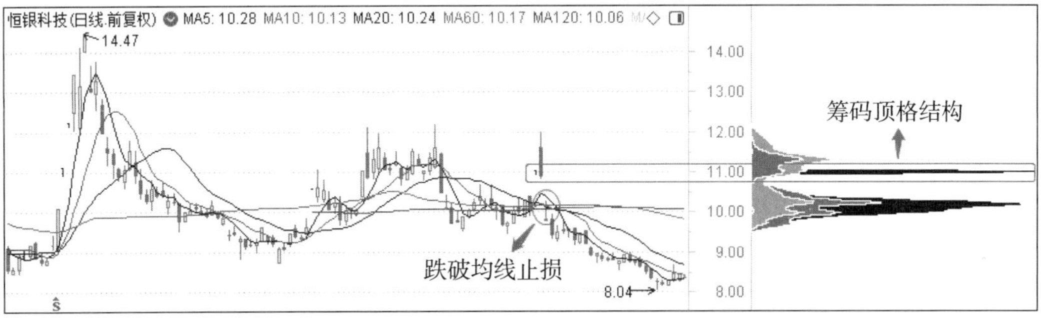

图 6–27

跳空低开至多条均线黏合的下方。股价跌破多条黏合均线，并受到均线强压力时，投资者需要止损卖出股票。

（3）股价跌破趋势线时止损。

一般适合已经走出趋势的筹码顶格股。将个股的阶段性底部都用直线连接，股价跌破趋势线时就要及时止损。

如图 6-28 所示，恒银科技（603106）的股价经过一段时间的持续大幅上涨后，2019 年 6 月 27 日，股价大幅高开后快速拉升并封死涨停板，形成涨停板筹码顶格结构。第二天股价大幅低开低走，且快速封死跌停板，股价回到趋势线位置。第三天股价小幅低开后反弹回升，但未能回到趋势线上方，之后股价持续下跌。对于这种类型的走势，股价跌破趋势线时，投资者需要止损卖出股票。

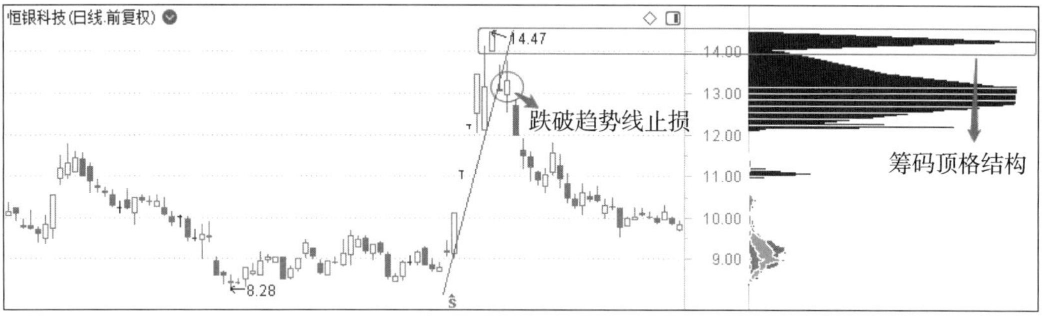

图 6-28

（4）股价跌破重要支撑位时止损。

股价形成筹码顶格结构后，跌破某一重要支撑位时，可以止损出局。

如图 6-29 所示，聚龙股份（300202）的股价经过一段时间的持续上涨后，2019 年 4 月 1 日，股价一字涨停，形成筹码顶格结构。之后几天股价冲高后回落，在前期上涨的高点受到短暂支撑。横盘几天后，股价向下跌破这条支撑线，之后股价持续呈下跌走势。对于这种类型的走势，股价跌破重要支撑位时，投资者可以止损卖出股票。

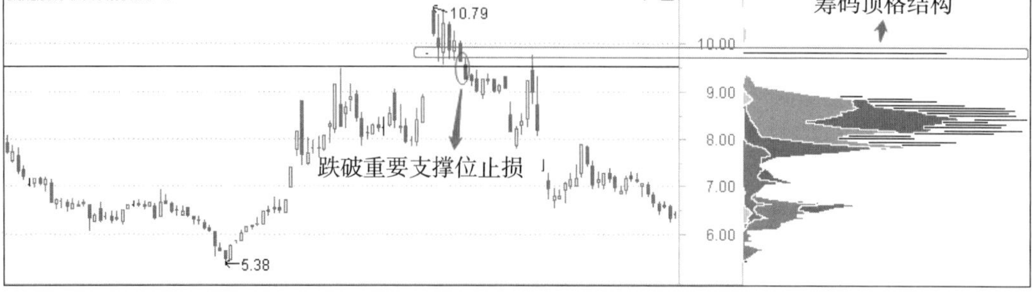

图 6-29

第七章　缺口交易实战运用

第一节　缺口理论

1. 缺口的概念

缺口是指股价在快速大幅变动中有一段价格没有任何交易，显示在股价趋势图上是一个真空区域，这个区域称为“缺口”，通常又称为“跳空”。缺口的出现往往伴随着向某个方向运动的一种较强动力，缺口的宽度表明这种运动的强弱。一般来说，缺口越宽，运动的动力越大；反之，则越小。

当股价出现缺口，经过几天甚至更长时间的变动，然后反转过来，回到原来缺口的价位时，称为缺口的封闭，又称补空。

按照跳空的方向，缺口可以分为上升缺口和下降缺口。上升缺口表示趋势较强，下降缺口表示趋势较弱。

按照跳空方向和整体运行趋势是否相同，缺口分为正向缺口和反向缺口。跳空的方向与股价整体趋势相同的是正向缺口；反之，则为反向缺口。正向缺口将加强原来的运行趋势。趋势下跌时的反向缺口，意味着反弹或反转。趋势上行时的反向缺口，意味着回调或见顶。

按照K线种类不同，缺口可以分为日线缺口、周线缺口、月线缺口和分时缺口。其中，月线缺口出现的次数极少，但对趋势的指导意义非常强，出现月线缺口后，股价大概率会延续原来的走势。分时缺口的分析周期过短，实际分析意义不大。最有参考价值的是日线缺口与周线缺口。

2. 缺口的类型

正常缺口分普通性缺口、突破性缺口、持续性缺口与衰竭性缺口 4 种，另外还有两种特殊缺口，分别是岛形反转缺口和除权缺口。从缺口发生的部位大小，可以预测走势的强弱，确定是突破，还是已到趋势尽头。

（1）普通性缺口。

普通性缺口，一般是指在横盘整理中偶然出现的跳空，并且很快就会被补回来（如图 7–1 所示）。这种缺口对趋势研判的作用不大。

普通性缺口并无特别的研究意义，但在实际交易中是一种非常常见的缺口。普通性缺口通常是在个股基本面出现小程度的利好或者利空消息时，股价出现短暂波动，从而出现短暂跳空，但由于市场对信息的快速消化，行情又再次回归原点补回缺口。也就是说，普通性缺口一般都会很快回补，通常出现在横盘振荡行情中。

（2）突破性缺口。

突破性缺口,是当一个密集的反转或整理形态完成后突破现有格局时产生的缺口(如图 7–1 所示）。突破性缺口具有极强的攻击力。股价以一个很大的缺口跳空远离形态时，表示真正的突破已经形成。并且突破性缺口越大，则攻击性越强，突破也越有效。突破性缺口往往短期内不会回补。

突破性缺口的研判价值较大，经常出现在行情反转或形态破位时期。突破性缺口的出现，一般是形态或者趋势破位的确认信号。突破性缺口一般都带着强劲的动能，当股价出现突破性缺口时，说明行情将会强劲地沿着行情突破的方向发展。

（3）持续性缺口。

在上升或下跌途中出现缺口，可能是持续性缺口（如图 7–1 所示）。这种缺口不会和突破性缺口混淆。任何离开形态或密集交易区域后的急速上升或下跌，出现的缺口大多是持续性缺口。这类缺口的攻击力也较为强劲，代表这种趋势的延续，行情还将沿着原有趋势运行。持续性缺口通常也不会被及时回补。

持续性缺口是股价沿着趋势方向发展的持续形态，具有重要的研究意义。持续性缺口通常出现在股价远离原有形态至下一个反转或整理形态的中途，通常能预测股价未来可能运行的大致距离，因此又被称为度量缺口。从突破点开始，到持续性缺口开始的垂直距离，就是未来股价可能会达到的幅度。可以说，持续性缺口的跳空位置就是此轮股价波动运行的中间节点。

（4）衰竭性缺口。

衰竭性缺口又称消耗性缺口，和持续性缺口一样，是伴随快速、大幅的股价波幅而出现的（如图 7–1 所示）。在急速的上升或下跌中，股价的波动并非是渐渐出现阻力，而是愈来愈急。这时，价格的跳空上涨（或跳空下跌）可能发生，此缺口就是衰竭性缺口。通常，衰竭性缺口大多出现在恐慌性抛售或消耗性上升的末段。衰竭性缺口出现，表示做多和做空动能已经过度消耗，行情发展已经是强弩之末，预示见顶或见底行情即将来临。衰竭性缺口通常出现在趋势的末端，因此经常会短期内被回补。

衰竭性缺口的出现只说明股价可能即将反转，并不是立即反转，也不是一定会反转。因为实际运行过程中，衰竭性缺口往往很难被准确判定，有时看似衰竭性缺口，可又形成了持续性缺口。因此，虽然衰竭性缺口是股价即将走到终点的象征，但常常难以确认是否是真实的衰竭性缺口。

如图 7–1 所示，上证指数（000001）2015 年牛市行情结束后的 K 线图，是一个完整的跳空缺口形态。指数在顶部刚开始下跌时出现的跳空缺口是普通性缺口，跳空后股价稍微反弹去回补缺口。指数下跌的第二个跳空缺口是突破上涨趋势线的突破性缺口，该缺口稍有回补但没有回补成功。指数下跌的第三个缺口为持续性缺口，是对行情极度弱势下跌的持续形态，该缺口也未能回补成功。指数下跌的第四个缺口为衰竭性缺口，在缺口形成后的第二天行情便顺利回补，是这一阶段行情下跌过程中的末端缺口。

图 7–1

（5）岛形反转缺口。

岛形反转缺口是指在K线图中的同一价位附近出现两个缺口，而且这两个缺口的方向相反，发生的时间间隔不长。岛形反转缺口是趋势发生重要转折的信号，其引发的上涨或下跌力量非常强烈，往往会形成幅度较大的上涨或下跌行情。

如图7–2所示，2019年8月5日—14日，羚锐制药（600285）的股价形成的跳空缺口即为底部岛形反转缺口形态。股价经过一段时间的下跌后，2019年8月6日，股价出现跳空低开，并且低开低走，随后连续5个交易日股价一直在低位横盘振荡。之后在8月14日股价跳空高开，并且高开高走，跳空缺口的位置与前一个跳空缺口位置相同。其中，8月6日—13日形成的K线走势被前后两个缺口隔断在底部，形成底部岛形形态。股价跳空高开上涨后，短期内呈持续上涨走势。

图7–2

如图7–3所示，2019年5月27日—6月4日，江化微（603078）的股价形成的跳空缺口即为顶部岛形反转缺口形态。股价经过一段时间的上涨后，2019年5月28日，股价跳空高开，留下缺口，随后连续4个交易日股价一直在高位横盘振荡。之后在6月4日股价跳空低开，并且低开低走，跳空缺口的位置与前一个跳空缺口位置相同。其中，5月28日—6月3日形成的K线走势被前后两个缺口隔断在顶部，形成顶部岛形形态。股价跳空低开下跌后，短期内呈持续下跌走势。

（6）除权缺口。

除权缺口通常是上市公司分红派息或配股、送股等除权造成的缺口。除权缺口常常是庄股活跃的投资区域，牛市中往往发动填权行情，熊市中可能将炒高的股价拉低，使投资者感觉股价便宜，后市还有继续上涨的可能，庄家则趁机借助除权缺口出逃。

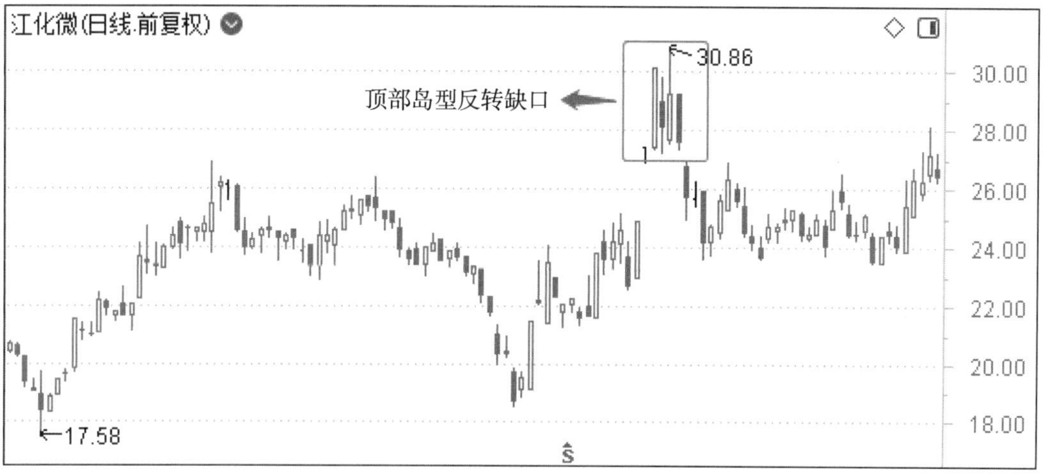

图 7–3

如图 7–4 所示，2019 年 6 月 6 日，同益股份（300538）的股价形成的跳空缺口即为除权缺口形态。上市公司宣布实行高送转分配方案，方案中规定 2019 年 6 月 6 日为除权除息日，股价在除权除息日这一天，投资者手中持股的股数增加，股价降低，因此形成一个较大的缺口。

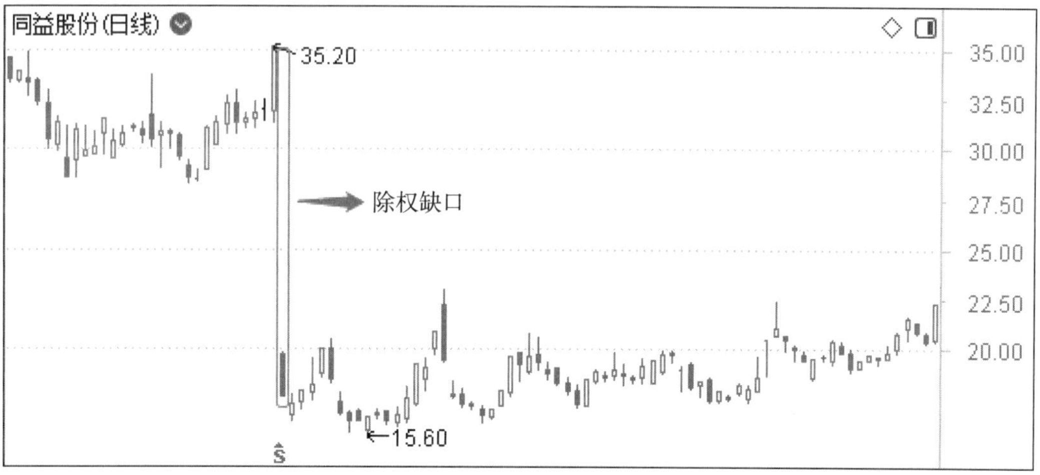

图 7–4

在除权缺口中，往往还存在一种奇怪的“除权惯性”效应。其实，除权并不表示股价出现实质性的下跌，但是其后市总会出现惯性下跌后再恢复上涨的情况。如图 7–5 所示，2019 年 4 月，飞荣达（300602）每 10 股送 5 股并派现金 1 元，除权之后股价惯性下跌，但很快就恢复为上涨行情，这就是除权惯性效应的作用。

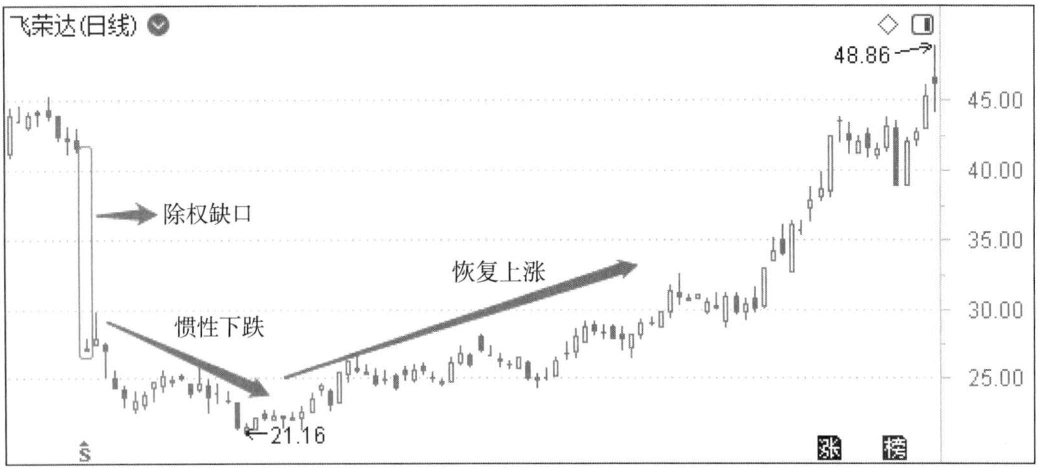

图 7-5

第二节 缺口的支撑和阻力

在所有的跳空缺口中，缺口都具备支撑和阻力作用。在上涨过程中出现的跳空缺口，当股价回撤时，跳空缺口起支撑作用。在下跌过程中出现的跳空缺口，当股价反弹时，跳空缺口起阻力作用。

很多时候，缺口出现后的一段时间内，股价会再次回到缺口位置附近。此时，对于向上跳空缺口而言，缺口往往会对股价构成明显的支撑作用。对于向下跳空缺口而言，缺口往往会对股价构成明显的阻力作用。

股价在上涨过程中出现向上跳空缺口，说明市场上的投资者普遍看好后市，并愿意以较高的价格买入股票，而缺口的上沿就是投资者比较认可的一个买入价位，于是在此位置就会有相当多的投资者设下买盘等待股价回调。股价经过一段时间的上涨后，重新下跌到缺口上沿位置时，先前预设的买单就会被成交，从而促使股价发动新一轮的上涨走势，此时缺口位置起着支撑作用。

股价在下跌过程中出现向下跳空缺口，说明市场上的投资者普遍看弱后市，并愿意以较低的价格卖出股票，而缺口的下沿就是投资者比较认可的一个卖出价位，于是在此位置就会有相当多的投资者设下卖盘等待股价的反弹。股价经过一段时间的下跌后，重新反弹到缺口下沿位置时，先前预设的卖单就会被成交，从而促使股价发动新一轮的下跌走势，此时缺口位置起着阻力作用。

股价回落至向上的跳空缺口位置时，如果股价开始缩量企稳，或者出现一些看涨的K线形态，就说明缺口对股价构成了支撑，买点出现。

股价回升至向下的跳空缺口位置时，如果股价开始出现滞涨走势，或者出现一些看跌的K线形态，就说明缺口对股价构成了阻力，卖点出现。

一般情况下，股价向上跳空的缺口越大，支撑作用就越强，股价回落到缺口位置时，遇阻上涨的可能性也就越大。股价向下跳空的缺口越大，阻力作用就越强，股价回升到缺口位置时，遇阻下跌的可能性也就越大。

股价遇缺口支撑而上涨时，如果相关技术指标能同步发出买入信号，将增大股价上涨的可能性。

在所有缺口类型中，普通性缺口和衰竭性缺口的支撑和阻力效果较差，所以很容易短时间内被回补。突破性缺口、持续性缺口和岛形反转缺口的支撑和阻力效果较强，所以短时间内很难被回补。除权缺口具有特殊性，通常股票除权后除非是当下热点题材的股票或者是市场人气很高持续活跃的股票，否则短期内很难被回补填权。尤其是除权缺口过大的股票，短期内大都无法被回补，甚至有很多除权缺口过大的股票，经过很长一段时间都无法被回补。

第三节　看涨缺口买入法

股市中，跳空缺口对市场投资者买入或卖出股票具有重要的指导意义。实际交易过程中，主力资金经常为了迅速脱离底部而做出向上跳空缺口，使前一日割肉的投资者无法买回。股价往往会在重要的阻力位附近出现向上跳空缺口，做向上的跳空缺口主要是为了迅速摆脱前期的阻力位，使市场抛压减轻。实战交易中，投资者要学会灵活运用跳空缺口来买入股票。

1. 普通缺口交易法

普通缺口通常会很快被回补，所以在普通缺口中适合做高抛低吸来降低成本。股价呈上涨跳空缺口时，可在上涨后做卖出交易，等行情回落补回缺口时再做买入交易。股价呈下跌跳空缺口时，可在下跌后做买入交易，等行情上涨补回缺口时再做卖出交易。如此操作的优点是能降低持仓成本，但必须明确缺口是普通缺口，否则将起反效果。

如图 7-6 所示，2019 年 8 月 30 日，兆日科技（300333）的股价出现的向上跳空缺口即为普通向上跳空缺口，股价当日冲高回落填补完缺口。9 月 2 日，股价出现的向下跳空缺口即为普通向下跳空缺口，股价当日低开高走填补完缺口。投资者可在 8 月 30 日股价跳空高开后卖出股票，等股价回落之后再买入等额的股票进行高抛低吸操作。投资者也可在 9 月 2 日股价跳空低开后买入股票，等股价上涨后再卖出等额股票进行低吸高抛操作。

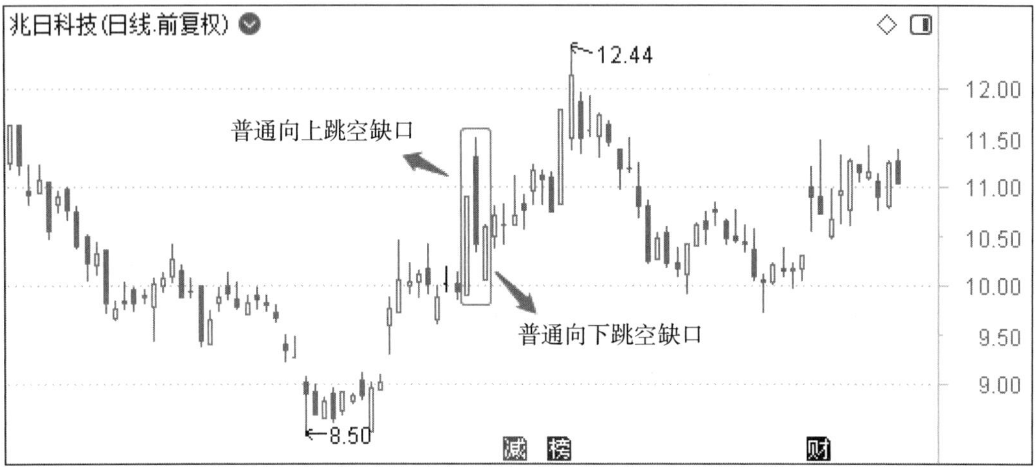

图 7-6

2. 向上突破性缺口买入法

向上突破性缺口买入法是指股价处于下跌趋势中，股价运行在趋势线附近，某日股价向上跳空高开，以缺口形式突破下降趋势线跳空上涨，股价高开高走不回补缺口；或者股价走势形成某种底部形态（比如 W 底、头肩底、V 形底、圆弧底等）或上涨持续性形态，股价某日向上跳空高开，以缺口的形式突破形态压力线，且股价高开高走不回补缺口。如果股价走势形成向上突破性缺口，是强烈的买入信号，投资者可在向上突破性缺口形成后买入股票。

如图 7-7 所示，2019 年 2 月 25 日，聚龙股份（300202）的股价出现的向上跳空缺口即为突破性跳空缺口。股价前期一直在 L1 趋势线下方运行，并且近期行情走势构成 V 形底形态，L2 为 V 形底形态的颈线，股价在 L1 下行趋势线和 L2 颈线交汇处形成向上突破性跳空缺口，股价高开高走，其后股价短期内呈持续上涨走势。投资者可在股价出现向上突破性跳空缺口后买入股票。

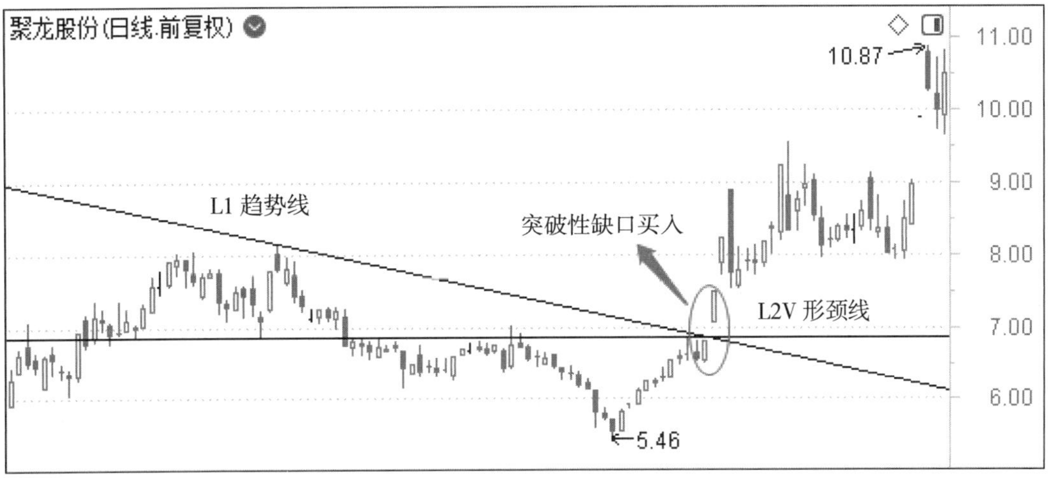

图 7–7

3. 上涨持续性缺口买入法

上涨持续性缺口买入法是指股价处于上涨趋势的中途，股价跳空高开高走，留下暂时无法回补的跳空缺口。股价在上涨趋势中出现持续性缺口，说明股价还将持续上涨，是买入或者加仓信号，投资者可在股价出现持续性缺口后买入或者加仓。

如图 7–8 所示，新晨科技（300542）的股价沿着趋势线下跌，2019 年 5 月 8 日，股价跳空高开突破趋势线上涨，形成突破性缺口买入点。股价连续上涨 3 天后，于 5 月 13 日再次跳空高开上涨，形成持续性缺口。之后，股价连续两天出现涨停，投资者可在股价出现突破性缺口时买入股票。如果投资者在突破性缺口没有买入股票，或者之后操作失误卖出股票，可在股票出现持续性跳空缺口时买入或者加仓。

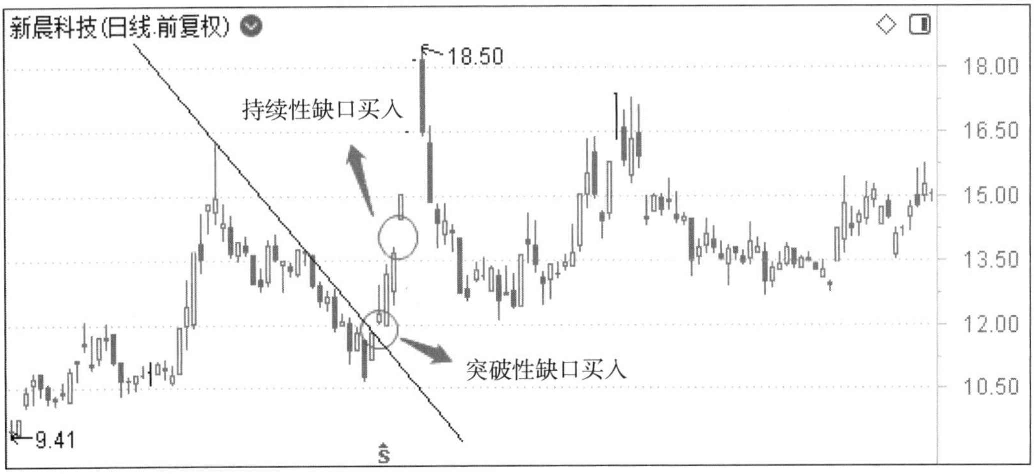

图 7–8

4. 下跌衰竭性缺口买入法

下跌衰竭性缺口买入法是指股价在一段时间呈持续下跌走势，在下跌过程中出现向下的跳空缺口，缺口的出现表示股价的下降趋势即将到达末端，缺口会在短期内被回补。股价在下跌趋势中出现衰竭性缺口，说明股价可能即将反转上涨，是买入信号。投资者可在股价出现衰竭性缺口，等股价止跌企稳之后逐步买入股票。

需要注意的是，买入股票不是在缺口形成时直接买入，而是在衰竭性缺口形成之后，股价出现止跌企稳后才能逐步买入。因为股价处于下跌趋势中，还没有出现明显的反转信号，所以无法准确地判断出行情即将见底。因此，投资者最好分批次买入，可在股票企稳和反向回补衰竭性缺口时买入股票。

如图 7–9 所示，2019 年 8 月 6 日，山鼎设计（现名华图山鼎，300492）的股价出现的向下跳空缺口即为衰竭性跳空缺口。缺口出现之后股价止跌企稳，维持两天的横盘振荡走势，8 月 9 日，股价强势上涨并成功回补 8 月 6 日形成的向下跳空缺口。之后一段时间，股价呈持续上涨走势。投资者可在股价出现衰竭性跳空缺口后，企稳横盘振荡时试仓买入，在股价强势上涨回补缺口时加仓买入。

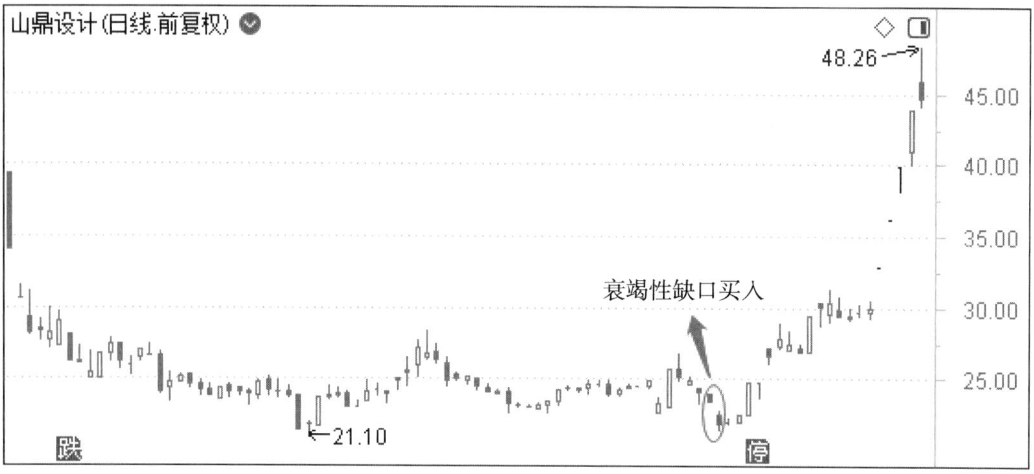

图 7–9

5. 底部岛形反转缺口买入法

底部岛形反转缺口买入法是指股价在一段时间内呈持续下跌走势，股价在某一天跳空低开低走，留下未回补的跳空缺口，之后经过短期的下探回升或者横盘振荡走势，又在某一天跳空高开高走，跳空高开缺口的位置和前一次跳空低开的位置基本相同。股价在下跌趋势中出现底部岛形反转缺口时，说明股价可能即将反转上涨，是买入信号。投资者可在底部岛形反转缺口形成后买入股票。

如图 7-10 所示，2019 年 1 月 30 日—2 月 11 日，梦舟股份（现名鑫科材料，600255）的股价形成的跳空缺口即为底部岛形反转缺口。股价经过持续下跌，2019 年 1 月 31 日跳空低开，且低开低走，缺口未回补。股价经过 1 个交易日的横盘休整后，2 月 11 日在前面出现跳空低开的位置跳空高开，且高开高走。之后一段时间，股价呈持续上涨走势。投资者可在股价出现底部岛形反转缺口时买入股票。

图 7-10

第四节　看跌缺口卖出法

在实际交易过程中，主力资金经常会利用跳空缺口来快速打压股价，使得股价远离头部区域，让高位接盘的投资者深度被套而不忍割肉。股价往往会在重要的支撑位附近出现缺口，主力资金通过迅速向下做突破缺口，打穿支撑位，使认为有支撑的投资者来不及做出正确的判断和操作。实战交易中，投资者要学会灵活运用各种跳空缺口来卖出股票。

1. 向下突破性缺口卖出法

向下突破性缺口卖出法是指股价处于上涨趋势中，股价运行在趋势线附近，某日向下跳空低开，以缺口形式突破上升趋势线跳空下跌，股价低开低走不回补缺口；或者股价走势形成某种顶部形态（比如 M 头、头肩顶、倒 V 形顶、圆弧顶等）或下跌持续性形态，股价在某日向下跳空低开，以缺口的形式突破形态支撑线，且股价低开低走不回补缺口。如果股价走势形成向下突破性缺口，是强烈的卖出信号，投资者可在向下突破性缺口形成后卖出股票。

如图 7-11 所示，2018 年 8 月 30 日，安妮股份（002235）的股价出现的向下跳空缺口即为突破性跳空缺口。股价前期一直在 L1 趋势线上方运行，并且近期行情走势构成 M 头形态，L2 为 M 头形态的颈线，股价在 L1 上升趋势线和 L2 颈线交汇处形成向下突破性跳空缺口，股价低开低走，其后短期内股价呈持续下跌走势。投资者可在股价出现向下突破性跳空缺口后卖出股票。

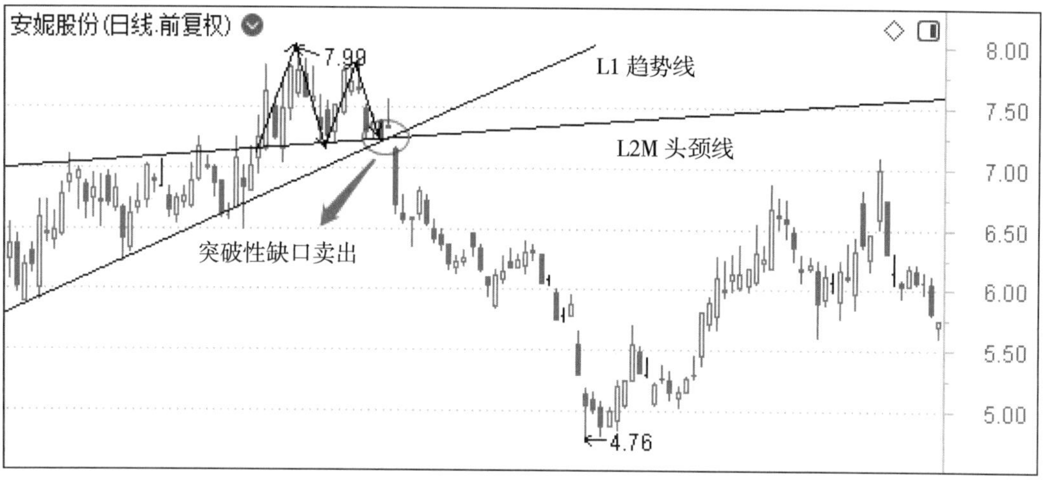

图 7-11

2. 下跌持续性缺口卖出法

下跌持续性缺口卖出法是指股价处于下跌趋势的中途，股价跳空低开低走，留下暂时无法回补的跳空缺口。股价在下跌趋势中出现持续性缺口，说明还将持续下跌，是卖出信号，投资者可在股价出现持续性缺口后卖出股票。

如图 7-12 所示，中环装备（300140）的股价前期沿着趋势线上涨，2018 年 12 月 27 日，股价跳空低开向下突破上升趋势线下跌，形成突破性缺口卖出点。次日即 12 月 28 日，股价再次跳空低开下跌，形成持续性缺口。之后，股价短期内出现持续下跌走势，投资者可在股价出现突破性缺口时卖出股票。如果投资者没在出现突破性缺口时卖出股票或者又误买了股票，可在出现持续性跳空缺口时卖出股票。

3. 上涨衰竭性缺口卖出法

上涨衰竭性缺口卖出法是指股价在一段时间内呈持续上涨走势，股价在上涨过程中

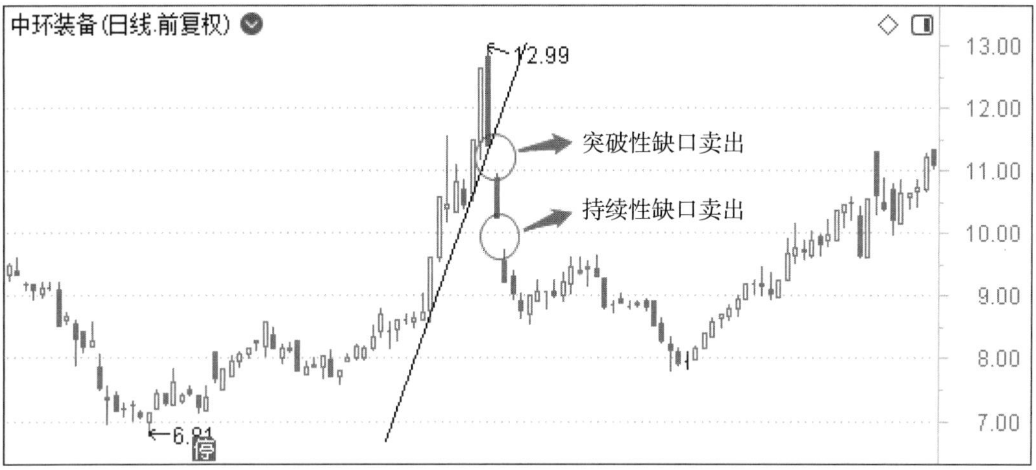

图 7-12

出现向上的跳空缺口，该缺口的出现表示股价的上涨趋势即将到达末端，缺口会在短期内被回补。股价在上涨趋势中出现衰竭性缺口，说明可能即将反转下跌，是卖出信号。投资者可在股价出现上涨衰竭性缺口后，等股价滞涨时逐步卖出股票。

需要注意的是，卖出股票不是在缺口形成时直接卖出，而是在上涨衰竭性缺口形成之后股价出现滞涨时才能逐步卖出。因为股价处于上涨趋势中，还没有出现明显的反转信号，无法准确地判断行情即将见顶，投资者最好是分批次卖出，可在股票滞涨和反向回补衰竭性缺口时卖出。

如图 7-13 所示，2019 年 4 月 10 日，当代东方（现名 *ST 当代，000673）的股价出现的向上跳空缺口即为向上衰竭性跳空缺口。缺口出现之后第二天，股价出现滞涨回落，强势下跌并成功回补 4 月 10 日形成的向上跳空缺口。之后一段时间，股价呈持续

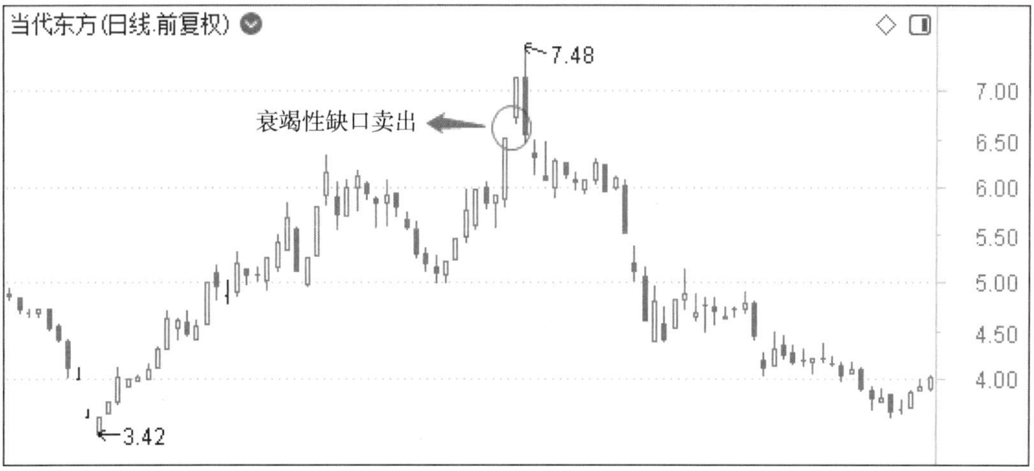

图 7-13

下跌走势，投资者可在出现上涨衰竭性跳空缺口后，股价出现滞涨时进行减仓操作，在股价强势下跌回补缺口时清仓。

4. 顶部岛形反转缺口卖出法

顶部岛形反转缺口卖出法是指股价在一段时间内呈持续上涨走势，股价在某一天跳空高开高走，留下未回补的跳空缺口，之后经过短期的上升回落或者横盘振荡走势，又在某一天跳空低开低走，跳空低开缺口的位置和前一次跳空高开的位置基本相同。股价在上涨趋势中出现顶部岛形反转缺口时，说明股价可能即将反转下跌，是卖出信号。投资者可在顶部岛形反转缺口形成时卖出股票。

如图 7–14 所示，2018 年 6 月 25 日—7 月 4 日，振静股份（现名巨星农牧，603477）的股价形成的跳空缺口即为顶部岛形反转缺口。股价经过持续上涨，2018 年 6 月 26 日跳空高开，且高开高走，缺口未回补。股价经过几个交易日的冲高回落，7 月 4 日在前面出现跳空高开的位置跳空低开，且低开低走，之后一段时间股价呈持续下跌走势。投资者可在股价出现顶部岛形反转缺口时卖出股票。

图 7–14

第八章　龙头首阴战法的实战运用

第一节　锁定龙头股

龙头股是指股市中某一时期对同行业板块的其他股票具有影响力和号召力的股票，它的涨跌往往对同行业其他个股的涨跌起引领作用。龙头股是投资者最热爱也是最向往的目标，每位投资者都希望自己买入的个股能成为龙头股。因为龙头股更容易吸引市场资金买入，更容易上涨，涨幅也更大，并且常常会变为妖股。投资者一旦买到龙头股，就意味着获利将会非常可观。

龙头股并非是一成不变的，它往往只能维持一段时间，一段时间以后可能会有另一只同行业的股票成为龙头股，引领同一板块个股走势的风向。成为龙头股的依据是，市场上任何与某只股票有关的信息都会立即反映在股价上。也就是说，市场出现任何信息，龙头股总是跟随消息最先启动的一只个股，龙头股启动之后，其余同板块的个股才会跟着启动。

1. 龙头股的特征

（1）龙头股一般是板块中最先开涨的个股，且不仅领涨，还能带动板块跟随上涨。通常来说，龙头股都是以涨停板开始，涨停板是多空双方最准确的进攻信号，不能涨停的个股，一般不能作为龙头股。龙头股上涨能快速积攒人气，从而推高股价，往往妖股都是从龙头股开始，但不是所有的龙头股都会成为妖股。

（2）龙头股通常是在某一基本面上具有垄断地位，在行业中具有一定的影响力，或者有突出的业绩表现。因为只有质地优质的个股，才更容易受到市场的关注和资金的青睐，并且在炒作过程中也会有更多的理由去助推价格上涨。当然，有时因为市场游资炒作的原因，一般的个股也能成为龙头股。

（3）龙头股一般都是只涨不跌，市场上有句话说“两板定龙头”，也就是说龙头股是以涨停板开始的。但是，第一个涨停板并不能确定哪只股票为真正的龙头股，可能在当天同一板块很多个股涨停。日内通常会把率先涨停的个股定为龙头股，但日内的龙头股不一定是真正的龙头股，可能很多涨停都只是跟风涨停。而在第二个交易日，再次率先涨停的个股便可认定为龙头股，第二个交易日再次涨停一般都是人气助推的结果，这样的龙头股更具有确定性和安全性。

（4）龙头股通常在大盘下跌末端，市场恐慌时，逆势涨停，提前见底，或者先于大盘启动，并且经受大盘下跌考验。龙头股通常强于大盘，大盘下跌时，龙头股通常具有十分强的抗跌性，经常还能出现逆势上涨，大盘上涨时，先于大盘上涨。

（5）龙头股通常是前期涨停干脆，后期涨停纠结。龙头股前期涨停大都先于板块其他个股率先涨停，并且涨停通常会非常干脆，中间很少出现烂板的情况。但上涨到末端几个涨停时，通常会出现盘中烂板，尾盘涨停，或者尾盘烂板的情况，因为需要换手支撑股价上涨。如果一直是缩量涨停板，很难吸引更多投资者再跟风买入。这样后期容易出现集中抛压，股价上涨空间受到限制。

（6）龙头股一般是第一个崛起，最后一个倒下，即使没有走出第二波拉升行情，也经常会有反抽，出现双顶结构。龙头股大都会一路换手拉升，如此一来，前面基本没有太多获利盘，每个涨停板都相当于首板。用筹码跟随推高股价，这样一来，成本随着股价上涨而上涨，很难出现暴跌。即使有回调，也会有大量的承接，从而保持股价稳定。哪怕同一板块的其他个股都出现调整，龙头股一般也是最后一个倒下的。

对于龙头股或者妖股，要敢于买入，敢于持股。只有买到并坚定持有龙头股，才会获得丰厚的利润。很多投资者经常买到了龙头股，但是基本都在第一个涨停板或者第二个涨停板就会卖出离场。只有很少一部分投资者会坚定持有，获取后面更大空间的利润。

2. 龙头股的识别方法

股价要想拉升，师出必有名，炒作必有逻辑，龙头股的人气决定龙头股拉升的高度。要炒作龙头股，首先必须识别龙头股。股市中，不论是大牛市还是反弹行情，亦或振荡行情，甚至熊市行情，经常会有几只个股崛起后引领市场，在市场上呼风唤雨，引领相关题材逐渐走强。

在操作过程中要发现市场中的龙头股，就必须密切留意行情，特别是股市经过长期下跌后，必然会有几只个股扛起率先反弹的大旗。此时，虽然不敢确定哪只个股会突围而出，引领市场，但可以肯定龙头股必定就在其中。因此，要先把率先反弹的几只股票圈起来，然后分析这几只股票的整体技术走势和基本面情况，判定哪只股票可能成为最强的龙头股。

每一次行情的上涨或中级反弹，都会伴随着题材或概念的炒作。因此，首要的是要选择在未来行情中可能形成的热点板块，并且热点板块持续的时间不会太短，板块拥有的题材要具备想象空间，板块的领头股要具备激发市场人气，带动整个板块的能力。

每一个题材板块或概念都有很多个股。选择个股进行观察时不需要选择太多，选择几只长期以来走势都比较活跃，并且经常具备引领板块或概念联动能力的个股进行观察分析即可。这样的个股对题材消息更具备敏感性，比如一带一路题材中，长期最为活跃的是天山股份、西部建设和北新路桥。如果跟踪分析这几只个股，只要是一带一路题材开始活跃，那么这几只股票必定会率先受到市场追捧，从而引领整个板块走势。

龙头股的赚钱逻辑分为 3 个阶段。

第一个阶段是一些有格局、有预判能力的投资者，通过分析题材热度，提前预知某个题材将要出现超级热点，提前针对几只可疑龙头进行分散性买入，待题材爆发成为热点，龙头股便会率先崛起，逐渐出现赚钱机会。这一阶段通常是预埋捕捉龙头股，分散性买入，属于广撒网。

第二阶段是题材热点已经出现，行情已经开启上涨，赚钱机会显现，一些跟风投资者会勇敢地追涨进入。这一阶段追入的人，通常是继续看好题材后市的人。

第三阶段是一些胆大的人，看着题材持续成为热点，股价已经连续上涨较大幅度，一些投资者通过复盘，认为股价还有可能继续上涨，不想错过热点题材的赚钱机会，从而追高买入。

第二节　龙头首阴战法的含义

龙头首阴战法是一种大家熟知的短线博弈的经典战法，并且市场上一旦出现了龙头首阴战法的标准股，则可能是大牛股出现的征兆。

1. 龙头首阴的含义

龙头首阴是指股市中出现某只强势龙头股，股价在连续上涨过程中出现的第一根阴线。这根阴线可以是假阴线、十字星或者真小阴线，但不能为实体大阴线。如果是大幅下跌形成的实体大阴线则放弃参与。阴线形成的状态决定龙头首阴可参与的程度。

通常情况下，强势龙头股在主升浪时会以连板的形式上攻，而在后面一旦出现第一根阴线就是超短线的绝佳买点。其原理就是强势股有筑顶过程，首阴一般是强势调整的信号。毕竟一路涨上来，集聚的市场人气和动能非常强大，即使获利出货也不可能短时间出完，有很大可能会惯性上冲。

2. 龙头首阴股的选择

龙头首阴一般出现在市场最强的热点主流题材中。所以，首阴主要针对的是市场上最热点的主流题材中的强势股。简单来说，就是针对最强热点题材中的龙一或者龙二。龙头股短期内涨幅通常会超过 30%，换手连板成功率高。

选择龙头股时通常从以下 4 个方面进行分析。

第一，龙头股具有强力的政策支持，或者有超预期的市场影响因素。

第二，龙头股题材具有炒作的延续性和市场人气的集聚性。

第三，龙头股所在的板块具有合力性，并非只有龙头股连续上涨，而是板块其他个股也跟随强势上涨，至少板块中有 5 ～ 8 只概念股联动，高潮时不少于 3 只个股封板。

第四，在个股的选择上，首阴当日出现放量，收盘时形成高位十字星或者小阴线形态为最佳。

3. 龙头首阴战法的参与方式

龙头股通常都是已经连续几天出现大涨或者涨停的个股，所以，个股出现龙头首阴时，投资者要准确地辨别龙头首阴的可操作性。参与龙头首阴个股时，经常会选择龙头股出现首阴的尾盘参与。因为尾盘时当日的行情已经接近尾声，基本就能够确定龙头首阴出现的阴 K 线状态，能够比较准确地判定首阴战法的有效性。

有的龙头首阴也可以在盘中参与。龙头股出现首阴时，首阴当日股价高开低走，股价连续多次靠近前一交易日收盘价附近或者重要支撑位时都受到大资金托盘，说明主力资金吸筹表现强势，这种情况下可以适当地参与博弈。

4. 龙头首阴战法的市场逻辑

A 股市场实行的是 T+1 交易制度和涨跌停板制度，所以，日内衡量一只股票强势的标准就是涨停板，短期内衡量一只股票强势的标准就是连续涨停板。

市场上一旦某只个股短期内形成了连板的趋势，那么这只股票首先会成为市场资金关注的焦点，汇集市场人气。市场人气非常高涨时，股票通常会持续走强。只有到了一定高度，市场人气开始衰弱后才会产生较大的分歧。这时会打破连板走势，但不会改变上涨的惯性。分歧的产生是由于市场资金对预期收益的心理判断而产生差异，最后的结果就是释放出大量的获利盘。参与的逻辑就是人气聚集，加上上涨惯性，加上隔日冲高动能，再加上未来题材的高度预期。

第三节　龙头首阴战法的买入

股票只有受到资金关注，其价格才能连续上涨。如果市场资金不感兴趣，业绩再好也难以连续上涨。如果受到市场资金关注，就算业绩亏损也照样能涨上天，最明显的例子就是妖股。市场上，很多妖股并不是业绩优良的股票，反而经常是业绩亏损的股票。龙头股就是受到市场投资者关注和资金追捧的股票，只要有人气和资金推动，股价通常就会一飞冲天。

龙头首阴战法在交易时，首先要确定的是个股为板块龙头，其次是所属题材为当前超级热点，这样才能够快速聚集市场人气。

1. 操作龙头首阴战法时需要注意的问题

（1）参与上涨趋势的股票，不参与下跌趋势的股票。

人气是推动股价快速上涨的重要因素。如果一只股票人气非常高，就容易吸引资金参与操作，从而推动股价上涨。市场投资者大都比较喜欢操作上涨趋势的股票，因此上涨趋势的股票更容易聚集市场人气，从而汇聚资金来推动股价上涨。

市场上妖股越涨越妖，是因为市场人气越来越高，吸引的资金越来越多，因此股价才会飞上天。而这些妖股大都是刚开始走出上涨趋势的股票，所以参与交易时尽量操作处于上涨趋势的股票。

如图 8-1 所示，中公教育（002607）的股价经过很长一段时间的横盘整理后，股价开始向上拉升。前期一字板拉升上涨，开板后市场接力明显，人气非常旺盛，股价再次向上大涨。投资者参与上涨趋势的股票，安全性相对会高很多。

（2）操作龙头股首阴必须是连续涨停的股票。

股市中，上升趋势的股票和涨停的股票最容易集聚人气。上升趋势的股票集聚人气会稍微缓慢一些。涨停的股票最容易快速集聚人气，尤其连续涨停的股票很容易集聚大量人气，吸引市场资金快速涌入。

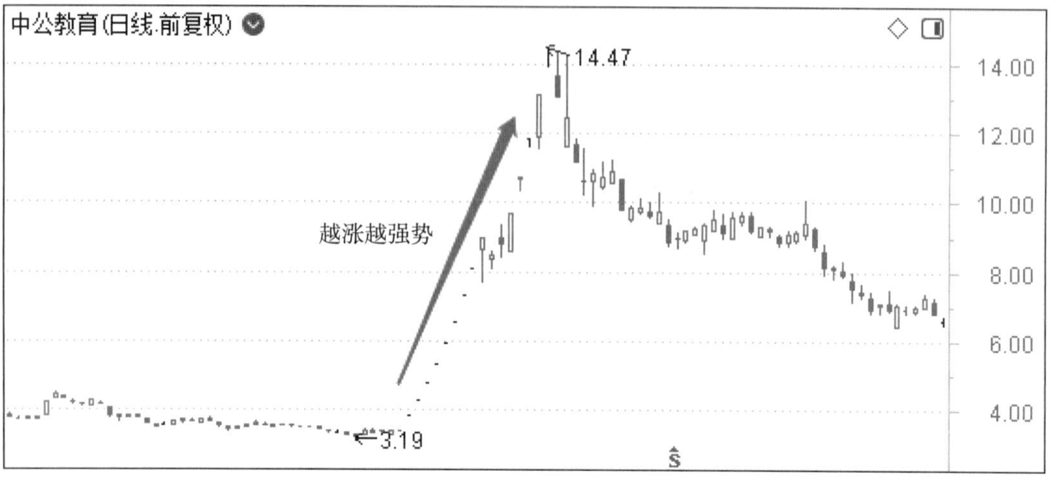

图 8-1

如果一只股票上涨一天后休息几天，再接着上涨，那就说明市场资金对这只股票是存在犹豫的，市场对这只股票的认可度不高，并不是资金的宠儿。要想成为资金追捧的对象，首先就要出现涨停，甚至连续涨停，这样才能快速吸引资金，成为市场追捧的对象。所以，龙头股通常是连续涨停的个股。操作龙头首阴时，要选择连续涨停的股票出现的首阴。

如图 8-2 所示，九鼎新材（002201）的股价连续出现 5 个涨停后，在第六天出现首阴。股价经过两天的休整后，再次向上继续拉升，并且拉升的幅度非常大。

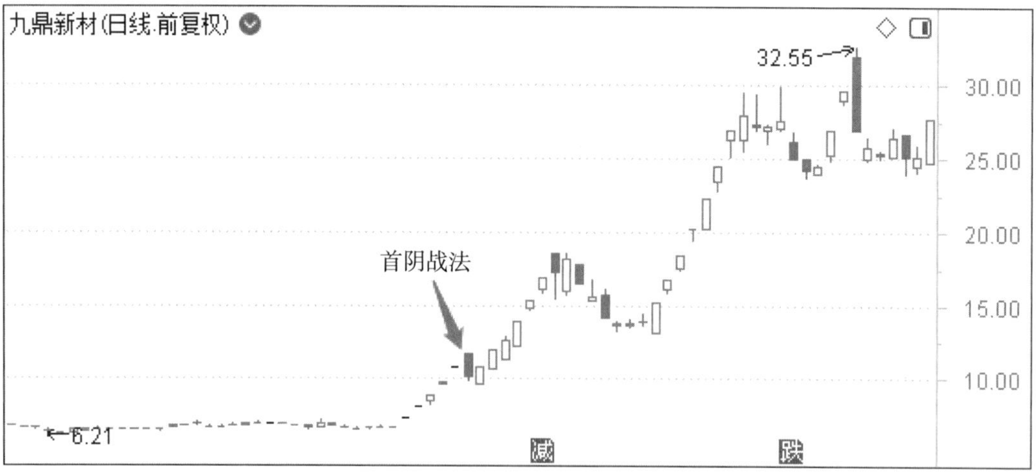

图 8-2

（3）超过 6 个以上连续涨停的首阴不买。

龙头首阴是龙头股连续涨停后出现的首根阴线，这根阴线可以是假阴线，也可以是真阴线，但不能是巨阴线。一只股票连续 7 日涨停，股价就已经翻倍，下方积累的获利盘容易抛盘，这样的高度突然出现首阴，下杀的威力是很大的，有可能一天就出现 20% 的亏损。所以，为了稳妥起见，股票短短几天涨幅超过一倍的，要尽量避开。

做交易一定要先求稳妥，虽然有时也说“富贵险中求”，但这种连续多日涨幅过大的个股，风险会大于机会，不能因为追求可能的机会，去冒更大的风险。所以，操作龙头首阴战法时，如果是股价连续 6 个以上涨停板后出现的首阴，尽量不要参与，就算想要参与博弈，也要把仓位配置得足够低。

如图 8–3 所示，*ST 斯太（000760）的股价连续出现 8 个涨停板后，股价在第 9 天出现首阴。股价出现首阴后，直接反转一路下跌。

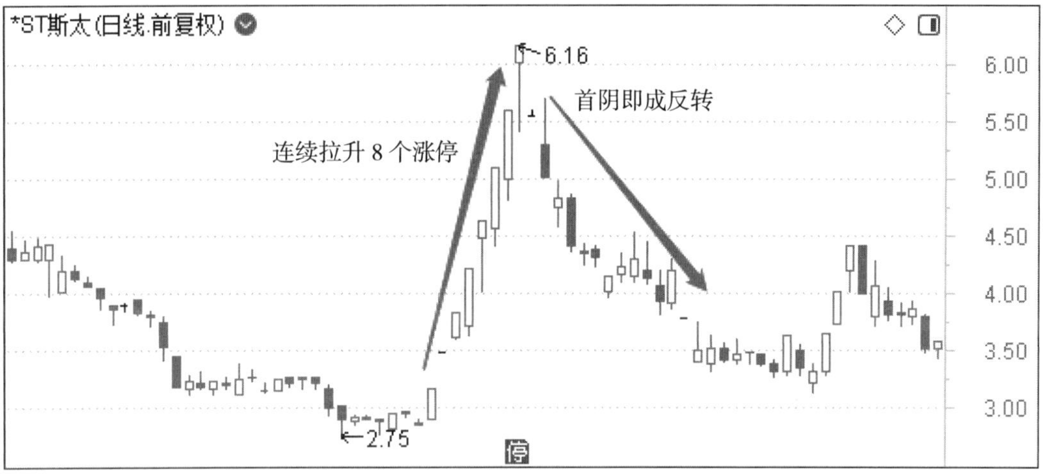

图 8–3

（4）龙头股首阴是龙头股连续涨停后会出现强势调整。

龙头股连续涨停后经常会休息几天，进行强势调整，主要是为了给后面继续上涨蓄势，吸引更多的资金入场。短暂的休息要体现出强势的休整，休整不能将上升的趋势给破坏掉了，最好的调整方式是全天走势维持在均线位置上下浮动，收盘最好不要破位均线。

强势股调整很少有跌破均线的，总是还不到均线时就有资金抢筹了。通常来说，强势调整会往 5 日均线靠拢，股价触及 5 日均线时会受到强力支撑，市场资金会再次蜂拥而至，从而再度推动股价上涨，因此对于强势调整的个股，投资者可在 5 日均线位置进行底仓买入。如果股价跌破均线太多，则说明资金并不认可均线的支撑，投资者不要买入。

如图 8–4 所示，德新交运（603032）的股价经过多日持续涨停后，2018 年 8 月 28 日收出首阴。股价经过两日横盘休整后，再次强势上攻。

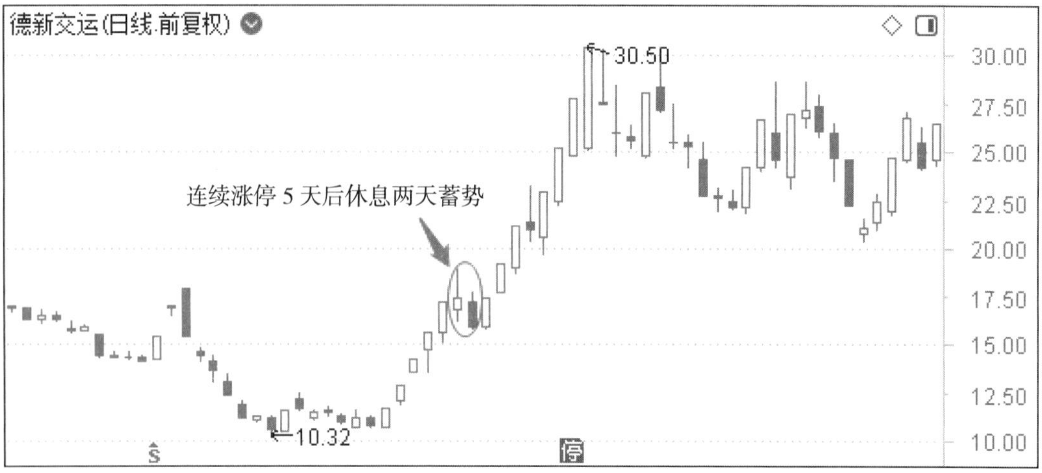

图 8-4

（5）强势调整无视大盘的涨跌。

龙头股在大盘大跌时，是最好判断龙头首阴的时刻。其特征就是大盘上午出现下跌，龙头股具有明显的抗跌性，往往不跟随大盘下跌，反而还会上涨。通常是大盘再一路下跌，而龙头股盘中跌破分时均线后又会快速地上拉回来。大盘在尾盘出现大跌时，龙头股虽然具备抗跌性，但往往也会跟着大盘下跌，这种下跌属于无奈的下跌，强势休整了一天在尾盘时支撑不住了。其实，这也是给市场发出一个信号，该股还有上涨动能，只是大盘大跌时将个股给带崩了，这样的首阴具有研究和操作价值，该类股票尾盘可以买入，以底仓博弈后市看涨行情。

如图 8-5 所示，星期六（002291）的股价经过多日持续涨停后，2019 年 12 月 23 日收出首阴，大盘在这一日大幅下跌。该股在盘中具有明显的抗跌性，虽然盘中被大盘走势多次带崩，但是买方依然顽强抗争，最后以假阴线收盘。之后，股价依然呈强势上涨走势。

2. 龙头首阴战法的买入时机

（1）首阴后第二天低开的买入时机。

龙头首阴出现后，经常会在第二天出现低开的现象，并且经常会在大盘处于上涨阶段时还出现低开的情况。龙头首阴后第二天出现低开的情况时，可以果断买入。如果股价开盘时，低开三四个点，通常开盘价附近就是买点。如果开盘后再追高，成本可能就会高很多。偶尔会有个股开盘后会先下探一点，然后又拉回走高，这类先下探通常会寻找均线或者重要支撑点支撑。对于这样的走势，可在均线或重要支撑位进行买入。

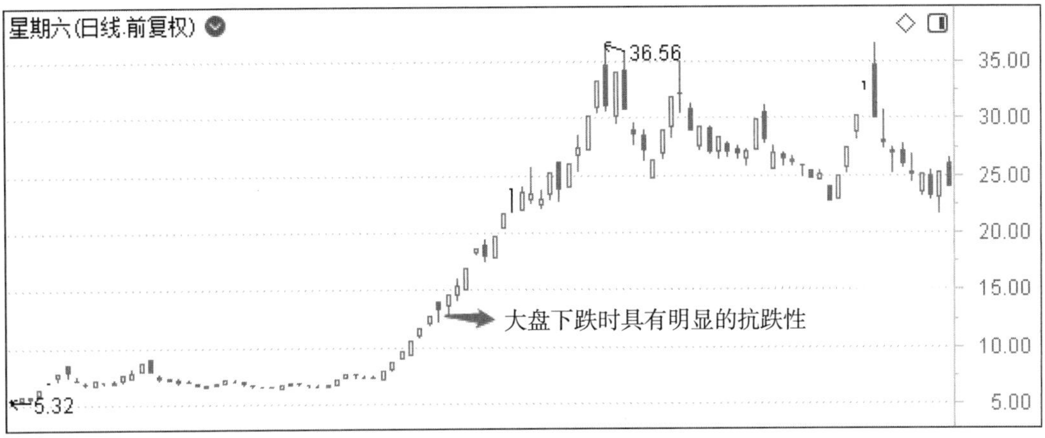

图 8-5

如图 8-6 所示，九鼎新材（002201）的股价经过多日持续涨停后，2019 年 7 月 25 日收出首阴。次日股价跳空低开高走，低开位置在前两天股价大幅高开并快速封死涨停板 K 线实体低点附近，股价当日收出光头光脚大阳线，说明市场多头表现强势。其后，股价短期呈持续上涨走势，符合龙头首阴战法第二天低开买入时机。

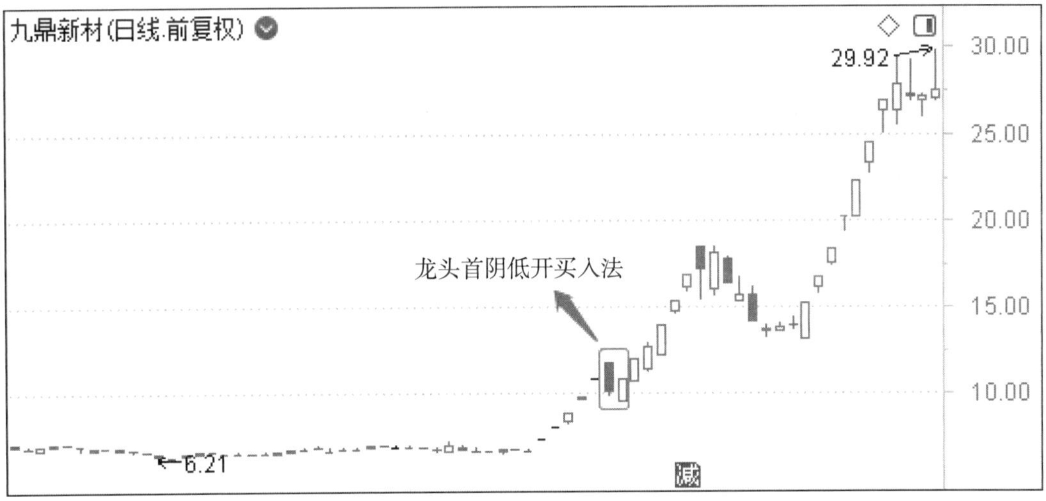

图 8-6

（2）首阴后第二天平开的买入时机。

龙头股出现首阴后，有些个股第二天会出现平开的现象。龙头股首阴后第二天平开时，可以少量买入。如果开盘后股价下探，通常下探至前一天阴线的低点或者重要支撑位时，股价会再度回升。

如图 8-7 所示，德新交运（603032）的股价经过多日连续涨停后，2018 年 8 月 28 日形成首阴，并且收盘时收在 5 日均线和 60 日均线的联合支撑位置。第二天股价在 60

日均线位置接近平开后，直接上涨，反包第一天的首阴，随后股价呈持续上涨走势。投资者可在第二天平开附近位置买入股票。

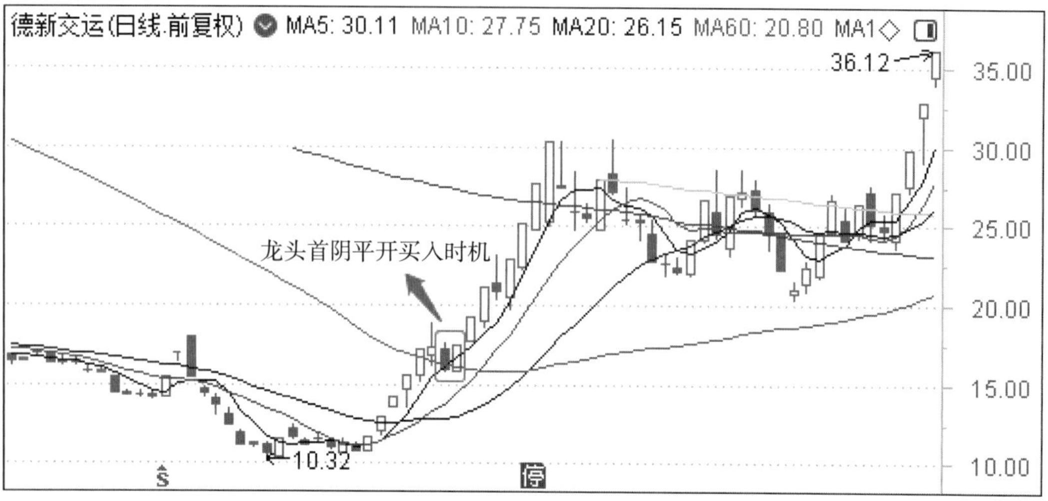

图 8-7

（3）首阴后第二天高开的买入时机。

龙头股出现首阴后，有些个股第二天会出现高开的现象。股价首阴后第二天高开 3% 以上的个股，尽量选择回避，不要追着买入，容易被主力诱骗接盘。股价首阴后第二天出现高开 0～3% 的个股，可以少量买入，风险相对会低很多。偶尔高开 0～3% 的个股，开盘后会先下探，然后再拉升走高，通常下探的位置会在前一天阴线的收盘位置或最低点位置。

如图 8-8 所示，星期六（002291）的股价经过多日持续涨停后，2019 年 12 月 23 日收出首阴。第二天股价高开 3%，开盘后股价经过短暂的快速下探后，逐渐回升振荡，股价在尾盘再度发力强势上攻。投资者可在开盘下探时买入股票。

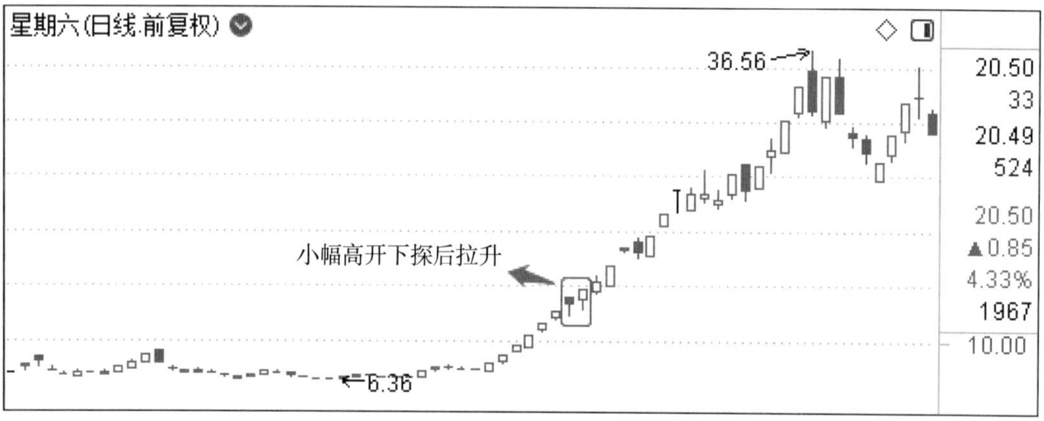

图 8-8

第四节　龙头首阴战法的卖出

龙头首阴战法主要就是为了博弈龙头股在强势上涨中途出现强势调整之后的上涨空间带来的收益机会。龙头股经常是已经出现过几个涨停板的个股，所以接力这种个股时，虽然有机会，但也存在很大的风险。投资者买入龙头首阴的个股后，何时卖出就成了能否成功获利的关键。

1. 龙头首阴战法的止盈原则

龙头首阴战法的止盈是该战法能否成功获利的关键。操作龙头首阴时，通常股价已经出现好几个涨停板，也就是股价已经上涨了百分之几十，这种情况下买入，属于高位接力，如果不能及时止盈卖出，一旦行情出现反转，则容易被高位套牢。

（1）以市场情绪决定止盈。

龙头股出现首阴后，其后走势需要市场人气的支撑，才能将股价推得更高。如果市场情绪表现不强烈，那么龙头股首阴之后上涨的高度将会有限。投资者可以根据市场情绪表现来决定止盈卖出个股，如果市场人气开始衰弱，则应及时卖出持股。

（2）以重要压力位止盈。

龙头股出现首阴后，如果市场人气旺盛，股价还会继续冲高。股价上涨到某一重要压力位时，市场获利盘很容易在重要压力位获利了结，因此投资者可在股价上涨到重要压力位时止盈出局。

（3）以均线止盈。

龙头股出现首阴后，如果人气旺盛，股价还会持续上涨，投资者可以选择 5 日均线或者 10 日均线为参考线。如果股价跌破参考均线，则选择止盈出局。投资者也可以将 5 日均线和 10 日均线出现死叉作为止盈参考。实际上，龙头股走势一般都比较强势，所以在实际操作过程中，最常用的是以 5 日均线作为止盈参考，股价跌破 5 日均线时就要止盈。

（4）以日内交易分歧严重时止盈。

龙头股一般涨幅都比较大，尤其龙头首阴之后，股价持续上涨，分歧会越来越大。所以，股价日内交易，分时出现剧烈波动，市场多空分歧严重时，可以选择日内分时高点进行止盈操作。

2. 龙头首阴战法的止损原则

龙头首阴战法属于空中接力战法，既然是空中接力，就存在一定的风险。所以操作龙头首阴战法时，一定要设置好止损，尽量将风险控制到最低水平。投资者遇到以下3种情况时，可以止损离场。

（1）股价跌破重要均线时止损。

龙头股上涨时经常会在5日均线上方运行，就算偶尔出现强势调整或者短暂回撤，通常也在5日均线位置企稳上涨。人气稍微差一些的龙头股，通常也在10日均线位置企稳回升。如果龙头股首阴后，出现大幅回落跌破10日均线时，投资者可以考虑止损离场。

（2）指标组合出现死叉时止损。

龙头股经过连续大涨，指标大都会出现高位状态。如果龙头首阴后股价出现回落，且指标组合均形成死叉走势时，应当止损离场。

（3）股价跌破重要支撑位时止损。

如果龙头股首阴后股价出现回落，股价跌破某一重要的支撑位时，可以止损出局。

第五节　龙回头战法

股市中有句俗语叫“千金难买回头牛”。股市中最高效的获利方式是骑住明星股、人气股、龙头股，这样的大牛股往往不止走一波上涨，牛低头喝水后，往往还会再起一波，新一波的上涨幅度有时比第一波更猛烈。这也是研究“龙回头战法”的价值所在。

炒作龙回头是机构和游资的惯用手法，对于做短线有非常重要的意义。

1. 龙回头的概念

所谓“龙回头战法”，就是指主力资金在股价大幅拉升后短期获利丰厚，股票抛盘增多，需要通过打压股价来达到洗盘目的，为后市继续拉升股价或出货作准备，从而给了市场投资者骑上牛股的一个新的买点机会。

龙头股经过短时的回落休整后，再开启新一波上升。如果主力是为了拉升股价而制造的龙回头洗盘，则后市股价会快速上涨，并且会大幅上涨突破新高。如果主力是为了出货而制造的龙回头洗盘，则后市股价也会上涨，但上涨的速度和力度不会那么强烈，通常很难再创新高。

2. 龙回头战法的选股方法

龙回头战法是可以避免追高风险，并且有可能获取丰厚利润的战法。龙回头战法的要点是，首先确定个股为前期龙头股，要操作龙回头就需要在龙头股中去选择，可以称为“寻龙诀”。寻找龙头股，然后在龙头股回调后再操作龙回头个股。

选择龙头股的方法如下。

（1）首先确定龙头股，通常板块率先涨停的个股即为日内龙头股，但龙头股是否具有持续性，需要第二天进行确认。如果第二天该龙头股走势仍然在板块中处于强势领先位置，并且率先拉升至涨停板，即可确认为龙头股。

（2）龙头股前期通常都会有 2 ～ 3 个涨停板，随后因为市场短期获利盘抛盘增多使股价回落。有时也会是主力为了洗盘故意打压股价，造成股价短期回落，这样的情况通常是主力图谋深远，后市的涨势一旦开启便会非常强劲，涨幅也会很大。

（3）选择龙头股一定要选择前期市场比较火爆的龙头股，并且必须要有涨停板，最好是有几个涨停板的个股。如果是没有涨停板的龙头股，这样的龙头股回调不容易聚集人气，很难再次开启上涨走势，并且就算出现反弹，反弹力度也不会太强。

（4）龙头股在前期拉升过程中一定要有量能积累，量能积累是主力资金进场的标志，主力在拉升过程中手法越凶悍，就越容易洗掉跟风盘，这也说明主力志在高远。龙头股在回落调整过程中，量能最好极度缩量，直到形成地量企稳。龙头股回调时，下跌缩量说明主力资金并没有退场，这样很容易开始第二波拉升。

（5）股价回落时必须要在关键位置受到支撑，比如 10 日均线或者 20 日均线的支撑，重要的支撑位支撑，趋势线支撑等。股价止跌企稳时，形成的 K 线形态经常为单针探底、十字星、缩量小阴线或小阳线等。

（6）龙头股回调时，调整时间不能太短，但也不能太长。如果调整时间太短，则调整不够充分，浮筹很难洗清，很容易影响第二波拉升的力度和强度。如果调整时间太长，市场人气很难再次快速聚集，同样也会影响第二波拉升的力度和强度。比较理想的调整时间一般为 5 ～ 8 个交易日。

如图 8-9 所示，九鼎新材（002201）的股价经过一段时间的持续大涨后，获利盘抛盘增加，股价逐渐回落。股价靠近 20 日均线位置时，受到支撑企稳，连续 3 个交易日窄幅波动，横盘整理，量能减少。市场上浮筹洗得差不多时，股价再次拉升涨停，启动

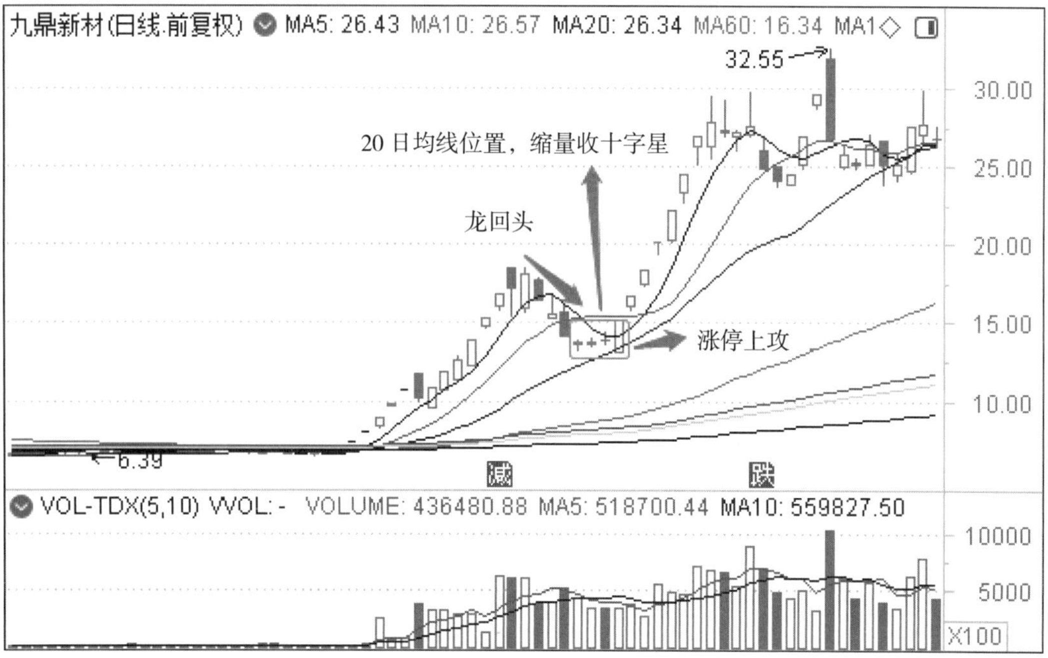

图 8–9

新一波强势上涨，随后股价短期内呈持续上涨走势。

3. 操作龙回头个股时需要考虑的因素

选择龙头股操作龙回头时，最好要考虑到龙头股的基本面和历史走势状况，这样才能提高操作龙回头个股的获胜概率。

（1）龙头股的基本面不能有较大的风险。基本面是很多投资者买入股票时需要考虑的重要因素。如果基本面太差（比如存在退市、业绩大幅下滑风险等），很多投资者都不敢跟风买入，主力机构难以利用市场投资者的资金推动股价上涨，就算主力资金将股价大幅拉升后，想要出货时，也很难吸引大量的投资者前来接盘。

（2）龙头股流通盘要适中，不能太大。流通盘太大，股价拉升时需要的资金太多，会影响拉升的力度。

（3）龙头股价格要适中。如果价格太高，就会影响市场人气。如果价格太低，很多投资者会认为是绩差股或垃圾股，同样会影响人气。

（4）龙头股历史股性要好，最好是长期活跃的个股，并且历史走势中具有“妖性”。历史走势具有“妖性”的个股，更容易吸引市场投资者跟风买入。

（5）龙头股主力资金的历史操作习惯，也是投资者需要关注的。如果主力资金操作时经常都是直接拉升涨停，则龙头股可操作性较高。如果主力资金操作时经常都是犹豫涨停或涨停回落，则龙头股可操作性较低。

4. 龙回头战法的买入时机

龙回头战法的可操作性非常强，获胜率也非常高。操作龙回头个股时的关键和难点在于，对股价是否企稳和重要支撑位的判断，还有对再次起爆点的把握。重要支撑位可以根据 K 线图形、量能变化、均线状态、筹码峰等进行判断，如果股价跌破重要支撑位一定要及时止损。

（1）龙回头的股票在回调过程中，如果在关键支撑位或重要均线附近止跌企稳，则可靠性加大。回调过程中急剧缩量，如果再出现地量，则可以买入股票。

（2）如果一只强势龙头股是由于大盘大幅下跌拖累形成的强势“龙回头”，这类强势股的可操作性非常好。龙头股在强势“龙回头”过程中，主力资金并没有逃跑，只是被大盘的大幅杀跌拖累。所以，只要等大盘和主力缓过劲来，龙头股还会继续上涨。这类被大盘大幅下跌拖累的“龙回头”个股，在“龙回头”当日寻找分时低点买入为最佳。

（3）龙回头个股，前期走势一定是龙头，并且最好是出现多个涨停的龙头。因此，龙回头个股开启第二波走势时，通常也会出现涨停板。如果投资者没能在龙回头调整企稳的低点买入，那么可在龙回头开启第二波走势的第一个涨停板买入，或者在涨停板后第二个交易日股价低开时买入。

（4）有部分龙回头个股，前期连续涨停后，有时回撤力度比较大。龙回头个股调整至第一个涨停板附近或者启动点附近时，往往会企稳形成新的买点。

（5）有些强势龙头股在第一波上涨过程中会留下筹码顶格形态，而当龙头股走出龙回头走势时，经常会在筹码顶格位置企稳。只要筹码顶格位置的筹码峰一直没有消失，则筹码顶格附近也是一个极佳的买点。

第六节　龙头首阴战法的扩展——黑太阳战法

1. 黑太阳战法概念

股市中的“黑太阳”由两根 K 线组合而成，第一根 K 线通常是一个涨停板，第二根 K 线是第二天股价较大幅度高开后再低走形成的小阴线或中阴线，并且这根高开低走的阴线是一根假阴线。由于这根阴线高悬头顶，看上去黑乎乎的，令人阵阵恐惧，但实质上是一根阳线，故将其称为“黑色的太阳”，简称“黑太阳”。

黑太阳战法跟龙头首阴战法有些类似但又不同。龙头首阴战法的选股前提是前期必须是龙头股，而黑太阳战法的选股可以不是龙头股。而且，龙头首阴战法收阴线时可以是真阴线，而黑太阳战法收阴线时必须是假阴线，并且必须是前一日涨停的强势股。

2. 黑太阳形成的目的

（1）以强势洗盘为目的。主力洗盘的目的是为了吓退跟风盘和意志不坚定的获利盘，这时主力通常会将K线走势图操控得越难看越好，使市场投资者心里产生恐慌，以便让其乖乖交出筹码。主力收集完筹码后，股价很快又会收复失地，并且再上一个台阶。

（2）以出货为目的。主力通过强势高开来吸引市场投资者注意，诱使投资者跟风买入，然后主力悄然出货。这种情况经常出现在一些有问题的个股上，主力为了自救，经常会以制造黑太阳的手法来诱导市场投资者接盘，随后股价会呈现逐步下跌走势。

3. 黑太阳战法的技术要点

（1）股票第一天的K线形态为涨停板，最好是强势涨停，盘中没有开板为最佳。

（2）第二天股价大幅高开低走，收盘时形成一根小阴线或中阴线。这根高开低走的阴线主要是用来吓唬市场上想要进入的投资者，让其放弃进入的念头。

（3）虽然第二天收出的是一根小阴线或中阴线，但是收盘时必须是以“阳线”收盘，也就是收盘价要高于前一日的收盘价。这根阴线的实体较大比较好，阴线的下影线越短越好，下影线可以下探到前一根涨停阳线的实体内部。

（4）形成黑太阳这一天，成交量必须放大，并且换手率也会增加。放量越大，说明洗盘越彻底，后市上涨的高度越高。但是不能放出巨量，放巨量可能出现主力出逃的情况。

4. 黑太阳在不同阶段的特征

（1）黑太阳出现在阶段性的底部，是主力展开向上攻击的试盘动作，意在测试盘面筹码的稳定度，同时发出进一步加大建仓力度的操盘指令。股价距离正式上涨时间已经不远了。如果盘中出现反复的冲击波结构，更能证明主力正在使用打压式建仓。

（2）黑太阳出现在上涨阶段中期，是主力展开强势洗盘的操盘动作。当日股价会大幅高开，盘中出现盘跌打压股价的动作，最终以小阴线或中阴线报收，但股价仍以假阴线方式出现。洗盘完成后，会有更大的涨幅，通常第二天会出现反包行情。

（3）黑太阳出现在顶部阶段时，通常是主力开始出货的特征。为了吸引市场投资者前来接盘，主力故意制造出强势走势，以吸引投资者争相买入，从而达到其顺利出货的目的。

5. 辨别真假黑太阳

（1）股价处在下降趋势中，当天出现高开低走的大阴线，不属于黑太阳特征。

（2）黑太阳出现当天，量比达到 5 倍以上，换手率达到 20%以上的巨量大阴线，不属于黑太阳特征。

（3）当天高开低走，收盘时下跌至昨日收盘价之下，即 K 线形成了真阴线，而非假阴线，不属于黑太阳特征。

（4）股价处在下跌趋势的反弹行情中，当天出现高开低走的大阴线，不属于黑太阳特征。

6. 黑太阳的买入时机

（1）股价处在阶段性底部时，出现黑太阳形态，可在当日尾盘试探性买入，第二日出现低开、小幅高开或者平开可以加仓。因股价处于阶段性底部，黑太阳出现后，第二天就算出现大幅低开，安全性也相对会高很多。所以，第二天如果出现大幅低开，也可以轻仓博弈后市上涨机会。

如图 8-10 所示，摩登大道（现名 ST 摩登，002656）的股价经过连续两个涨停后，2019 年 11 月 8 日涨停开盘，尾盘回落，收盘收出中阴线，但实际是一根假阴线。股价第二天小幅低开后快速拉升，最终以涨停收盘，之后股价短期内持续上涨。

图 8-10

（2）股价处在上升阶段，出现黑太阳形态时，如果当日尾盘没有买入，可以选择第二日买入建仓。第二日开盘如果是小幅高开、小幅低开或者平开，都是很好的买入机会，成功率会非常高。如果出现大幅低开，需要谨慎买入，激进的投资者可以轻仓博弈上涨机会，同时要防止因大幅低开导致市场情绪回落，抛压增加致使股价难以上涨，甚至出现下跌的风险。

如图 8-11 所示，金力永磁（300748）的股价经过连续两个涨停后，2019 年 5 月 22 日大幅高开，随后小幅回落，直至收盘收出小阴线，但实际是一根假阴线。股价第二天小幅低开后快速拉升，最终以涨停收盘，之后股价短期内持续大幅拉升上涨。

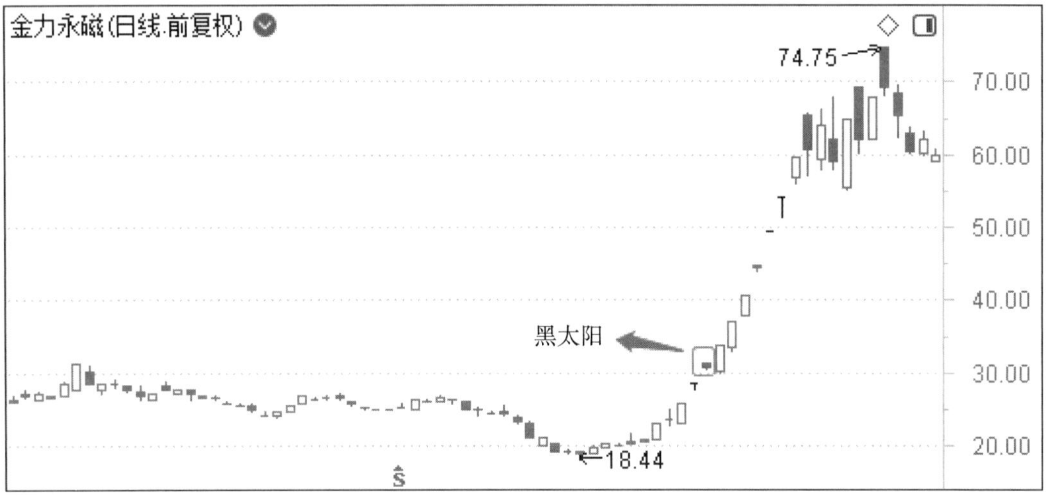

图 8-11

第九章　事件驱动捕捉牛股的方法

第一节　技术驱动选股法

技术驱动选股法是指利用技术分析来捕捉牛股的方法。

技术分析能够捕捉交易信号，并通过各种指标工具的数字量化加以确认，为交易策略提供执行依据。

1. 技术分析的分类

技术分析的分类有：K 线类、形态类、切线类、指标类、波浪类。这些分析方法组成了投资者对股票市场行情走势的基本分析技术，投资者通过学习和研究这些方法，及时发现市场行情走势的规律，然后根据这些规律来发现交易机会或回避交易风险。

2. 技术分析的目的

技术分析的目的不是为了跟庄，而是为了寻找买入、卖出和止损的信号，并通过资金管理达成在风险市场中长期稳定的获利。技术分析可为选择短期买入、卖出时机提供参考，提高市场分析的科学性、适用性、时效性和可靠性。

3. 技术驱动选股法

技术驱动选股的方法有很多，总的来说就是运用技术分析发现市场上最好的一类个股的交易机会。具体的技术方法如下。

（1）形态类方法：头肩底、双重底、三重底、V 形底、圆弧底等经典形态类的底部反转买入交易机会。

（2）指标类方法：均线金叉、KDJ 金叉、MACD 金叉、RSI 金叉等经典指标类的买入信号交易机会。

（3）K 线类方法：单针探底、长阳定底、启明十字星、上升三法、红三兵、多方炮等 K 线组合买入信号交易机会。

（4）趋势类方法：当股价向上有效突破下跌趋势线时的买入交易机会。

（5）波浪类方法：当股价走势按照波浪走势向上运行时的买入交易机会。

（6）其他方法：各种市场上投资者总结出来的捕捉牛股的经典技术战法，比如共振爆破点战法、分时线涨停战法、龙头战法、龙回头战法、地量转势战法、仙人指路战法、老鸭头战法、跳空缺口战法、筹码顶天战法等。

技术驱动选股法的重点，在于投资者对各种技术分析方法的综合运用，并且能够将各种技术分析方法在实际交易中用实践去检验其有效性，从而选出最适合自己的技术分析方法。

第二节　政策驱动选股法

由于股市总值在国内生产总值中的比重越来越大，股市在经济运行中的地位也日益重要。股市的运行会触及国民经济的每个神经末梢，对政治、经济、金融乃至整个社会都会产生广泛的影响，因此，股市与宏观经济的运行、经济目标的实现息息相关。政府会从维护市场稳定、实现宏观经济目标出发，对股市实施调控和管理。

政策驱动选股法就是利用行政政策信息来捕捉牛股的方法。政策驱动是对股票行情最直接、最有效的刺激，一项政策的出台可能会彻底改变行情走势。如果股票行情正在走上涨趋势，市场突然出现一则重大的利空性政策，那么行情很可能会转为下跌趋势。如果股票行情正在走下跌趋势，也可能会因为一则重大的利好政策，行情会变为上涨趋势。

市场投资者普遍认为 A 股市场是政策性市场，因为中国的政策手段能够非常直接地刺激和影响股市的走势变化。如果炒股不了解政策，就跟盲人摸象没有什么区别。如果投资者买入的股票是国家政策大力支持的朝阳产业，那么上市公司获得的政策支持就会非常多，发展空间也会更加广阔。

比如，前几年国家给予新能源汽车各种优惠或补贴等倾斜政策，以促进行业发展，相关行业的上市公司则是最直接的受益者，公司发行的股票成为市场投资者热捧的对象，这样一来自然能够推高股票价格。

国家政策肯定是根据当前的形势，为了实现某个目标对市场进行的约束或刺激。这样一来，政策肯定会对整个行业产生影响。比如，国家重点布局环保产业发展时，在十二五规划中计划投入大量的资金来扶植环保行业，对相关的上市公司是非常有帮助的。

中国的股市历来都是政策市，政策的变动直接影响股市的态势。所以，提前了解政策面的变化，能帮助投资者在股票投资中先人一步做好应对措施。

对于投资者来说，政策驱动捕捉牛股最好的方法就是，及时关注和收集有用的政策信息，根据国家政策传导出来的信息，分析出政策的指向性，看政策要向哪些方面倾斜，或者要对哪些方面收缩。

如果投资者能够通过分析一些信息提前捕捉到国家政策布局的方向，就可以提前进入，及早买入有国家政策倾向性的股票，这样就能坐收政策刺激带来的较大收益。如果投资者能够捕捉到国家政策会对哪些行业或方面进行紧缩，就可以提前远离这类个股，从而降低操作风险。

第三节　热点驱动选股法

热点驱动选股法就是利用股票市场当前的热点来捕捉牛股的方法。

热点题材股票是指短期内比较受广大市场投资者关注、争论、欢迎的新闻和话题题材下的个股。市场上一些机构或投资者极力炒作这些热点，很容易引起大量投资者的跟风和关注，进而造成股价持续上涨。

在牛市中，热点题材会主导行情，引领大盘一路走高。在熊市中，热点题材依然人气不减，逆势上行成为弱势行情里的避风港。在振荡市中，热点题材则会波段运行，被市场反复炒作。股市里从不缺乏追随热点的投资者，很多投资者喜欢炒题材概念股就是这个道理。

热点板块可细分为两种情况：一是已在市场上形成的热点板块，这些热点板块是市场上可以看得到，正在被炒作的热门板块；二是股票市场上还未形成热点，预测未来可能形成的热点板块。

对普通投资者来说，捕捉市场热点是比较困难的。他们难以掌握热点板块的炒作规律，以及热点板块之间的轮动节奏，一旦行情节奏踏不准，就容易产生较大的亏损。

1. 热点题材的优势

（1）热点题材能够快速地聚集主力资金，决定短期市场运行的方向。投资者进入市场首先要找准方向，而要把握好市场方向就要找准市场热点。只要投资者能够牢牢把握住市场热点运行的节奏和方向，就能大大提高获利的概率。

（2）操作热点股可以提高获利效率。热点题材是当下市场投资者追捧的题材，能够快速积聚人气和资金。因此，在每波行情中，热点板块和龙头股一般是上涨速度最快的，上涨幅度也是最大的。而非热点股要么不涨，要么涨幅明显落后于热点股或大盘。很多投资者经常会发现，自己手中的股票“只赚指数，不赚钱”，其原因就在于这些股票不是热点股。

（3）每当热点题材出现时，媒体、证券研报和各大机构都会集中给予分析、报道和追踪，因此热点股票比较容易被发现。并且媒体、研报和各大机构的评论分析，会放大热点的市场效应，从而让市场热点炒作更加火爆。

投资者虽然不能指望每一波行情都能成功地把握热点和轮涨节奏，但是对于热点的前瞻性把握，无疑可以极大地提高投资收益。

2. 挖掘热点的方法

（1）消息面。

①国家政策。

A. 国家政策是制造热点的主要推手。发布国家政策消息的主体级别越高，成为持续性热点的概率就越高。比如，中共中央和国务院发布的政策消息会比部委发布的政策消息更具有成为热点的可能性。

B. 国家出台的新政策很容易受到市场热炒。这些新政策最好是之前未提出过的，属于从无到有的政策。这是市场主力最喜欢的，有利于主力机构进行造势。

C. 国家出台政策影响时间的长短会对市场题材炒作有很大影响。如果出台的政策只能短时间影响市场，那么受到市场炒作的热情会低很多。如果出台的政策能够长时间影响市场，那么受到市场炒作的热情会急剧高涨，投资获利的机会也会更多。

D. 国家出台政策的影响力越大，越容易受到市场追捧，越容易刺激投资者的热情，市场炒作的持续性也会越长。反之，国家出台政策的影响力越小，越不容易刺激市场投资者的炒作热情。

E. 国家出台政策涉及的范围越广，影响的板块越多，出现牛股的数量也会越多。

F. 国家出台的政策让市场投资者想象的空间越大，投资者炒作的热情就越高，热点的持续性也会越长。

G. 国家出台的政策，如果执行落地时能够找到直接对标的板块和个股，市场投资者的炒作就会更加疯狂。

②产业政策。

产业政策是政府对一个产业发布的专项性政策。这些专项性政策与国家政策有些类似，但影响面没有国家政策那么广泛。国家政策的受众面广，而产业政策通常只针对相关产业，影响面相对会小一些。但是，产业政策的影响力度并不一定就比国家政策对行业的影响力弱，反而一些行业的专项性政策经常对行业板块的影响力更强。产业政策的出台必须落地到行业毛利及业绩是否能够得到持续改善。

产业政策出台，对相关产业会产生直接影响。如果政策的出台使市场投资者对产业预期展望好，前景广阔，未来产业发展落地后企业业绩及毛利将得到实质改善，那么市场投资者的炒作热情就会急剧高涨。比如，2017 年政府加大对新能源汽车的补贴力度，新能源汽车和锂电池迎来利好刺激，受到市场的大力热炒和追捧。2019 年政府大力推行 5G、国产芯片等产业刺激政策，相关题材因为政策驱动受到市场热炒。这些都是由利好性产业政策驱动，导致的市场轮番炒作。

③个股消息。

个股方面会有利好公告，如业绩大幅预增，高送转，并购，与国内或国际巨头签署战略合作协议，收到大额订单等，都可能给市场炒作机会。但是，这类炒作很难引起板块的共振，通常只是单只个股成为市场热点，只有少数时候能够带动板块的共振。

个股方面的利好炒作，投资者通常较难把握，因为投资者很难提前知道利好消息的出台。当利好出来时往往直接高开，一不留神就容易高开低走被套。投资者需要谨记，如果个股利好没有带动板块效应，炒作的热情将会降低。但是，如果利好消息对上市公司未来业绩产生持续性重要影响，则股价往往会发生趋势性改变，这样的个股可能会成为单一热点。

（2）市场面。

看涨幅榜和走势。如果涨幅榜前 20 名中，某一板块的个股占据了 5 只以上，或者某板块某阶段虽然表现并不显眼，但整体涨幅居前，并且连续一段时期都出现这样的情况，就可以初步断定该板块正在启动。

（3）习惯性热点。

股市中存在习惯性热点的现象。当指数指标股容易在大盘暴跌时尾市逆势托指数，通常是大盘权重股拉升。当各板块出现大面积普跌时，防守板块容易在跌势时逆势上涨，比如绩优的白酒和医药板块。筹码集中股容易在牛市强势调整时逆势上涨。在持续冷清的市场中，近端次新股容易率先异动拉升。这些都是市场普遍认可的习惯性热点。

3. 热点炒作的阶段

热点的酝酿过程就是主力资金介入的过程。一般来说，热点酝酿的时间越长，炒作持续的时间就越长。

按照以往的经验，市场热点从形成到结束通常经历 3 个阶段。

第一阶段：单一热点发动行情，此阶段的热点持续时间较长。单一热点炒作阶段，资金和人气都比较集中，这就造成单一热点行情时的走势非常强劲，获利机会非常多，获利空间非常大。

第二阶段：由单一热点扩散到多极热点，其持续的时间较短。这一阶段很多细分市场或关联市场都开始被市场投资者挖掘出来，影响面更广，但分散了资金和人气，这样炒作的热情就会下降，行情走势的力度相对会弱一些。

第三阶段：热点转移和消退阶段，这一过程持续的时间更短。热点经过持续炒作后会进入退潮期，也就是市场投资者不敢再追高买入，主力机构又要逐步出货的时期。这一时期风险开始快速上升，机会则急速下降。

一般而言，当市场上能炒作的板块都被轮番炒作之后，大盘往往就会进入休整期，以孕育下一个单极热点。如此循环往复。不过，一个热点出现初期，一般并不引人注意，等到热点扩散，整体大涨时，往往行情已处于中期。此时介入，一方面将面临振荡调整，意志不坚者可能被清理出局；另一方面，板块行情落潮时，未能及时出逃的投资者，非常容易陷入被套境地。

参与热点概念的炒作时，投资者可能短期内获利颇丰，但也有可能因为追高买入时遇到行情反转损失大量本金。因此，操作这类股票时，投资者首先要控制风险，争取以较小的风险换取较多的利润。

有的热点题材炒作可能会持续几年时间，在整个板块持续上涨中会阶段性地有股票成为领涨的龙头股，而有的热点题材的炒作可能只持续很短的时间。当投资者短暂的炒作热情退去，题材相关股票就很难再有出色的表现。

4. 寻找热点板块的目的

（1）在热点板块的个股中寻找机会，介入领涨龙头股，快速获利。

（2）一个热点板块形成后出现如火如荼的炒作，很可能会影响或引领另一密切相关板块迅速崛起，形成新的热点板块。了解并分析目前热点板块的炒作，一定程度上可以预测下一热点板块会在什么类型的股票上形成。

（3）热点板块和领涨龙头股的表现，对大盘指数和市场人气有着很大影响。领涨龙头股是热点板块的灵魂，热点板块往往是影响和主导大盘方向的中坚力量。通俗地说，热点板块的形成和延续可以影响市场人气的交投活跃度，进一步影响大盘股指升跌的方向。通过分析热点板块和领涨龙头股，可以预测未来市场的发展方向和涨跌幅度。

第四节　周期性题材驱动选股法

周期性题材驱动选股法就是利用一些具有周期性的题材特点来捕捉牛股的方法。

周期性，也称循环波动，是时间序列中呈现出来的围绕长期趋势的一种波浪形态或振荡式变动。周期性通常是由商业和经济活动引起的，它不同于趋势变动，不是朝着单一方向的持续运动，而是涨落相间的交替波动。周期性也不同于季节变动，季节变动有比较固定的规律，且变动周期大多为一年，而循环波动没有固定规律，变动周期多在一年以上，且周期长短不一。周期性通常是由经济环境的变化引起的。

周期性行业是指和国内或国际经济波动相关性较强的行业，其中典型的周期性行业包括大宗原材料（如钢铁、煤炭等）、工程机械、船舶等。

周期性行业的特征就是产品价格呈周期性波动，产品的市场价格是企业盈利的基础。在市场经济情况下，产品价格形成的基础是供求关系，而不是成本，成本只是产品最低价的稳定器，但不是决定的基础。

周期性股票是数量最多的股票类型，是指支付股息非常高，并随着经济周期的盛衰而涨落的股票。该类股票诸如汽车制造公司或房地产公司的股票，当整体经济上升时，这些股票的价格迅速上升；当整体经济走下坡路时，这些股票的价格就会下跌。

1. 周期性行业的分类

周期性行业分为消费类周期性行业和工业类周期性行业。

消费类周期性行业包括房地产、银行、证券、保险、汽车、航空等，这类行业兼具了周期性行业和消费行业的特性。除房地产、汽车、航空外，其他的都属于较轻资产型企业，行业景气度低谷时成规模的弹性较大。

工业类周期性行业包括有色金属、钢铁、化工、水泥、电力、煤炭、石化、工程机械、航运、装备制造等。工业品行业巨大的波动也带来高收益的机会，只是这种机会不是普通投资者能够把握的。

周期性行业的周期循环常常沿着产业链按一定的顺序依次发生，通常复苏始于汽车、房地产、基础设施建设、机械、装备制造等下游行业，然后传导至化纤、非金属矿制品、有色金属冶炼压延、黑色金属冶炼压延等中游的加工制造业，最后是上游的有色、石油、煤炭、石化等行业。衰退也是从下游行业开始，依次传导至中游、上游行业。

中国典型的周期性行业包括钢铁、有色金属、化工等基础大宗原材料行业，水泥等建筑材料行业，工程机械、机床、重型卡车、装备制造等资本集约型行业，等等。当经济高速增长时，市场对这些行业的产品需求高涨，这些行业所在公司的业绩改善就会非常明显，其股票就会受到投资者的追捧。而当经济低迷时，固定资产投资下降，对其产品的需求减弱，这些行业所在公司的业绩以及股票价格就会迅速回落。

周期性行业的企业构成股票市场的主体，其业绩和股票价格因经济周期的变化而起落，因此不难理解经济周期为什么会主导牛市和熊市。投资周期性行业股票的关键就是准确把握时机。如果投资者能在周期触底反转前介入，就会获得最为丰厚的投资回报。但如果在错误的时点和位置如周期到达顶端时再买入，就会遭遇严重的损失，可能需要忍受 5 年甚至 10 年的漫长等待，才能迎来下一轮周期的复苏和高涨。

2. 利率对周期性行业的影响

利率是把握周期性股票入市时机最核心的因素。当利率水平低位运行或持续下降时，周期性的股票会表现得越来越好，因为低利率和低资金成本可以刺激经济的增长，鼓励各行各业扩大生产和需求。

相反，当利率水平逐渐抬高时，周期性行业因为资金成本上升就失去了扩张的意愿和能力，周期性的股票会表现得越来越差。投资者需要注意的是，当央行刚刚开始减息时，通常还不是介入周期性股票的最佳时机，此时是经济最低迷之际，有些积重难返之势。开始的几次减息还见不到效果，周期性股票还会维持一段时间的跌势。只有连续多次减息刺激后，周期性行业和股票才会重新焕发活力。同理，当央行刚刚开始加息时，投资者也不必急于离场，周期性行业和股票还会继续风光一时。只有在利率水平不断上升，接近前期高点时，周期性行业才会明显感到压力，这是投资者开始考虑转向的时候。

在整个经济周期里，不同行业的周期表现有所差异。当经济在低谷出现拐点，刚刚开始复苏时，石化、建筑施工、水泥、造纸等基础行业会最先受益，股价上涨也会提前启动。在随后的复苏增长阶段，机械设备、周期性电子产品等资本密集型行业和相关的零部件行业会表现优异，投资者可以调仓买入相关股票。

在经济景气的最高峰，商业一片繁荣，这时上场的主角就是非必需的消费行业，如轿车、高档服装、奢侈品、消费类电子产品和旅游等行业。投资者介入这类股票，就可以享受到最后的经济周期盛宴。

在一轮经济周期里，配置不同阶段受益最多的行业股票，可以让投资回报最大化。最后，在挑选那些即将迎来行业复苏的股票时，对比一下这些公司的资产负债表，可以帮助投资者找到表现最好的股票。那些资产负债表健康、相对现金宽裕的公司，在行业复苏初期会有更强的扩张能力，股价表现通常会更抢眼。

3. 题材周期运行规律

题材周期运行通常包括启动阶段、确认阶段、发酵阶段、加速阶段、分歧阶段、反包阶段、龙回头阶段、结束阶段等。市场上大部分题材炒作只能依次走过几个阶段就结束了，只有极少数题材能走完全过程，这需要天时、地利、人和等各种条件相配合。

题材周期运行每个阶段的市场特征如下。

（1）启动阶段。这一阶段题材通常有利好消息的刺激，在利好消息的刺激下市场资金不断试盘，从而出现个别或少数涨停的个股。

（2）确认阶段。市场上题材很多，投资者很难确定题材是否具有持续性，有的题材可能只是一日游行情，只有少数题材具有持续性，投资者要重点搜寻具有持续行情的题材。具有持续行情的题材必须有一两只连续涨停板的个股确认题材强度，也就是龙头股。如果龙头股表现强势，并能带动题材跟风，则可能带动题材持续走热。

（3）发酵阶段。这一阶段题材龙头股会继续表现强势，并持续第三板涨停，同时带动同题材其他个股开始强势爆发，可能爆发小规模涨停潮。这一阶段通常会有跟风股出现连板赚钱效应。

（4）加速阶段。这一阶段的题材前排龙头股开始缩量加速，通常会是一字或大幅高开然后秒封涨停板，带动题材的市场情绪大爆发。部分资金开始选择后排跟风股，或干脆寻找与题材相关的领域开辟新战场，发动新题材。

（5）分歧阶段。这一阶段的题材股开始分化，前期投资者的获利盘开始兑现，市场上仍然还有一些投资者继续买进，市场行情产生巨量分歧。通常后排的跟风股会先撤退，新买进的投资者开始出现亏损。

（6）反包阶段。这一阶段题材整体开始有所降温，但前排龙头经过分歧后，仍然会有大量资金持续买进，因为龙头股经常存在惯性。第一次分歧时不易挂掉，题材产生分歧之前，一些没有买到龙头股的踏空资金会在市场产生分歧后出手，使龙头股走出反包行情。并且经过充分换手后，龙头股通常会走出第二波上涨行情。

（7）龙回头阶段。这一阶段题材龙头股强势上涨已经结束，主力资金逐步撤退，但由于主力资金深度介入，短时间很难全部出局，等龙头股经过调整后通常会再次开启强势反弹走势。如果龙头股表现强势，则通常会在 5 日均线开始反弹。如果龙头股稍微弱势，则通常会在 10 日均线出现反弹。该阶段只有龙头股才会出现龙回头现象，并且操作龙回头时需要看市场整体环境。如果市场环境好，则操作龙回头成功的概率较高。如果市场环境不好，则操作龙回头的风险就会很大。

（8）结束阶段。这一阶段题材的其他个股都已经出现持续调整行情，龙头股的行情也已经结束，整体走势开始进入逐步下跌趋势，每一波反弹的高点都会逐步降低。这一阶段的风险极大，买入很难获利，投资者需要回避。

第五节　消息驱动选股法

消息驱动选股法就是利用市场消息来捕捉牛股的方法。

消息对股市的重要性就如同氧气对人一般，充分及时地掌握各种股票消息，对投资成功非常重要。掌握消息的关键在于获取消息，分析、处理和利用消息。

市场消息是刺激股价出现大幅波动的重要方式。利好消息出来时，会刺激市场投资者争相买入，从而推动股价上涨。利空消息出来时，会刺激市场投资者争相卖出，从而带动股价下跌。

谁能提前掌握准确的市场消息，谁就能在股市中叱咤风云。因为提前掌握准确的消息，能让投资者在利好消息出来之前，提前布局，从而获得超额利润。如果是利空消息，投资者也能提前出局，从而规避风险。

市场上只有极少数投资者能够提前掌握准确的市场消息，这部分投资者通常是机构或者一些上市公司的内部人员。因此，能在股市中叱咤风云的只是极少数，多数投资者没有这方面的资源和能力，只能被动地接收市场消息，即等市场消息出来之后才能做出买卖决策。

1. 市场消息的分类

按照发布的层次，市场消息可以分为国际消息、国家政府消息、行业消息、个股消息。国际消息是国际上发布的能够影响股市走势的消息总称。国家政府消息是指国家发布的各项政策、方针、数据或报告等消息。行业消息是指在某个行业中发生的消息。个股消息就是针对某家上市公司的消息。

按照影响的范围，市场消息可以分为市场影响消息、行业影响消息和个股影响消息。市场影响消息是指市场消息对整个股票市场产生的影响，比如国家宣布降息或下调印花税等。行业影响消息是指市场消息对某一个行业产生的影响，比如前几年国家对钢铁行业的调控政策，国家对新能源汽车的支持政策等。个股影响消息是指仅对某只个股产生影响的消息，比如上市公司宣布高送转或并购重组等。

按照影响的程度，市场消息可以分为一般利好消息和重大利好消息，一般利空消息和重大利空消息。一般利好消息和一般利空消息对股价走势的影响不会很大。重大利好消息和重大利空消息会使股价出现强烈波动。

按照影响的时间长短，市场消息可以分为短期影响消息和长期影响消息。短期影响消息通常对股价短期走势产生影响，适用于短线交易。长期影响消息通常对股价的长期走势产生影响，适用于中长线交易。

2. 大跌后出现利好消息的操作方法

股市行情长期下跌且跌幅甚大的情况下，一旦有政策面利好公布，行情便出现强劲拉升。这表明市场因为消息的影响突然转强，按照顺势而为的原则，应坚决择股加大仓位介入。

选股的原则如下。

（1）选择最早放量快速拉升，并封涨停板的股票，股票最好全天不要开板。

（2）选择有大比例封单的涨停板个股。封涨停板单量占流通量百分比越大，越说明市场投资者争相抢入该股票，该股票通常会持续强势上涨。

（3）选择前期跌幅很大的超跌板块或个股。选择个股时最好选择中盘股或小盘股，因为盘子小市场资金拉升股价会比较容易。

（4）选择大盘跌势后期成交量放大，换手率高的个股。通常在大盘跌势的后期，已经有一部分股票提前触底，这些股票通常主力资金已经开始进入，成交开始活跃，因此成交量和换手率都会增加。所以，利好消息出来时，这些已经提前见底并受资金关注的个股会率先起涨，而且会更具有爆发力。

3. 大涨后出现利好消息的操作方法

行情经过一段时间的持续上涨后出现利好消息，此时投资者选股时应当谨慎。因为股价在高位出现利好消息，通常情况下不是股价要加速上涨，就是主力利用利好消息出货。所以，此时买入股票既有很大的机会，也面临很大的风险。

操作原则如下。

（1）市场突发重大利好消息时，投资者可在利好消息刚被市场知晓的第一时间买入成交量放大的强势股。

（2）市场突发重大利好消息，且股价只是小幅高开时，投资者可以适当轻仓买入。这种情况说明主力资金控盘很好，并且对后市还有图谋，投资者买入后获利机会大于风险。

（3）如果利好消息突然在开盘前广为公布，只要不是特别重大的利好消息，投资者应当以高抛为主，切勿追高买入。当利好消息在开盘前被市场投资者广为知晓，会有很多散户蜂拥而至，主力通常会趁机出货，行情容易高开低走。

（4）如果利好消息一般，且股价出现大幅高开，投资者应当以高抛为主，这种情况通常是主力机构利用利好消息吸引市场投资者前来接盘，自己则趁机出货。

（5）利好消息出来时，先确认市场行情是处于强势阶段还是弱势阶段。如果确认市场行情处于强势阶段，且投资者有意做短线交易，那么应选择换手率高，并在大盘振荡下跌时抗跌的强势股。

4. 出现利好消息需要谨慎买入的情况

通常情况下，利好消息能够促使股价上涨。但是，有些情况下利好消息不仅不能促进股价上涨，反而会使股价下跌。

遇到以下几种利好消息时，投资者不能买入股票。

（1）利好消息出来后，市场上出现大面积的大涨股和涨停股，这时还处于下跌行情走势的个股不能买。

（2）利好消息属于短期利好消息时，影响个股出现涨停，但涨停时间越靠后的个股越需要慎买，第二天容易高开低走或低开低走。

（3）利好消息出来后，股价封涨停板不稳，盘中不断出现开板，且封板时的封单量很少，都是小单封板，这样的个股也慎买，第二天容易低开低走。

（4）利好消息出来后，股价大幅高开低走的股票慎买，这很可能是主力机构借助利好消息出货。

5. 出现利空消息时的交易策略

市场出现利空消息时，投资者应该卖出股票，以防止股价下跌造成更大损失。只有股价经过一段时间的大幅下跌，并且是因没有正式公布的一些利空消息传闻引起的下跌，利空消息正式公布时，股价经常会因利空消息出尽而转为上涨。

另外还有一种情况就是，股价经过较长一段时间的大幅下跌后，行情触底回升开始走出上涨趋势，此时市场出现一般的利空消息时，行情走势通常只出现短暂下跌，然后继续走上涨趋势。

第六节　主力资金驱动选股法

主力资金驱动选股法就是利用主力资金的流入或流出来捕捉牛股的方法。

资金流入是推动股价上涨的重要基础。如果某只股票最近几天资金流入量较大，流入几亿元甚至几十亿元的资金，则可能受到了众多投资者的关注和追捧，有可能成为热点股。

资金净流量的计算公式：

资金净流量 = 流入资金 – 流出资金

如果是正值表示资金净流入，负值则表示资金净流出。上涨时的成交额计为流入资金，下跌时的成交额计为流出资金。

指数处于上升状态时产生的成交额是推动指数上涨的力量，这部分成交额被定义为资金流入。指数下跌时的成交额是推动指数下跌的力量，这部分成交额被定义为资金流出。当天两者的差额即是两种力量相抵之后剩下的推动指数上升的净力，这就是该板块当天的资金净流量。换句话说，资金流向测算的是推动指数涨跌的力量强弱，反映了投资者对该板块看多或看空的程度到底有多大。

资金流向的判断无论对于分析股市大盘走势还是对于个股操作，都起着至关重要的作用。资金流向是反映市场多空买卖意愿、主力散户买卖意愿的数据指标体系。

通常说的"热点个股"是资金集中流向的个股，"热点板块"则是资金集中流向的板块。而"板块轮动"其实就是资金流向轮动而产生的盘面效果。

资金流向能够帮助投资者透过价格涨跌的迷雾看到其他投资者到底在干什么。价格上涨一个点，可能是由 1000 万元资金推动的，也可能是由 1 亿元资金推动的，这两种情况对投资者具有完全不同的指导意义。如果是小资金推动的价格上涨，上涨的持续性会大打折扣，并且上涨空间有限。反之，如果是大资金推动的价格上涨，上涨的可持续性非常大，并且上涨幅度也会很大。

主力资金流向就是股市中的资金主动选择的方向。从量的角度去分析资金流向，即观察成交量和成交金额。成交量和成交金额在实际操作中是有方向性的，即买入或卖出，体现在资金上为资金流入或流出。

主力资金流向指标是投资者使用选股技巧时的一项很实用的指标。如果主力想要拉升某只股票，就一定会在资金上下功夫。一般来说，凡是资金大量流入的股票，其股价通常会不断攀升；凡是资金不断流出的股票，其股价通常会逐步下跌。

1. 主力资金流向变动对股价的影响

主力资金的动向是投资者在股票交易中十分重要的参考依据，大资金往往对股价能够造成很大的影响。如果能明确判断自己操作的股票是否有主力资金介入，对于投资交易就有重大的指导意义。大资金的流入流出趋势反映了股市中主力运作的思路。

（1）主力净流入资金从最大的负值开始持续向正值靠拢时，说明主力资金的抛压开始减少，股价下跌趋势开始放缓。

（2）主力净流入资金开始从负值向正值转变时，说明股价可能短期面临企稳反弹的趋势。

（3）主力净流入资金到达峰值并从峰值开始回落时，说明股价可能短期面临上涨幅度放缓或振荡的趋势。

（4）主力资金净流入开始持续下降并向负值靠近时，说明抛压出现，股价可能又要面临短期调整的趋势。

2. 资金流向与股价呈负相关的现象

一般情况下，资金流向与股价涨跌幅走势呈正相关。但在以下两种情况中则相反，资金流向指标具有明显的指导意义。

（1）当天的资金流向显示为净流入，但股价在下跌。这种情况通常是主力机构在故意制造股价下跌走势，然后以大量的小单吸筹。通常是主力在洗盘阶段使用。

（2）当天的资金流向显示为净流出，但股价在上涨。这种情况通常是主力机构在故意制造股价上涨走势，然后以大量的小单抛售。通常在股价即将见顶阶段，主力暗中出货时使用。

资金流向与股价涨跌幅出现以上背离时，资金流向比股价涨跌幅更能反映市场实际状况，投资者应当密切注意主力资金的流向变化，以便能做出更加稳健的交易策略。

3. 资金驱动实战买入法

（1）股价经过一段时间的持续下跌后，资金开始出现持续净流入时，即成交量持续放量，投资者可以适当买进股票。

（2）股价经过一段时间的横盘振荡后，资金开始出现持续净流入时，即成交量持续放量，投资者可以适当买进股票。

（3）股价在上涨初期，资金开始出现持续流入时，即成交量持续放量，投资者可以考虑适当买进股票。

（4）股价在下跌末期或上涨初期，资金开始出现持续快速流入时，即成交量出现持续快速放量，投资者可以买进股票。

（5）股价在低位出现重大利好消息，资金出现急速净流入时，投资者可以及时跟进买入股票。

4. 资金驱动实战卖出法

（1）股价经过一段时间的持续上涨后，资金开始出现持续净流出时，投资者可以适当卖出股票。

（2）股价经过一段时间的横盘振荡后，资金开始出现持续净流出时，投资者可以适当卖出股票。

（3）股价在下跌初期，资金开始出现持续流出时，成交量持续放量，投资者可以适当卖出股票。

（4）股价在上涨末期，资金开始持续快速流出时，成交量持续快速放量，投资者可以卖出股票。

（5）股价在高位出现重大利空消息，资金急速净流出时，投资者可以及时跟进卖出股票。

第七节 业绩驱动选股法

业绩驱动选股法就是利用上市公司业绩增长来捕捉牛股的方法。

公司业绩的上涨往往是股票价格上涨的重要支撑。如果投资者能够选中业绩高增长的公司，大概率会获得超额收益。

与上市公司业绩相关的预告、公告、分析和预测，都会受到市场投资者的关注。投资者应当寻找未来业绩能大幅增长的公司，购买其股票来捕捉超额收益。

投资者应通过历史数据来检验公司业绩与股价的关系，检验按不同业绩增速进行分组，观察股票组合的表现，分析业绩与股价领先和滞后的关系，为预测未来业绩作参考。这样就能利用历史业绩表现构建相应的买卖策略。

1. 业绩驱动选股技巧

凭借上市公司的业绩来选择目标股票，通常是较好的办法。因为公司业绩持续向好，而股价估值处于低位时，很容易受到市场的关注。即便股市处于调整阶段，或者处在熊市中，一些业绩不断爆发性增长的个股，也很容易成为市场中的热门股票，而且会有不错的表现。

利用业绩选股时，投资者既可以根据历史业绩来选择股票，也可以根据预期业绩来选择股票。

（1）根据历史业绩选择股票。

根据历史业绩选择股票，投资者可以在参考上市公司较长时间业绩变化情况的基础上，花费更多心思来观察股价最近一期的业绩变化情况。历史上业绩本来就很好的个股，预期的真实收益是比较可靠的。投资者选择这类股票，可以轻松地获得较好的投资收益，而不会出现太大的损失。而近期业绩预报刚刚宣布大增的个股，更应该成为投资者首选的目标。特别是那些估值相对合理，而业绩暴增后凸显其投资价值的个股，即便在指数下跌调整的阶段，也会出现较好的拉升行情。

（2）根据预期业绩选择股票。

投资者买入的股票，应该是那些有明显利好消息支撑，并且预期业绩会出现较好转变的个股。如果投资者能够抓住这些股票，就可以比较轻松地获利，并且不容易被套。

受到利好刺激的个股，即便起始的走势不尽如人意，后期大概率会出现突破性的牛市行情。投资者只需要耐心等待，就可以有不错的收益兑现。在业绩发布之前，如果股价大涨，就很可能有其他投资者或机构早早地预期了股票未来业绩会向好，从而持续买入，导致股价表现出强势特征。这种情况下，投资者需要提前建仓，方能有较好的收益。

根据历史业绩选择股票，虽然股价可以有比较稳定的上涨幅度，但是股价走势很容易受到真实业绩下滑的影响。如果根据预期业绩选择股票，而不考虑上市公司历史业绩的变化情况，真实盈利状况又很难兑现。因此，投资者可以考虑不同的时期，采取不同的选股策略。

2. 业绩驱动实战选股方法

通过研究一个公司的业绩增长情况，投资者能够预期投资的回报前景。如果公司的业绩好，自然就会吸引更多的投资者买入其股票。反之，如果公司的业绩不好，投资者肯定不愿意购买其股票。

（1）上市公司业绩连续增长。

从长期来看，上市公司业绩连续增长会带动其股价持续上涨。投资者可以选择那些历史业绩和当前业绩都不错，并且未来还将持续增长的公司进行长期持股投资。这类股票往往能够成为市场上的长牛股。

（2）上市公司业绩短期大幅增长。

上市公司的业绩短期内大幅增加时，往往会激发市场投资者的交易热情。公司股价短期内可能会大幅上涨，投资者可以根据业绩预告进行短线交易。能够给公司带来大量收益的事件包括：公司获得巨额订单，公司的生产技术出现革命性创新，公司通过重组获得了能够大幅盈利的优质资产，等等。

（3）垃圾股扭亏为盈。

对于一些业绩很差的垃圾股，即使其短期内扭亏为盈，或者业绩大幅增加，投资者也应该保持谨慎，需要仔细查看公司的盈利能力是否真的有了根本性的改变。如果盈利能力有了根本性的改变（比如优质资产注入，致使公司完成产业升级），则投资者可以买入持股。如果盈利能力只是暂时性的改变，投资者最好不要买入。

（4）上市公司业绩出现拐点。

投资者预测上市公司的业绩将出现拐点，利润增长超预期时，可以买入持股。上市公司产品的市场价格与行业价格跟盈利预期有很大的关系。如果产品价格长期处于下跌趋势中，那么产品的盈利预期将降低，业绩也容易出现下滑。产品价格经过长期下跌后，出现拐点时，意味着后期市场价格将会逐步上升，那么产品的盈利预期也将增加，业绩也容易出现上涨，这种业绩拐点位置通常是投资者买入持股的最佳时机。

（5）上市公司业绩跳跃式增长。

公司业绩增长有两种方法：一种是靠原有主业的增长；另一种是靠新项目的业绩增长，这种新项目并非原来的主营业务，而是另外一种新的业务。如果原来的主营业务大幅度减少或者干脆全身退出，公司以后的业绩增长完全依赖新的业务，这种增长方式称为业绩的跳跃式增长。业绩跳跃增长的公司有几个关键点：首先，新旧业务之间关联度很低，甚至毫不相干，新旧业务的业绩没有可比性。其次，新业务的收益远高于旧业务。再次，公司有合理的业务转换理由。

比如，一家公司面临连续亏损的窘境，随后被置换成新的其他资产，只要新进的资产盈利水平较好，就形成了业绩的跳跃增长。这种类型往往发生在 ST 公司中。

由于公司前后判若两人，所以只要公司未来的业绩有跳跃式的增长，投资者就可以在之前买进，相当于持有未来的另外一家公司的股票，这样就可以顺利获取这两家定位不同的公司之间的差价收益。

这类公司的跳跃式发展一般历时较短，通常不会多于两年，而股价的上涨幅度往往可以达到数倍。因此，这类公司是更愿意冒一些风险的投资者关心的重点，它有可能使投资者在相对较短的时间里获取较大收益。

3. 造成上市公司业绩波动的原因

相比业绩波动大的上市公司，大多数投资者更喜欢买入业绩保持长期稳定增长的上市公司的股票。上市公司业绩波动大容易引起股价暴涨暴跌，投资者买入这样的股票，可能会遇到很好的机会，同样也会遇到很大的风险。

造成上市公司业绩波动的原因有以下 4 点。

（1）宏观经济和行业景气度越低，业绩波动越剧烈。

宏观经济越好，行业景气度越高，上市公司的经营风险就越小，经营稳定性也越好，其净资产收益率标准差也就越小。比如前些年，钢铁和煤炭需求总量下滑成为新常态，在此背景下，国家出台了供给侧改革，促进钢铁煤炭行业过剩落后产能退出，加快行业转型升级，降低钢铁行业的经营风险。

（2）上市公司转型升级与业绩波动正相关。

转型升级是上市公司重新获得发展动力、改变经营困境的有效方式，会给公司业绩带来较大的波动。随着时代的发展，不断有落后的产业被淘汰，同样也不断有新兴产业在快速发展，落后产业会拖累上市公司的业绩，新兴产业则会促进上市公司的业绩。因此，转型升级成为很多上市公司促进业绩增长的优选方案。在行业属性发生改变的上市公司中，由落后行业的企业转变升级为新兴科技型企业，通常业绩会有明显改善，向上波动明显。

（3）上市公司资产规模越大，业绩波动的可能性越大。

总资产规模偏大的公司主要集中在传统行业，这些行业更容易受到宏观经济的影响。以前，很多企业都会追求规模经济，资产规模越大的企业越容易受到投资者青睐。而现在，随着产业升级和“互联网 +”行业的发展，轻资产和科技型企业更容易受到投资者青睐。资产规模大的企业，经常因为资产规模偏大而拖累企业的业绩。

（4）上市公司资产负债率越高，业绩波动越剧烈。

资产负债率又叫举债经营比率，是用以衡量企业利用债权人提供资金进行经营活动的能力，以及反映债权人发放贷款的安全程度的指标。上市公司的业绩要看企业利润增长幅度是否大于资产负债率的增长幅度。如果大于，则给企业带来的是正面效益；反之，如果小于，则给企业带来的是负面效益。上市公司资产负债率越高，经营风险越大，净资产收益率标准差也就越大。

投资者可在业绩增长的上市公司中，综合考虑宏观经济与行业景气度、公司转型升级、公司规模、资产负债率等要素，选择业绩相对稳定的上市公司作为投资对象。

4. 上市公司业绩造假的方式

投资者买入股票时，最怕的就是买到有“雷”的个股。而现在的上市公司经常爆出各种“雷”，这让投资者防不胜防。投资者根据业绩驱动买卖股票时，最怕的就是遇到公司业绩造假，面对一堆虚假的数据，可能会面临较大的风险。因此，投资者要学会识别上市公司常用的造假方式。

（1）利用企业之间的关联交易，提高经营业绩，粉饰财务报告。

一般而言，国内的上市公司大多属于集团型企业，无论是公司结构、组织形式，还是经营涉足范围、各个运作环节等，大多处于一种复合型的多元架构。其向公众披露的合并会计报表数据范围，涵盖了母公司、子公司、各类合营公司、联营公司，及其控制、共同控制、有重大影响的各类企业的经济活动情况。

上市公司关联方关系错综复杂，如果上市公司或其控制的大股东故意向中介监督机构隐瞒关系以及和关联方的交易，加之中介机构的审计不深入，过于相信上市公司的一面之词，那么利用关联方交易粉饰财务报告的情况就难以杜绝。

（2）通过“泡沫重组”或突击进行资产转让等方式，做出的一种华而不实的短期逐利行为。

每到年底，一些“ST”类或准“ST”类公司为避免停市摘牌厄运，挖空心思，利用各种形式的重组和资产转让、股权转让等“一锤子买卖”的方式调节报表，扭亏为盈，涉险过关。

还有一些本来有较好业绩的企业，为了给市场投资者以高成长的印象或其他目的（如操纵二级市场价格等），会刻意通过债务重组或转让资产等方式，制造利润“大幅”增长的虚假现象。实际上，这种通过债务重组和转让资产等方式获得的非经常性收益并不是总能得到，由于主营业务没有实际成长，这些企业在业绩大幅提升一两年后，往往又出现业绩大幅缩水的情况，投资者则会因为只看重企业表面收益的增长而投资失败。

（3）账面资产与资产本身的实际价值背离，资产负债表中的虚拟资产大量渗透。

在资产负债表中，列入上市公司资产类项目的待处理财产损溢、待摊费用、长期待摊费用等较直观的虚拟资产部分，在许多公司中占有较大的数额，有的公司高达千万余元。在某种程度上讲，这是以往年度不稳健的会计政策造成的后果，同时也是未来必须用盈利来消化的包袱。有相当多的企业由于历史、重组、置换、计提、设备更新、技术发展等诸多原因，存在着资产严重脱离其实际价值甚至虚拟资产的情况。

（4）上市公司控股股东公开或隐形占用其配股资金，风险揭示不明。

由于上市公司改制不彻底，加之监管机制尚不完善，导致控股股东一股独大，某种程度上左右着上市公司的经营行为，上市公司成为大股东的提款机就不足为怪了。实际上，大股东挤占挪用上市公司的配股资金占了很大的比重，只是占用的程度不同罢了。

在二级市场的收购战和上市公司法人股的转让及各种重组中，本身就不排除想通过控股上市公司，旨在利用二级市场的便利筹资条件进行“圈钱”的图谋行为。在挤占挪用的形式上，有直接的形式（如通过内部融资、借贷等），也有隐形的方式（如通过内部银行结算占用等），上市公司披露时往往会回避或含糊其辞。实际上，控股股东挤占挪用的资金，往往因为投资失策或变成其他非货币性资产，而不能按期归还或归还时大打折扣，可谓“借钱容易还钱难”，往往形成上市公司的一笔长期应收账款，时间一长，就存在极大的风险。

（5）人为编造原始凭证，出具极具欺骗性的财务会计报告。

上市公司公然造假的事在证券市场时有发生，从较早的“琼民源”事件到后来的“银广夏”事件，使人们对会计信息的可靠性越来越怀疑，从而引起“会计信息危机”。一般情况下，纯粹弄虚作假、故意编造原始凭证和虚假商业合同等情况，在上市公司中占极少数，但笔者认为这是会计信息造假最恶劣的一种。因为它不同于利用法律法规的不健全和会计规则的伸缩性在有限的范围内调节财务数据。比如，少提各项减值准备以求虚增利润等的公然造假，完全就是一种欺诈行为。

有的上市公司通过编造不实的购销、代理等各种合同或协议，以及相配套的可以反映增加收入和利润的原始交割单证，按照其设定的收入和利润数字，从主观意志出发，在具体构成经济事项的表象上蒙骗执业不够严谨的中介审计机构和投资者。采取此种造假行为的上市公司在其幕后都隐藏着不可告人的动机。

（6）或有事项特别是预计负债方面揭示不明确、不完整或回避揭示。

随着市场经济的发展，或有事项这一特定的经济现象已越来越多地存在于企业的经营活动中，并对企业的财务状况和经营成果产生较大的影响。一般常见的或有事项有：商业票据背书转让或贴现，未解决的仲裁或诉讼，债务担保，产品质量担保，等等。

目前，从普遍意义上讲，上市公司绝大部分在或有事项上的相关信息披露是不明确的、不完整的，甚至采取回避的态度。其主要原因：一方面是因为投资者对或有事项这一特定经济现象认识不深，事前估计不足，认为在或有事项可能发生但没有实际发生前没有必要加以确认。另一方面由于历史等诸多因素如法人治理结构不健全等，具体会计信息披露人员对本可以反映的或有事项无法确认和记录，如公司出现担保业务后不反映也不主动向中介机构提示，外界考证起来比较困难，甚至还有个别领导签字盖章担保后，企业本身的财务人员都不知情，更谈不上披露。但一旦或有事项实际发生，公司面临承担责任时，一般数额往往较大，致使广大投资者产生较大风险。

5. 为何有的上市公司业绩增长股票却被投资者抛售

有些看似非常优质的上市公司，其发展前景一片大好，业绩一直呈上升趋势，股票却被投资者抛售，导致股价连续下跌，确实是一件令人费解的事。究其原因有以下4点。

（1）对上市企业创造效益的能力缺乏信心。

从公司提供的财务数据来看，靓丽的数据并没有能够与效益形成有效互动。可能销售数据非常好，但实现的利润非常低。这给市场投资者一种感觉，就是上市公司的效益不佳。没有效益，就难言投资价值。所以，投资者会感到失望，并在失望中慢慢抛售公司股票，从而使股价出现大幅下降。

（2）对上市公司的未来预期缺乏信心。

收入与利润不能形成有效协调，表面上的影响是效益不佳让投资者不满，深层次上则是投资者对上市公司的未来预期缺乏信心，甚至信心尽失。事实的确如此，投资者是否愿意投资企业，既要看当期发布的业绩，更要看业绩背后的预期。尤其是机构投资者，更对预期有较高的期望。如果预期不佳，投资者就会慢慢离去。一旦机构投资者撤离，散户投资者也会跟风撤离。

（3）对上市公司的经营战略缺乏信心。

公司的经营战略是决定公司未来盈利预期的关键。投资者对公司的经营战略失去信心时，自然就是不看好公司未来的盈利预期。

其实，投资者对公司盈利能力表现不满时，就会怀疑公司的经营能力。有的公司可能暂时出现了盈利，但公司的经营战略不被认可时，投资者自然会抛售股票。

（4）对上市公司的创新和创造能力缺乏信心。

上市公司的产品创新是占领市场的关键。有些上市公司不断地推陈出新，新产品不断上市，不断推出各种有效的新举措，使投资者对上市公司充满信心，从而买入公司股票。有的上市公司虽然表面上看起来盈利可观，但是其产品落后和观念陈旧，长期没有任何改变，总是故步自封，没有任何的创新举动和创造能力，这样的公司很容易让投资者失去信心，从而抛售公司股票。

第八节　价值驱动选股法

价值驱动选股法就是利用上市公司的市场价值来捕捉牛股的方法。

价值驱动选股法认为股票价格围绕“内在价值”上下波动，而内在价值可以用一定的方法测定。股票价格长期来看有向“内在价值”回归的趋势。股票价格低于内在价值时，就出现了投资机会。

价值驱动选股是投资者对宏观数据、行业数据、上市公司历年财务数据、行情数据等经过专业分析，对上市公司股票进行基本面的综合评估后，给出的简洁直观的结论。

价值投资的代表人物是美国的巴菲特。他的价值投资核心原则是，买股票就是买公司。也就是说，虽然他是为了获取收益，但他会把这家公司当作自己的公司来研究。

1. 股票具有价值投资的特点

（1）具有政策支持的股票。

国家政策是影响股票上涨或下跌的重要因素。如果说股市是经济的晴雨表，那么国家的政策和方针就是股市的风雨雷电，股票的涨跌会受到国家政策的影响。所以，选择股票需要考虑国家的政策和方针。如果是国家政策大力支持的行业或企业，股票未来的价值潜力会比较高。反之，如果是国家政策调控的行业或企业，股票未来的价值潜力就会降低。

（2）具有前景行业的股票。

股票交易不仅要看政策，还要看行业，行业的发展阶段对股票未来的价值会有重要影响。如果行业处于快速增长期，其未来发展的潜力和价值就会很高。反之，如果行业处于衰退期，其未来价值就会降低。比如，目前股市中的科技行业正处于快速上升期，其未来价值很高，因此科技股受到市场投资者的热烈追捧。而目前钢铁和煤炭行业处于衰退期，其未来价值不被投资者看好，因此钢铁股和煤炭股受到大多数投资者的冷落。

（3）优秀企业的股票。

选择有价值的股票，除了要看国家政策和行业发展前景，还要回到上市公司本身上来。选择有价值的股票，就必须看一下发行该股票的公司本身是否优秀。只有优秀的企业，才能孕育出有价值的股票。因为股票的价值，很大的一部分是由企业创造的。

（4）具有成长空间的股票。

市场上有价值的股票不一定都是大企业的股票，也不一定都是高价格的股票，但是有一点是必须具备的，那就是具有很大的成长空间。哪怕是暂时性的低价股票，未来也可能会获得可观的回报。比如，现在有很多科技公司和互联网公司，可能没有多么庞大的资产和人员，但是创造的市场价值比很多大企业都高，因为其所处的行业具备很大的成长空间。

（5）没有任何虚假成分的股票。

现在有些企业的股票价格虚高，与企业的实际业绩根本不匹配，存在着较多的水分和泡沫。还有很多企业以各种方式弄虚作假来欺骗市场投资者，这样的上市公司其价值也存在虚假成分。如果投资者买入这种类型公司的股票，投资风险将会很大。只有企业本身没有弄虚作假，股价没有严重偏离其价值，这样具有价值潜力的企业才值得投资者去投资。

2. 综合分析评估股票价值

（1）行业评估是对行业整体基本面进行综合量化评估的过程，是判断上市公司未来价值增长空间的重要参考。

（2）公司评估是以上市公司定期的财务报告数据为基础进行的量化综合评估过

程，是判断上市公司经营绩效和投资价值的主要依据。

（3）风险评估是对上市公司各类经营财务风险进行综合量化评估的过程，是判断上市公司能否持续协调发展的重要依据。

（4）趋势评估是对股票在二级市场的表现进行定量评价比较的过程，是投资者判断股票买卖时机的重要参考指标。

（5）公告评估是指对上市公司日常重大事件公告进行量化评价的过程，以达到进一步跟踪上市公司评价系统，从而使得对上市公司的综合评价能够随着重大事件的日常公布进行及时补充。这大大增强了综合评价的时效性和准确性。其中，主要事件包括担保、诉讼、并购重组、资产出售、资产置换、关联交易、募资使用、委托理财、分红送配等。

（6）动态评估是以上市公司定期绩效评价为基础，再通过上市公司日常的一些对绩效有影响的重要事件公告，投资者对上市公司的财务能力做出调整后得到的最新绩效评价，因而使得公司绩效评价动态化。

实际上，股票定价是股票在以上各种因素的共同影响下，结合当前市场的整体状况，给出的一个均衡价格，是评价股票价值的最综合结论，因而是评判股票投资价值的主要依据。收益预测是对业绩优良的上市公司的定期业绩做出的模型预测，以便为投资决策做重要支持。

3. 股票价值的参考指标

在价值投资方式中，投资者买进一只股票，就是买进一项经营性资产，而股票价格取决于这项经营性资产的盈利能力。只有公司的生产经营获得利润，且利润高于安全的固定收益类投资所得，股票才有投资价值。因为投资股票风险较高，预期收益理应更高。

股票价值的评估指标如下。

（1）市盈率。

市盈率反映了每股盈利不变的情况下，当派息率为100%，并且所得股息没有进行再投资的条件下，经过多少年投资可以通过股息全部收回。一般情况下，一只股票市盈率越低，市价相对股票的盈利能力越低，表明投资回收期越短，投资风险越小，股票的投资价值就越大。反之，一只股票市盈率越高，市价相对股票的盈利能力越高，表明投资回收期越长，投资风险越大，股票的投资价值就越小。

市盈率当然越低越好，因为它反映的是股票的静态基本价值。不过，上市公司收益是不断变动的，因此估值也会在基本价值的基础上变动。一般认为，如果一家上市公司股票的市盈率很低，那么该股票的价值存在低估，具备投资价值；如果一家上市公司股票的市盈率过高，那么该股票的价格具有泡沫，价值被高估。如果市场预计公司未来收益将增长，股价也会提前上涨，市盈率会上升；反之，如果市场预计公司未来收益将降低，股价将回落，市盈率会下降。

（2）市净率。

市净率和市盈率同样重要，这一指标反映股票市价相对其每股净资产值的倍数，也是越低越好。一般来说，市净率较低的股票，投资价值较高；相反，市净率较高的股票，则投资价值较低。但在判断投资价值时，还要考虑当时的市场环境以及公司经营情况、盈利能力等因素。

（3）净资产收益率。

净资产收益率是净利润与平均股东权益的百分比，是公司税后利润除以净资产得到的百分比率。该指标反映股东权益的收益水平，用以衡量公司运用自有资本的效率。指标值越高，说明投资带来的收益越高。该指标体现了自有资本获得净收益的能力。

投资股票要想获得高额收益，关键在于公司净利润的成长。如果公司不成长，用合理价格投资股票，也仅能获得与银行利息相似的收益。投资者首先要寻找高成长的公司，而高成长的公司必然有较高的净资产收益率。

4. 股票价值评估常用的方法

（1）竞争优势原则。

在竞争性市场条件下，企业通过培育自身资源和能力，获取外部可寻资源，并加以综合利用，在为顾客创造价值的基础上，实现自身价值的综合性能力。在竞争性的市场中，一个企业所具有的，就是能够比其他企业更有效地向市场提供产品和服务，并获得盈利和声望。

企业的竞争优势体现在以下 3 个层面。

第一层面是产品层，包括企业产品生产及质量控制能力、企业的服务、成本控制、营销、研发能力。

第二层面是制度层，包括各经营管理要素组成的结构平台、企业内外部环境、资源关系、企业运行机制、企业规模、品牌、企业产权制度。

第三层面是核心层，包括以企业理念、企业价值观为核心的企业文化，内外一致的企业形象，企业创新能力，差异化个性化的企业特色，稳健的财务，拥有卓越的远见和长远的全球化发展目标。

（2）现金流量原则。

现金流量是指企业在一定会计期间按照现金收付实现制，通过一定的经济活动（包括经营活动、投资活动、筹资活动和非经常性项目）而产生的现金流入、现金流出及其总量情况的总称，即企业一定时期的现金和现金等价物的流入和流出的数量。

现金流量管理是现代企业理财活动的一项重要职能。建立完善的现金流量管理体系，是确保企业的生存与发展、提高企业市场竞争力的重要保障。

企业价值的大小很大程度上取决于投资者对企业资产的估价，在估价方法中，现金流量是决定性因素。也就是说，估价高低取决于企业在未来年度的现金流量及其投资者的预期投资报酬率。现金流入越充足，企业投资风险越小，投资者要求的报酬率越低，企业的价值越大。

现金存款本身获利能力低下，只能产生少量利息收入。相反，由于过高的现金存量会造成企业损失机会成本的可能。因此，合理的现金流量既能满足需求，又不过多囤积资金。这需要企业在资金流动性和收益性之间做出权衡，寻求不同时期的最佳资金平衡点，有效组织现金流量及流速，以满足偶然发生资金需要的能力。

分析公司现金流时，投资者需要重点防范公司财务造假。现在有些上市公司为了保持股票价格的稳定，经常会在财务报表上造假。所以，投资者一定要擦亮眼睛，千万不能掉入财务造假公司设下的陷阱。

（3）“市场先生”原则。

“市场先生”这个寓言故事讲的是：你和一个叫“市场先生”的人做生意，他每天会给你提供一个报价。他情绪很不稳定，有时很乐观，给出的报价很高；有时又很沮丧，报出的价格很低。

“市场先生”还有一个可爱的特点，他不介意被人冷落，每天都会提出新的报价。对我们来说，有用的是他的报价，但也不能忽略他的情绪，因为一旦你被他的情绪控制，后果将不堪设想。

“市场先生”反映的是投资者在股市交易中要学会理性和控制自己的情绪，要学会利用市场而不是被市场利用，要把握市场运行的节奏，而不是被市场牵着走。

（4）安全边际原则。

只有当价值被低估时，才存在安全边际或安全边际为正；当价值与价格相当时，安全边际为零；而当价值被高估时，不存在安全边际或安全边际为负。价值投资者只对价值被低估特别是被严重低估的对象感兴趣。安全边际不保证能避免损失，但能保证获利的机会比损失的机会更多。

投资决策使用的信息可能是虚假的，虚假信息可能会给投资者带来较大损失。股市中，无论再好的公司也可能会有出现意外的时候，意料之外的灾难是投资回报的大敌。如果公司发生意外事件或者持有的股票走势出现意外利空状况，投资者应当控制好安全边际。重视安全边际可以帮助投资者防范这些令人不安的可能。

（5）集中投资原则。

集中投资主要是指投资者不要把资金过于分散，而是要将资金集中起来投入到最看好的几只股票上。股票投资不可贪多，股票数量买多了以后，投资者没有足够的精力去照看所有的股票，容易分散精力，顾头不顾尾，最终难以获利，还可能出现亏损。

很多投资者注重投资选择的多样化和时间的间隔化来分散风险，从而不会在机会到来时集中资金进行投资，导致收益随着风险的分散也同时分散。

（6）长期持有原则。

长期持股法是指选择获益率高或成长性高的股票，购进后便长期持有，不轻易抛出的方法，即长期投资于某种股票的方法。

价值投资主要针对的是长期投资者。投资者通常会在股价低于其价值时买入股票，进行长期持有，等股价上涨后再选择合适的时机卖出。

5. 投资者对价值投资的误解

（1）认为价值投资很容易。

价值投资并不是买入一只股票，然后一直持有就可以的。价值投资最难的是对公司的价值进行评估。对于价值投资来说，只要在评估公司价值的各环节中，任何一个环节出现差错，就会导致价值评估的结果出现偏差。

价值投资的安全边际是建立在内在价值的判断上。如果内在价值的评估和判断出现偏差，就会致使投资者做出错误的决策。

（2）认为股票价值判断对了就一定能赚钱。

价值投资是一场非常考验耐性的投资，因为价值投资持有的时间较长。很多时候，投资者虽然能正确判断股票的价值，但是不一定能做对。投资者买入后等待过程中很容易发生心态和投资策略错位。股票不会因为股价低于价值就不会继续下跌，而股票具体能下跌多少投资者无法知道，什么时候股价能够反转投资者也不知道。投资者买入的股票长期产生浮亏时，其心态将会产生很大变化，很容易质疑自己最初的投资策略，很可能会因为心态的变化而斩仓出局，使浮亏变成真亏。

（3）认为价值投资就一定安全。

价值投资需要结合价格和内在价值去评估安全边际。只有足够的安全边际，才可以换回更多的确定性和更低的容错率。而内在价值的评估和安全边际的判断，是大多数投资者的难题。内在价值评估必须要全面且准确，只要有任何一个环节出现差错，整体的价值评估就会存在偏差。一旦价值评估存在偏差，那么安全边际肯定也会出现差错。因此，价值投资就会变得极其危险。

（4）认为价值投资就可以满仓操作。

价值投资对股票价值的评估和安全边际的判断要求较高。投资者一定不要因为是价值投资就满仓操作，要随时为不确定性风险留有足够的安全资金。投资者无法确定自己对股票的价值评估和安全边际的判断一定准确，股票投资可能存在一些未知的风险。既然存在未知的风险，就不能满仓操作。

（5）认为所有人都适合价值投资。

价值投资对投资者的专业性要求极高。首先，股票价值的评估和安全边际的判断就能难倒大多数的投资者。其次，价值投资通常是长期持股，这对于没有耐心和喜欢频繁交易的投资者来说是一大煎熬，而市场上很多投资者缺乏耐心，并且大多数投资者喜欢频繁交易。再次，价值投资经常会面对一段较长时间的亏损期，而市场上很多投资者在长时间面对亏损时会着急难耐，心态无法平静。因此，大多数投资者不适合价值投资，只有极少数人才适合。

第九节　特殊事件驱动选股法

特殊事件驱动选股法就是利用市场上突然发生的一些比较重大的特殊性事件来捕捉牛股的方法。

1. 事件驱动交易策略

事件驱动交易策略的“事件”是指具有较为明确的时间和内容，能够对部分投资者的投资行为产生一定的影响，从而决定股价短期波动的因素。这些事件包括：ST 类个股摘帽事件，年报潜在高送转事件，重大政策发布事件，企业分拆、企业收购、企业合并、破产重组、财务重组、资产重组、股票回购以及突发性事件，等等。

事件驱动交易策略是在提前挖掘和深入分析可能造成股价异常波动的事件基础上，通过充分把握交易时机获取超额投资回报的交易策略。通过公司调研、情报收集、业内沟通、数据统计、规则分析、数据挖掘、深度分析等一系列合理手段，提前分析出可能对股价产生影响的事件将要公布的内容和时间范围，在结合市场热点和大盘趋势的基础上，采取“事件明朗化前逢低买入，事件明朗化后逢高卖出”为主要原则的中短线投资策略。

2. 事件驱动交易法的内容

事件驱动交易法是指某个事件、某个突发新闻驱动股价异常波动，从而带来投资机会。股市中炒的就是对股票未来的一个预期，通过事件发生后将对标的股产生的利好影响，主力资金就会在利好兑现前对股价进行炒作，这种交易就是事件驱动交易法。

事件驱动交易法获取的“超额投资回报”是指个股由于某类事件的发生导致股价出现异常波动，其股价实际涨幅扣减同期大盘涨幅之后的部分称为“超额收益”。

事件驱动交易法的理念就是通过研究大事件来决定个股的决策，忽略小行情波动，主抓大行情。

事件驱动交易法的核心就是在事件发生前，潜伏于即将发生事件可能造成的市场热点，等事件明朗或将要明朗时再逢高卖出。

重大事件分为重大利好消息和重大利空消息。在重大事件发生后，选取一定时间段事件相关的前置和后置股票的表现进行分析，寻找规律，以指导后来重大事件发生时进行怎样的投资决策。

3. 事件驱动对股价的影响分析

事件驱动能够引起股票市场异常波动，投资者需要通过研究和分析事件发生的状况来寻找好的交易机会。

投资者可以从以下 5 个方面对事件进行分析。

（1）事件驱动好坏分析。

投资者分析事件驱动对股价的影响时，首先需要分析发生的是利好性事件，还是利空性事件。如果发生的是利好性事件，投资者才有机会布局买入股票。如果发生的是利空性事件，就应当考虑规避风险。

（2）事件驱动有无影响力分析。

事件驱动必须是有一定影响力的事件才能对股票市场、板块或个股产生影响。所以，当事件即将发生或者正在发生或者已经发生时，投资者需要分析该事件是否具有影响力。如果事件不具有影响力，那么这种事件毫无意义，没有继续深入研究的价值。只有事件发生具有影响力，才具有深入研究的价值。

（3）事件驱动影响力大小分析。

确定事件发生具有影响力后，投资者需要研究和分析的是事件发生的影响力有多大。如果事件对股票市场只有一般的影响力，则可能无法引起市场投资者的关注。如果事件对股票市场具有重大影响力，则可能激发市场投资者的投资热情。同时，投资者还需要分析事件发生是对整个股票市场具有影响力，还是只对某一行业、某一板块或者某一个股具有影响力。

（4）事件驱动影响时间分析。

分析完事件发生的影响力后，投资者需要分析事件发生影响的时间有多长。有些事件影响的时间会很短暂，哪怕是一些重大事件，影响时间也可能是短暂的。有些事件影响的时间会很长。如果事件只能短期影响股价行情走势，投资者只能做短期交易。如果事件能够长期影响股价行情走势，则投资者可以做长期投资。

（5）事件驱动影响股票分析。

投资者需要分析事件对哪些板块或个股会有影响，哪些板块或个股是受事件直接影响的，哪些板块或个股是受事件间接影响的。同时，还要分析哪些板块或个股具备先涨条件，哪几只个股具备龙头股的潜力和价值。

4. 事件驱动对股价影响的验证

事件驱动是否对股价产生影响，投资者可以先从股市中某一事件影响的板块或个股价格运行的时间序列出发，寻找股价变动中出现的异常波动点。然后对照各异常波动点，观察其发生的时间及其前后，是否有国家政策或者其他事件发生影响股价异常波动。如果有，则表明该波动是由于宏观政策的颁布或其他事件影响所致。如果没有，则表明股价的波动是由于股市的自身运行所致。

5. 事件驱动交易法的实战流程

（1）投资者要对事件发生的概率进行分析，这是对可能即将发生的事件进行分析。对于正在发生或者已经发生的事件，则没有这一步骤。

（2）对于事件驱动只有短期影响力的，投资者对短期趋势研判的前提是大盘短期无系统性风险。然后，投资者需要分析事件发生对影响的板块或个股可能产生的风险和收益。最后还要做事件驱动对股价的影响分析。事件的发生对股票的正面影响越大，则股价的上涨空间也就越大。

（3）提前择机买入股票。股票本身炒的就是预期。越接近事件发生的时间，股价就越活跃。一般情况下，在事件发生的前一周进行布局是最佳的潜伏期。另外，买入的标的股最好是行业龙头。

（4）逢高择机卖出。随着事件的发生，部分事件结束后，往往会出现利好预期兑现的风险。因此，投资者要深入分析事件对个股的影响，是短期的还是长期的。如果是短期影响，股价见光死的概率较大，应坚决卖出股票。如果是长期影响，则可以做长期布局。

股票事件驱动交易一定是事件驱动前提下的交易，这样投资者才能获得相应的利润。股市中有句话叫“只要站在风口上，猪也能上天”。股票事件驱动就像是“风口”，它可以改变市场的预期，让市场有联想。有了预期，才能引来资金追逐，好的消息能够引爆市场，使之持续不断地炒作。

第十章　不同时期的交易策略

股票交易策略是投资者为避免或降低风险,获取较多投资收益而采用的方法和措施。股票投资者的交易策略，应当因人、因时、因条件制宜。

投资者应根据自己的资金来源状况，对投资收益的依赖，掌握股票信息的程度及从事股票交易时间等条件酌情确定不同的交易策略。自有资金充足，可分期分批灵活选择不同个股在适当的时机和价位买进或卖出股票，有利于实现预定的投资方案和投资目标。如果是靠借入资金投资，不仅投资成本高，而且交易股票的品种和时间都受到严格的限制，非但难以实现预定的投资方案和投资目标，稍有不慎还可能遭到灭顶之灾。

第一节　牛市行情操作策略

1. 牛市的含义

牛市又称多头市场，是指价格总体呈上涨趋势的证券市场。价格变化的总趋势是不断走高，特征是大涨小跌。

多头市场总体运行趋势是向上的，虽有下跌，但下跌的低点一波比一波高。买入者多于卖出者，市场求大于供，人气不断汇集，投资者追高意愿强烈，新开户的人数不断增加，新资金源源不断地涌入。多头市场中，投资者应尽量避免频繁操作，来回更换个股，应保持耐心，持股待涨。

2. 牛市的特点

（1）通常中小盘股会先发动涨势，不断出现新的高价。因为中小盘股盘面轻，拉升股价需要的资金量不大，股价很容易被拉升。

（2）当普通的不利股市的消息频传，股价却跌不下去时，往往只做短暂的回调或整理便继续向上运行。

（3）市场上利多消息在各类媒体上报道时，股价会立即响应市场消息而上涨。

（4）市场上大部分的个股，股价不断地以大幅上扬、小幅回档再大幅上扬的方式波段推高。

（5）个股不断以板块轮涨的方式将指数节节推高。

（6）随着股价普遍上涨，市场投资者获利机会大增，使得市场人气不断地汇集，投资者追高意愿强烈。

（7）市场投资者赚钱效应明显，会吸引很多场外投资者进入股市，从而促使新开户的人数不断增加，场外资金源源不断涌入。

（8）很多机构、大户看到了市场赚钱的机会，陆续进场买进。

（9）很多上市公司会推行高送转方案。高送转方案执行后，股票进行除权除息。牛市行情中，除权、除息的股票通常很快就能填权、填息。

（10）由于绝大多数股票持续上涨，个股普遍呈现上涨趋势。上涨趋势中，股票的移动平均线基本上都是呈多头排列，股价涨幅很大后，股票的日线、周线、月线、季线都会趋向于平行向上排列。

（11）通常整个市场经济形势明显好转，基本面促进牛市的发展，通常政府公布的利好消息频传，为牛市行情保驾护航。

3. 牛市的 3 个阶段

（1）第一阶段：牛市初期，即熊市即将结束，牛市即将开始的阶段。

利空因素被市场逐渐消化，恐慌性抛售已过去，但市场仍缺乏信心，空方仍控制市场，市场交投清淡。

先知先觉的投资者开始逐步买入，市场开始止跌企稳或缓慢下降，一些绩优个股会强于市场，先于市场止跌或缓步上扬。

牛市初期无疑是股票投资的最佳时期。但仍有不少投资者鉴于指数大幅下跌且持续较长时间，绝大多数个股股价已大幅缩水，几乎所有投资者持有的筹码都不同程度地处于被套之中，而对股市的未来缺乏信心。事实上，此时的股市正处于慢行的牛市初期，因此把握这一阶段的投资机会对于股市投资成功显得尤为重要。

牛市初期的特点是：投资者信心普遍不足，市场成交低迷。不仅中小盘股成交笔数不多，一些大盘股的交易也不活跃。股价涨跌幅度较小。市场反弹时往往指数涨得不多，但个股涨幅较大，不同板块和个股之间呈现出明显的先普涨、再轮涨、后补涨的市场格局。

牛市初期是投资者买入的最佳时机，但这一时期很难准确判定。因此，大多数投资者都无法把握住这一阶段的时机。

（2）第二阶段：牛市中期，即行情稳定上涨阶段。

牛市中期，市场环境逐步好转，股价开始稳步上升，市场信心恢复，成交日益活跃，在龙头股引领下，热点频繁出现，后知后觉者也已经辨明了方向，逐渐介入，大多数个股的股价不断创出新高。

牛市中期随着股价持续上涨，成交量也在不断扩张，并且具有明显的规律性，即股价上涨阶段持续放量，调整阶段逐渐缩量。

牛市中期的特点：股价大都易涨难跌，同时市场资金参与量大增。市场投资者对行情普遍乐观，参与热情高涨，成交非常活跃。市场上绝大多数股票都走出加速上涨趋势，只要涨势稍强便会有大量的跟风盘涌入，因此股价拉升比较容易。

牛市中期是投资者最迅速、最容易获利的阶段。这一阶段是投资获利的狂欢盛宴，大多数投资者都能有所获利。

（3）第三阶段：牛市末期，也是行情反转的过渡阶段。

牛市末期，利好消息频传，大众一致看好后市，投机活跃，低价垃圾股也被炒高。但市场波动幅度加大，经常出现大涨大跌的现象，很多股票已经开始出现滞涨现象。不知不觉的投资者依然固执地看好后市，并不断买入，但很多机构开始逐步撤离市场，先知先觉的投资者觉察到市场的种种变化也开始获利出局。

牛市末期通常是市场最疯狂的阶段，但疯狂之后往往是一地鸡毛。当牛市结束，行情往往会出现快速且大幅的下跌，投资者此时最容易亏钱，且亏损速度最快。如果投资者不能及时地止损出局，将会被深深地套牢在高位。

4. 牛市操作策略

（1）牛市之中主要的投资策略就是坚定持股。只要没有确认市场已脱离牛市状态，就不要轻易抛出股票，并且每一次回落都是买入的机会，耐心持股，不要以为股价涨了很多就可以抛掉股票。在一次真正的强势行情中，股价涨了还可以再涨，甚至涨到你不敢相信的程度，即“牛市不言顶”。

（2）牛市初期，投资者要坚定地买入股票，并且不要轻易抛售，可以做高抛低吸降低成本，要保留底仓，耐心等待行情加速。

（3）牛市中期，投资者要尽量抓住每一次股价回落的买入时机，待股价涨上去再抛售部分低价位买入的股票，底仓依然要保留住。

（4）牛市末期，投资者一定要逐步减仓直至空仓。当牛市结束，行情反转时，投资者一定要坚定地卖出所有的股票，保持空仓。

第二节　熊市行情操作策略

1. 熊市的含义

熊市又称空头市场，是指价格总体呈下跌趋势的证券市场。价格变化的总趋势是不断走低，特征是大跌小涨。

空头市场总体运行趋势是向下的。虽有反弹，但反弹的高度一波比一波低。绝大多数人是亏损的，虽偶有机会但转瞬即逝，不易捕捉，操作困难。中国股市没有做空机制，投资者在空头市场中应尽量避免再次进场，最好是空仓等待，持币观望。

2. 熊市的特点

（1）在熊市初期阶段，即牛市末期，市场上很多投资者仍然普遍看好后市行情，依然疯狂抢进，市场人气沸腾，交投十分活跃。但是，很多股票的股价开始大幅波动，很多个股出现滞涨，大多数投资者买入后赚钱效应明显降低，这是空头市场即将来临的先兆。

（2）市场上一般性利好消息传出时，很多个股的股价不涨反跌。

（3）由于股价持续下跌，上市公司的资金面也会呈现很大的压力，市场投资者的情绪普遍低落，市场中的不利消息不断传出，行情呈现兵败如山倒之势，很多投资者纷纷低挂报价，急于卖出，从而导致股价更加快速地下跌。

（4）由于赚钱效应很差，交易股票风险较高，市场上大部分的机构和大户都会大量出货，及时出局。通常成交量会明显放大，股价也会出现下跌走势。

（5）有部分上市公司为提振市场投资者对公司的信心，会制定高送转方案，但很多投资者并不愿意买进股票去享受高送转的机会。当高送转方案执行后，股价经过除权、除息，很多投资者纷纷弃权，大多数高送转的股票很难走出填权行情。

（6）投资者信心低落，整个市场人气涣散，投资者纷纷抛售股票，股价快速下跌。

（7）宏观经济指标呈现明显下降趋势，市场趋于低迷，呈现通货紧缩现象，物价也会出现回调趋势，此阶段极易引起社会财富缩水。

3. 熊市的 3 个阶段

（1）熊市初期，即牛市即将结束阶段。

第一阶段是熊市初期，也是所谓的“出货”期。它真正的形成是在前一个多头市场的最后一个阶段，即牛市末期。在这个阶段，有远见的投资人觉察到市场投资者的疯狂程度和上市公司的盈余达到了不正常的高点，市场泡沫已经产生，一些敏锐的机构和投资者开始加快出货的步伐。此时成交量仍然很高，但每次股价拉升时成交量开始逐渐减少，大众仍热衷于交易，不过已经能够感觉到预期的获利在逐渐消逝。

这一时期，市场舆论和市场大众仍坚持看涨，但价格开始趋于下降，看起来像是上涨阶段的回调。但投资收益明显下降，部分先知先觉的机构和投资者开始抛售离场。

（2）熊市中期，即行情快速下跌阶段。

第二个阶段是恐慌时期，即熊市中期。这个阶段，想要买进的人开始退缩，想要卖出的人则急着要脱手，纷纷低挂价格急于卖出。此阶段价格下跌的趋势突然加速到几乎垂直的程度，此时成交量的比例差距达到最大。恐慌时期结束以后，通常会有一段相当长的次级反弹或者横向变动。

这一时期，投资者因投资收益大幅下降，甚至出现账面大幅亏损。买入者渐少，卖出者渐多，市场从缓和下降开始快速下跌，恐慌性抛盘涌出，导致市场跳水，在市场大幅跳水之后下降趋势会趋于缓和。

这一时期投资者的情绪非常低落，市场很难出现赚钱效应，绝大多数买进的投资者大都会被套或者被迫割肉离场。

（3）熊市末期，即行情缓和下跌阶段。

第三阶段是由那些缺乏信心的投资者卖出构成的。在第三阶段进行时，下跌趋势并没有加速。一些没有投资价值的低价股可能在第一或第二阶段就跌掉了前面多头市场上涨的部分。业绩较为优良的股票会持续下跌，因为这种股票的持有者是信心最坚定的，但在这一阶段，这一部分投资者的信心开始松动甚至崩塌，从而使得股价持续走低。在这个过程中，空头市场最后阶段的下跌通常集中于这些业绩优良的股票，空头市场在坏消息频传的情况下结束。最坏的情况已经被预期了，在股价上已经实现了。通常，在坏消息完全出尽之前，空头市场已经过去了。

这一时期，利空消息不断出现，舆论越来越悲观，交投清淡，恐惧正变成绝望，导致少数不知不觉者卖出股票。当所有坏消息都已出现，并被市场包容消化之后，熊市将宣告结束。

4. 熊市操作策略

（1）熊市之中主要的投资策略就是坚决离场，空仓等待。只要确认市场已脱离牛市状态，就一定要坚决抛出股票，不要抱有任何的侥幸心理。在一次真正的熊市行情中股价跌了还可以再跌，甚至跌到你不敢相信的程度，即“熊市不言底”。

（2）熊市初期，投资者要坚定地卖出股票，并且不要轻易再买入，耐心地空仓等待。

（3）熊市中期，投资者可以抓住每次股价反弹的买入时机。股价出现阶段性触底时买入，待股价反弹后将股票卖出，且卖出所有的股票，继续保持空仓状态。操作熊市反弹行情时，一定要保持较轻仓位，否则容易因反弹失败而被套。

（4）熊市末期，投资者一定要分批次地逐步买入股票。熊市结束行情反转时，投资者一定要坚定地买入股票，并耐心持有。

第三节　横盘阶段操作策略

1. 横盘整理的含义

横盘又称盘整，是指股价在一段时间内波动幅度小，无明显的上涨或下降趋势，股价呈牛皮市整理，该阶段的行情振幅较小，方向不易把握，是投资者最迷惑的时候。横盘不仅出现在头部或底部，也会出现在上涨或下跌途中。对行情走势无法准确把握的投资者，这时不应参与操作，应注意观察，等形态走好后再介入操作。

横盘整理往往是变盘的前奏曲。股价经过一段时间的持续下跌，并且下跌幅度较大之后出现的横盘整理，很容易形成阶段性底部。阶段性底部形成的横盘整理行情结束时，股价很容易向上突破。股价经过一段时间的持续上涨，并且涨幅较大之后出现的横盘整理，很容易形成阶段性顶部。阶段性顶部形成的横盘整理行情结束时，股价很容易向下突破。

2. 横盘振荡的特点

（1）横盘振荡行情中，股价上涨会受到同一压力位的压制而出现回落，股价下跌会受到同一支撑位的支撑而出现回升。股价通常会在上方压力位和下方支撑位之间的区域进行波动，偶尔可能会短暂地突破上方压力位或下方支撑位，但很快又会回到振荡区间波动。

（2）横盘振荡走势中，通常股价上涨和下跌的幅度都较小，并且成交量也很小，市场投资者的观望气氛浓重。

（3）横盘振荡走势中，一般很难出现龙头板块持续领涨，只会有一些前期的强庄股会出现反复拉涨的情况。

（4）横盘振荡是行情变盘的前奏，行情走势不会永远维持在横盘振荡中，早晚会做方向性选择，通常选择方向时会伴随利好或者利空的消息出台。

（5）高位横盘振荡市场对利好消息反应的敏感度偏弱。在强势调整过程中，市场对利好消息的反应仍然相当敏感，对于个股的利好消息，往往会相当强烈地体现在其股价的波动上。而在高位横盘振荡期间，市场对于利好消息反应相当迟钝，有时甚至对市场上的利好消息根本就没有反应，偶尔还有可能把利好消息当做利空来对待。

（6）低位横盘振荡市场对利空消息反应的敏感度也偏弱。在低位横盘振荡期间，市场对于利空消息反应也会相当迟钝，有时甚至对市场上的利空消息根本就没有反应，偶尔还有可能把利空消息当做利好来对待。

3. 横盘振荡的 3 种状态

（1）高位横盘振荡。

高位横盘是股价经过一段时间的上涨后，涨势停滞，股价横向波动，多方能量已消耗殆尽，股价已经处于很高价位，上涨空间有限，主力会在顶部阶段逐步出货，一旦主力开始大量出货，股价走势很容易由多转空，股价便会一举向下突破。高位横盘振荡一般以矩形、圆弧顶形态出现。

股价出现高位横盘振荡时，通常情况下，股价在相对高价位区横向盘整是盘不住的。尤其是在人气逐日消散、成交逐渐减少的情况下，走势非常危险，后市很可能连续几天的阴跌之后出现向下的加速运动。所以，这时的操作策略应当是坚决离场。当然，有一种情况除外，那就是牛市之中的强势调整，在强势调整中也会出现股价的高位横盘和成交量的萎缩，调整之后股价却会继续上升，这种情况可以不用离场，但这种情况在实际交易过程中不是很好判断股价究竟是见顶还是强势调整。

（2）中位横盘振荡。

中位横盘振荡又叫中间价位横盘振荡，发生在上涨趋势或下跌趋势的中间位置，通常为上涨趋势或下跌趋势中间的停顿休整区。中间价位出现横盘振荡时，股价向上突破与向下突破的可能性都有，因此应在看到明确的有效突破之后再顺势操作。

上涨趋势中的盘整是指股价经过一段时间的急速上涨后，稍作歇息，然后再次上涨。其对应的前一段涨势往往是弱势后的急速上升，从成交量上看，量价齐升，到了盘整阶段，成交量并不会大幅萎缩。虽有获利回吐盘抛出，但买气旺盛，卖方不足以击退买方。该盘整一般以楔形、旗形整理形态出现。

下跌趋势中的盘整是股价经过一段下跌后，稍有企稳，略有反弹，然后再次调头下行。其对应的前一段下跌受利空打击，盘整只是空方略作休息，股价略有回升，但经不起空方再次进攻，股价再度下跌，从成交量上看，价跌量增。

多数情况下，发生在中间位价的弱势横盘振荡往往最终会向下突破。因为弱势行情容易形成惯性，弱势振荡行情极易使市场人气消散，市场上看好后市的资金不多。如果没有一个较大的跌幅出现，持现金的投资者是不愿意在此中间价位轻易追高入市的。所以，中间价位出现弱势振荡时，投资者需要逢高减仓，除非股价能带量向上突破盘整区间。

（3）低位横盘振荡。

低位横盘振荡是股价经过一段时间的下跌后，在底部盘旋，加之利多的出现，人气逐渐聚拢，市场资金并未撤离。只要股价不再下跌，市场资金就会纷纷进场，由空转多。横盘振荡过程中，主力不断收集廉价筹码，浮动筹码日益减少，上档压力减轻，多方在此区域蓄势待发。出现以上几种情况时，横盘振荡很可能就会向上突破。低位横盘振荡一般会以矩形、圆弧底形态出现。

在低价区出现横盘振荡时，是大额投资者趁机吸纳的大好时机。因此，在此期间斩仓操作是不明智的。投资者应在低价位分批次地少量买入。买入的对象最好以优质股为主，手中如果还有长期被套的质地较差的个股也最好换成优质股。

4. 横盘振荡阶段的操作策略

（1）横盘振荡行情中，单边上行的个股较少，投资者操作上可采取高抛低吸，即跌多买入、涨多卖出的战术，对盈利的期望值不要太高。若短时间内能够获利 10%，或碰到涨停板，就应落袋为安。

（2）横盘振荡行情中，要买强势股，买有基本面支持的抗跌品种，买每天有成交量、有强主力在其中的个股。

（3）横盘振荡行情中，市场总体以过渡性热点为主，难有明显而持久的板块效应。此时市场有炒新、炒低的偏好。关键要踏准市场起伏节奏、紧跟新的热点。可买进经过长期筑底，并从底部开始启动的热点板块。当领涨的热点接近顶部，大盘又滞涨时，行情即将结束。即追逐热点要快进快出。振荡市的特征是热点转换极快，个股行情很短暂，适合短线操作。

（4）低位横盘振荡时，中长线投资者要坚定持股，不为小利卖出。通常主力完成建仓后，为了不再拉升途中耗费太高的成本，必然要进行一次或几次的振荡洗盘。若发现成交量极度萎缩，KDJ 和 RSI 指标在 20 以下，指数受压于各条均线，各种指标均呈底背离状态，利好政策不断，就应持股不动，越跌越买。

（5）上涨趋势中的横盘振荡。主力为了节省拉升成本，通常会制造振荡洗盘，使意志不坚定的投资者抛出筹码，之后拉升股价时这些投资者只能在拉升中再去追高。在这个阶段，投资者可以高抛低吸，并适当降低仓位，等行情向上突破振荡区间再加仓买入。

（6）下跌趋势中的横盘振荡。主力为了尽量出货，会在下跌途中制造振荡走势，使市场投资者认为行情可能见底，然后再买进去，主力便趁机卖出。投资者尽量短线低吸高抛，并且要全部卖出，不留底仓。

（7）高位横盘振荡时，投资者要果断卖出。股价长时间大幅拉升后，已接近顶部区域，主力为达到出货目的，经常会散布利好消息，或以重大利好事件为由，制造股市将要大涨的气氛，而主力趁机在高位横盘振荡中，卖出手中的获利盘。

此时的横盘，有时是缩量的横盘，主要是让胆小的散户再胆大起来，卖出的再买回来，本已恐惧的投资者再贪婪起来。主力的最终目的是把投资者套住，方便自己顺利出货。主力无法出局时就用对倒拉高，能不放量对倒时就缩量对倒，这主要看控盘能力的大小。缩量对倒更容易麻痹市场投资者。缩量上涨能骗得了一时，却持续不了长久。缩量上涨的结果是缓升急跌。

在高位横盘阶段，散户往往会被热闹的补涨行情吸引，只想着盈利，而将风险抛诸脑后。通常等待他们的结果就是，股价短暂冲高后就会快速下跌，股价向下跌破高位横盘振荡区域时，投资者应不顾一切地卖出手中所有筹码，以规避即将到来的下跌造成的损失。

第十一章　识别并控制风险

股票投资风险是指股票投资者购进股票后遭遇股价下跌损失的可能性。一般可理解为卖出价格低于预期价格的差距，或实获股息未能达到预定的标准。

股票市场交易价格往往一日数十变，价涨即获利，价跌即亏损，有时连涨数日获利丰厚，有时连跌数日损失惨重。

股票市场上的机遇和风险总是同时存在、同时发展、同时减退的。投资者期望获取高额收益的同时，必然要承受相应的风险。

第一节　政治环境风险

政治风险是东道国的政治环境或东道国与其他国家之间政治关系发生改变，给外国投资企业的经济利益带来的不确定性。给外国投资企业带来经济损失的可能性事件包括：没收、征用、国有化、政治干预、战争、东道国的政权更替、东道国国内的社会动荡和暴力冲突、东道国与母国或第三国的关系恶化等。

目前国际政治环境日趋复杂化，使得政治环境风险与日俱增，股市的走势也经常会因为一些复杂的政治风险产生剧烈波动。

政治风险主要包括如下几点。

（1）征收风险。它是指东道国政府对外资企业实行征用、没收或国有化的风险。东道国中央、地方政府不公开宣布直接征用企业的有形财产，而是以种种措施阻碍外国投资者有效控制、使用和处置企业的财产，使得外国投资者的股东权利受到限制而构成事实上的征用行为。

（2）汇兑限制风险。也称转移风险，是指由于东道国国际收支困难而实行外汇管制，禁止或限制外商、外国投资者将本金、利润和其他合法收入转移到东道国境外。

（3）战争和内乱风险。这类风险是指东道国发生革命、战争和内乱，致使外商及其财产蒙受重大损失，直至无法继续经营。

（4）政府违约风险。它是指东道国政府非法解除与投资项目相关的协议，或者违反或不履行与投资者签订的合同项下的义务。

（5）延迟支付风险。由于东道国政府停止支付或延期支付，致使外商无法按时、足额收回到期债券本息和投资利润带来的风险。

（6）政权变动。政权的转移和领导人的更替古往今来都在发生着。每一代政权执掌人都有各自的特性和执掌风格，所以政权转移或领导人更替时，都会对未来市场经济和市场政策造成一定的影响。

第二节　宏观经济风险

宏观经济风险指的是经济活动和物价水平波动可能导致的企业利润损失。

1. 宏观经济风险的特征

宏观经济风险具有潜在性、隐藏性和累积性。

宏观经济风险的潜在性，指的是宏观经济风险总是与宏观经济系统相伴而生，宏观经济发展和运作本身就蕴含着经济风险。

宏观经济风险的隐藏性，指的是虽然宏观经济风险总是潜在的，但在多数情况下它是隐藏在经济系统内部的，并不会明显地表现出来，只是到了一定的时候才暴露出来。

宏观经济风险的累积性，指的是宏观经济风险会随着社会经济矛盾的不断加深而日益增大，当累积到一定程度时就会引发经济危机。

随着我国对外开放的不断扩大，国际资本流动与宏观经济运行，对国内宏观经济风险的形成和变动趋势具有预测和影响的作用。随着我国经济国际化不断深入，国内宏观经济风险很大程度上是由国际资本流动造成的。因此，有必要从国际资本流动的角度来分析宏观经济风险问题。

2. 影响宏观经济风险的因素

（1）国内因素。

①经济体制因素。

不同经济体制的风险性质是不同的。

在计划经济体制下，由于资源配置实行中央统一调配，所以在一定时期内宏观经济的波动性较小，但由于计划调配资源容易导致资源配置结构扭曲和效率低下等，宏观经济体系可能隐藏着更大的系统性风险。

在市场经济体制下，经济主体会通过市场价格进行市场调节，价格波动会导致宏观经济的偶然性风险较大，但从长期来看，有序合理的市场调节会使宏观经济的系统性风险相对较小。

②经济运行机制因素。

经济运行机制是微观经济主体、市场体系和宏观经济主体相互作用的总和。

一方面，三者之间的组织联系形式和作用方式不同，所以可能产生的宏观经济风险程度不同。一般来说，如果在特定的条件下三者之间具有有机协调统一性，那么宏观经济风险就会较小；否则，宏观经济风险就会较大。

另一方面，它们各自的内在机理不同，所决定的宏观经济风险也不同。微观经济的组织形式、运行机制、活力与效率大小、动力与制衡结构和创新能力大小不同，市场构成状况、市场设施情况、市场体系完善程度和市场结构状况不同，以及宏观经济调控体系构成、调控手段结构、调控方式方法、调控目标、调控性质、调控效率和调控效力不同，所造成的宏观经济风险也会有极大的差异。

③经济素质因素。

经济素质是经济发展质量、经济运行效率、经济发展潜力、经济创新能力、经济应变能力、经济抗干扰能力、经济再生和扩张能力、经济发展的协调性、经济发展的可持续性和经济的综合竞争能力的总和。

经济素质高低的基本表现是企业组织与规模结构是否优化，产业结构是否优化，传统产业与现代产业结构是否优化，部门与行业结构是否优化，地区结构是否优化，城乡经济结构是否优化，国内外部门结构是否优化，国际资本流动与宏观经济运行分析化，经济组织的活力与效率高低，经济与社会发展的和谐程度，经济发展与自然资源和环境的和谐程度，总体经济发展的和谐程度以及经济发展的可持续性。经济素质的高低是决定宏观经济风险大小的关键因素之一。

④政策因素。

政策对经济有重要影响，一切经济活动都是在既定的政策框架下进行的，政策对某些经济变量的影响是直接的，而对另一些经济变量的影响是间接的。政策目标、政策性质、政策设计、政策结构、政策模式、政策工具、政策手段、政策传导机制和政策效力等方面的差异，对宏观经济可能造成的风险都是不同的。

⑤政治因素。

从本质上讲，政治是为经济服务的，然而政治对经济又有巨大的反作用，在某些国家，政治实际上是主导经济的。政治性质、政治模式、政治结构、政治体制、政治目标、政治稳定程度和主政者素质的不同，对宏观经济造成的风险也是不同的。

⑥其他因素。

自然条件的巨变、战争、社会动荡或其他随机因素，也会导致宏观经济风险。

（2）国际因素。

①对外开放程度。

对外开放程度高，国内经济与国外经济的联系广泛，国内经济受国际经济影响比较大，宏观经济风险也比较大。对外开放程度低，其经济受国外经济的影响比较小，宏观经济风险也相对较小。随着中国对外开放程度的不断加大，中国经济受到国际因素的影响也在不断增大。

②管制情况。

对国际经济交往管制较严的国家，其经济较少受国际经济的影响。相反，对国际经济交往管制较松的国家，其经济受国际经济的影响较大。

③经济接轨情况。

如果一国经济与国际经济接轨得较好，那么在国际经济交往中经济摩擦就会较少。相反，如果一国经济与国际经济接轨得不好，那么在国际经济交往中经济摩擦就会较多。

④国际经济传递渠道。

由于各国的国内经济条件不同，国际经济对不同国家经济影响的途径也不一样。不同的经济传递途径可能导致的宏观经济风险程度也不一样。例如，对于以引进国际间接投资的国家来说，其宏观经济的风险程度较大；而对于以引进国际直接投资的国家来说，其宏观经济的风险程度则较小。

⑤国际经济体系。

不同的国际经济体系对各国经济的影响程度也不一样。多极化的国际经济体系可能会导致过度的国际经济竞争，引起各国经济的不稳定。

一体化的国际经济体系减少了各国的经济自主程度，一国的经济状况与国际经济状况紧密地联系在一起。

区域化的国际经济体系，相对于一体化和多极化的国际经济体系，在一般情况下风险可能要小些。因为区域经济体内的国家数量有限，彼此间的合作与协调相对容易得多。

集团化的国际经济体系风险最小，因为集团化国家经济步调大体一致，内部经济发展比较和谐，由于整体经济的实力较强，对国际经济的适应能力也较强。

⑥国际经济环境。

在现代开放经济条件下，国际经济环境对各国经济都有较大的影响。国际经济环境稳定，各国经济的波动就较小。反之，国际经济环境不稳定，各国经济的波动就较大。

⑦国际经济协调状况。

如果国际经济协调能力强，整个国际资本流动与宏观经济运行和经济发展就会较稳定，那么各国经济的发展也会较稳定。如果国际经济协调能力弱，或者是无序地运动，也会影响各国经济的稳定性。

⑧国际政治环境。

国际政治环境稳定与否，对各国经济影响很大。如果国际政治环境不稳定，造成国与国之间经常性的摩擦甚至导致战争，就会影响各国经济发展。宏观经济风险正是上述国内因素和国际因素共同作用的结果。必须说明的是，上述因素既会单独发生作用，又会协同发挥作用，给宏观经济风险的防范和消除带来了一定的困难。

宏观经济风险形成的原因具有复杂性和多重性。通常情况下，只有多种因素共同作用才会造成经济的波动和经济体系的动荡。当然，在不同的经济条件下，各种因素对宏观经济风险的影响是不一样的。在某些情况下，某些因素起主导和决定作用。而在另一些情况下，其他因素起主导和决定作用。

通常情况下，经济发展水平低，经济的对外开放程度也较低，因此国际经济因素对经济的影响作用较小，这在一定程度上减少了宏观经济风险。然而，在经济发展水平较高的情况下，经济的商品化、市场化和国际化程度一般都较高，这时经济系统的内源性干扰因素和外源性干扰因素相对增多，可能造成的宏观经济风险也相对较大。特别是随着经济全球化和世界经济一体化发展进程的加快，各国经济在获得新的发展机遇的同时，宏观经济风险也相对增大。

第三节 政策调控风险

经济政策和管理措施可能会造成股票收益的损失，这在新兴股市中表现得尤为突出，如财税政策的变化可以影响到公司的利润，股市交易政策的变化也可以直接影响到股票的价格。此外，还有一些看似无关的政策，如房改政策，也可能会影响到股票市场的资金供求关系。

1. 政策风险的含义

政策风险是指政府有关证券市场的政策发生重大变化或是有重要的举措、法规出台，引起证券市场的波动，从而给投资者带来的风险。在市场经济条件下，由于受价值规律和竞争机制的影响，各企业争夺市场资源，都希望获得更大的活动自由，因而可能会触犯国家的有关政策，而国家政策又对企业的行为具有强制约束力。

另外，国家在不同时期可以根据宏观环境的变化而改变政策，这必然会影响到企业的经济利益。因此，国家与企业之间由于政策的存在和调整，在经济利益上会产生矛盾，从而产生政策风险。

2. 政策风险的内容

政策风险主要包括反向性政策风险和突变性政策风险。

反向性政策风险是指市场在一定时期内，由于政策的导向与资产重组内在发展方向不一致而产生的风险。当资产重组运行状况与国家调整政策不相容时，就会加大这种风险，各级政府之间出现的政策差异也会导致政策风险。

突变性政策风险是指由于管理层政策口径发生突然变化而给资产重组造成的风险。国内外政治经济形势的突变会加大企业资产重组的政策风险。

3. 政策风险的防范

政策风险防范主要取决于市场参与者对国家宏观政策的理解和把握，取决于投资者对市场趋势的正确判断。由于政策风险防范的主要对象是政府管理者，因而有其特殊性。

（1）反向性政策风险的防范。

对于反向性政策风险的防范，主要是理顺国家政策与企业资产重组运作内在机制之间的关系。由于政策风险对于市场经济发展及合理的资产重组起着阻碍作用，因而应慎重地制定政策。对于地方政府来说，在制定政策时应尽量与中央政府保持协调一致，以减少反向性风险。中央政府制定政策时，应根据市场经济体制的要求，制定配套的改革政策，以实现资产重组的法制化。

（2）突变性政策风险的防范。

对于突变性政策风险的防范，主要取决于国家监管部门，其防范措施为：加强平时的日常监管。在市场运行过程中进行日常监管，可以防微杜渐，防患于未然。出现异常情况时及时做出判断，对违章事件及时查处，以保持良好的资产重组的市场环境，提高市场监管水平。根据市场的运行和变化，运用市场控制手段，把握市场供求结构和行业平衡，完善资本市场，减少突变性风险，使企业的资产重组在一个平衡、协调的市场中进行。

4. 政策风险管理

政策风险管理是现代企业资产流动、产权重组的主要方面，也是企业管理的重要内容。企业在资产重组中可能会因与国家有关政策相抵触而造成损失，因而加强政策风险管理，对于企业资产重组至关重要。

企业在对政策风险进行管理时，首先要提高对政策风险的认识。对资产重组过程中面临的政策风险应及时地观察、分析和研究，以提高对政策风险客观性和预见性的认识，充分掌握资产重组政策风险管理的主动权。

其次要对政策风险进行预测和决策。为防止政策风险的发生，应事先确定资产重组的风险度，并对可能的损失有充分的估计，通过认真分析，及时发现潜在的政策风险并力求避免。在风险预测的基础上，合理安排资产重组计划，搞好风险项目的重点管理，提出有利于资产重组的最佳方案，正确做出处理政策风险的决策，并根据决策方案，采取各种预防措施，力求降低风险。

对政策性风险管理应侧重于对潜在的政策风险因素进行分析，并采用科学的风险分析方法。通过对政策风险的有效管理，可以使企业避免或减少各种不必要的损失。

第四节　行情风险

行情风险通常是由两方面引起的：一是系统性风险；二是非系统性风险。

1. 系统性风险

系统性风险又称市场风险，也称为不可分散风险，是指由于某种因素的影响和变化，导致股市中几乎大多数股票的价格下跌，从而给股票持有人带来损失。系统性风险主要是由政治、经济及社会环境等宏观因素造成的，投资人无法通过多样化的投资组合来化解风险。

（1）系统性风险的种类。

①政策风险。

政策风险是指政府有关证券市场的政策发生重大变化或有重要的举措、法规出台，引起证券市场的波动，从而带来的风险。经济政策和管理措施可能会造成股票收益的损失，这在新兴股市中表现得尤为突出。比如，财税政策的变化可以影响到公司的利润，股市的交易政策变化也可以直接影响到股票的价格。此外，还有一些看似无关的政策，如房改政策也可能会影响到股票市场的资金供求关系。

②利率风险。

在股票市场上，股票的交易价格是按市场价格进行，而不是按其票面价值进行交易的。市场价格的变化随时受市场利率水平的影响。当利率向上调整时，股票的相对投资价值将会下降，从而导致整个股价下滑。

③购买力风险。

由物价的变化导致资金实际购买力的不确定性，称为购买力风险，或通货膨胀风险。一般理论认为，轻微通货膨胀会刺激投资需求的增长，从而带动股市的活跃；当通货膨胀超过一定比例时，由于未来的投资回报将大幅贬值，货币的购买力下降，也就是投资的实际收益下降，将会给投资人带来损失。

④市场风险。

市场风险是股票投资活动中最普通、最常见的风险，是由股票价格的涨落直接引起的。尤其在新兴市场上，造成股市波动的因素更为复杂，价格波动大，市场风险也大。

（2）系统风险的防范策略。

系统性风险对股市影响面大，一般很难用市场行为来化解。但精明的投资人可以从公开的信息中，结合对国家宏观经济的理解，提前预测和防范，调整自己的投资策略。

①思想上提高警惕。

当整体行情出现较大升幅，成交量屡屡创出天量，股市中赚钱效应十分普遍，市场人气旺盛，投资者踊跃入市，绝大多数投资者对风险意识逐渐淡漠时，往往是系统性风险将要出现的征兆。从投资价值分析，当市场整体价值达到高估趋势时，投资者切不可放松对系统性风险的警惕。

②控制持仓比例。

股市行情的运行过程中，始终存在着不确定性因素，投资者可以根据行情发展的阶段不断调整资金投入比例。如果市场行情已经涨幅很大，从有效控制风险的角度出发，投资者不宜采用重仓操作的方式，至于满仓操作更加不合时宜。此阶段，投资者需要将资金投入比例控制在可承受风险的范围内。仓位较重的投资者可以有选择地抛出一些股票，减轻仓位，或者将部分投资资金用于相对安全的品种上。

③随时做好止盈或止损准备。

投资者无法预测什么时候会出现系统性风险，尤其在行情快速上升时期。如果提前卖出手中的股票，则意味着投资者无法享受“疯狂”行情的拉升机会。这时，投资者可以在控制仓位的前提下继续持股，但随时做好止盈或止损的准备。一旦市场出现系统性风险，就要果断斩仓卖出，防止损失进一步扩大。

2. 非系统性风险

非系统性风险又称“非市场风险”“可分散风险”，一般是指对某一个股或某一类股票产生影响的不确定因素。比如，上市公司的经营管理、财务状况、市场销售、重大投资等因素，它们的变化都会对公司股价产生影响。此类风险主要影响某一种股票，与市场的其他股票没有直接联系，投资者可以通过分散投资的方法，来抵消这种风险。

（1）非系统性风险的种类。

①经营风险。

经营风险主要指的是由于公司的外部经营环境和条件，以及内部经营管理方面的问题，造成公司收入的变动而引起的投资者收益的不确定。比如，上市公司经营不景气，甚至失败、倒闭而给投资者带来损失。上市公司经营、生产和投资活动的变化，导致公司盈利的变动，从而造成投资者本金和收益的损失。例如，经济周期或商业营业周期的变化对上市公司收益的影响，竞争对手的变化对上市公司经营的影响，上市公司自身的管理和决策水平等都可能会导致经营风险，投资者如果购买垃圾股或低价股（*ST）就可能承担上市公司退市的风险。

②财务风险。

财务风险是指公司因筹措资金而产生的风险，即公司可能丧失偿债能力的风险。公司财务结构的不合理，往往会给公司造成财务风险。公司的财务风险主要表现为无力偿还到期的债务、利率变动风险、再筹资风险等。形成财务风险的主要因素有资本负债比率、资产与负债的期限、债务结构等因素。一般来说，公司的资本负债比率越高，债务结构越不合理，其财务风险越大。

投资者降低财务风险的方法比较简单，只要购买债务较少的公司股票就行。但是，选择举债少的公司股票也有缺点，因为这些企业在经济扩张时期收益和股息的增加往往落后于那些将债务作为公司资本结构的一部分的公司。因此，财务风险的减少是以减少潜在的收益为代价的，投资者需要在这两者之间权衡。

③信用风险。

信用风险也称违约风险，是指不能按时向股票持有人支付本息而给投资者造成损失的可能性。信用风险实际上揭示了发行人在财务状况不佳时出现违约和破产的可能，它主要受证券发行人的经营能力、盈利水平、事业稳定程度及规模大小等因素影响。此类风险主要针对债券投资品种，对于股票只有在公司破产的情况下才会出现。造成违约风险的直接原因是公司财务状况不好，最严重的是公司破产。信用级别越高的股票，信用风险越低。反之，信用级别越低，违约的可能性越大。

④道德风险。

道德风险主要指上市公司管理者的不道德行为给公司股东带来损失的可能性。上市公司的股东与管理者之间是一种委托代理关系，由于管理者与股东追求的目标不一定相同，尤其在双方信息不对称的情况下，管理者的行为可能会对股东利益造成损害。

⑤流动性风险。

流动性风险指的是由于将资产变成现金方面的潜在困难而造成的投资者收益的不确定。一种股票在不做出大的价格让步的情况下卖出的困难越大，则拥有该种股票的流动性风险程度越大。在流通市场上交易的各种股票中，流动性风险差异很大，有些股票极易脱手，市场可在与前一交易相同的价格水平上吸收大批量的该种股票。流动性大的这类股票，投资者可轻而易举地卖出，在价格上不引起任何波动。而流动性小的股票在投资者急着要将它们变现时很难脱手，除非忍痛贱卖，在价格上做出很大的牺牲。当投资者打算在一个没有什么买方的市场上将一种股票变现时，就会掉进流动性陷阱。

⑥操作性风险。

在股票市场上，对待同一家公司的股票，不同投资者投资的结果可能会截然不同，有的盈利丰厚，有的亏损累累。很大程度上，这种差异是因投资者不同的心理素质与心理状态、不同的判断标准、不同的操作技巧造成的。由于这些原因造成的投资收益的差异，称作操作性风险。

操作性风险中最重要的是心理因素的影响。股票投资决策是人的主观行为，客观因素无论怎样变化，最终都得由人来评判其是与非，决定是否参与及如何参与股票投资。如果说基本因素是从“质”的方面影响股票价格，市场因素是从“势”的方面影响股票价格，那么心理因素可以说是影响股票市场价格水平的“人气”。这里可以把引起股票投资风险的心理因素归为两类：一类是市场主导心理倾向变化；一类是投资者个人心理倾向变化。

所谓市场主导心理倾向，是指一段时期内股票市场上大多数人对行情的看法。看法有时悲观，有时乐观，但只要一成气候，单个投资者往往会被卷入其中，即便这种“气候”是投机因素或谣言搅和起来的虚假现象也在所难免。在发育不成熟的市场上，个人投资者素质不高，市场一有风吹草动，大批散户就会捕风捉影，闻风而动，大量抛出或购入股票，形成“利好”或“利空”的市场气氛。

（2）非系统性风险防范策略。

①多学习，多分析，增强防范意识。

对于非系统性风险，投资者应多学习证券知识，多了解、分析和研究宏观经济形势及上市公司经营状况，增强风险防范意识，掌握风险防范技巧，提高抵御风险的能力。

②分散投资，分散风险。

对于非系统性风险，是可以通过分散投资的方式来有效降低风险的。因此，投资者可以通过组合配置的交易方式来分散风险。但需要注意的是，进行组合配置时，一定不要选择同一类型或者有密切关联性的股票进行组合配置。因为风险来临时，同一类型的股票或有密切关联性的股票都容易遭受风险，无法达到分散风险的效果。所以，进行组合配置时，一定要选择不同类型的股票进行配置。

第五节　偶然事件风险

股市中，投资者经常会遇到各种不确定性事件。这些事件发生的概率及影响程度是无法事先预知的。这些事件将对投资者的交易产生影响，从而影响投资者盈利目标实现的程度。

突发事件风险，是指由于突发事件使发行股票的企业正常运营受到影响，企业未来预期盈利下降或产生损失，使企业发生了重大的事先没有料到的风险。

这些突发事件包括突发的自然灾害和意外的事故等。例如，2019 年 3 月江苏化工厂爆炸事件，使得危险化工品安全受到极大的关注，各种安全检查和停产检验，使得相关公司生产停顿，未来盈利预期下降。但对于同行业其他公司构成利好，因为很多化工厂停产检验，化工产品价格快速上涨，使得同行业其他公司受益，相关公司股价走强。比如，浙江龙盛股价在当时强势上涨，短期内实现翻倍。国际政治上的环境变动，石油危机及发动战争等，对股票价格的影响尤为严重。

偶然事件风险的本质在于，事件本身无法预知且发生后实质影响短期内难以量化，所带来的投资操作上的不确定性。例如，公司因自然灾害导致停产、公司被恶意收购、高管突然病故等，这些事件发生必然会对公司短期运营和业绩构成影响，在市场尚未充分消化事件风险时股价会出现短期的巨大波动。在实际操作中，偶然事件风险往往只会对股价走势构成短期影响，如果投资者确定公司价值不会改变，股价下跌会提供难得的买入机会。

偶然事件出现后，投资者应该对风险进行全面的分析评估，然后再采取相应的措施去减少、化解或规避风险。

风险评估是指风险事件发生之前或之后，对该事件给人们的生活、生命、财产等各个方面造成影响和损失的可能性进行量化评估的工作。即风险评估就是量化测评某一事件或事物带来的影响或损失的可能程度。

在风险评估过程中，投资者需要考虑以下几个关键问题。

1. 识别事件发生后面临的各种风险

偶然事件发生后，风险的识别是评估风险和制定策略的首要环节。投资者需要了解事件发生带来的风险是什么，是否存在其他的连带风险或潜在风险。只有在全面了解各种风险的基础上，才能预测风险可能造成的危害，从而选择处理风险的有效手段。

2. 评估事件可能带来的负面影响

偶然事件发生后，投资者应该及时分析事件带来的负面影响有哪些，事件影响的程度有多深，事件影响的范围有多大，事件影响的持续时间有多久。只有将以上这几种情况都分析清楚了，投资者才能对事件风险有清楚的了解，才能为后续制定交易策略提供参考和帮助。

3. 评估自身承受风险的能力

投资者评估完事件可能带来的负面影响后，还要评估自身的风险承受能力，看事件的影响是否在自己的承受范围内。如果在承受范围内，投资者可以暂时观望，不用急于采取避险措施。如果事件影响超出自己的承受范围，那么投资者需要及早采取有效措施来规避或减少风险。

每位投资者因性格不同、交易理念不同、操作风格不同、技术能力不同、资金状况不同以及心态不同，所能承受风险的能力也不同。面对风险时，投资者要根据自己的实际情况进行评估，切不可盲目地听信他人的建议。

4. 制定减少或消除风险的策略

当投资者了解清楚事件发生风险的影响，评估完自己承受风险的能力后，要制定切实可行的交易策略来减少、消除或者规避风险，这是最重要的一步。因为只有制定出切实可行的交易策略，才能有效地降低或者消除风险，否则一切评估都是白费功夫。

5. 事后风险检查

风险事件结束后，投资者应该在事后进行风险检查。首先，要复查整个风险事件的起因和评估过程，看自己在评估过程中是否存在遗漏或者疏忽。其次，要复查自己制定的减少或消除风险的交易策略是否有效地减少或消除了事件带来的风险。再次，要思考如果未来遇到类似风险事件是否存在有效降低或消除风险的更好的策略或措施。

偶然事件并不是只有负面事件，还包括可能刺激股价短期上涨的正面事件。比如，国家颁布有利于公司所在行业发展的政策，但由于其具有不可预知性，同样会成为操作上的风险。

第六节　风险管理

1. 风险和风险管理

风险是客观存在的，不可避免的，并在一定条件下具有某些规律性。因此，只能将风险减小到最低程度，而不可能完全避免或消除。降低风险最有效的方法就是要认可风险的存在，并积极地面对，这样才能有效地控制风险，将风险降到最低。

风险管理要着眼于风险控制，投资者需要采用积极有效的措施来控制风险。通过降低风险发生的概率来缩小损失程度，从而达到控制风险的目的。

风险控制是指风险管理者采取各种措施和方法，消灭或减少风险事件发生的各种可能性，或者减少风险事件发生时造成的损失。

控制风险最有效的方法就是制定切实可行的应急方案，编制多个备选方案，最大限度地对买入的股票面临的风险做好充分准备。风险发生后，按照预先的方案实施，可将损失控制在最低限度。

股市中有些事情是不能控制的，风险总是存在的。投资者应当学会采取各种措施减少风险事件发生的可能性，或者把可能的损失控制在一定的范围内，以避免风险事件发生时带来难以承受的损失。

2. 股票投资市场的风险特征

（1）投资风险的广泛性。

股市中，投资研究、行情分析、投资方案、投资决策、风险控制、资金管理、账户安全等各个环节都可能出现风险。不管哪个环节出现差错，都会导致投资交易失败，因此投资风险具有广泛性。

（2）投资风险存在的客观性。

投资风险的客观性不会因为投资者的主观意愿而消逝。投资风险是由不确定的因素作用而形成的，而这些不确定因素是客观存在的。个人投资者不控制所有投资环节，更无法预期到未来影响股价因素的变化，因此投资风险客观存在。

（3）投资风险具有负面的不确定性。

所有投资者一定要有风险意识。因为在投资市场中，收益和风险是始终并存的。但多数人首先是从负面的角度来看待风险，甚至认为有风险就会发生亏损。正是由于风险具有消极的、负面的不确定性，致使许多人不敢面对，出现举足不前的情况。

（4）投资风险的相对性和可变性。

股票投资的风险是相对于投资者选择的交易模式而言的，不同的交易模式其风险是截然不同的。比如，集中交易模式和分散组合交易模式的风险是完全不一样的。投资风险的可变性也是很强的。由于影响股价的因素发生变化的过程中，会使投资者的资金出现盈利或亏损，并且有可能出现盈利和亏损的反复变化。投资风险会根据投资者资金的盈亏增大或减小，但这种风险不会完全消失。

（5）投资风险具有一定的可预见性。

股价的波动受其他因素影响，如国家政策、宏观经济因素的变化等。对股票投资操作而言，这些因素具有一定的可预见性。客观、理性地分析这些因素，能为投资操作提供一定的指引作用。

3. 风险管理的必要性

投资总会伴随着风险，投资的不同阶段有不同的风险，投资风险也会随着投资活动的进展而变化，不同投资阶段的风险性质、风险后果也不一样。如果投资者没有风险管理的意识，就会使资金处于危险之中，很难把握住盈利机会。因此，投资者一定要认识到投资风险管理的重要性。

（1）可以降低投资的风险率。

使用风险管理，投资者可以有效控制风险，妥善处理风险引起损失的后果，从而以最小的成本收获最大的安全保障。股票交易时合理有效地调配持股和资金比例，能把损失降到最低，将风险缩到最小，创造更多的获利机会，从而达到降低投资风险的目的。

（2）有助于保持良好的投资心态。

投资者面对风险能够保持良好的心态这一点至关重要。投资交易过程中，难免会因为失误而造成资金亏损。如果能够合理地控制风险，那么出现亏损时有助于保持良好的心态，可以减少情绪慌乱中的盲目操作，降低连续亏损的可能性。

4. 风险管理的 4 种能力

（1）资金管理的能力。

股市中，成功的投资者基本都是资金管理的行家。面对瞬息万变的市场环境和高速扩容的市场容量，过去陈旧的资金管理理念逐渐不能适应市场的变化。那种等待股市低迷时满仓买入，并一路持有到牛市顶峰时再满仓卖出的低级资金管理方式，终将被市场淘汰。

资金管理的目标体现在两个方面：一是由于股市中没有人能百战百胜，判断失误时，要能凭借完善的资金管理使资金少受损失或不受损失。二是要能实现上涨时手中持股可以获利，下跌时有资金可以低买。

（2）规避风险的能力。

在股票投资中，即使最好的解套策略也比不上事先避免套牢的策略。与其被套后资金缩水，心情倍受煎熬，费尽心机地想着如何保本解套，不如事先学习并掌握一些防止被套、规避风险的方法，做到防患于未然。市场整体趋势向好时，投资者不能盲目乐观，更不能忘记风险的存在而随意追高。市场整体趋势走弱时，投资者更要注意，不能随意抄底，跌势之中超跌风险将会成倍增加。股市风险不仅存在于熊市，牛市中同样有风险。如果不注意规避股市中隐藏的风险，就很容易遭遇亏损。

（3）解除风险的能力。

投资者已经处于被套境地时，就要应用解套策略。解套策略可以分为主动性解套策略和被动性解套策略。主动性解套策略包括斩仓、换股、做空、高抛低吸等。被动性解套策略包括补仓和捂股等。

此外，还有更加重要的解套策略，即解除心理的套牢。持有的股票长期被套后，投资者的内心会产生很大的变化，心态容易从积极变为消极，很容易产生套牢心理。

这些方法没有好坏优劣之分，每种方法的具体应用技巧、适用范围、应用原则、适用时机各不相同，投资者只有根据不同的情况，因地制宜地采用不同的方法，才能更好地发挥策略的应用价值，实现解套的最终目标。

（4）扭亏为盈的能力。

相对解套能力而言，扭亏为盈的能力是一种更高级别的投资能力。套牢本来是被动的，如果能采用正确的方法，完全可以化被动为主动。即使被套的筹码，如果运用得法同样可以带来丰厚的利润。例如，有效利用高抛低吸的操作手法，使被套的筹码逐渐降低持仓成本，最终达到扭亏为盈的目标。

以上 4 种能力中，前两种是用来防范风险的，后两种则是已经遭遇风险侵袭时使用的。正确地掌握这些能力是投资者在股市中立于不败之地的最根本途径。

5. 风险防范的方法

股市有风险，那么面对风险投资者应该如何防范呢？下列方法可供投资者参考。

（1）回避市场风险。

市场风险来自各种因素，需要综合运用回避方法。

一是要掌握趋势。详细分析所关注股票价位变动的历史数据，从中了解其循环变动的规律，了解收益的持续增长能力。

二是搭配周期股。有的企业受自身经营的限制，一年里总有那么一段时间停工、停产，其股价在这段时间里大多会下跌。为了避免因股价下跌而造成损失，可策略性地购入另一些开工、停工刚好相反的股票进行组合，互相弥补股价可能下跌造成的损失。

三是选择交易时机。以股价变化的历史数据为基础，算出标准误差，并以此为选择交易时机的一般标准。股价低于标准误差下限时，可以购进股票。股价高于标准误差上限时，最好卖掉手头的股票。

四是注意投资期。企业的经营状况往往呈一定的周期性。经济气候好时，股市交易活跃。经济气候不好时，股市交易必然凋零。

（2）分散系统风险。

股市中有一句家喻户晓的谚语叫“不要把所有的鸡蛋放在同一个篮子里”，这句话道出了分散风险的哲理。

第一，将资金分散投资。曾经有研究发现，如果把资金平均分散到数家任意选出的公司股票上，总的投资风险就会大大降低。如果投资者掌握的是一大笔损失不得的巨额现金，那就最好采取分散投资的方法来降低风险。即使有不测风云，也会“东方不亮西方亮”，不至于“全军覆没”。但也要谨防资金过于分散而出现收益率不理想的情况。

第二，行业选择分散。股票投资不仅要对不同的公司分散投资，而且这些公司也不宜都是同行业或关联行业的，最好有一部分或都是不同行业的。因为共同的经济环境会对同行业和关联行业的企业带来相同的影响，如果投资选择的是同行业或关联行业的不同企业，达不到分散风险的目的。只有不同行业、不相关的企业才有可能此损彼益，从而有效地分散风险。

第三，投资时间分散。就股票而言，只要股份公司盈利，股票持有人就会定期收到公司发放的股息与红利。一般临近发息前夕，股市得知公司的派息数后，相应的股票价格会有明显变动。短期投资者宜在发息日之前大批购入该股票，在获得股息和其他好处后，再将所持股票转手卖出，以便及时获取收益。长期投资者则不宜在这期间购买该股票。因而，证券投资者应根据投资的不同目的而分散自己的投资时间，以便将风险分散在不同阶段。

第四，投资季节分散。股市交易热络程度不同，股价也会有较大的差异。由于股市交易清淡时股价会下跌，将造成股票卖出者的额外损失。同样，如果是在股市交易由活跃转向清淡时贸然一次性买入某股票，由于股价将由高位转向低位，也会造成购买者的成本损失。因此，在不能预测股市交易热络程度的情况下，应把投资或收回投资的时间拉长，不急于向股市注入资本或抽回资金，可以用数月或更长的时间来完成此项购入或卖出计划，以降低风险程度。

（3）防范经营风险。

购买股票前，要认真分析有关投资对象，即上市公司的财务报告，研究它现在的经营情况、在竞争中的地位和以往的盈利趋势。如果能将收益持续增长、发展计划切实可行的企业作为股票投资对象，而远离那些经营状况不良的企业或公司，就能较好地防范经营风险。如果能深入分析有关企业或公司的经营资料，不为表面现象所动，看出它的破绽和隐患，并做出冷静的判断，则可在很大程度上回避经营风险。

（4）避免利率风险。

尽量了解企业运营资金中自有成分的比例。利率升高时，会给借款较多的企业造成较大困难，从而殃及股票价格，而利率的升降对那些借款较少、自有资金较多的企业影响不大。因而利率趋高时，一般要少买或不买借款较多企业的股票。利率波动变化难以捉摸时，应优先购买那些自有资金较多企业的股票，这样就可以基本避免利率风险。

（5）避开购买力风险。

在通货膨胀期内，应留意市场上价格上涨幅度高的商品，从生产该类商品的企业中挑选出获利水平高的企业。通货膨胀率异常高时，应把保值作为首要因素。如果能购买到保值产品的股票，则可避开通货膨胀带来的购买力风险。

6. 风险管理的实施

（1）根据资金状况制订合理的操作计划和方案。

在交易之前，投资者应当根据自己资金量的大小合理地制订资金运作的比例。在交易时永远不要满仓操作，一定要为不确定性的出现留下回旋的空间，即留足安全保障资金。

（2）根据时间条件制订适宜的操作风格。

每个投资者拥有的操作时间是不同的。如果有足够的时间盯盘，并且具有一定的技术分析功底，可以通过短线操作获得更多的收益。如果只有很少的时间关注盘面，不适宜操作短线，可以慎重寻找一个比较可靠并且趋势较长的介入点买入，中长线持有，累计获利较大时再出局套现。

（3）树立良好的投资心态。

良好的心态是投资者做股票交易时非常重要的。技术再好，心态不好，往往也是亏多盈少。做任何事情都必须拥有一个良好的心态，投资也不例外。投资者心态平和时，思路往往比较清晰，面对行情的波动时能够客观地看待和分析，进行理性操作。

（4）建立操作纪律并严格执行。

行情每时每刻都在发生变化，涨跌起伏的行情会使投资者存在侥幸和贪婪的心理。如果没有建立操作纪律，账面盈亏只能随着行情变化而波动。不及时止盈，账面收益就无法成为真正的收益，起初的获利就有可能变为亏损。这会导致操作心态紊乱，不能客观地分析行情，最终步步败退。所以，制订操作纪律并严格执行非常重要。

第十二章　寻找稳定盈利的秘诀

第一节　散户为什么亏钱

国内股市中，投资者绝大多数是散户，而这些散户大都长期处于亏损状态。那么，散户为什么会亏钱呢？实际上，造成散户亏钱的原因有很多，下面简单介绍一些。

1. 缺少专业知识，还不爱学习

绝大多数散户投资者对专业知识并不了解，甚至股市中一些很基本的知识都不懂，每天只会盲目地买进和卖出。

散户投资者大都是市场的跟风者，没有自己的主见。因为缺乏专业知识，所以不能准确地判断行情走势中的机会和风险。

笔者一直提倡“先学习，后交易”。但在实际交易过程中，绝大多数散户不愿意主动去学习，会找各种借口拒绝学习。要知道，股市本身就是专业性的市场，并不是谁都能在这个市场上赚到钱的。如果没有长期的付出，哪能获得良好的回报呢？所以，散户投资者一定要坚持不断地学习炒股的专业知识。

2. 对于自己买入的股票缺少深入的研究

很多散户投资者都是盲目地买入股票，并不清楚自己为什么要买入，买入前没有分析过目标股票。并且，大多数投资者买入股票后也不去详细了解和研究买入股票的具体情况，买入之后只想着坐等股价上涨。

大多数散户投资者买入股票时，一般就是看看股票所属的概念，跟着炒政策，炒概念，哪个地方是热点就往哪里钻。炒热点本身没有错，但对散户投资者来说，就算知道热点题材，也不能准确地选好操作的个股。因此，最后可能是热点没有蹭着，反而被套牢。

绝大多数散户很少去了解股票的基本面，对于影响公司经营的风险、相关行业的发展趋势，都缺乏了解，只知道盯着盘面买进、卖出。这样进行交易，具有很大的风险性和不可控性。

3. 听消息炒股

很多散户投资者不会分析和判断是否应该买入或者卖出某只股票，经常按照市场上散布的消息炒股，并且还不能判断消息的可靠性。

初入股市的投资者大都喜欢四处查看股评，打探消息，基本都是哪里有消息就往哪里跑，哪里有研报就往哪里钻。他们从来不会甄别这些股评或者研报中的个股是否具备投资价值，是否具备上涨的基础。只要看到推荐的人多了，就盲目地跟风买入。这样一来，大多数散户投资者都处于盲目炒股的状态。

许多散户投资者喜欢根据内幕消息、小道消息和某些顾问公司提供的建议购买股票。他们购买股票前，从来不去分析要买入的股票是否安全，是否有可买的价值。只要一听说是内幕票或者消息票，就立马觉得赚钱的机会到了，毫不犹豫地买入。他们情愿拿着自己辛苦赚来的钱去冒险，也不愿意提前分析股票本身是否具有可操作性。实际上，大部分小道消息都属于假消息。即使有些消息是真的，很大程度上也是一些机构为了成功出货故意放出的，目的就是让市场投资者出来接盘。

4. 缺少耐心

很多散户投资者有一个通病，就是缺乏耐心，拿不住股票。每当他们手中的股票涨几个点，就立即卖出，想着落袋为安。但是，一看到卖出的股票继续往上涨就又急不可耐地买回来，这样的操作迟早会被高位套牢。

市场上，很多散户投资者看到买进的股票有些小盈利时跑得比兔子还快，这是因为经常面临亏损割肉造成的。他们只要一有获利就生怕行情反转，将获利再次吞噬，因此急于兑现利润，很快卖掉赚了钱的股票。这样的操作非常容易出现赚少亏多的情况，不符合稳定获利操作策略。

5. 不懂止盈

止盈是投资者获取收益的关键性操作。如果赚了钱不知道在什么时候止盈，很可能将盈利最终变为亏损，得不偿失。有时，很多投资者买入一只股票，获利 10% 卖了，但是之后又涨了 10% 以上，他们大都懊恼自己错过了后面的上涨行情，而没有想到自己已将 10% 的收益落袋为安。止盈是一个重要的手段，看起来投资者可能让渡了后市可能上涨的收益，其实也防范了后市可能存在的风险。

许多散户投资者获利非常可观后依然不舍得卖出离场，总期待行情还能涨得更高，能带来更多回报，但这种情况往往只出现在牛市中。行情出现回落时，他们总在心里自我安慰，认为行情只是上涨途中的短暂回调，等行情回调完成后肯定会继续上涨。但等来的结果大都是行情出现反转，投资者看着自己的盈利被慢慢吞噬。虽然心里后悔自己没有早点平仓出局，但依然舍不得果断卖出，想着等行情反弹一些再卖，结果行情却持续下跌，直至跌回成本线。最终一只原本获利非常丰厚的股票，就这样被熬成亏损套牢，被迫割肉出局。

6. 不会止损

很多散户投资者买入的个股经常被深套，但就是不止损出局。他们大都认为被套的股票还能再涨回来,实际上却事与愿违,经常越套越深,最终实在忍无可忍时才大亏割肉。

专业的投资机构则不同，他们都有严格的止损要求，会根据市场环境变化和承受能力的不同，设置不同的止损线，有的可能 5%，有的可能 10%，有的甚至会更高。一旦设置了止损线，他们基本上都会严格执行止损纪律，亏就亏了，守住本金不发生更大的亏损更重要。

炒股不设置止损就是让风险裸奔，后果很严重。股市中，大多数散户都不会设置止损。如果散户手中有两只股票，一只挣 10%，一只亏 10%，必须卖出一只时，绝大多数散户会卖出挣钱的那只，留下亏损的那只，理由是这只挣了钱，落袋为安，亏损的那只可以拿着，等哪天解套了再卖。可惜，大多数时候等来解套很难，多数是解不了套的，只能在亏损更多的时候再割肉，而且割肉也是很有难度的技术活儿。

死抱死守在散户投资者中属于普遍现象。起初损失较小时，都不愿意砍仓割肉离场，一味地死抱着不放，总期望行情能够很快转好。亏损不断扩大时，却又舍不得割肉，导致越亏越多，越套越深。

7. 追涨杀跌

散户的一个通病就是看着股价上涨就追着买，看着股价下跌就追着卖，这也是引起股价经常暴涨暴跌的重要原因。股价上涨时，散户总会认为股价上涨那么快，估计涨上去就跌不回来了，害怕错过股价上涨的机会，所以不管不顾，哪怕追涨也先买进去再说。

股价下跌时，散户对行情没有预判性，对行情下跌总是惊慌失措，担心要出现反转，因此总是追着卖出。这就是下跌时跌速越来越快的原因。

8. 逆势买股

大家都知道，下跌过程中买入股票是最容易赔钱的时候，很多散户投资者却有些坏习惯，喜欢往下买票，不喜欢往上买票。也就是说，喜欢买下跌的股票，不喜欢买上涨的股票。抄底追高是大多数散户的通病，殊不知“抄底底无尽，追高高到头”。这样的交易方式，往往让很多散户连续失利，导致本金不断减少，直至全部输光。

很多散户常说的“买跌不买涨，卖涨不卖跌”，笔者认为这种说法是非常错误的。股票一旦形成下跌趋势，很难判断其底部位置。如果下跌的时候买入股票，通常会在无尽的被套中循环，很难从中获利。对于上涨趋势的股票，如果上涨就卖出手中的股票，往往会卖在股票上涨趋势形成的初期，后面很大一段利润就很难得到。

第二节　散户的致命思维

对股票的投资决策是投资者的主观行为，客观因素无论发生怎样的变化，最终都是由投资者自身来进行判断，是否参与、如何参与股票交易都是由投资者本人决定的。投资者的主观判断将影响其股票交易结果，而主观判断很大程度上会受到心理因素的影响。很多散户常常凭着感觉去操作股票，市场上只要一有风吹草动，就会捕风捉影，闻风而动，大量抛售或者买入某只股票。

股市交易中，无论技术学得多好，具体操作时都要靠主观判断，并决定是否操作、如何操作。所以，主观意志会影响投资者的交易决策，而大多数散户进行主观判断时都会陷入很多误区，因此需要了解并规避这些误区，以便能在交易过程中少犯错误，多获收益。

散户进行主观判断时很容易掉进思维陷阱中，一些致命的思维会让他们在股票交易时连连失利，节节败退，最终只能无奈地退出市场。

归结起来，散户通常会有以下 10 种致命思维。

1. 不舍得及时止损

止损是股市交易中所有投资者都必须要学会的一项风控操作，是防范资金亏损扩大的有效措施。及时有效地止损，可以把风险控制在极小的范围内。而不设置止损，风险就难以控制，极易出现被深套的情况。

现实交易中，绝大多数散户面临亏损时，都不舍得及时止损。股价持续下跌过程中，稍微有一些反弹，就会有一种侥幸心理，认为股价可能会反转，不应该卖出手中的股票。但绝大多数时候，股价经过短暂反弹后会继续下跌，投资者的亏损会继续扩大。之后，他们更不舍得止损离场，就形成了一种死抗的循环。

股市中有一句话叫做“截断亏损，让利润奔跑”，意思就是一定要阻止自己的亏损扩大，将风险控制在极小的范围内，只有保障好资金安全，才能在市场行情转好时让利润奔跑。所以，投资者一定要设定好止损，并且严格执行，不能掉进舍不得止损的思维陷阱。

2. 不敢去追龙头股

龙头股通常是市场热点题材的领头羊，具有快速聚集人气的特性，吸引资金买入形成合力，推动股价不断上涨。所以，龙头股经常会表现得非常强势，会不停地大涨，甚至出现连续涨停。

一只股票逐渐上涨时，散户不知道它是不是龙头股，只有该股强劲的涨势显现出来时，他们才会注意到。只是散户注意到时，股价已经上涨了一段距离，因此他们大都不敢跟进买入，转而买进一只涨幅较小的跟风股。但是，跟风股不一定就会跟着龙头股上涨，反而经常出现该板块大涨时，跟风股涨得很缓慢，板块下跌时却跌得很快。这样一来，散户折腾半天，最后不但没赚到钱，反而会亏损。

股市中有一句话叫“龙头不死”，意思是说，在人气的推动下，龙头股会吸引大量资金买入，从而推动价格不断上涨。龙头股的人气保障了其强势地位，所以很难直接死掉，通常只要出现回撤，就会被市场资金蜂拥买入，价格随之继续上涨。

股市中还有一句话叫“龙头股有两条命”，意思是说，龙头股就算是见顶回落了，通常还会出现一波比较强势的上涨，所以就算在第一波追龙头股时不小心被套了，还可以在龙头股第二波上涨时及时撤离出来。因此，散户不要怕追龙头股，相比跟风股，龙头股的机会更大，风险更小。只要不在龙头股已经大幅上涨后买入，安全性还是比较高的。

3. 喜欢在低位抄底

抄底是市场中绝大多数投资者喜欢干的事情，几乎所有投资者都希望自己买的股票能够买在最底部，这样就能坐享行情上涨带来的利润。但事实并非如此，很多时候投资者买入时认为的底部，并非是行情走势真正的底部，可能只是下跌趋势的中继状态。因此，经常有投资者抄底抄到半山腰上，最后等待他们的只是套牢或者割肉。

市场上很多散户存在这样的心理，就是看到自己买入的股票价格比别人买的价格更低时，就会暗自窃喜，觉得自己会比别人赚得更多。但是，他们忽略了一只股票的价格已经出现了一个低位，后市可能再创新低。如果投资者按照这种抄底的思维去买股票，只会在不停地套牢和割肉中度过，最后资金大幅缩水。所以，投资者一定要告诫自己，千万不可盲目抄底，因为盲目抄底，最后经常抄死的都是自己。

4. 总希望能卖在最高位

股市中，几乎所有投资者都希望自己买入的股票能够卖在最高点。不过，这种想法基本上是不现实的，有些投资者卖出股票时，偶尔可能会卖在最高点，但绝对做不到每次都能卖在最高点。所以，投资者千万不要总幻想自己持有的股票能卖在最高点。

股市中经常会用吃鱼来比喻对行情的操作。在做股票交易时要想获取成功，就要主动放弃鱼头和鱼尾行情，只要能够稳稳地抓住鱼身行情就可以赚得盆满钵满了。这里的放弃鱼头和鱼尾行情，主要是指主动放弃抄底和逃顶，而是顺应趋势，操作趋势中间的那一段行情，而这一段行情往往是上涨最猛，涨幅最大的一段行情。

很多人都说要学会“舍得”，有舍才有得。股市中同样如此，有时放弃一些该放弃的，可能会得到更多收获，不要总想着自己手中的持股一定要卖在最高点。

5. 没有自己的持股策略

参与股市交易需要有策略，但是绝大多数散户没有自己的交易策略，更没有建立适合自己的交易系统。他们交易股票时普遍具有盲目性，并不知道因为什么买入某只股票，也不知道持有到何时才应该卖出，更不知道行情出现变化应该如何应对。

绝大多数散户没有自己的持股策略。他们喜欢四处打听消息，道听途说。喜欢让别人推荐股票，今天听这个人说哪只股票好，明天又听那个人说另一只股票有内幕消息。结果一股脑地都买入，手里持有一堆股票，却不知道这些股票是否真正值得持有，经常看得眼花缭乱，根本顾不过来，最终绝大多数个股都处于亏损状态。

股市中，有一种降低风险的方法就是分散投资，意思是说不要把所有的鸡蛋都放在一个篮子里，谨防篮子突然掉了将鸡蛋全部打碎。同理，股票交易时也需要分散投资，尽量不要将所有的资金都买入一只股票，最好选择多只股票进行组合投资，这样能够有效地降低风险。但是，也不能一次性买入过多股票。如果一次性持有的股票过多，就会分散精力，容易顾此失彼，不但难以获得盈利，还可能增加亏损。尤其对于散户来说，一般持有 3 ～ 4 只股票就可以了，不要贪多。

6. 不能正确区分牛市与熊市的操作策略

绝大多数散户没有牛熊市之分，因为他们牛市时满仓操作，熊市时还是满仓操作。虽然在笔者眼中，也没有完全的牛熊市之分，牛熊市都能有走势很好的股票，但毕竟牛市时走势好的股票容易选，熊市时走势好的股票难选。

牛市中，就算选错了股票，也不容易出现很大的亏损。因为牛市行情时大多数个股都在走上涨行情，虽然偶尔会有下跌，通常也会跟随着牛市行情逐步上涨。熊市中，绝大多数个股都在走下跌趋势，如果选错了股票，那可能就会在不停地割肉或漫长的套牢等待中度过。

牛市中满仓操作，可能会带来更多收益，但在熊市中满仓操作会让风险扩大。很多投资者就算牛市中有一百次成功，也可能因为熊市中的一次失败，将所有的利润甚至本金都亏进去。

散户总喜欢自我安慰，在前一天亏了，就安慰自己第二天会涨。运用这种思维在熊市中交易，只能是有多少亏多少。所以，一定要学会区分牛熊市，针对不同时期的市场情况，选择不同的交易策略，才能保证股市交易更加稳健。

7. 认为跌了很多就不会再跌

很多散户投资者会认为，股价已经下跌很多不会再跌了，总想着股价已经到底，应该可以抄底了。殊不知“抄底底无尽”，尤其熊市行情中，这种“抄底底无尽”的现象表现得淋漓尽致。

熊市中，无论股价下跌了多少，可买进后会发现，自己认为的底远不是真正的底。很多投资者抄底抄到半山腰，只能眼看着买入的股票被套或割肉。所以，投资者不要盲目地认为，股价跌了很多就不会再跌了，要根据当时的大行情，个股的基本面和走势，进行综合分析和判断。

8. 认为涨了很多就不会再涨

也有很多散户投资者认为，股价涨了很多就不会再涨了，总是急急忙忙地卖出持有的股票。等卖出后才发现，自己卖出股票时，可能只卖到了股票上涨的启动点。这种现象在牛市行情中表现得淋漓尽致。

牛市中，绝大多数个股都是一路上涨的趋势，涨多跌少。很多投资者在股价上涨百分之六七十时就认为已经上涨很多了，股价可能已经到顶了，但股市中有句话叫“牛市不言顶”，就是说牛市中很难说一只股票具体能涨多高，有的股票可能涨一两倍，有的股票涨幅却能超过十倍。所以，投资者不要轻易地认为，股价涨了很多就不会再涨了，要根据当时的大行情进行分析和判断。

9. 认为股票价值高就一定会涨

股市交易中，很多散户投资者认为，只要买入价值高的股票就一定能有很好的收益，尤其那些信奉价值投资的投资者更会持有这种观点。但在实际交易中，价值高的股票也不一定会上涨，反而有些还经常出现下跌。所以，投资者一定要转变思想，千万不要盲目地认为价值高的股票就一定会上涨。股票价格上涨是由很多原因综合决定的，并不是单靠价值就能使股价上涨。

10. 认为买低价股损失就会小

很多散户投资者特别喜欢购买价格低的股票。他们认为，股价便宜花钱少，风险还低，并且觉得股价已经那么低了，再跌也跌不到哪里去了。实际上，正如人们常说的“便宜没好货，好货不便宜”。他们经常买进了才发现，等了很长时间股价就是不涨，并且就算股价很低，下跌起来也是很快的，赔起来照样很快。所以，投资者千万不要认为买低价股损失就会小，有时低价股的风险甚至比高价股的风险还高。

第三节　避开心理短板

股市中赚钱很容易，但亏钱也很容易。绝大多数投资者难以赚到钱，并不是说就不能赚钱。想要赚钱是需要技术和方法的，不是随随便便地买入就能坐享红利。

股市处于牛市时，投资者享受着股票上涨带来的红利和快感，很容易自我膨胀，认为自己很了不起，实际上只是搭上了牛市的顺风车而已，等牛市一过，经常就会损失惨重。

股市处于熊市时，大多数投资者会因为被套亏损而感到暴躁难安。其实，无论何时投资者都应当静下心来正视自己，了解自己心理的短板，然后尽量规避自己的短板，这样才能在股票交易时更加安心。

投资者常见的心理短板如下。

1. 卖盈持亏

对于投资者来说，持有的股票赚钱他们就会高兴，而持有的股票亏损则会感到沮丧。如果投资者持有的股票既有赚钱的，也有亏钱的，要让投资者卖出股票时，绝大多数投资者会卖出赚钱的股票，而留下亏损的股票。理由就是赚钱的股票落袋为安，亏损的股票可能还会再涨回来。这样一来，就形成了卖盈持亏的心理。

卖盈持亏的心理不能说全都不好，也不能说全都好，要根据市场情况来做具体的判断。如果大行情处于牛市阶段，大多数个股整体都在走上升趋势，那么这种情况下，卖盈持亏的胜算是比较高的。因为获利的个股落袋为安了，而亏损的个股因为处于牛市中，也会很容易再涨回来，所以也会有回本盈利的机会。但是，如果大行情处于熊市或者振荡市，卖盈持亏获胜的概率就会极低。因为熊市或振荡市中，大多数个股都是走下跌行情，如果一直持有亏损的个股，可能会越亏越多。

市场上很多投资者都有卖盈持亏的心理。所以，投资者一定要将这种心理与市场状况结合起来，千万不能形成固定思维模式，不然很容易挣小钱赔大钱，最终走上血本无归的歧途。

2. 过度自信

很多投资者掌握了一定的信息和专业知识后，就开始盲目自大，每次面对投资决策时，会过度相信自己的判断，总认为自己的判断一定是正确的。通常越是过度相信自己判断的投资者，越容易频繁交易。因为他们总是对自己的判断充满信心，认为自己总能选择到非常优质的股票，从而不停地更换股票。但实际上，最终他们会发现，过度自信而产生的频繁交易，非但不能给他们带来更高的收益，反而可能带来亏损。

投资者有自信并没有错，但过度自信就容易让人头脑发热，忽视风险。股票市场是不断变化的市场，并没有固定不变的模式，谁都无法准确地预测后市的走势，大多数人对行情的预测，也只是基于历史信息和其他工具来对股价后期的走势做出预判，只能说股价未来可能会这样走，谁都不敢保证股价未来一定会这样走。所以，参与股票交易时，要敬畏市场，随时保持一颗谦逊、平和的心，不要盲目自信。

3. 锚定心理

锚定心理又称沉锚效应，是心理学名词，指的是人们对某人或某事做出判断时，思维容易受到第一印象或第一信息支配，就像沉入海底的锚一样把人们的思想固定在某处。

股市中的锚定心理是十分常见的，股票当前价格的确定很容易受到过去价格的影响。

股市中股票的价值不明确，投资者很难知道它们的真实价值。没有更多信息时，过去的价格可能就是现在价格的重要决定因素，通过锚定过去的价格来确定当前的价格。

投资者做股票交易时也经常会有锚定心理。有时，投资者看到某只股票的某个信息，就会立即产生对该股票信息的解读和认定，然后按照认定的信息进行操作，这就是通过信息确认形成的锚定心理。

2007 年和 2015 年股市处于牛市时期，市场上很多分析人士和机构都高喊着上证指数要上 10000 点。这使很多市场投资者产生了锚定心理，认为股市还会继续疯狂上涨，此时买入是安全的，因此没有一点风险防范意识，只想着可劲地买。当风险来临时，他们依然坚定地认为上证指数会上 10000 点，没做任何安全措施。最后，在行情反转大跌过程中，这些因上证指数要上 10000 点信息形成锚定心理的投资者，最终大都损失严重，几乎血本无归。

股市处于熊市行情时，市场上很多分析人士和机构都会不断地压低预测点位。2015 年牛市转熊市后，上证指数在 4600 点时，他们大都认为牛市没有结束。上证指数跌到 4000 点时，他们认为已经是底部。上证指数跌到 3500 点时，他们又认为是市场的底部。行情跌破 3000 点时，他们的观点却产生了反转，认为上证指数会跌到 2500 点。上证指数跌破 2500 点时，又有很多机构和专家预测上证指数可能会到 2000 点、1800 点或更低。其实，这些预测都会使市场投资者产生锚定心理，左右他们的交易决策。

投资者要清楚地了解锚定效应，并且要时刻提醒自己，每次在做决定时一定要摆脱锚定效应造成的判断偏差。除此之外，必须有勇气怀疑自己的第一判断，接收到新的信息时，要利用新的信息去修正原有的判断，这样才能尽可能地减少判断偏差。

4. 从众心理

股市中，绝大多数投资者交易股票都存在非理性心理，很容易受到外界因素的干扰，从而不断地改变自己的交易策略。很多投资者看似有策略，但最后交易起来只是随波逐流，跟随大众进行买卖交易，这就是从众心理。

很多投资者交易选定的目标股之前，大都会犹豫是否要进行交易。但是，当他们看到其他投资者都在争相交易他们选定的目标股时，就会头脑发热，不管不顾地跟随交易目标股。殊不知，看到其他投资者交易目标股时，他们已经陷入了从众心理。

大多数投资者的投资行为往往都会受到其他投资者行为的影响。其他投资者大都因贪婪和疯狂而拼命追涨时，很少有投资者能冷静地抵制购买的诱惑，其他投资者大都陷入恐惧之中时，也很少有投资者能抵制住抛售的冲动。

股市中从众心理非常普遍，并且是非常难以克制的心理问题。因为绝大多数时候，看到其他投资者大都在进行某一交易行为时，是很难抑制住内心想要跟随的冲动的。所以，从众心理很难克服，却又必须想办法克服。

5. 事后聪明

很多投资者都有事后聪明的特点，尤其对于那些学了一些技术的投资者。他们做投资决策时往往会考虑不周全，认为自己当时的判断是正确的，但最终的行情走势与他们的判断发生了偏离。行情走势完成后，回过头来再看自己当时的判断，他们会觉得当时应该怎么样，突然觉得自己很聪明。

其实，股市中几乎所有的分析技术都具有滞后性。走势出来之前，谁都无法确定未来的行情一定会怎么走，只有等行情走势已经走完，再回过头来去看，才会发现很多走势都能用各种技术分析去解释。但是，毕竟行情已经走完了，事后再清楚明白，也都已经错过了。况且，如果是在走势发生前，投资者可能就不会有这样的判断结果了。

6. 贪婪心理

贪欲是一种大众心理，也是股票交易中非常普遍的一种现象，相信绝大多数投资者都有过因贪图更多收益而得不偿失的经历。股市交易中，“贪字头上一把刀”这句话一定要时刻牢记于心。交易中偶尔小贪可以有，尤其大势向好时，有些小贪没什么问题，但一定不能贪得无厌，贪得无厌的人最终总是黄粱一梦终成空。

股票投资市场中，贪得无厌的人比比皆是。投资者想要获取投资收益是理所当然的，在安全边际较高的情况下追求高收益是可以的，但当风险指数增加时，再贪心地去追逐高收益就会十分危险。

很多时候，投资者交易股票时之所以会频繁失败，往往就是由于过分贪心造成的。原本已经有一些收益，还不断地期待能有更多，最终结果是原有收益没有得到，反而损失更多，这就是所谓的“偷鸡不成蚀把米”。

股市中，不管是新股民还是老股民，大都存在贪婪的心理。他们不是不想控制，而是根本控制不了。每次因为贪心由赚钱变亏钱后，大多数人也都反思过，并且不止一次地告诫自己以后不要再这么贪心，但再次面临同样情况时，他们又把告诫置之脑后。所以，贪婪是投资者一定要克服的一个重要的心理难关。

7. 木头心理

木头心理主要是指投资者面对股价下跌被套后，对行情失去了基本的判断，也没有任何的操作，只是简单地等着股价涨上来再解套，从来没有想过采取必要的方式来解套或者减少损失。

股市中很多投资者都有木头心理。一旦持股被套，就不知道该如何是好，也不割肉离场，只是等着什么时候股价涨回来，然后自然解套。实际上，熊市中这样的投资者往往会损失惨重。

投资者在 2007 年高点 40 元以上买了中国石油的股票的话，如果不主动割肉或者高抛低吸降低成本，只等待价格涨上来再自行解套，那么投资者至少要被深套 13 年，并且越套越深。因为 13 年过去了，中国石油的股价还不到 5 元。所以，投资者一定要摒弃木头心理，切不可被套后变得麻木，要想办法主动寻求解套方法。

8. 事后懊悔

很多稍微有一些技术和经验的投资者会经常研究选取的股票，也会分析其他投资者推荐或评论的股票。他们会同时找出好多只认为可以购买的股票，但又不能一次性都买，需要选择时，总是拿捏不定，最后鼓足勇气买入一只自己最看好的股票。等行情走出之后他们会发现，买入股票的走势不如其他几只，甚至其他几只涨得很好，自己买的那只反而下跌。这时，他们常常会懊悔自己为什么没有购买其他几只。

也有很多投资者，在股价上涨时盲目地看好自己手中持有股票后市的走势，哪怕股价已经出现下跌，仍然坚持认为自己持有的股票未来一定会走好。直到股票价格一跌再跌，看着上涨遥遥无望时，才懊悔自己为什么没在股价刚刚下跌时就卖出。

实际上，在股票交易中，事后懊悔都是徒劳的。投资者一定要事前做好充分的计划，并且严格按照计划交易，事后就算出现差错也不要懊悔。与其事后懊悔，还不如多总结经验和教训，争取下次不要再犯同样的错误。

第四节　散户交易坚守的准则

正确持久的交易必须要有铁律的约束。每个投资者都有不同的思维模式和操作习惯，而时刻变化的市场行情总能影响他们的心理和思维习惯，从而导致错误的操作。

为了防止市场变化时受到影响而做出错误决策，投资者应当建立铁律交易机制，让自己的操作时刻保持在制定的交易机制下，以便保证不会因为市场变化，致使头脑发热而作出错误操作。

1. 捂股原则

（1）买股后设立止损线。可用一条均线作为止损线，比如 10 日均线或者 20 日均线，也可以选择一个重要的支撑位作为止损线。只要股价一直维持在止损线上方，就可以坚定持股。

（2）不能让持有股票已经盈利超过 20% 以后再跌回到赔钱的位置，及时止盈是保护利润最好的方式。

（3）先观察大盘，再确定个股。大盘是大多数个股的风向标，很多个股会跟随大盘同涨同跌。因此，首先要观察大盘处于一个什么样的走势，然后再选择强势个股进行操作。

（4）股市中只有极少数个股会连续大涨，通常很多个股走出大行情需要一段时间才能完成。因此，选好个股后，确定大盘没有问题的前提下，强势股可以保持中长期持有。

（5）买入龙头股通常会有意想不到的收获，股市中上涨非常强势的个股通常会是板块或题材的龙头股，投资者要耐心寻找并确定龙头股。一旦确定并尽早买入，可能会带来丰厚的利润。

（6）投资者低位买入起涨股票后一旦获利，不要着急卖出，尽量撑过股票的第一次短期修正回撤，也就是要尽量撑过 2 浪回撤。只要守住了 2 浪回撤，投资者通常会享受到 3 浪主升浪上涨带来的丰厚利润。

（7）大盘确定为新多头行情初期时，投资者要尽量持股，不要盲目地卖出。把握好多头行情的初期时机，会让投资者避免因股价上涨后追高带来的心理压力，同时也能享受到价格上涨带来的更多收益。

2. 卖股原则

卖出股票通常有两种情况，一种是获利卖出，一种是亏损割肉卖出。获利卖出的投资者都希望能卖在高点，但要做到很难，只能尽量卖在最高点附近。

（1）股价上涨到末期，开始出现上升乏力，形成横盘振荡走势时，需要考虑逐步卖出股票。

（2）股价持续上涨一段时间后，在某一价格区间出现大量的成交和换手，而股价出现滞涨时，投资者应当逐步减少持仓。

（3）股价经过长期上涨后，在某一两日交易量急剧放大，股价却涨幅有限时，投资者应当考虑卖出手中的股票。

（4）股价经过长期上涨，在某几日盘中出现大幅度波动，和成交量放大时，投资者应当卖出手中的股票。

（5）股价经过持续上涨后，多项技术指标与股价出现背离时，投资者需要考虑卖出手中持股。

（6）股价经过持续上涨后，股价 K 线形态出现看跌形态（如头肩顶结构、M 头结构，或者 K 线出现断头铡刀、黄昏之星等）时，投资者需要考虑卖出手中持股。

（7）股价经过持续上涨后出现滞涨，市场反应变得冷清，随后出现放量下跌，投资者需要考虑卖出手中持股。

（8）股价经过持续上涨后，价格偏离均线过远，有技术回归的需求，投资者需要考虑卖出手中持股。

（9）股价出现连续暴涨，市场情绪极度兴奋，出现暴量下跌时，投资者需要考虑卖出手中持股。

亏损割肉卖出能有效降低亏损的扩大，所以行情不好时，如果投资者持股出现亏损，卖出离场是最好的选择。

投资者需要重点关注以下 4 种情况。

（1）股价下跌突破关键支撑位时，投资者需要考虑卖出手中的持股。

（2）股价下跌突破重要点位时，投资者需要考虑卖出手中的持股。重要点位经常会是整数点位，比如 10 的倍数或者 100 的倍数等。

（3）股价走下跌趋势，反弹遇到重要压力位时，投资者需要考虑卖出手中的持股。

（4）股价跌破预设止损线时，投资者需要考虑卖出手中的持股。

3. 交易原则

交易原则是指一些交易上的规则，也是一些交易纪律，投资者需要了解这些纪律，并且交易时要时刻提醒自己遵守交易纪律。

（1）切勿逆势交易。

股市中最常听说的一句话叫“顺势而为”，就是指顺着市场的趋势去完成交易。股市行情处于上涨趋势时，投资者可以大胆买入。股市行情处于下跌趋势时，不可盲目买入。股市行情处于振荡趋势时，做高抛低吸或者短线低买高卖是比较合适的。如果投资者逆势而为，不但无法获利，而且会不断地产生亏损。如果在上涨趋势不敢买，则会失去股价上涨带来的收益机会。如果在下跌趋势买入持股，则会导致被套牢或亏损割肉出局的情况。如果在振荡趋势中长线买入或者不做交易，则会增加时间成本和错失波段式机会。

（2）切勿频繁交易。

股市中有句话叫“多做多错，少做少错”，这是告诉投资者入市要等候机会，不宜交易太频繁。很多投资者有这样一种习惯，就是每天都想操作一下手中的股票。如果不操作心里就不舒服，这是一种非常可怕的坏习惯，会直接导致投资者频繁交易，尤其对于炒股新手来说，简直就是一场噩梦。

对于绝大多数投资者来说，频繁交易通常只能赚一些小利，很难获得大利，而这些小利经常会因为一次错误操作损失殆尽。

（3）切勿随意加码。

随意加码是指随意加仓，这也是投资者常见的毛病。很多投资者喜欢看着股价上涨就立即追着加仓，看着股价下跌就着急补仓，结果经常导致上涨加仓加到高位，下跌补仓也补到高位。

股票交易过程中，加仓也不能随意乱加。如果加仓操作不好，可能导致原有的盈利被吞噬，所以加仓时一定要有加仓规则。比如，股票上涨过程中的加仓，买入的股票已经确认处于趋势性上涨时可以加仓；买入的股票有效突破关键压力位时可以适当加仓。股票下跌过程中的加仓，在确认股价触底时可以加仓；持有的股票下跌到重要支撑位受到强力支撑时可以适当加仓；持有的股票出现明显上涨异动时可以加仓。

投资者交易股票遭受损失时，切勿为了摊低成本而赌徒式加码。补仓摊薄成本是件非常难的事，一定要等股价企稳，再次上升时分批补仓。

（4）切勿轻信他人建议。

股市中很多投资者不懂分析技术，只知道盲目地打探股市消息。他们喜欢打听内部消息、小道消息，或者找某些顾问公司或者市场上所谓的股票专家，然后根据他们提供的消息或者建议来交易股票。打听交易消息之前，他们从来不去分析要买入的股票是否安全，是否有可买入的价值，只要一听说是内幕票、消息票或者绩优票，就立马觉得赚钱的机会到了，毫不犹豫地买入。他们情愿拿着自己辛辛苦苦赚来的钱去冒险，也不愿意学习一些分析方法，提前搞明白股票本身的可操作性。实际上，股市中大部分小道消息都属于假消息，即使是真的，也是一些机构为了成功出货而故意放出的，其目的是让市场投资者出来接盘。

股市中还有这样一群败类专家，就是专门利用投资者不懂分析技术，盲目从众的心理特点，经常打着某某股票研究院的幌子，吸引投资者跟随他们交易股票。他们操作股票时，股价上涨较快，有时他们一提示买入，股价就会迅速拉升甚至涨停，随后又出现涨停回落，只有偶尔能封板，并且封板时成交量会很大。不懂行的投资者会认为这是他们实力超群的表现，对他们信服得五体投地，甘愿死心塌地跟着他们交易股票，但最后大多数投资者会发现，几乎没有几个能够真正获利。

实际上，这是一些机构投资者的套路，是机构为了自己出货或者协助其他庄家、大户出货的一种手法，市场上经常出现的“杀猪盘”就是这种手法。机构或庄家已经提前建仓完成，就等待投资者前来接盘。当机构提示投资者买入时，他们花费很低的成本将股价瞬间拉高，所有的投资者想要买进就只能高位追进，而投资者高位追进时，也是机构投资者顺利出货的时机。

（5）一定要设定止损线。

设置止损就是要将风险尽可能控制在最小范围，保住本金安全。在股票投资市场上，只有保障好本金的安全，才能够博弈更多的机会。如果让本金损失过大，要想再赚回来可不是一件很容易的事情。“留得青山在，不愁没柴烧”，这句话在股市中的意义就是用止损保住本金的安全，只要本金在，市场上的机会总是很多的。

设置止损线的方法有很多，投资者可以根据自己的承受能力，可以按亏损比例，可以按心理价位，也可以按支撑位来设置止损线。每位投资者设置的止损线可以不同，但一定要设置止损线。并且一旦设置好止损线，就要按照设定的止损线严格执行，否则设置止损线就没有任何意义。

（6）切勿胡乱平仓。

平仓就是卖出股票，这是所有投资者都会进行的操作，但如何正确地平仓是很重要的，平仓看似简单，实则极其考验技术和经验技巧。很多投资者可能同时买入一只股票，但获得的结果不尽相同，有的投资者可能盈利出局，有的则可能亏损出局。之所以会亏损出局，是因为这些投资者不会正确地把握平仓时机。

股票交易能够出现盈亏，主要是因为交易股票时的差价，这跟实物交易是一样的。如果卖的价格比买的价格高，则可以获利。反之，如果卖的价格比买的价格低，则会产生亏损。但是股市行情瞬息万变，如果不能及时把握住最好的卖出时机，很可能会让原本的盈利变成亏损。

投资者交易时胡乱平仓的结果往往是，刚平仓完股价就开始往上涨，或者在股价上涨的启动点就已经平仓出局了，或者股价上涨到该卖出的价位不平仓，等价格跌下去了才进行平仓。造成这种操作的主要原因是没有对行情走势进行良好的把控。要想更好地把控行情走势，一定要多学习股票知识，多研究各种市场规律，尤其要多研究经典的股市现象和本质，不断提升把控行情的能力。

（7）对市场有怀疑时，离场观望。

很多投资者经常会遇到看不懂市场行情的时候，遇到这种情况时最好先离场观望，等能看懂行情走势时再决定如何操作。

看不懂市场行情时入场是非常危险的，因为此时市场的不确定性因素急剧增加，容易使投资者做出错误的决策。

市场行情变化多端，时常出现让投资者看不懂的行情属于正常情况。尤其股价经过一段时间上涨之后的弱势横盘振荡，或者股价经过一段时间下跌之后的强势横盘振荡，都会给投资者带来扑朔迷离的感觉。这种无法判定市场具体走向的情况出现时，最好的办法就是先撤离，观望行情后市的发展趋势，伺机而动。如果行情走出上涨趋势，则买入持仓。如果行情走出下降趋势，则离场观望。

（8）市场不活跃，不进行交易。

股市中有句话叫“市场清，买卖稀”，就是说市场交易冷清时，交易就会非常稀少。

长期在股市中交易的投资者都应该知道，股价上涨需要资金和人气的推动。如果股市活跃，人气旺盛，自然能吸引更多的资金推动股价上涨。反之，如果股市冷清，人气稀少，股价则难以上涨。

市场冷清就会造成市场不活跃，市场不活跃就会导致股价波动较小，而投资者要想在小幅波动的市场行情中获利是比较困难的。所以市场不活跃时，尽量不要交易股票，耐心等待市场活跃之后再进行交易。

（9）合理地管理资金。

将资金盲目地集中或分散都是对资金的滥用。有的投资者喜欢将所有资金集中在一只或者两只股票上，寄希望于这一两只股票能够快速上涨，进而带来丰厚的收益。但是，资金过于集中容易导致被套亏损时风险的集中，抗风险能力较低。如果资金集中的股票出现下跌，则会出现较大的亏损。

有的投资者喜欢将资金分散在很多股票上，可能只有 10 万元的资金，手中持有的股票却有 10 多只。他们原本是想分散投资，希望东边不亮西边亮，其结果可能是顾此失彼，根本就没那么多精力来照看这些股票。资金过于分散，虽然可以分散风险，但无法对所有个股进行风险掌控。所以，不但风险没有有效地减少，反而还会增加。

在股票交易中，合理的资金配置是非常有必要的，并且非常重要。适当地分散投资能够有效地降低风险。管理仓位时，千万不要将所有资金都集中在一只股票上。适当保留一部分安全资金，才能保证行情出现偏差时有足够的补救措施。

（10）盈利后要落袋为安。

投资者进入股票市场是为了赚钱的，在股市盈利后一定要提取部分利润，落袋为安，一味地将所有资金都放在股票账户里，很容易因一时冲动又把利润亏回去。

第五节　如何获取有效信息

信息是股票交易不可缺少的组成部分，也是非常重要的一部分。在交易系统构建中，信息系统是非常重要的环节，因此，获取有效信息对于信息系统的准确性非常关键。如果参与股票交易的投资者不懂得如何获取和分析信息，那就跟盲人摸象没有任何区别。

比如，某一项重大政策的出台，可能利好股市，也可能利空股市。如果投资者不能及时地获取并分析信息，可能会失去利好信息带来的机会，也可能无法规避利空信息带来的风险。

股市中，有信息优势的投资者能够更好地获取超额收益，并回避风险。有些对市场信息嗅觉灵敏的投资者，会用各种方式在各个市场收集需要的信息。他们掌握到有用的信息后，会快速地把这些信息转化到交易上，让交易更加稳健。

比如，在高送转时期，有些投资者通过对一些上市公司信息的收集和分析，可以提前预判某些上市公司可能会高送转，从而提前买入相应的股票，等后市上市公司信息发布后，市场投资者涌入时抬高价格，他们自然能轻松获利出局。

掌握信息优势能够给投资者带来非常多的机会，同时也能规避非常多的风险，因此投资者一定要学会收集和分析信息。

1. 市场信息的来源

（1）通过媒体（电视、网络、广播、杂志、移动资讯等）了解世界经济的动态和国内经济大事件，以及上市公司相关企业的动态资讯。

（2）政府部门与经济管理部门，省市自治区的各种经济政策、计划、统计资料和经济报告、各种统计年鉴等。

（3）各主管公司、行业管理部门收集和编制的统计资料。

（4）预测、情报和咨询机构公布的数据资料。

（5）部门和企业内部的原始记录。

（6）国家领导人与有关部门、省市领导报告或讲话中的统计数字和信息等。

2. 投资者需要查阅的信息

（1）查看当天的“交易信息披露”。

登录上海证券交易所和深圳证券交易所官网，查看“交易信息披露”，交易所会披露当天市场上一些特殊股票的“公开信息交易”，即龙虎榜数据。龙虎榜的数据非常有用，它可以解释一些股票涨跌的背后因素，能够看到机构和游资的交易情况。查寻此项的同时，还可以看一下大宗交易情况。通过分析龙虎榜数据和大宗交易数据，同样也能挖掘到一些非常优质的股票。

（2）查看当天上市公司公告。

上市公司公告也是在上海证券交易所和深圳证券交易所官网查寻,分为好几个类型，有业绩类的、资产重组类的、配股分红类的、澄清类的等。其他网站，比如东方财富网、同花顺网、巨潮资讯网等，也都是从这两个官网获取信息。也就是说，交易所的原始数据，是最权威的、最新的信息，其他网站的大都是二手信息。善用上市公司的公告非常重要，如果使用得当，可以打信息差，能在股票涨停和发动之前买到。

（3）查看官媒。

官媒发布的信息比普通媒体发布的信息更具有权威性，其发布信息的真实性和可靠性都非常高。有几个官媒非常重要，投资者可以经常看看，如证监会、发改委、人民日报、新华社、CCTV。投资者可以经常查看和分析这些官方网站发布的信息，官媒对市场的引导非常重要，通过看官媒，能够发现很重要的信息。

（4）关注外媒。

外媒的重要性比较特殊，有时能够提前透露一些秘密，有些消息国内媒体还没有报道，但在外媒中已经提前报道了。如果投资者能够提前看到消息，则可以利用时间差进行交易布局。投资者查看外媒信息时，一定要甄别信息的真实性，因为外媒有时会发布一些歪曲事实的报道，因此投资者一定要仔细分析信息的真实性和可靠性。常看的外媒有彭博社、路透社、华尔街日报等。

（5）关注行业网站。

有的投资者特别偏好投资某一类型的股票，如科技股、新能源股、医药股、银行股、保险股等。这类投资者要特别留意相关的行业网站信息，了解行业发展和政策动向。

投资者只要能够及时地获取有价值的信息，并且善于分析和利用这些信息，就能在股市中获得可观的收益。

信息对股市的重要性如同氧气对人一般,及时掌握各种股票信息是投资成功的法宝。掌握信息的关键在于及时地获取有效信息、分析处理和利用信息。

投资者可以针对自己的投资目的或风险控制目标，有选择地收集各种信息。收集到各种信息以后，还应对这些信息进行处理，判断信息的准确性以及可能对股市产生的影响。最后，利用已掌握的信息，做出自己的投资决策。在这个过程中，信息的准确与否十分重要，否则不仅不能规避风险，反而会扩大风险，造成不必要的损失。

第六节　正确的复盘方式

复盘对投资者来说是非常重要的，专业投资者和非专业投资者一个极其重要的区别就是复盘。真正的专业投资者，他的交易通常是在复盘过程中完成的，开盘后只是执行复盘时制订的计划而已。

复盘就是利用静态行情再查看一遍市场行情的全貌。针对投资者在白天动态行情盯盘来不及观察、来不及总结的情况，收盘后再查看各个环节，做进一步的研究。比如：哪些股票有大资金进入，哪些股票表现非常活跃，哪些股票主力资金在流出，哪些题材为当下主流题材，哪些个股为当前龙头个股，大盘走势的压力来自哪里，大盘上涨的动力又来自哪里，等等，这些都是复盘时需要分析和研究的内容。

1. 复盘的一般步骤

（1）看大盘走势。

①主要分析大盘 K 线的情况、成交量情况，与昨日相比是怎样的情况，整个量价关系是否正常，日 K 线的位置、含义，看整个日 K 线整体趋势，判断是否可以参与个股，能否出现中线波段，目前大盘处于哪一级趋势的哪个阶段。

②看当日大盘波动情况，什么时候在拉抬、什么时候在打压，拉抬是哪些个股和题材，打压又是哪些个股和题材，它们对大盘的影响力又是如何。

③看涨、跌、平个股家数，了解大盘涨跌是否正常，看市场上个股是属于普涨行情，还是普跌行情，或者是平稳行情。

④看流通市值前 20 名个股的运行情况，以及对大盘的影响。如果不是大盘股影响大盘，找出影响大盘的板块。

⑤了解大盘当日的高低点含义，了解大盘的阻力位和支撑位，了解大盘在什么位置有吸盘和抛压，了解哪些个股在大盘打压之前先打压，哪些个股在大盘打压末期先止住下跌率先启动上涨。

⑥看资金驱动，查看哪些板块或个股主力资金在大幅流入，哪些板块或个股主力资金在大幅流出。

⑦综合排名榜，市场各要素都展现在这里。哪些个股活跃，哪些个股出逃最强烈，哪些个股尾市拉盘，哪些个股尾市打压制造恐慌假象，都能在综合排名榜查出来。

（2）看板块。

①看权重板块。权重板块是影响指数的重要因素，需要查看权重板块在全天走势中所起的作用，是属于正常走势，还是属于维稳走势，亦或属于砸盘走势。

②看热点板块。热点板块是引领当日行情走势的主流热点题材。有时一些热点题材不会出现一天就消失掉，往往还会持续一段时间。所以，查看当日的热点题材，分析其热点效应，要判断其是否具备持续热点价值。如果具备持续热点价值，则具有可买价值。如果不具备持续热点价值，则需要及时卖出当日热点题材的个股。

③看板块轮动。查看板块轮动，能够看出各个板块处于运行的哪个阶段，比较容易找到即将活跃的板块或者正在活跃的板块，可以提前布局操作。

（3）看个股。

①看异动股。

异动股通常会是当日比较活跃的个股，活跃的个股更容易吸引市场投资者的注意。

异动股通常可以从以下几个维度进行辨别和分析。

首先是看涨跌幅度。如果当日出现涨跌幅度超过 10% 的个股，基本属于异动股。

其次是看快速涨幅排名。有时会有个股出现放大量快速拉升的状态，甚至有的个股能够直线拉升十几个点，然后快速封死涨停板，这类个股就是明显的异动股。

再次是涨停板个股或涨停板开板的个股。股市中，基本上每天都会出现涨停板和涨停板开板，这些个股都属于异动类个股，需要重点关注和分析。

②看龙头股。

龙头股是市场的风向标，是市场的人气标杆。龙头股通常具有领头作用，能够带动同类型的其他个股出现跟随异动，带动市场人气。龙头股可能是板块龙头股，也可能是市场总龙头。板块龙头股会带领板块出现异动上涨。市场总龙头会刺激市场人气，使市场更加活跃。

“市场需要板块带，板块需要龙头带”，这句话就足以说明龙头股在股市中是具有重要作用的。通过分析龙头股，投资者可以准确地判断市场热点题材方向，可以根据龙头股的走势来决定是否应该买入龙头股或同板块的其他个股。

③看自选股。

观察自选股是不是按照自己预想的走势在走，检验自己的选股方法是否正确。如果发现选股方式有错误，就需要思考为什么会出错，找出具体出错的原因，并加以改进。

观察自选股中有哪些个股已经出现买点，如果发现出现买点的个股，需要制订出一个操作计划。计划内需要包括：在什么位置买进，买多少仓位，计划持有多长时间，目标价位是多少，止损位应该设置在什么位置，等等。

2. 对自己进行复盘

对自己进行复盘主要是指对自己当天的交易和心态波动进行总结，看自己在当天交易过程中是否出现过差错，以及在盘中交易时有哪些好的想法，有哪些不好的心态等。

对自己复盘时，重点需要关注以下 5 个方面。

（1）要重点分析自己的交易模式和分析方法是否符合当前市场的运行趋势。

（2）要留意一些符合自己分析买点时机的股票，自己是否已经买入。如果买入了，股价后续的走势是否符合买入前的判断。

（3）要反复查验是否严格按照自己制订的交易计划进行交易操作。

（4）要查验盘中交易时，是否没有经过仔细的分析和思考就买入了计划外的股票。

（5）要分析自己盘中交易时的心理变化，查验是否存在患得患失、冲动鲁莽等偏激行为。

第七节　盘感的训练

盘感是一种条件反射的感觉，是投资者在交易中的亲身体验，无法从别人那里学来的东西。盘感是投资者大脑对交易技术、交易技巧、交易方法、交易理念和交易经验的综合反映。

有良好盘感的市场投资者会对市场行情即将发生变化时产生一种强烈的感觉。这种感觉能够强烈地预期市场行情将要如何发展，而且这种预期往往被行情的后期走势证实是正确的。

盘感不是在书本上学来的，而是投资者通过长期不停的训练逐渐形成的。并且，就算经过长期的盘感训练，最终每位投资者产生的盘感也不尽相同。

盘感也不是经过简单的训练就能产生的，跟投资者的悟性有很大关系。有的投资者可能辛苦训练10年也产生不了很好的盘感，有的投资者可能训练几个月盘感就出来了。

股市中大部分行情趋势在变化之前，盘面都会出现一些不同寻常的表现。盘感强烈的投资者可以根据自己掌握的交易知识和经验感知到，从而做出必要的操作。

良好的盘感是投资股票的必备条件。投资者要尽量地训练自己的盘感，以便增加股票交易过程中获胜的概率。

下面是盘感的训练方法，投资者可以参考训练。

（1）坚持盘中盯盘训练。盯盘是指投资者应该在市场交易时多盯动态盘。在盯动态盘时，最重要的是观察强势异动个股。投资者可以发现很多强势异动个股盘中的实时走势，然后根据个股前期走势进行分析，判断个股为什么会出现这样的强势异动走势。这样长期的盯盘训练，能让投资者对强势异动个股产生非常敏锐的感知。

（2）坚持每天进行复盘训练，并按自己的选股方法选出目标个股。复盘是以静态行情的方式，重新观察并分析大盘和个股的行情走势。投资者可在复盘过程中选出符合自己选股方法的个股，然后通过个股后期的走势检验自己的选股方法。如果能长期证明自己的选股方法是正确的，那么对于盘感的建立将会起到非常重要的作用。

复盘还需要观察和分析目前的市场热点是什么，热点题材都具有什么样的共性，哪些板块表现比较强势，哪些行业出现联动走势。复盘这些内容能够培养投资者对题材、板块和行业联动的敏感性，也能促进和提高投资者的盘感。

（3）对当天涨幅、跌幅靠前的个股进行浏览分析，找出这些个股走强或走弱的原因，发现自己认为可以买入个股的信号。对符合自己买入条件的个股，可放入自选股并予以跟踪，观察其后期走势是否符合先前的判断。

通常要重点分析涨幅或跌幅8%以上的个股，尤其是涨停板的个股。如果长期跟踪和分析涨停板的个股，投资者很容易形成对涨停板走势的敏锐感知，这对投资者未来成功抓住涨停板个股有重要的促进作用。对于跌停板的个股，投资者也需要多加分析，这样能让投资者产生非常敏感的风险感知。

（4）实盘交易是盘感训练的重要组成部分。有句话叫“光说不练假把式”，意思是指光是嘴上说说，不去实际操作是没有用处的。这反映到盘感训练中也是一样的，如果只是纸上谈兵地观察和分析，而不切实运用到实际交易中，那么实际交易时可能就跟自己分析时的观点和想法产生偏差，从而导致操作失误。所以，理论要与实践相结合，盘感最终是需要实际交易来检验的。

进行实盘交易训练时，投资者要动态跟踪自己的实盘个股，了解其当日开盘价、收盘价、最高价、最低价的具体含义。要根据动态行情的变化，识别主力的拉升、打压、抛售、护盘等实际情况，并根据实际情况进行实际交易，观察和分析交易是否符合自己对行情的判断。

（5）寻找启动点的个股，训练条件反射。投资者可以找出一些经典底部启动走势个股，放入自选股并跟踪，观察其后期走势是否符合自己先前的判断。长期寻找启动点的个股，不断地刺激自己的大脑，让大脑对这些启动点的个股形成条件反射，尤其是那些后期走势证明其启动点是正确的个股。通常长期对上涨启动点个股的训练，能让投资者对即将启动上涨的个股产生强烈的感知力。

（6）训练自己快速浏览动态行情的能力。现在市场上的股票有三千多只，绝大多数的投资者都没有那么多的精力来对这些个股进行全面分析，并且盘中交易时，动态行情更难掌握，行情瞬息万变。如果投资者不能快速地浏览和掌握大盘和个股的情况，很容易做出错误的决策。

通过训练，投资者快速浏览行情时，第一反应就能感知行情的基本情况，并且能敏锐地感知行情将如何发展。

盘感训练是基于一定的技术、技巧、方法、经验的综合训练，对股票技术和知识一窍不通的投资者是很难形成盘感的。所以，投资者一定要先学习基本的股票技术和知识，然后再进行盘感训练，这样能更加迅速地产生盘感。

第八节　盘口挂单的秘密

盘口是能够看到市场挂单数量的窗口。投资者通常看到的是普通盘口，买卖各5个档位。很多交易软件可以看到更多档位的盘口数据，多的能够看到一千档盘口数据，这样几乎大部分的盘口挂单都能一目了然。这对主力或大资金交易者来说非常有用，他们可以根据盘口的挂单情况实时调整自己的操作策略。

盘口挂单能够透露出多空双方的买卖意图，其中有真实的成分，也有虚假的成分。

有一部分挂单是市场投资者的真实买卖挂单，这部分属于真实成分。有一部分挂单是主力为了控制股价的变化和市场投资者的情绪故意挂单，这部分属于虚假成分。

盘口上买卖各档位挂单的数量和买卖的速度，能够直接反映市场投资者或者主力的意图。通常情况下，盘口挂单会有 3 种情况。

1. 大单压盘

大单压盘是指上方盘口多档位卖盘有大单放着，似乎给人以股价难以涨上去的感觉。出现这种情况的原因有 3 种。

（1）庄家不希望股价涨得过快，所以做出有大抛盘的假象。这里庄家很可能在吸货，如果是新的庄家入驻，股价会连续小幅下跌一段时间，待庄家吸完货后还会打压股价一段时间才开始拉升。如果是老庄的局部建仓，则不会继续打压股价。其实，压盘的目的只是让更多人卖出，减少散户买入，庄家伺机吸筹。也许有人会提出压盘是否是真的卖出呢？对，的确有可能，这要看基本面是否变坏，大盘是否持续走低。如果都不是，这个大单压盘就有待商榷。

（2）庄家跟某人约定好在某个时间段放出某张单，某人见后直接买入或卖出。这是一种盘中交易的大单，一般是在约定的时间或者价格出现，不过为了防止散户参与，这种大单出现后很快便被接走，从成交明细中可以发觉。出现这种情况时，该股较大概率可以看高后市。市场上有时会出现送礼的挂单，基本上就是这样的操作。

（3）庄家持续压盘的目的是为了在此洗盘，提高散户的平均持筹成本，以减少日后的抛售压力。

2. 大单护盘

大单护盘是指下方盘口多档位买盘有大单放着，似乎给人以股价难以跌下去的感觉。出现这种情况的原因有 4 种。

（1）庄家不希望价格下降，也许股价离庄家自己的成本区很近，不愿意价格下跌让市场投资者截获低价位筹码。此种情况下，后市股价通常会继续拉升。

（2）庄家觉得这个价位是合理的整理区，再低可能对后期拉升不利。是否即将拉升，则无法判断。

（3）股价处于相对底部，庄家也可能是被套主力，为此假意做出拉升行情，同样做出有主力护盘的动作，其实上方小抛盘都是自己扔出来的。这种情况下，后市股价通常小涨后就会下跌。

（4）主力故意给市场展示自己的实力，大单护盘能让市场投资者增强信心，让他们感觉有主力资金在，后市会更有希望。

3. 频繁撤单

无论买盘还是卖盘，都能看到有时有大单挂上又撤掉、撤掉又挂上。那么，这样的做法是什么原因呢？首先，要明白交易的规则是先价格后时间，同一价格中先入者可以买入。大单在某些关键价位不停地撤出或者挂出，很难想象是散户同时所为，也很难想象是某些大单持有者同时所为，极大的可能是主力的运作。

庄家频繁地挂出大单，然后再撤单，总把自己的单子排到其他人的后面，虽然某个档位上数额可能没怎么变，但散户的单子已经排到了前面。这个做法其实是在提示主力不想得到新筹码或者失去筹码，那么结论可以有：主力仓位比较重且不愿失去更多筹码，主力的剩余流动资金不多，主力有做多股价的欲望。

一般情况下，如果委托买卖中出现大量买卖盘，而且成交大单不断，就能说明主力资金的动向。但如果一只股票极少出现大手成交买卖单，通常会认为是散户行情，股价易跌难涨。当然高价股除外，很多高价股出现大手成交的情况比较少。

通常委托卖盘越大，说明市场抛售欲望强烈，股价看跌。委托买盘越大，说明市场买进欲望强烈，股价看涨。但有时主力资金也会影响股价，所以光看大单也不能准确反映市场交易的真实情况，投资者要将买卖 5 档挂单情况和成交明细中的大单情况结合起来。

（1）委托大卖单。

通常来讲，这些大卖单是主力操纵形成的，目的就是压制股价上涨。股价碰到大卖单时会停止上涨，这时投资者就要谨慎操作，详细分析可能会出现的情况，采取恰当的操作策略。

（2）委托大买单。

委托大买单不仅出现在股价上涨过程中，也会出现在股价下跌过程中。出现在股价下跌过程中，是庄家为稳定股价采取动作造成的。而且只要出现巨量托单，股价就很容易在巨量托单处企稳。出现在上涨过程中，通常是市场主力或者庄家抢筹造成的。

（3）分时成交明细大单。

分时成交明细中的大单情况有 4 种。

一是经常性大买单，是指 500 手以上、卖单较少的连续向上买单。这种大单的出现，意图比较明显，属于拉升吸筹动作。

二是小规模暗中吸筹大单，这种大单间隔性出现。这种情况通常是庄家不想暴露吸筹意图，隐晦地吸筹，一般出现在庄家吸筹的中期阶段。

三是盘整时大单，这种大单通常也是间歇性出现。但这种大单出现的价位波动通常会比较小。

四是低迷期大单，这种情况下的大单通常是偶然性大单，一般出现在庄家建仓初期阶段。

第九节　分析龙虎榜单中的机会

股市风云变幻，能上所谓“龙虎榜”的股票，往往是当日表现最抢眼的股票。股市中，机构与散户最大的区别就是资金与信息之间的不对称。“龙虎榜”揭示的就是当日个股的“交易公开信息”，这也是投资者了解市场热点个股的最佳途径。

由于“龙虎榜”是反映当日或近期个股的活跃情况，那就说明这些个股是有潜在爆发力的，是有资金关注的。投资者可以紧追“龙虎榜”的脚步，快速地切入热点股票。

龙虎榜是公开的主力运作，虽然是盘后的，但很有实际意义。不是所有的主力资金流入后，第二天就流出的，有的资金是持续看好股票后续的走势才流入的，有了主力资金的进出或成交记录后，投资者能够清楚地分析出机构或者游资是在出货、加仓买进还是在锁仓的数据情况。投资者通过分析龙虎榜，了解个股涨跌逻辑，再结合基本面研究，能够提高追踪“龙虎榜”的胜率，更精准地参与热门股的选择和操作。

但是，并非所有跟随“龙虎榜”的交易都能取胜，“龙虎榜”只是公开的市场机构或游资的动态信息，并不代表上了“龙虎榜”的个股后市都能上涨。相反，有些出了“龙虎榜”的个股，后市还会持续下跌。所以，分析“龙虎榜”时一定要有方法，善于判断分析，提炼出有价值的信息，挖掘出有潜力的个股，从而增加获胜的概率。

1. 龙虎榜的含义

龙虎榜（交易公开信息）的含义：沪深股票交易所规定，每日收盘后公开当日异常交易或波动的前三名和前五名股票的买入和卖出前五名的交易席位的信息。深市：主板、中小板、创业板分别每个条件各选前五名。沪市：每个条件各选前三名。如果条件相同，则按照成交量和成交额来选取。龙虎榜一般会在 16:30—17:30 公布当日买入、卖出金额最大的 5 家营业部的名称。

2. 龙虎榜上榜条件

（1）日价格涨、跌幅偏离值达到 7% 的股票。

（2）日价格振幅达到 15% 的股票。

（3）日换手率达到 20% 的股票。

（4）连续 3 个交易日内收盘价涨、跌幅偏离值累计达到 20% 的股票。

（5）ST、*ST 和 S 证券连续 3 个交易日内收盘价格涨、跌幅偏离值累计达到 15%（深市 12%）的股票。

（6）无价格涨跌幅限制的股票。

3. 龙虎榜的作用和价值

龙虎榜的数据一般都代表市场中最活跃和最强势的资金，包括机构资金和市场游资。所以，上榜个股一般都具备短线投机和长线投资价值，也是短线强势股、妖股和长线牛股的发源地。

因此，通过龙虎榜数据，既可以直观看出主力的买卖动向、市场偏好，也可以给投资者选择个股提供重要参考。投资者可以根据龙虎榜数据作出正向或逆向操作，从而达到获利或者止损的目的。

4. 买卖力量分析

买卖力量分析是指通过分析买卖双方成交金额，观察龙虎榜个股主力资金是在流入，还是在流出，买卖双方的资金结构是怎样的构成，从而判断行情未来可能的走势，以便做出交易决策。

（1）总额分析。

对比买卖双方席位交易的资金总量。如果买入席位资金总量大于卖方席位资金总量，说明资金吸筹较多，后市继续上涨概率较大。反之，如果买入席位资金总量小于卖方席位资金总量，说明抛压较大，短期继续上涨的概率较小。

如图 12-1 所示，2019 年 10 月 10 日的龙虎榜数据中，领益智造（002600）买入席位的资金总量远远大于卖出席位资金总量，说明机构投资者看好该股后市的行情，机构投资者大力买进该股。经过短暂下跌后，该股后续走势开启持续上涨行情。

买入前五营业部		
营业部名称	买入金额(万元)	卖出金额(万元)
中信证券股份有限公司上海分公司	15663.47	1879.88
中泰证券股份有限公司上海建国中路证券营业部	5348.48	208.28
国泰君安证券股份有限公司南京太平南路证券营业部	5205.41	95.98
南京证券股份有限公司南京大钟亭证券营业部	3463.88	46.98
深股通专用	2859.43	4008.77
卖出前五营业部		
营业部名称	买入金额(万元)	卖出金额(万元)
国信证券股份有限公司深圳泰然九路证券营业部	256.78	4974.96
深股通专用	2859.43	4008.77
中国中投证券有限责任公司西宁西关大街新宁广场证券营业部	0.00	3463.70
机构专用	0.00	2625.30
南京证券股份有限公司广州体育西路证券营业部	5.97	2154.24

图 12-1

如图 12-2 所示，2019 年 10 月 9 日的龙虎榜数据中，金力永磁（300748）买入席位的资金总量远远小于卖出席位的资金总量，说明机构投资者不看好该股后市的行情，普遍出现抛售的现象，其后股价呈现持续下跌走势。

买入前五营业部		
营业部名称	买入金额(万元)	卖出金额(万元)
申万宏源证券有限公司成都槐树街证券营业部	3514.26	3585.91
国泰君安证券股份有限公司南京太平南路证券营业部	3473.92	197.53
华泰证券股份有限公司上海武定路证券营业部	2670.16	2802.45
西藏东方财富证券股份有限公司拉萨东环路第二证券营业部	2607.52	1535.03
华泰证券股份有限公司上海普陀区江宁路证券营业部	2520.67	2790.55
卖出前五营业部		
营业部名称	买入金额(万元)	卖出金额(万元)
中国国际金融股份有限公司北京建国门外大街证券营业部	58.01	21256.15
光大证券股份有限公司上海世纪大道证券营业部	42.46	15699.05
华龙证券股份有限公司青岛东海西路证券营业部	0.00	10348.19
中信证券股份有限公司深圳总部证券营业部	127.19	9654.20
中国国际金融股份有限公司北京科学院南路证券营业部	0.00	7934.55

图 12-2

（2）结构分析。

对买一和卖一的资金结构进行分析。如果买一席位的资金明显大于卖一席位的资金，说明该股涨停时属于主攻角色。如果买一席位买入量很大，而其他席位买入量较小，很容易造成一家独大，形成潜在砸盘力量。如果买一席位和其他席位买入量相差不多，说明买方各个席位都存在做多意愿。

卖一席位代表该股的主要砸盘力量。卖一席位和其他几个席位卖出资金都很大时，说明砸盘力量较强。卖一席位卖出资金很大，其他几个席位卖出资金很小时，说明行情属于单一主力砸盘。

如图 12-3 所示，2019 年 10 月 17 日的龙虎榜数据中，海联金汇（002537）买一席位为深股通专用买入金额 1571.64 万元，卖出金额 1039.49 万元，卖一席位太平洋证券股份有限公司许昌建安大道证券营业部净卖出 4500.72 万元，卖一席位的资金明显大于买一席位的资金，说明该股的主力机构不看好后市行情，被主力机构抛售。

买入前五营业部		
营业部名称	买入金额(万元)	卖出金额(万元)
深股通专用	1571.64	1039.49
招商证券股份有限公司深圳后海证券营业部	1562.33	0.00
机构专用	649.81	220.82
国金证券股份有限公司上海奉贤区金碧路证券营业部	560.71	390.38
机构专用	539.58	0.00

卖出前五营业部		
营业部名称	买入金额(万元)	卖出金额(万元)
太平洋证券股份有限公司许昌建安大道证券营业部	0.00	4500.72
上海证券有限责任公司杭州登云路证券营业部	187.83	1257.73
华福证券有限责任公司泉州丰泽街证券营业部	33.22	1119.53
深股通专用	1571.64	1039.49
东方证券股份有限公司上海浦东新区新川路证券营业部	73.35	810.88

图 12-3

（3）锁仓分析。

观察龙虎榜数据时，有时能够发现主力买入的筹码，隔天或短期不卖出或较少卖出，或者日内有买入也有卖出，通常日内买入比卖出的筹码要多，这就是主力的锁仓行为。主力锁仓意味着后期股价继续上涨的概率较大。

图 12-4 所示为安妮股份（002235）的龙虎榜数据。2019 年 10 月 30 日，国泰君安证券股份有限公司宁波彩虹北路证券营业部买入金额 1871.68 万元，卖出金额 1122.36

万元；西藏东方财富证券股份有限公司拉萨团结路第二证券营业部买入金额 1585.07 万元，卖出金额 1163.06 万元。从龙虎榜数据中可以看出，这两个营业部同时都有买入和卖出，并且买入和卖出的金额都较大，但买入金额比卖出金额大，说明这两个营业部看好该股的后续走势，并对该股进行锁仓。

买入前五营业部		
营业部名称	买入金额(万元)	卖出金额(万元)
招商证券股份有限公司北京安外大街证券营业部	2845.65	77.66
国泰君安证券股份有限公司宁波彩虹北路证券营业部	1871.68	1122.36
招商证券股份有限公司深圳招商证券大厦证券营业部	1760.35	0.00
西藏东方财富证券股份有限公司拉萨团结路第二证券营业部	1585.07	1163.06
国泰君安证券股份有限公司上海福山路证券营业部	1550.42	23.43

卖出前五营业部		
营业部名称	买入金额(万元)	卖出金额(万元)
信达证券股份有限公司无锡金融一街证券营业部	0.00	1808.38
兴业证券股份有限公司厦门鹭江道证券营业部	10.42	1543.38
华泰证券股份有限公司深圳益田路荣超商务中心证券营业部	360.63	1443.29
中信证券股份有限公司杭州延安路证券营业部	888.86	1402.88
西藏东方财富证券股份有限公司拉萨团结路第二证券营业部	1585.07	1163.06

图 12-4

5. 龙虎榜买卖席位分析

龙虎榜席位包括机构席位、游资席位、沪股通和深股通席位。

（1）机构席位。

机构席位主要是基金、保险、社保、券商自营和 QFII 等使用，主要以价值投资为主。有时也会出现游资借用机构通道进行买入的行为。

龙虎榜中出现机构席位时，往往预示着后期股价继续上涨的概率较大。但不能绝对地认为龙虎榜中只要出现机构买入席位后市就一定会上涨，有时机构也存在对市场行情预判错误的情况，并且还有可能是虚假机构资金借用机构通道买入的。所以，龙虎榜出现机构买入席位时，一定要结合个股当时的行情走势和基本面情况进行分析，之后再考虑是否参与操作。

投资者看到龙虎榜出现机构席位时，一定要认真辨别机构的真假。假机构主要是游资租用机构席位，套上机构的马甲，通过上榜龙虎榜，隔天吸引跟风盘买入接盘，以达到高位获利出货的目的。这对喜欢跟随机构的投资者来说，欺骗性很强。

假机构通常会出现在市场环境偏弱或熊市行情中，在牛市或强势行情中游资租用机构通道的频率会比较低。假机构经常会选取一些流通市值较小的股票，并且当日成交额占总成交额的比例较高。

（2）游资席位。

游资席位主要是市场中的私募基金、大户、超级大户使用，以短线投机为主。

龙虎榜中出现游资席位时，需要按照各席位的买卖力量和买卖结构进行分析。观察各个席位中是否存在知名游资，如果有知名游资，就根据这些知名游资的操作风格来判断个股短期的走势，然后再决定是否参与操作。

目前市场上一些比较知名的游资席位有：

中信证券溧阳路证券营业部

光大证券宁波解放南路证券营业部

华泰证券深圳益田路荣超商务中心

银河证券股份有限公司绍兴证券营业部

中信证券杭州延安路证券营业部、杭州定安路营业部

光大证券深圳金田路、申万宏源深圳金田路

中信证券上海淮海中路

中投证券无锡清扬路营业部

银河证券厦门美湖路证券营业部

海通证券蚌埠中荣街证券营业部

中泰证券深圳欢乐海岸证券营业部

国泰君安成都北一环路证券营业部

华泰证券厦门厦禾路证券营业部

招商证券深圳蛇口工业七路证券营业部

西藏东方财富证券拉萨团结路第二证券营业部

国泰君安证券上海江苏路证券营业部

银河证券杭州庆春路证券营业部

以上只是一部分比较知名的游资营业部，还有一些游资营业部只是在一段时间会成为知名游资营业部。

龙虎榜中出现知名游资时，要对知名游资进行分析，看其操作风格、活跃度和收益率来决定是否值得跟随操作。有的游资喜欢超短线操作，即今日拉升封板，第二天高开

吸引投资者接盘，游资则顺势出局。有的游资喜欢制造连板走势，还有的游资喜欢接盘连板的个股制造妖股。总之，要了解清楚游资的操作风格，才能增加跟随游资操作的获胜概率。

从游资的活跃度能够看出游资的资金实力。如果是资金实力超强的游资，通常跟随操作获胜的概率会偏大一些，但也不能保证每次都能获胜。

从游资的收益率能够看出游资操作的获利情况。投资者可以选择获利较高的游资跟随操作，这样获胜的概率会比较高。

另外，投资者一定要切记，游资不是万能的，不一定每次操作都能获利。游资虽然有资金优势和专业优势，但是俗话说“船大难调头”，相比小资金，大资金的操作反而困难很多。所以，投资者不能盲目地跟随游资进行交易。

6. 影响上榜个股涨跌及持续性的主要因素

（1）资金的参与实力。

查看龙虎榜上是否有机构或者知名游资席位参与。如果有机构或者知名的游资参与，则说明是有实力的主力资金在进入。通常这些主力资金不会盲目地买入某只股票，只要他们买入肯定是看好行情的后续走势。参与的机构或游资的实力越强，后续上涨的概率越高。当然，有时一些机构或者知名游资也存在短期套利行为。如果是机构或游资短期套利，则股价上涨的持续性可能会比较短暂。

（2）大盘环境。

大盘走势对于很多个股走势都有引领作用。大盘走势好，大多数个股的表现也会比较好，市场投资者参与的热情也会比较高。大盘走势不好，大多数个股的表现也会比较差，市场投资者参与的热情也会降低。大盘走势好，有利于龙虎榜上的个股上涨，因为能吸引更多投资者的参与热情，从而更容易推动股价上涨。

（3）热点持续性。

查看上榜的个股是否属于市场主流热点。如果属于市场热点，要分析该热点是否具有持续性。只要热点具有持续性，则行情后续上涨的概率较大。如果不属于市场热点，则后市上涨的持续性可能会较低。

（4）股价位置和技术形态。

龙虎榜上个股的股价处于什么位置，以及处于什么样的技术形态，也对个股上涨的持续性有重大影响。如果龙虎榜上的个股处于相对低位的价格，则容易刺激市场投资者的做多热情，吸引更多市场投资者买入，从而推动股价持续上涨。如果龙虎榜上的个股处于相对高位的价格，则市场投资者会担心追高被套，从而买入意愿降低，不利于推动股价持续上涨。

如果龙虎榜上的个股处于突破上涨形态，就容易刺激市场投资者的做多热情，吸引他们买入股票，从而推动股价持续上涨。如果龙虎榜上的个股处于下跌形态的反抽，那么股价上涨的持续性将会降低。

（5）突发消息。

利好或利空的消息能够刺激股价短期的上涨和下跌，尤其是重大利好或重大利空消息，将会给个股带来非常大的机会或风险。

机构或游资不但具有资金优势和专业优势，还具有信息优势，机构和游资通常能比市场投资者更早地知道很多信息，甚至一些内幕消息，所以机构和游资经常能在消息出来之前提前布局个股。龙虎榜上出现机构或游资时，有时可能是他们提前知悉了一些投资者还不知道的信息，提前进行了布局操作。如果是利好消息，机构和游资通常会提前买入布局。如果是利空消息，机构和游资通常会提前卖出股票。

第十节　寻找大宗交易里面的机会

1. 大宗交易的含义

大宗交易又称大宗买卖，是指达到规定的最低限额的证券单笔买卖申报，买卖双方经过协议达成一致，并经交易所确定成交的证券交易。具体来说，各个交易所在它的交易制度或者在大宗交易制度中，都对大宗交易有明确的界定，而且各不相同。

2. 交易所对大宗交易的规定

按照规定，证券交易所可以根据市场情况调整大宗交易的最低限额。另外，上海证券交易所和深圳证券交易所的规定有所不同。

其中，上海证券交易所规定：

（1）A 股单笔买卖申报数量在 30 万股（含）以上，或交易金额在 200 万元（含）人民币以上；B 股（上海）单笔买卖申报数量在 30 万股（含）以上，或交易金额在 20 万美元（含）以上。

（2）基金大宗交易的单笔买卖申报数量在 200 万份（含）以上，或交易金额在

200 万元（含）人民币以上。

（3）国债及债券回购大宗交易的单笔买卖申报数量在 10000 手（含）以上，或交易金额在 1000 万元（含）人民币以上。

（4）其他债券单笔买卖申报数量在 1000 手（含）以上，或交易金额在 100 万元（含）人民币以上。【企业债、公司债的现券和回购大宗交易单笔最低限额在原来基础上降低至：交易数量在 1000 手（含）以上，或交易金额在 100 万元（含）人民币以上。】

（5）其他债券单笔买卖申报数量应当不低于 1000 手，或者交易金额不低于 100 万元人民币。

上海证券交易所每个交易日接受大宗交易申报的时间分别为：

① 9:30—11:30、13:00—15:30 接受意向申报。

② 9:30—11:30、13:00—15:30、16:00—17:00 接受成交申报。

③ 15:00—15:30 接受固定价格申报。

交易日的 15:00 仍处于停牌状态的证券，本所当日不再接受其大宗交易的申报。每个交易日 9:30—15:30 时段确认的成交，于当日进行清算交收。每个交易日 16:00—17:00 时段确认的成交，于次一交易日进行清算交收。

深圳证券交易所规定：

（1）A 股单笔交易数量不低于 30 万股，或者交易金额不低于 200 万元人民币。

（2）B 股单笔交易数量不低于 3 万股，或者交易金额不低于 20 万元港币。

（3）基金单笔交易数量不低于 200 万份，或者交易金额不低于 200 万元人民币。

（4）债券单笔交易数量不低于 5 千张，或者交易金额不低于 50 万元人民币。

深圳证券交易所大宗交易采用协议大宗交易和盘后定价大宗交易方式。协议大宗交易，是指大宗交易双方互为指定交易对手方，协商确定交易价格及数量的交易方式。盘后定价大宗交易，是指证券交易收盘后按照时间优先的原则，以证券当日收盘价或证券当日成交量加权平均价格对大宗交易买卖申报逐笔连续撮合的交易方式。采用协议大宗交易方式的，接受申报的时间为每个交易日 9:15—11:30、13:00—15:30。采用盘后定价大宗交易方式的，接受申报的时间为每个交易日 15:05—15:30。当天全天停牌的证券，深圳证券交易所不接受其大宗交易申报。

3. 大宗交易的注意事项

大宗交易在交易所正常交易日限定时间内进行。有涨跌幅限制证券的大宗交易须在当日涨跌幅价格限制范围内，无涨跌幅限制证券的大宗交易须在前收盘价的 ±30%，或者当日竞价时间内成交的最高和最低成交价格之间，由买卖双方采用议价协商方式确定成交价，并经证券交易所确认后成交。

大宗交易的成交价不作为该证券当日的收盘价。大宗交易的成交量在收盘后计入该证券的成交总量，并且每笔大宗交易的成交量、成交价及买卖双方于收盘后单独公布。大宗交易是不纳入指数计算的，对于当天的指数没有影响。

4. 大宗交易里的风险和机会

对于投资者而言，透过大宗交易看到市场存在的机会与风险才是最重要的。

正常来讲，大宗交易可以大大降低机构投资者的交易成本，缩短交易时间。表面上看，大宗交易有利于引入机构投资者，活跃股市，散户投资者将随之受益。同时，按照普遍的理解，机构重仓股经过换仓后，上涨行情往往可能随之而来。但根据统计资料显示，大多数发生大宗交易的公司，其长期走势大多并不是很理想，并且很多公司相反，随后经过短暂冲高后开始暴跌。

目前股票市场上，大宗交易给投资者的总体感觉是风险大于机会，普遍认为大宗交易发生后，风险似乎更大。对普通投资者来说，由于信息不透明，想通过大宗交易来把握所有投资机会，比较困难。那么，很多投资者会问，是否大宗交易的股票就没有机会了呢？答案是否定的，有的个股出现过大宗交易后也是有机会的，这要看个股的质量和买方券商营业部的实力。

分析大宗交易的背后，投资者可以看到大宗交易的买方和卖方是一家券商的现象非常普遍。买方和卖方是一家券商，容易出现内部倒腾。对于这样的大宗交易，投资者很难知道其中的真相，因此风险相对会大一些。还有一些大宗交易，买方和卖方是不同券商，这样的大宗交易后，机会可能会大一些，当然也要看买方营业部的实力。

如图 12–5 所示，数字政通（300075）在 2019 年 7 月 1 日、9 月 20 日和 10 月 30 日产生的大宗交易，买方和卖方营业部都属于华泰证券。大宗交易在同一家券商内部交易，投资者很难清楚地了解到大宗交易具体的真相是什么。所以，对投资者的参考意义相对较小一些。

交易日期	成交价格(元)	成交数量(万股)	成交金额(万元)	买方营业部	卖方营业部
2019-10-30	11.48	119	1366.12	华泰证券	华泰证券
2019-09-20	12.63	20	252.6	华泰证券	华泰证券
2019-08-01	11.91	21	250.11	中信建投	机构专用
2019-07-01	10.8	20	216	华泰证券	华泰证券

图 12–5

要想在大宗交易里寻找机会，首先要分析个股的质量，也就是个股基本面的情况，必须要基本面稳定或者向好才能列入可能存在机会的选项。然后再分析买方的券商营业部，如果是非常有实力的券商营业部，其大宗交易后个股的机会也会大增。最后，还要分析买方券商营业部在大宗交易后的操作风格。有些券商营业部在大宗交易后股价会维持一段时间的弱势振荡，然后再进行拉升上涨。有些券商营业部在大宗交易后会先打压股价，造成股价短期下跌，然后再拉升股价，并且会短期内上涨到大宗交易时的价格上方。

如图 12-6 所示，科创新源（300731）在 2019 年 5 月 7 日、6 月 4 日和 7 月 15 日产生了大宗交易，其中 6 月 4 日和 7 月 15 日产生的大宗交易买方和卖方营业部都不相同。这说明卖方营业部卖出筹码后，有其他券商愿意承接，代表其他券商看好该股后市的行情，加上该股基本面稳定，所属概念也很好，所以该股在大宗交易后经过短暂的横盘整理开始走振荡上涨的走势。

交易日期	成交价格(元)	成交数量(万股)	成交金额(万元)	买方营业部	卖方营业部
2019-07-15	17.35	172	2984.2	天风证券	光大证券
2019-06-04	25	85	2125	广发证券	兴业证券
2019-06-04	25	85	2125	广发证券	海通证券
2019-05-07	22.7	65.6	1489.12	兴业证券	兴业证券

图 12-6

另外，大宗交易在大盘蓝筹股中进行时，其交易可靠性和真实性更可信。统计显示，大盘蓝筹绩优股发生大宗交易后，往往股价相对稳定，且经常稳中有升。这主要是因为在大盘蓝筹股中机构持有比例较高，对个股的股价也维持得相对稳定，不同机构之间为低成本交易手中的大盘蓝筹股而进行大宗交易，其可靠性大大增强。

整体来看，个股出现大宗交易后既存在风险，也存在机会，关键要看投资者如何去对发生大宗交易的个股进行分析和判断。投资者一定要注意个股频繁出现大宗交易，特别是在同一机构之间频繁发生大宗交易。即使是大盘蓝筹股，其后的走势风险也远远大于机会，需要提高警惕。

第十一节　挖掘高送转股票的机会

1. 高送转的含义

高送转股票，简称“高送转”，意思是指股票的股数增加，股价变低。例如：1 股价格 10 元的股票，换成了 2 股价格 5 元的股票，数量增加，总价值没变动。高送转实质是股东权益的内部结构调整，对净资产收益率没有影响，对公司的盈利能力也没有任何实质性影响。

实施高送转后，公司股本总数虽然扩大了，但公司的股东权益不会因此而增加。而且，净利润不变的情况下，由于股本扩大，资本公积金转增股本摊薄了每股收益。在公司高送转方案的实施日，公司股价将做除权处理。也就是说，尽管高送转方案使投资者手中的股票数量增加了，但股价也将进行相应的调整，投资者持股比例不变，持有股票的总价值也未发生变化。

2. 高送转股票的特征

（1）最近 1 年未出现过分红的高成长性股票。

（2）经营状况稳定，盈利能力强。通过高送转，可以表明公司对业绩的持续增长充满信心，公司正处于快速成长期，有助于保持公司良好的市场形象。

（3）公司具有“三高”特征，即高公积金、高未分配利润和高净资产。

（4）股票股本较小、流动性较差的公司，可以通过高送转增强公司股票的流动性。通常总股本小于 5 亿股。

（5）股价高，可以通过高送转降低股价。通常来说，股价高于 30 元的股票，高送转的可能性更高。

（6）上市公司当年实施过再融资业务。

3. 上市公司实施高送转的动机

（1）配合市场炒作需要，与机构投资者关系密切。上市公司实施高送转，能够刺激市场投资者看好公司未来发展的潜力和股价未来的走势，从而吸引市场投资者疯狂买入公司股票，推动股价上涨。提前买入的机构投资者可以坐收股价上涨带来的红利，并且还能在市场投资者疯狂买入时轻松获利离场。

（2）为上市公司再融资服务。不论是公开发行还是非公开发行的股票，上市公司实施再融资后，在当年年度利润分配时，公司往往都会推出高送转方案来回报当初参与再融资的投资者，特别是机构投资者。

（3）为大小非、大小限解禁后减持服务。非是指非流通股，也叫限售股。大小非是指大部分禁止上市流通的股票（也叫大非，非流通股占总股本的5%以上）和小部分禁止上市流通的股票（也叫小非，非流通股占总股本的5%以下）。在大小非、大小限解禁前后，又恰逢年报披露，上市公司此时通常会推出高送转方案来刺激股价上涨，从而为大小非、大小限解禁后的减持服务。

（4）为配合大股东或高管减持服务。有时为了配合大股东或高管减持，上市公司会推出高送转方案来刺激股价上涨，使大股东或高管能够成功地在高价位套现。

4. 选择高送转股票的方法

实际操作中，投资者很难提前准确预测到哪些股票会有高比例送转方案，从而提前介入，往往当个股发布送转方案后，股价已经处于较高的位置。所以，提前预判并介入此类个股，是投资成功的关键。

选择高送转股票的方法如下。

（1）流通股本数量少的股票，即股本较少、流动性较差的股票。流通股本越少，高送转概率越大。

（2）高成长性公司，3年累计分红占比少的股票。分红越少，高送转的概率越大。

（3）股价高的股票，尤其是股价100元以上的股票。股价越高，高送转的概率越大。

（4）近期主力资金大幅流入的股票。流入额越大，表明有资金提前知晓，高送转概率越大。

（5）每股收益高的股票。盈利能力越好，高送转的概率越大。

（6）未分配利润越高、盈余公积金越高和净资产越高的股票，高送转的概率越大。

总的来看，股价还没有启动，又具有高送转可能的个股，其参与价值是非常高的。并且有基本面支撑，个股未来持续成长的空间非常大，这样的股票适合投资者买入持股。

5. 高送转炒作的阶段

（1）高送转预期炒作。该阶段是产生暴利的主要阶段，也是投资者能提前介入的阶段，但需要仔细分析个股是否具有高送转预期。

（2）高送转意向炒作。该阶段是投资者基本确认个股具有高送转意向后的炒作。在该阶段买入，基本算是买在炒作的中途，也有很好的获利机会。

（3）年报或中报预案炒作。每次披露的前几名是市场必炒的对象，随着后面披露的上市公司越多，炒作的价值也会降低很多。

（4）决案的炒作。决案炒作时有机会也有风险。机会主要是那些实施高比例送转的个股。风险在于那些送转比例不及预期的个股。

（5）公告实施日披露除权除息登记日引发。该阶段主要是炒作抢权阶段。对于有些想参与高送转的投资者来说，登记日是最后的机会，所以有很多投资者买入股票，从而推动股价上涨。

（6）除权后的填权阶段。炒作填权也是经常会出现的。有的个股在除权后会持续上涨，很短的时间内就完成填权。炒作填权主要看个股的概念是否符合当前的热点题材，以及是否有其他利好消息刺激。

6. 警惕高送转陷阱

上市公司正式公告高送转预案时，要重点关注上市公司进行高送转的真实目的。要综合考虑公司经营业绩、成长性、股本规模、股价、每股收益等指标后分析高送转的合理性。同时，还要警惕上市公司出于配合二级市场炒作，或者配合大股东和高管出售股票，或者配合激励对象达到行权条件，或者为了再融资过程中吸引投资者认购公司股票等目的而推出高送转方案。

有些上市公司企图通过高送转吸引投资者，或采取“分光吃光”甚至“寅吃卯粮”的做法，很可能会阻碍公司未来的发展。因此，股利分配固然是上市公司回报投资者的一种极为重要的方式，但并不是唯一的方式。上市公司只有根据实际发展状况制订合理的股利分配方案，而不是盲目分配、恶意分配，才是实现企业健康、长远发展和回馈投资者的最好方式。作为投资者，只有树立价值投资理念，重点关注公司的盈利能力和成长性，才能有效避免跌入高送转的种种陷阱。

第十二节　各种不同的解套方法

股市交易实战中，几乎没有一位投资者未曾经历过股票被套的情况。股票被套时，绝大多数投资者不知道应该如何去解套，大都只会死抱着等待解套。投资者要想在股市中生存的时间更长，学习并掌握一些解套方法是必不可少的。只有懂得怎么解套手中被套的股票，交易时才能更有自信和底气。

1. 解套的方法

解套的方法有两种，即主动性解套和被动性解套。

（1）主动性解套策略。

①斩仓止损。

投资者发现自己的买入是一种很严重的错误，特别是买在前期暴涨牛股的顶峰价位时，一定要拿出壮士断腕的决心，及时斩仓割肉。只有这样才能丢车保帅，保证资金不受大的损失。只要保住本金的安全，股市中永远有无数的机会可以再赚回来。

A. 跌破重要支撑位斩仓。

投资者持有的股票长期均线被跌破时，意味着股票的走势正在向坏的方向发展，投资者应当果断斩仓离场。

投资者持有的股票跌破重要数字关口支撑位时，股票的走势容易形成惯性下跌，投资者应当果断斩仓离场。

B. 跌破趋势线斩仓。

趋势线是技术分析中非常重要的分析工具。形成支撑线后，一旦股价有效跌破上升趋势支撑线，即标志着技术破位。尤其是重要上升趋势线被向下突破，意味着行情趋势可能即将反转。此时，投资者应当果断斩仓离场。

C. 跌破 K 线形态斩仓。

一旦股价击穿 K 线形态头肩顶、双重顶、三重顶颈线，或者箱体整理平台下边线等关键支撑位，则说明头部形态成立，股价还会继续下跌。此时，投资者应当果断斩仓离场。

D. 组合指标共振死叉斩仓。

根据技术指标组合发出的卖出指示作为斩仓信号。比如，KDJ、MACD、RSI 等常用指标，都在相对高位出现死亡交叉等卖出信号时，则意味着短期市场进入振荡期或下跌期，投资者应当考虑斩仓离场。

E. 下跌波段反弹斩仓。

投资者大都知道，股价下跌时只有极少数个股是没有反弹的直接下跌，大多数个股都是波段式下跌，股价下跌一段行情后，会产生一波反弹，然后再继续下跌，这样的股票在熊市行情中十分常见。投资者手中有被套的股票在走下跌趋势时，如果没有在下跌初期及时斩仓离场，就应当在股票下跌波段的反弹行情中斩仓离场，这样能够让损失最小化。

②调仓换股。

调仓换股是主动性解套的一种比较有效的方式。投资者手中的股票被套牢后处于弱势并且仍有下跌空间时，如果准确地判断另一只股票的后市上涨空间可能较大，走势必会强于自己手中的持股，可以果断换股，以新买个股的盈利抵消前者的损失。

A. 以弱换强。

以弱换强是指投资者手中持有被套的股票呈现弱势行情走势，投资者可以将其换成股票行情呈现强势走势的个股，强势走势的个股上涨带来的收益能够弥补被套股票造成的损失。

B. 下跌趋势换上涨趋势。

下跌趋势换上涨趋势是指投资者手中持有被套的股票在走下跌趋势，投资者可以将其换成正在走上涨趋势的股票，走上涨趋势的股票易涨难跌，更容易获得盈利，从而弥补被套股票造成的损失。

③变相做空。

目前，中国股市没有直接做空机制，所以投资者不能直接做空，但可以变相做空。变相做空就是投资者发现自己持有的股票已经被深套而无法斩仓，又确认后市大盘或个股仍有进一步深跌的空间时，可以采用做空方式，即先把套牢股卖出，等到更低的位置再买回，达到有效降低成本的目的。这种变相做空方法对股票卖出以后，再次买入的时机选择非常重要。

投资者使用变相做空时，持有股票卖出后，再次买入的时机选择有：下跌行情结束，股价开始企稳后，可以进行买入；股票下跌行情结束，重新开启上涨行情时，可以进行买入。

④高抛低吸。

投资者手中持有的股票可以通过高抛低吸降低成本，以达到解套的效果。用高抛低吸降低成本的方法来解套花费的时间会比较长，对操作要求也会比较高。因为一旦操作失误，不但无法降低成本，反而会让成本变得更高。所以，投资者一定要深入学习和理解高抛低吸的方法，并在实战操作中灵活运用。

高抛低吸有多种方式：一种是日内高抛低吸，也称 T+0 高抛低吸；·种是隔日高抛低吸，也称 T+1 高抛低吸；还有一种是波段高抛低吸。

A. T+0 高抛低吸。

T+0 日内高抛低吸，是指通过对个股在当天交易日内完成买入和卖出动作而形成的高抛低吸。T+0 日内高抛低吸分为 4 种情况：在上涨过程中的高抛低吸；在下跌过程中的高抛低吸；跳空高开高抛低吸；跳空低开高抛低吸。

a. 在上涨过程中的高抛低吸操作方法是指通过对行情进行分析判断，认为行情即将上涨，因此事先买入一定比例手中持有的个股，等股价如期上涨后再抛出同比例的个股。还有一种情况是，股价突然快速拉升后，通过对行情进行分析判断，认为股价快速拉升后会有回落，因此在股价拉升后卖出一定比例手中持有的个股，等股价如期回落时，再买入等比例的个股。

b. 在下跌过程中的高抛低吸操作方法是指通过对行情进行分析判断，认为行情即将出现短暂下跌，因此事先卖出一定比例手中持有的个股，等股价如期下跌后再买回同比例的个股。还有一种情况是，股价突然快速下跌后，通过对行情进行分析判断，认为股价会快速下跌后反弹，因此在股价快速下跌后买入一定比例手中持有的个股，等股价如期反弹时，再卖出等比例的个股。

c. 跳空高开高抛低吸操作方法是指股价在集合竞价开盘时跳空高开，通过对行情进行分析判断，认为行情可能出现高开低走的情况，因此，在股价跳空高开后卖出一定比例手中持有的个股，等股价如期回落后再买入同比例的个股。

d. 跳空低开高抛低吸操作方法是指股价在集合竞价开盘时跳空低开，通过对行情进行分析判断，认为行情可能出现低开高走的情况，因此，在股价跳空低开后买入一定比例手中持有的个股，等股价如期上涨后再卖出同比例的个股。

B. T+1 高抛低吸。

T+1 高抛低吸是指在前一交易日买入或者卖出个股，在后一交易日再卖出或者买入等比例的同一只个股而形成的高抛低吸。T+1 高抛低吸的前一日买入或卖出交易一般都发生在尾盘阶段。T+1 高抛低吸分为两种形式：T+1 看涨高抛低吸和 T+1 看跌高抛低吸。

a. T+1 看涨高抛低吸是指在前一交易日尾盘阶段，通过分析判断，认为手中持有的个股在下一交易日可能会出现跳空高开或上涨，因此提前买入一定比例手中持有的个股，待下一交易日股价如期高开或上涨后，再卖出同比例的个股。

b. T+1 看跌高抛低吸是指在前一交易日尾盘阶段，通过分析判断，认为手中持有的个股在下一交易日可能会出现跳空低开或下跌，因此提前卖出一定比例手中持有的个股，待下一交易日股价如期低开或下跌后，再买入同比例的个股。

C. 波段高抛低吸。

相比 T+0 高抛低吸和 T+1 高抛低吸，波段高抛低吸在时间上会长一些。波段高抛低吸是通过股价短期内的走势来进行高抛低吸。波段高抛低吸也分为两种：波段看涨高抛低吸和波段看跌高抛低吸。

a. 波段看涨高抛低吸是指通过对手中持股走势进行分析判断，认为短期内股价会持续上涨，因此买入一定比例手中持有的个股，待股价如期上涨后，通过分析判断认为股价短期已经见顶，后续可能出现短期回落，在高位附近再卖出前期买入的同比例个股。

b. 波段看跌高抛低吸是指通过对手中持股走势进行分析判断，认为短期内股价会出现下跌，因此卖出一定比例手中持有的个股，待股价如期下跌后，通过分析判断认为股价短期已经见底，后续可能再次转为上涨，在低位附近再买入前期卖出的同比例个股。

T+0 高抛低吸操作方法注重股价的日内分时图走势，T+1 高抛低吸操作方法注重预测第二天股价的走势，波段高抛低吸操作方法则注重预测股价的短期走势。

股价呈现单边走势时，最好不要做高抛低吸。因为这样的情况下做高抛低吸，很容易踏空或被套牢。

（2）被动性解套策略。

①摊平成本。

当投资者买入股票的价位不高，只是被浅套，并且对将来的大盘和个股走势坚定看好时，可以选用补仓摊平成本的方法。

采用补仓摊平成本的方法，要求投资者必须留有可供补仓使用的流动资金，不能满仓操作。对于那些经常满仓操作的投资者来说，一旦买入的股票被套，就无法用补仓的方式来摊平成本。普通投资者的资金通常只能经得起一两次补仓摊平成本，因此选择这种方法时，最重要的是要把握好时机。

②捂股。

捂股等待解套是一种很无奈的选择。当投资者已经满仓被深度套牢，既不能割，也无力补仓时，就只有采用这种消极等待的方法。只要投入股市的钱不是借贷的，就可以用时间消化股市的短暂风险。

捂股等待解套是最让投资者难受的，如果等待解套的时间过长，对投资者来说是一种煎熬，而如果被套的个股质量不好或者出现其他不可控风险，很可能会导致投资者损失惨重，比如股票宣布退市。所以，投资者选择捂股等待解套时，一定要分析个股的基本面状况，只有基本面稳定才能选择捂股。如果基本面持续恶化，投资者宁可割肉离场，也不可捂股。

2. 解套策略的适用时机

每一种解套策略都有各自不同的特点，适用的时机也各不相同。投资者需要在股市运行的不同阶段，采用不同的解套策略，以达到理想的效果。

（1）止损策略适用于熊市初期。

熊市初期阶段，股指和大部分个股都处于高位，后市进入熊市阶段，指数和股价会经历较长的调整时间，并且调整的幅度会比较深。所以，此阶段投资者应该果断止损，有效规避熊市的投资风险。

（2）做空策略适用于熊市中期。

中国股市还没有做空机制，但对投资者被套的个股可以变相做空。投资者可在下跌趋势明显的熊市中期先卖出被套的个股，再等大盘或个股运行到低位企稳时择机买入，这样能够最大限度地减少因套牢造成的损失。

（3）捂股策略适用于熊市末期。

熊市末期阶段，指数和大部分个股已经接近底部区域，继续下跌的空间不大。此时买入的股票如果被套，不要再进行盲目的做空或止损。因为下跌的空间不大，盲目做空或止损会给投资者带来不必要的风险或损失。这时耐心捂股的结果，必然是收益大于风险。

（4）摊平策略适用于底部区域。

补仓摊平成本需要被套个股的下跌空间有限。如果个股下跌空间很大，补仓摊平成本也很难快速解套。摊平是一种比较被动的解套策略。如果投资者没有把握好补仓摊平成本的时机，而过早地在大盘或个股还在走下跌趋势时补仓摊平成本，不但不会解套，反而会陷入越摊越套的地步。

（5）换股策略适用于牛市初期。

在下跌趋势中换股只会加大亏损，换股策略只适用于上涨趋势中。有选择地将一些股性不活跃、盘子较大、缺乏题材和想象空间的个股适时卖出，换成一些市场人气较高，并且有新资金介入的比较活跃的股票。投资者只有根据市场环境和热点的不断转换，及时更新投资组合，才能在行情转好后及早解套并取得收益。

（6）高抛低吸策略适用于非单边下跌行情。

高抛低吸是比较实用的解套方法，但是高抛低吸专业要求较高，操作难度较大，需要投资者对行情有非常准确和敏感的分析能力，以及在实际交易中对行情走势有很好的把控能力。高抛低吸策略可以适用在很多行情中，但不适用于单边下跌行情中。单边下跌行情的高抛低吸虽然能降低成本，但很难判断单边下跌行情的底部区域，投资者很容易低吸在半山腰上，导致亏损继续扩大。

第十三节　左侧交易与右侧交易

1. 左侧交易与右侧交易的含义

（1）左侧交易。

左侧交易也叫逆向交易，属于逆向思维，俗称买套，指的是股价下跌时，以股价底部为界，在底部左侧就低吸的交易，或者是股价上涨时，以股价顶部为界，在顶部尚未形成的左侧高抛，如图 12–7 所示。

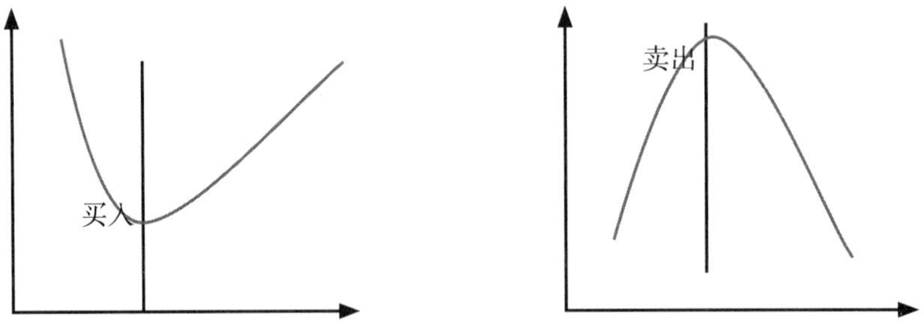

图 12–7

左侧交易中的主观预测成分较多。左侧交易买入是投资者在股价下跌过程中还不知道底部什么时候出现，但觉得股价是合理的了，有足够的吸引力和安全边际了，然后买入股票。左侧交易距离底部区域越近，安全系数相对越高，但也面临越买越套，提前抄底失败的风险。

左侧交易卖出是投资者在股价上涨过程中并不知道股价的顶部在什么位置，但觉得行情走势快要到顶了，或者达到自己的心理预期了，从而卖出股票。左侧交易卖出距离顶部越近，卖出的获利相对越高，但也可能卖在半山腰，从而错过后期股价持续上涨带来的获利机会。

左侧交易法需要预测底部与顶部何时出现，从而选择何时买入或卖出股票。

（2）右侧交易。

右侧交易属于正向思维，指的是股价下跌时，以股价底部为界，在底部形成后的上升阶段追涨买入的交易，或者是股价上涨时，以股价顶部为界，在顶部已经形成的右侧卖出，如图 12–8 所示。

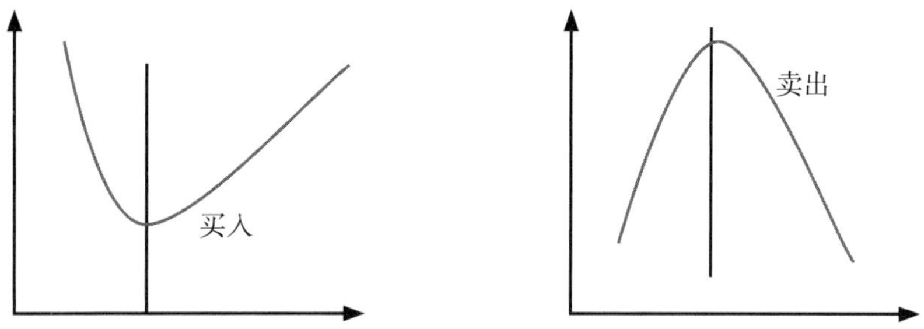

图 12–8

右侧交易法不需要预测底部与顶部何时出现，而是等到底部与顶部出现后，进行买卖操作的交易行为。

右侧交易在成功买入后比较容易直接获利，但会错失交易之前的机会。右侧交易的最主要风险是，如果不清楚低点的性质是局部低点还是长期底部，那么反弹追高被套时成本高于左侧交易。因此，选择右侧交易时，一定要清楚上涨的性质和幅度。

右侧交易主张的是顺势而为，绝对不进行逆势操作，决不预测未来。

大多数投资者都是采取右侧交易法则,就是看到股价创出新高时才明白行情开始了，才开始去追涨股票，但是往往追到阶段高点。这也是股市中大多数投资者亏多盈少的根本原因。

其实，能够持续战胜市场的法则应该是：中长期趋势必须坚持左侧交易，而短期趋势必须坚持右侧交易。也就是说，一波大熊市没有看到明确的底部出现时，把所有的上涨都看成反弹，而一旦牛市确立，应该把任何一次回调都看成是介入的大好时机。

2. 左侧交易和右侧交易的特点

在国内股市中，低买高卖是交易盈利的永恒秘诀，所有的投资者都希望自己能买在最低点，卖在最高点。但在实际交易过程中，这种操作基本是不可能的，而且很多投资者经常会在高点买入，低点卖出。

（1）左侧交易的特点。

①左侧交易具有逆势操作的特点，在股价还未见底时买入，在股价还未见顶时卖出。

②左侧交易使用的是高抛低吸的操作模式。

③左侧交易可能存在抄底抄到半山腰的风险，投资者承担的不确定性风险较大。

④左侧交易，下跌阶段买入股票，无法确定股价何时才能涨上去，需要等待的时间较长，时间成本高，交易成本低。

⑤左侧交易，左进左出，是逃顶抄底类型，属于主观交易。

⑥左侧交易适用于中长线的价值投资交易。

⑦左侧交易时，投资者想要从鱼头吃到鱼尾，抓住整个行情。

（2）右侧交易的特点。

①右侧交易具有顺势而为的特点，在股价见底后上涨时买入，在股价见顶后下跌时卖出。

②右侧交易使用的是追涨杀跌的操作模式。

③右侧交易，上涨趋势买入股票，上涨概率比下跌概率大，投资者承担的不确定性风险较小。

④右侧交易，上涨阶段买入股票，买入很快就能实现收益，时间成本低，交易成本高。

⑤右侧交易，右进右出，是追涨杀跌类型，属于趋势交易。

⑥右侧交易是以主流题材投资为主，适用于短线博差交易。

⑦右侧交易时，投资者主动放弃鱼头和鱼尾，选择中间比较稳妥的鱼身行情。

3. 左侧交易和右侧交易的法则

（1）左侧交易法则。

①减少操作频率。

股市中有句话叫“多做多错，少做少错”，尤其对于短线来说，减少操作是减少失误的不二法门。底部的形成并非一蹴而就，往往需要政策面、技术面、资金面以及市场人气等多方面的充分配合。因此，盲目操作只会不断地犯错。左侧交易属于抄底类型，投资者认为股价即将见底，但无法确定是否真的即将见底，投资者买入属于逆势抄底。如果操作频率过高，亏损的几率会高很多。

②买错及时止损。

股市中有句话叫“抄底底无尽”，别以为自己抄底抄在了地板上就没风险了，要知道，地板下面还有地窖，地窖下面还有地狱。实际交易过程中，很多喜欢抄底的投资者基本上都抄在了半山腰上，最后要么被迫割肉，要么经历漫长的时间等待解套。左侧交易本身就属于抄底类型，投资者无法确定股价未来的走势，只是主观地认为股价可能即将见底。但是行情本身是不可预测的，随时可能发生各种变化，当投资者发现自己的买入是错误时，需要及时止损，以防止亏损继续扩大。

③卖错及时补回。

左侧交易是在股价还没有见顶时卖出，因此经常会有投资者发现卖出股票后，股价却出现快速上涨。这种踏空的滋味是很难受的，出现这种情况时，投资者可以继续买入，但再次买入属于追涨，需要控制好仓位。并且，一旦发现买错就要及时止损，防止股价下跌吞噬前期获得的利润。

④多搜集有用信息。

信息是促进价格变化的重要方式。利好信息能促使价格上涨，利空信息能促使价格下跌。如果股价处于下跌趋势中，可能会因为一则利好消息，原有的下跌趋势转变为上涨趋势。同样，如果股价处于上涨趋势中，也可能会因为一则利空消息，原有的上涨趋势转变为下跌趋势。所以，投资者要想在下跌趋势中抄底买入，就一定要多收集有用的信息，这样才能提高抄底的成功率。

⑤基本面比技术面重要。

行情的底部通常认为有政策底、估值底、技术底、市场底等。从市场行为分析来看，政策底、估值底和市场底都属于基本面形态，只有技术底属于技术形态。股价触底通常不是单纯的只要技术形态见底就一定是底部了。如果技术形态呈现出底部特征，但是股票的基本面状况不好，甚至出现恶化，那么股价依然会继续下跌。股价的底部往往会有政策、估值和市场作为支撑条件。如果股票的基本面呈现出利好的情况，技术形态就算没有出现底部特征，行情也有见底的可能。所以，投资者要仔细研究股票的基本面情况。

⑥严格控制仓位。

仓位的控制是左侧交易的关键。只有巧妙地控制好仓位，才能真正让自己在左侧交易中做到“利润无限，风险有限”。这里介绍两种仓位控制法则，具体如下：在抄底的时候，第一次不能买得太多，10% 就差不多了，然后相继买入 20%、30%，直到剩下的 40%，这叫作金字塔式建仓法则。相反，如果是逃顶的话，第一批要果断卖出，以保住胜利果实，即先卖出 40%，然后相继卖出 30%、20%，直到剩下的 10%，这叫作倒金字塔式出货法则。这两种法则的操作难度很大，但是如果能够严格遵守法则去操作，就相当于给左侧交易买了一份保险。

⑦严格遵守操作纪律。

投资者在交易过程中必须严格遵守操作纪律。如果投资者明明知道交易法则很重要，却在操作中视若无睹的话，那么再多的法则也不过是听起来不错的废话。股票交易最大的敌人不是市场，也不是庄家，而是投资者自己。投资者只有战胜自己，克服自己的弱点，才能成为股市中真正的王者。

总而言之，左侧交易就是逆水行舟，是先于他人抄底或逃顶，带有很强的“赌”性。左侧交易可以把握住一只个股绝大部分的上涨空间，却又有“被套”或“踏空”的风险。投资者要严格遵守“左侧法则”，才能在赚足利润的同时，尽可能地降低操作风险。

（2）右侧交易法则。

①抓大放小。

普通投资者最大的失败，就是口袋里有点钱，心里就痒痒，看到自己认为的好股就想买，而且喜欢吃着碗里的，看着锅里的，恨不得把所有好股都买下来。这样一来，投资者始终在做着追涨杀跌的事情，经常是捡了芝麻，丢了西瓜，错过了一个又一个主升浪行情。投资者要学会放弃，要抓大放小，宁愿错过一些股票，也不要屡屡做错。可以说，右侧交易能否成功，最主要就是看能否抓住主升浪。抓住主升浪的最好办法，就是盯住几只波段清晰的股票，进行波段操作。左侧交易可以很热闹，但右侧交易一定要冷静。只有冷静地分析个股，冷静地跟踪操作，才能真正做到抓大放小。

②耐心等待时机。

右侧交易主要是在确定行情开始走上涨趋势时买入，在行情没有走上涨趋势时，投资者需要耐心等待。既然右侧交易注重的是“等”，那就需要投资者有耐性。右侧交易的机会是“等”出来的，只有等到股价开始走上涨趋势了，才能买入股票。所以，对于右侧交易而言，不能着急，需要有耐心地安静等待，等时机出现就立马行动。在没有找到合适的买入对象前，应空仓耐心等待，这也是右侧交易的必修课。

③避免被震仓和诱多。

震仓和诱多是主力机构灭掉普通投资者的必杀绝招，对投资者来说是非常大的考验。震仓，也叫洗盘，是庄家想拉升，但又故意压低股价把普通投资者吓跑。诱多，也叫骗线，是庄家想出货，但筹码太多，故意把普通投资者吸引进来接货。如果投资者被震仓出局，就会失去未来股价上涨的好机会。如果投资者被庄家引诱接盘，那么投资者将面临较大的风险。面对庄家的震仓，投资者一定要看清大势，切不能因为庄家的震仓而失去机会。面对庄家的诱多，投资者一定要严控风险，切不能放任不管让风险扩大。

④摸透股性，波段操作。

“波段操作”这4个字总给人知易行难的感觉。但不可否认的是，只有波段操作，才能让右侧交易的功用得以充分发挥，既能控制住风险，又能获取可观的利润。在很大程度上，波段操作其实是吸收了左侧交易和右侧交易二者的精华。在上涨趋势中，波段操作买入可以让利润最大化，而在上涨趋势的末端，波段操作卖出又可以保住利润、规避风险。波段操作有两个要点：一是看清趋势；二是摸透股票的股性。

⑤涨时重势，跌时重质。

涨时重势，就是说在上涨的时候，主要应抓住上涨的趋势。这其实是告诉大家，在上涨途中，技术面往往占据较大的比重。因为一旦出现牛市或者大反弹行情，必然会有一波轮番炒作，几乎所有的板块和个股都会被炒作一番。这种炒作跟基本面关系不大，再垃圾的股票也都有鸡犬升天的时候，而任何股票只要有所异动，迟早都会被技术指标捕捉到。因此，上涨的时候主要看技术面，要抓住机构留下的线索。

跌时重质，就是说在下跌的时候，基本面好的个股往往具有抗跌性，并且有希望率先反弹。因此，如果采用右侧交易模式来参与弱势行情中的反弹，业绩好的个股应当是首选。

⑥顺势而为。

由于左侧交易的仓位控制主要是为了规避风险，而右侧交易本来风险就较小，因此右侧交易在仓位的控制上没有左侧交易那么严格。一般情况下，右侧交易都是顺应上涨趋势的交易，股价通常易涨难跌，投资者可以加大仓位操作，但是不可满仓操作，一定要留有部分安全资金，以备随时可能出现的意外行情。

⑦心态平和。

股市中绝大多数投资者都有一个共同的毛病：当自己手中的股票上涨了，就喜形于色，自信心爆棚；当自己手中的股票下跌了，又暗自懊悔，悲痛不已。很多投资者能够意识到这一问题，但在实际交易过程中又始终无法避免，无论他们想要怎么去改正，可出现同样情形的时候，心态依然会产生同样的变化。如果有这样的心态，投资者在股市交易过程中会非常被动，很容易因为情绪影响，作出错误的决策。因此，投资者一定要克服这些缺点，要做到不以涨喜，不以跌悲，时刻保持心态平和。

⑧买时谨慎，卖时果断。

右侧交易属于追涨杀跌的交易。投资者买入股票时，股价已经处于上涨趋势，追涨可能存在风险，所以一定要谨慎。个股的涨跌是有节奏的，投资者买入股票前，有必要弄清楚股票的股性和涨跌节奏，否则一旦踏错节奏，容易出现“一步错，步步错”的窘境。

右侧交易是在股价已经见顶回落时卖出，也就是投资者认为股价已经转变为下跌趋势了，所以卖出股票。投资者卖掉股票之后，股价很可能还会继续上涨，但投资者一定要相信自己的判断，哪怕可能失去行情继续上涨的获利机会，也一定要保住已有的利润，回避可能存在的风险。因为股价趋势一旦走坏，利润是有限的，而风险是无限的。

总之，右侧交易就是顺势而为，不追求买在最低和卖在最高，只追求稳定且安全的收益。右侧交易因为是在上涨趋势中买入，所以能短时间内见到收益，但也有追高被套的风险。使用右侧交易法时，投资者一定要坚守“右侧交易法则”。

4. 左侧交易与右侧交易的区别

（1）左侧交易追求抄底逃顶，试图买在最低价，卖在最高价，这几乎是不可能实现的。右侧交易追求追涨杀跌，主动放弃买在最低价，卖在最高价，这样收益可能会少一些，但是风险也会相对小一些。

（2）右侧交易不会在股价没有形成上攻动力前，由于主观性的因素而随意买入，即不会在确认股价已经形成上涨趋势前买入。右侧交易也不会因害怕涨幅过大而随意卖出，即不会在确认股价见顶开始走下跌趋势前卖出。

（3）左侧交易比右侧交易要早，其判断比较主观，但是一旦成功就能获得比较丰厚的利润。右侧交易比左侧交易要晚，显得比较保守，其判断比较客观，机会更为明确，但获利会少一些。

（4）左侧交易靠“赌”，赌后市行情即将见底或见顶。右侧交易靠“等”，等待上涨趋势或下跌趋势的出现。

（5）左侧交易容易受人情绪的影响，右侧交易更符合市场趋势。

（6）左侧交易需要等待的时间较长，右侧交易则不需要长时间等待。

（7）左侧交易偏向基本面分析，右侧交易则偏向技术面分析。

（8）左侧交易适于中长线交易，右侧交易适于短线交易。

左侧交易和右侧交易并非只能单独使用，也可以结合起来使用，但必须注意各自的要点。

左侧交易时，投资者需要注意风险控制和仓位管理，不能刚开始交易就使用重仓交易。左侧交易属于提前布局的思路，适合轻仓位和小仓位，而止损相对要宽一些，即“宽止损，轻仓位”。

当行情通过某标准能够确认底部或顶部形成之后，右侧交易机会就来了。此时，相对左侧交易而言，机会更为明确，稳定性更强，需要果断执行，不能犹豫不决。当然，仓位上可适当增加，可用“小止损，大仓位”的方式来提高利润。

第十四节　不同情形的止损方法

股票市场唯一不变的就是一直在变，谁也无法准确地预测未来的市场行情。投资者在做股票交易时，就像行驶在大海中的小船，随时可能面临不确定的风险。所以，投资者要“小心驶得万年船”，不然可能当风险来临时，就会陷入万劫不复的境地。

对于股票投资者而言，“止损”这个字眼听起来令人很不舒服，也不太受欢迎。但是，如果投资者因厌恶止损，而不执行止损操作的话，将会为自己的投资行为埋下重大隐患。

其实，止损对于一个职业投资者而言，是一系列操盘程序的重要一环，没有任何感情色彩，只是预订计划的一部分。投资者只需要按照设计好的流程去执行操作，斩关夺隘，壮士断臂，无比自然。

1. 止损的含义

止损俗称“割肉”，是指在股票交易过程中发生亏损现象，并且触及“预警线”时，投资者果断卖出离场，避免造成更大损失的策略性行为。止损是控制风险的必要手段，如果运用好止损工具，将能有效地降低交易风险。

止损的目的在于交易失误时，投资者能够把本金的损失降到最低。投资之所以与赌博不同，关键就在于前者可以通过止损将投资损失限制在一定范围之内，以较小的代价去博取较大的收益。

2. 止损的分类

按照应用机制不同，止损可以分为两种，即保护性止损和跟进性止损。

保护性止损是指投资者在交易过程中面临亏损情况时，以割肉的方式来阻止亏损继续扩大，保证本金安全。比如，投资者买入股票时股价在 10 元，投资者将止损位设置在 9 元，随着股价下跌，股价跌破 9 元，为防止股价继续下跌，投资者在 9 元位置卖出股票，以阻止亏损继续扩大。

跟进性止损又称移动止损，是跟随股票价格的变动而不断调整止损位置的一种止损方法。这是一种特别的止损方式，大多数时候为获利性止损（又叫止盈），意思是投资者持股获利之后，股价继续上涨，投资者将止损位跟随价格的上涨而做出移动。比如，投资者买入股票时股价在 10 元，将止损位设置在 9 元，股价上涨到 12 元时，将止损位设置在 11 元，这就是获利性止损。获利性止损主要是为了保护已有的利润不被吞噬。

3. 止损的设置方法

（1）定额止损法。

定额止损法是指将亏损额设置为一个固定的比例，一旦亏损大于该比例就及时平仓。这是一种最简单的止损方法，一般适用于两类投资者：一是刚入市的投资者；二是风险较大市场（如期货市场）中的投资者。

定额止损的强制作用比较明显，投资者无须过分依赖对行情的判断。止损比例的设定是定额止损的关键。

定额止损的比例由以下两个数据构成。

一是投资者的承受能力，也就是投资者能够承受的最大亏损。这一比例因投资者心态、经济承受能力等不同而不同。另外，也受到投资者设定的盈利预期影响。

二是交易品种的随机波动。这是指在没有外界因素影响时，市场交易群体行为导致的价格无序波动。

定额止损比例的设定是在这两个数据里寻找一个平衡点。这是一个动态的过程，投资者应根据经验来设定这个比例。一旦止损比例设定，投资者可以避免被无谓的随机波动震仓出局。

（2）技术止损法。

技术止损法是一种相对较为复杂的止损方法，它是将止损设置与技术分析相结合，剔除市场的随机波动之后，在关键的技术位置设定止损，从而避免亏损的进一步扩大。技术止损法是股票实际操作中一种常用的方法。

在实际操作中，技术止损法是根据主要的技术支撑位的破位来止损，这就要求投资者具有较高的技术分析能力和自制力。

相比定额止损法，技术止损法对投资者的要求更高一些，很难找到一个固定的模式。一般来说，运用技术止损法，无非就是以小亏博大盈。例如，在上升通道的下轨买入后，等待上升趋势结束再平仓，并将止损点设在相对可靠的移动平均线附近，这样可以低进高出，获取差价，并且如果股价没有上涨，反而转为下跌，股价跌破止损点时，投资者应当及时止损离场。

①切线止损法。

切线是技术分析中非常重要的分析工具，形成支撑线后，一旦股价有效跌破支撑线，即标志技术破位，此时持仓者应果断止损离场。

切线包括趋势线、支撑线、压力线、黄金分割线、百分比线、江恩角度线、速度线、甘氏线、通道线等。其中，最常用的是趋势线和支撑线。趋势线止损是在一只股票呈现上升趋势时，连接两个底部形成一条趋势线，如果股价有效跌破了这条趋势线，则可能需要"割肉"止损，反之就可以一直持有。支撑线止损是股价形成支撑线后，如果股价有效跌破支撑线，此时持仓者应果断止损离场。

② K 线形态止损法。

K 线形态止损法就是利用 K 线走势形成的各种不同形态设置止损点的方法。K 线形态通常被用于右侧交易，也就是常说的顺势交易。K 线形态的颈线或趋势线被有效跌破之后，投资者就需要考虑止损了。

股价一旦有效跌破头肩顶、双重顶、三重顶、圆弧顶等头部形态的颈线位，或者箱体平台下边线等关键位，或者向下跳空呈突破性缺口，则说明行情可能会继续下跌，此时投资者应果断止损离场。

③移动平均线止损法。

移动平均线止损法就是将移动平均线作为止损点设置的参考依据。移动平均线有短期、中期和长期之分。实际交易过程中，投资者可以把止损位放在 5 日、10 日、20 日这种短期均线位置，也可以把止损位设置在 30 日、60 日这种中期均线位置，还可以把止损位设置在 120 日、144 日、250 日这种长期均线位置。不同均线位置的止损设置主要根据投资者所能承受的亏损程度来决定。不管投资者以什么均线设置止损点，只要股价跌破设置的移动平均线，就考虑止损离场。

如果股价一直处于投资者设置的移动平均线上方，投资者可以不必担心股价的小幅回调。只要股价在上升途中回调能够止于设置止损均线的上方，股价走势相对而言就是安全的。如果股价失去上涨能量之后，开始回调或横盘，投资者设置的止损均线开始由上升逐步转为走平，此时应引起高度警惕。一旦行情走势出现有效跌破设置的移动平均线，在 2 日内无法再次站上，则应立即止损出局。

④指标止损法。

指标止损法是指投资者将技术指标发出的卖出指示作为止损信号。比如，当 KDJ、MACD、RSI 等常用指标，在相对高位出现死亡交叉等卖出信号时，则意味着短期市场进入振荡期，后市行情可能会下跌，持仓者应考虑止损离场。

⑤ K 线止损法。

K 线止损法是指利用 K 线形成的单根 K 线和多根 K 线组合来设置止损的方法。当股价经过一段时间的上涨，K 线出现巨量长阴、射击之星、高位十字星、穿头破脚、两阴夹一阳、一阴断三线、断头铡刀、双飞乌鸦、三只乌鸦挂树梢等典型的见顶 K 线或 K 线组合时，投资者应高度警惕。一旦行情出现反转，需要及时止损。

⑥筹码止损法。

筹码成交密集区对股价会产生直接的支撑和阻力作用，一个坚实的底部被击穿后，往往会由原来的支撑区转化为阻力区。根据筹码成交密集区设置止损位，一旦破位应立即止损出局。

（3）无条件止损法。

不计成本，夺路而逃的止损称为无条件止损。当市场的基本面发生根本性转折，难以快速扭转时，投资者应摒弃任何幻想，不计成本地杀出，以求保存实力，择机再战。

4. 设置止损的关键点

（1）一定要设定止损点。

任何投资都是有风险的，没有稳赚不赔的买卖，所以投资时一定要有风险意识，永远不要开启一个没有设定止损的交易。而最基本的风险意识就是投资前首先确定自己的亏损底线，也就是设定止损点。所以，投资者一定要在入市交易之前设置好止损点。

（2）坚持预设的止损点。

设定止损点之后，就要严格执行。快速地纠正错误，承认自己判断失误，也是一名合格投资者应该具备的良好素养。

真正能够自律地做到严格止损的投资者很少。因为在止损点卖出股票就是要坦白地承认自己错了，而大多数投资者对持有的股票往往过于自信，面对判断失误，依然心存侥幸心理。

（3）容错空间。

投资者要根据自身的仓位大小和止损距离以及每次允许的最大资金亏损，计算出容错空间。这个容错空间决定了投资者可以失败多少次，多给自己几次机会，保证在市场中可以生存下去，有足够的筹码可以继续交易。

止损设置过大会导致每笔亏损太大，过小则容易出现频繁止损的问题。止损点位过小，对点位就要求苛刻，要求技术分析特别精准，增加分析和操作的难度。

（4）情绪边界。

情绪边界可以理解为最大的资金损失情绪承受度。判断标准是每次或每天的亏损会不会引起情绪反应，没有什么事情比亏钱更能使人恼怒而失去理性的了，投资者每次亏损的钱不要超过当前的情绪极限，如果超过了，就要停止交易。

5. 设置止损位的技巧

（1）一定要在入市之前就预先设置好止损点。

（2）设置好止损点以后，就一定不要随意取消，出现亏损的情况下，尤其不要随意移动止损点。

（3）股价明确在走上升趋势时，投资者可以把原定止损位，随着股价的实际发展趋势逐步进行调整，这样在保证既得利益的同时能够尽可能地赚取更多的利润，这就是移动止损的获利性止损位的设置。

（4）尽管不同承受能力或不同操作风格的人会采用不同的比例，但是对于不同价位和不同敏感度的个股，仍需设置不同的止损距离。一般而言，股价较低或股性较为活跃的个股，止损幅度应适当放宽，反之则应收窄。

（5）在买入的情况下，止损价位一般设在上一个局部小底部以下，而且以收盘价为准，以避免被盘中振荡过早地清理出局。

由于人性天生的弱点，时时刻刻都在不自觉地影响投资者的操作，往往一次大亏，足以输掉前面 99 次的利润。所以，严格遵守止损纪律成为确保股市中生存的唯一法则。止损是投资者必须具备的一项基本能力。

后　记

股票市场是专业性很强的市场，并不是随便操作就能轻松赚钱的市场，投资者一定要抛弃在股市中“躺赚”的想法。要想在股市中获得稳定收益，就一定要努力学习股票的专业知识，研究股市的运行规律，并用实践检验自己的方法是否正确。

投资者要想在股市里赚钱，首先要想的是如何在股市中生存下来。这就要求投资者必须掌握过硬的技术分析方法和实用的交易技巧，具有稳定的心态，并合理地制订交易计划，总结和完善适合自己的交易系统，让股票买卖有根有据，能够客观地面对市场。

投资者参与股市交易之前，大都认为自己会取得成功，然而事实往往不遂人愿，其中很大程度上就是投资者在自我认识和评价上出现了偏差。投资者一定要正确地认识和评价自己，要客观地分析自己的投资动机、资金实力和心理素质等。

盲目跟风的投资者常会成为主力机构或实力游资操纵股市的牺牲品。一些主力机构或实力游资往往会利用普通投资者的心理弱点，先把股市炒热，把股价拉高，使普通投资者以为有利可图，急忙追入。当普通投资者蜂拥买入时，主力机构或实力游资便把股价快速拉上顶峰，这时的投资者看着股价飙升，情绪会极度亢奋，不顾一切地买进股票。而这时主力机构或实力游资就会大量抛售筹码，快速地向下打压股价，普通投资者看见股价快速下跌，常会不知就里地产生恐惧心理，竞相抛售股票，从而使股价跌得更惨。这种因盲目跟风助长起来的大起大落，常将普通投资者搞得晕头转向，被迫割肉离场，主力机构或实力游资则大获其利。

贪得无厌的投资者就像赌场里的赌徒一样。他们在股市中获利后，多半会被胜利冲昏头脑，像赌徒一样频频加注，直到输个精光为止。反过来，假如在股市中失利，他们常常不惜背水一战，把资金全部投在股票上，孤注一掷。毫无疑问，他们多半会落个倾家荡产的下场。

交易过程中，投资者必须按照对风险的承受力来决定自己的投资行为和投资组合，这样能够避免亏损对自己造成严重打击。

股市是个没有硝烟的战场。能在这个战场中胜利的投资者是极少数，而大多数投资者都是伤痕累累，血本无归，甚至有些投资者还付出了宝贵的生命。

投资者要想在股市中长久地生存下来，不但要有过硬的操作水平和丰富的交易经验，还要有一个理性思维长期占上风的交易心态。

实际上，投资也是一场修行，股市交易中没有人能保证永远正确。因此，投资者需要时刻保持头脑清醒，不断地修正自己的交易行为偏差、交易知识偏差、交易思维偏差和交易心态偏差。